P. Miguel Ángel Fuentes, IVE

LA CIENCIA DE DIOS
(Rm 11,33)

Imprimatur
R.P. Gabriel Osvaldo Zapata, IVE.
Superior Provincial

Fuentes, Miguel Angel, V.E.

La ciencia de Dios : manual de dirección espiritual . - 3ra ed. - San Rafael : Del Verbo Encarnado, 2013.

364 p. ; 27x14 cm.

ISBN 978-987-9438-47-3

1. Manual. 2. Cristianismo.
CDD 230

Fecha de catalogación: 10/09/2013

Tercera Edición 1.000 ejemplares–

© 2013 – Ediciones del Verbo Encarnado
El Chañaral 2699 – CC 376
(5600) San Rafael – Mendoza
Argentina

Tel. +54 (0)0260 – 4430451
info@edicionesive.com
www.edicionesive.com
www.iveargentina.org

LA CIENCIA DE DIOS
(Rm 11,33)

MANUAL DE DIRECCIÓN ESPIRITUAL

P. Miguel Ángel Fuentes, IVE.

"Creo que vale la pena tener en cuenta el consejo que os he dado; el que lo siga no se arrepentirá, sino que se salvará a sí mismo por haberlo seguido y me salvará a mí por habérselo dado".

Autor anónimo del s. II

EDIVE

*A todos mis hermanos Sacerdotes
del Instituto del Verbo Encarnado
que desempeñan con abnegación
el sagrado oficio de la
dirección espiritual de las almas*

PRESENTACIÓN

La práctica de la dirección espiritual es uno de los tesoros más valiosos de la bimilenaria tradición de la Iglesia, semillero de vocaciones a la vida consagrada, de sacerdotes fervorosos, de laicos de alto vuelo e incidencia social, de apóstoles de todo género, en fin, de genuinos santos. Es el arte de llevar a las almas por los interiores e invisibles caminos del espíritu hacia la unión con Dios.

En las últimas décadas un cierto descrédito ha caído sobre ella, fruto notable del general languidecimiento de la fe, por un lado y, por otro, de la impericia cada vez más creciente de quienes están llamados, por oficio, a ser los naturales guías de las almas: los sacerdotes. Efecto del abandono progresivo de la dirección espiritual cristiana en muchos ambientes no ha sido la prescindencia definitiva de toda dirección espiritual sino, como es lógico, o bien su reemplazo por parodias de dirección espiritual, o bien la invasión de su campo propio por parte de prácticas de naturaleza extraña a ella. Piénsese, por ejemplo, en la creciente oferta de diversas técnicas de psicoanálisis, yoga, meditación trascendental, métodos de oración oriental, gurúes, parapsicólogos, terapias grupales, consejeros espirituales de extracción ocultista, e incluso –fenómeno cada vez más alarmante– curanderos de cuerpo y alma, cartomancistas, clarividentes y brujos que ofrecen por radio, televisión, revistas y periódicos, sus oficios pseudo espirituales; sembrando confusión, empujando a muchos incautos –y no tanto– a enfermedades mentales, falsos misticismos, morbosos aparicionismos, supersticiones con disfraz religioso, o, por el contrario (en el otro extremo de este lógico movimiento pendular de lo irracional), a un escepticismo casi total.

Hoy como siempre –o tal vez más que nunca– hace falta remozar la genuina dirección espiritual, es decir, la guía de almas sobrenatural, seria, científica y exigente. Poco tiene que descubrir, en este campo, la espiritualidad moderna; los grandes maestros cristianos del espíritu nos han dejado un legado riquísimo e inagotable sobre el que hay que volver incesantemente para formar nuevos guías de almas. Por tanto, la tarea consiste fundamentalmente en actualizar y adaptar las guías maestras del tesoro cristiano.

La falta de formadores auténticos, profundos y celosos de las almas, es un síntoma más de la crisis general que atraviesa la formación de genuinos pastores de almas. Por eso Juan Pablo II, en la *Pastores dabo vobis*, insistía a los sacerdotes[1]: "Es necesario redescubrir la gran tradición del acompañamiento espiritual individual, que ha dado siempre tantos y tan preciosos frutos en la vida de la Iglesia". Y habla allí de hacer una "propuesta decidida y convincente de dirección espiritual"; y de que "se invite a los niños, los adolescentes y los jóvenes a descubrir y apreciar el don de la dirección espiritual, a buscarlo y experimentarlo, a solicitarlo con insistencia confiada a sus educadores en la fe". Y a los sacerdotes les dice que "sean los primeros en dedicar tiempo y energías a esta labor". Haciendo esto con seriedad, aunque deban relegar a segundo plano muchas otras actividades pastorales importantes, decía el Papa, "no se arrepentirán jamás". También en la Exhortación Apostólica Postsinodal *Ecclesia in America*, el mismo Pontífice volvió a insistir sobre el mismo tema haciéndose eco de la recomendación de los Padres sinodales, quienes, decía el Papa, creyeron "necesario recomendar a los sacerdotes este ministerio de tanta importancia"[2].

Por su parte, Benedicto XVI ha afirmado: "Hoy más que nunca se necesitan «maestros de espíritu» sabios y santos: un importante servicio eclesial, para el que sin duda hace falta una vitalidad interior que debe implorarse como don del Espíritu Santo mediante una oración intensa y prolongada y una preparación específica que es necesario adquirir con esmero"[3].

Quiero hacerme eco de esta invitación por medio de esta sencilla contribución que plantea lo que considero son las líneas generales de la dirección espiritual de almas.

---

[1] Cf. Juan Pablo II, *Pastores dabo vobis*, 40.
[2] Juan Pablo II, Exhortación Apostólica postsinodal *Ecclesia in America*, n. 29.
[3] Benedicto XVI, *Mensaje al Em. Card. James Francis Stafford, Penitenciario Mayor, y a los participantes en la XX edición del curso de la Penitenciaría Apostólica sobre el fuero interno*, 12 de marzo de 2009.

Presentación

Esta nueva edición, separada por más de quince años de la primera (1997), ha sido muy corregida en algunas partes, simplificando algunos temas y ampliando otros e incluso añadiendo nuevos. Esta actualización y reelaboración la exigían no solo algunos documentos magisteriales nuevos de estos últimos años, sino también los estudios que hemos realizado en orden a dictar conferencias y cursos de especialización para sacerdotes, y, sobre todo, las varias publicaciones que hemos hecho durante estos tres lustros sobre temas relacionados con la educación y formación del carácter y el discernimiento espiritual, entre los cuales los veinte opúsculos que componen –hasta el día de hoy– la Colección *Virtus*, y los libros: *La castidad ¿posible?* (2006), *Educar los afectos* (2007), *La trampa rota* (2008) y *Santidad, Superchería y Acción diabólica* (2011).

El Autor

3ª Edición

Villa "Nuestra Señora de Luján"

San Rafael, 8 de mayo de 2013

PRIMERA PARTE

LA DIRECCIÓN ESPIRITUAL CONCEPTOS GENERALES

CAPÍTULO ÚNICO

I. DEFINICIÓN Y NATURALEZA DE LA DIRECCIÓN ESPIRITUAL

La dirección espiritual consiste en el arte de guiar acertada y progresivamente las almas al fin de la vida espiritual, es decir, a la perfección; también puede definirse como la ayuda que se presta a un cristiano para que madure en su fe y vida espiritual. De ella dice San Juan de Ávila que "tiene tanta dificultad para hacerse bien, que se llama «arte de artes»"[4].

En el Nuevo Testamento se habla de una importante ayuda cristiana en el camino de la santidad con términos diversos, aunque complementarios entre sí. San Pablo habla de *aedificare* (1Ts 5,11: "edificaos unos a otros"), *consolamini* (1Ts 5,11: "consolaos mutuamente"). Nuestro Señor usa la expresión "*docere*" (enseñar: Mt 28,19). La "edificación" a la que se refiere San Pablo es el crecimiento en la fe y en la caridad como se ve en otros lugares (cf. 1Co 14,26; Ef 2,21; 4,29); la "consolación" aplicada a la dirección espiritual parece ser más bien un efecto de la misma. En cambio, el "adoctrinamiento" que indica Jesucristo subraya la función de "magisterio" ligada a la guía de las almas y, al mismo tiempo, la relación con el cumplimiento del mandato jerárquico de Nuestro Señor de ejercitar el magisterio en este aspecto: "Haced discípulos... enseñándoles a guardar todo cuanto yo os he encomendado" (Mt 28,19-20).

Hablando con propiedad, la dirección espiritual es parte de la teología pastoral. Es "teología" porque toma su doctrina directamente de las fuentes de la fe: Sagrada Escritura, Padres, Doctores, Santos y Magisterio. Es "pastoral" porque está ordenada intrínseca e inmediatamente a la salvación

---

[4] San Juan de Ávila, *Audi filia*, 4.

de los hombres.

La dirección espiritual es una función ministerial. Esto quiere decir que cumple un papel secundario, instrumental y relativo, respecto de la acción del Espíritu Santo. El director del alma es propiamente el Espíritu divino; frente a su acción, el director humano cumple un papel preparatorio y subsidiario: debe llevar al alma a que escuche a Dios, lo obedezca y sea generosa en su respuesta a Él. Todo director espiritual debe dar a cada alma la indicación que dio Helí a Samuel: "Si vuelven a llamarte di: habla, Señor, que tu siervo escucha" (1Sam 3,9).

Esta acción del Espíritu Santo se desarrolla en el alma a través de los dones del Espíritu Santo. Estos dones infusos coronan y perfeccionan las virtudes infusas y las virtudes naturales. Por esta razón, la acción del director (y por tanto la naturaleza de la dirección espiritual) consiste en la educación de las virtudes, el acrecentamiento de la disponibilidad para que Dios las haga crecer (las virtudes infusas crecen por mayor infusión) y para recibir los dones, primero, y las mociones del Espíritu sobre los dones, después.

La dirección espiritual puede revestir dos modalidades diversas: una ocasional y otra propiamente dicha que tiene características particulares. Es de esta última que nosotros trataremos.

La ayuda ocasional de dirección consiste en la asistencia espiritual que una persona experimentada, especialmente el sacerdote, presta a un alma que busca consejo o pide cooperación para discernir algo en su vida espiritual. Lo propio y singular de este primer modo es el ser sólo circunstancial. Puede tener lugar una sola vez en la vida o varias; pero carece de continuidad y no hay de por medio un acuerdo entre el guía y el alma guiada. Suele tener lugar muchas veces en el ámbito de la confesión sacramental, en la predicación de Ejercicios Espirituales o Retiros, en la atención pastoral de las parroquias, etc.

Por contraposición, la dirección propiamente dicha tiene el carácter de una guía estable y periódica. Hay un acuerdo, pacto o contrato, al menos implícito, entre el director y el dirigido, por el que este último se compromete a abrir su conciencia y dejarse guiar, obedeciendo las directivas y consejos del director; y el director se compromete a guiarlo con seriedad. Esto establece no sólo relaciones de caridad sino también de justicia. Entre los Padres del desierto se hacía a veces pacto explícito de dirección; por ejemplo, se conserva el pacto de Doroteo con su padre espiritual Barsanufio: "Barsanufio toma sobre sí los pecados de Doroteo, pero a condición de que Doroteo observe las palabras y preceptos de su padre espiritual: ...guardar la lengua de palabras inútiles, guardarse de los deleites de la gula, evitar la crítica del prójimo, no decir de ninguna buena acción «yo lo hice», observar la caridad con todos y mantener el recuerdo constante de Dios"[5].

II. FUNDAMENTO Y NECESIDAD

La necesidad de la dirección espiritual tiene su fundamento remoto en la Sagrada Escritura, su proclamación en la tradición y su razón íntima en la naturaleza de nuestra vida espiritual y en el modo ordinario de obrar de la Providencia divina.

En la Sagrada Escritura tenemos consejos y ejemplos de cierta dirección espiritual:

- Tb 4,18: "Busca el consejo de los prudentes y no desprecies ningún aviso saludable".
- Si 37,23: "El varón sabio enseña a su pueblo, y los frutos de su inteligencia son dignos de fe".
- Si 21,13.17: "La ciencia del sabio crecerá como una inundación, y su consejo será fuente de vida... La boca del sensato es buscada en la asamblea, sus palabras se meditan de corazón".

A esto hay que añadir los ejemplos bíblicos, como Samuel aprendiendo de Helí (cf. 1Sam 3,1-18), Cornelio de San Pedro (cf. Act 10,1-43), San Pablo de Ananías (cf. Act 9,10-19), etc. El ejemplo más importante es el del mismo Cristo adoctrinando a sus discípulos por el camino de la vida espiritual: "No les hablaba [a las gentes] sino en parábolas; pero a sus discípulos se las explicaba todas aparte" (Mc 4,34).

En la tradición de la Iglesia, la práctica de que quienes aspiran a la perfección tengan un guía espiritual se remonta a los primeros siglos

---

[5] Cf. *Dictionaire de spiritualité*, III, col. 1659; citado por Mendizábal, *Dirección espiritual*, 41, nota 68.

cuando los grandes directores de almas fueron los monjes del desierto: los santos Pacomio, Dositeo, Sabas, Doroteo, Juan Clímaco, Juan Damasceno, etc., fueron todos grandes maestros del espíritu. Incluso seglares, con los emperadores a la cabeza, hicieron dirección espiritual, como nos recuerdan las tradiciones monásticas y las colecciones de sus apotegmas. La doctrina de la dirección espiritual nace con ellos y se continúa ininterrumpidamente a lo largo de toda la historia de la Iglesia hasta nuestros días. Entre los monjes del desierto la dirección espiritual llegó a ser considerada no ya un privilegio sino propiamente como un estricto deber del hombre que se retira a la soledad; y la privación del consejo espiritual de los ancianos o la falta de absoluta sinceridad con ellos era vista como ocasión segura de ilusiones, exageraciones y errores funestos. Ya San Antonio Abad decía: "He visto a monjes que, después de muchos años de trabajos, cayeron y llegaron hasta la locura por haber contado con sus propias obras y no haber aceptado el mandamiento de Dios que dice: «Interroga a tu padre y te lo enseñará» (Dt 32,7)"[6]. Paladio, en la *Historia lausíaca* escribe: "Los que están faltos de dirección, caen como las hojas que empuja el viento sin rumbo fijo"[7]. Los *Apotegmas de los Padres* nos permiten vislumbrar el modo corriente en que se realizaba la dirección, pues la gran mayoría de estos "dichos espirituales" son el relato de "direcciones" hechas por los grandes monjes. Ellas consistían, al parecer, simplemente en una visita de un monje novato a un anciano, una pregunta y una escueta respuesta. La austeridad del monaquismo como lo entendían los primeros monjes y el temor a hablar inútilmente, imponía a este ejercicio una gran sobriedad y gravedad. En líneas generales, esta gran corriente pasó substancialmente inalterada a los posteriores maestros del espíritu[8].

Unos siglos más tarde llegaba a decir San Bernardo: "Quien se constituyese en maestro y director de sí mismo, se haría discípulo de un necio... No sé qué pensarán los demás sobre esto; mas de mí sé deciros, por propia experiencia, que me es mucho más fácil dirigir a muchos otros, que a mí solo"[9]. Igualmente San Vicente Ferrer: "Nunca Jesucristo otorgará su

---

[6] *Apotegmas de los Padres del Desierto*, Antonio 37.
[7] San Paladio, *Historia lausíaca*, 27.
[8] Cf. Colombás, *El monacato primitivo*, II, 253-256.
[9] San Bernardo, *Epist.*, 87,7.

I - La Dirección Espiritual - Conceptos generales

gracia, sin la cual nada podemos hacer, a quien teniendo a su disposición un varón capaz de instruirle y dirigirle, desprecia esta ayuda, persuadido de que se bastará a sí mismo y de que encontrará por sí solo lo que es útil para su salvación"[10]. Y añade, en el mismo lugar, que, por el contrario, "quien tuviere un director, al cual obedezca sin reserva y en todo, llegará mucho más fácilmente y pronto que por sí solo, aunque fuere de ingenio muy despierto y tuviere a mano sabios libros de materia espiritual"[11].

En la tardía Edad Media un ejemplo singular de dirección espiritual lo ofrecen las *Cartas* de Santa Catalina de Siena; San Vicente Ferrer habla de la importancia de la dirección en su opúsculo *De la vida espiritual*[12]. Más tarde, en pleno siglo de oro espiritual español, Santa Teresa desarrolló la doctrina y los criterios prácticos de la dirección espiritual en algunas de sus obras (por ejemplo, en *Moradas, Vida, Camino de Perfección*); lo mismo hizo San Juan de la Cruz (de modo particular en *Subida al Monte Carmelo, Llama de Amor viva, Cántico Espiritual*). Particularmente digna de destacar es la obra de San Juan de Ávila, admirablemente resumida por él en su obra *Audi, filia*.

En el siglo XVII la práctica de la dirección espiritual estaba muy extendida y teorizada por autores como Alonso Rodríguez, Álvarez de Paz, Ludovico da Ponte, San Francisco de Sales, Fenelón, Bossuet, Olier, etc.

El Magisterio de la Iglesia ha confirmado esta práctica con su autoridad, recomendándola e incluso prescribiéndola en determinados casos.

Por ejemplo, el *Catecismo de la Iglesia Católica* dice: "El Espíritu Santo da a ciertos fieles dones de sabiduría, de fe y de discernimiento dirigidos a este bien común que es la oración (dirección espiritual). Aquellos y aquellas que han sido dotados de tales dones son verdaderos servidores de la tradición viva de la oración. Por eso, el alma que quiere avanzar en la perfección, según el consejo de san Juan de la Cruz, debe «mirar en cuyas manos se pone, porque cual fuere el maestro tal será el discípulo, y cual el padre, tal el hijo». Y añade que el director «demás de ser sabio y discreto, ha de ser experimentado... Si no hay experiencia de lo que es puro y verdadero

---

[10] San Vicente Ferrer, *Tratado de la vida espiritual*, 492.
[11] Ibídem, 491.
[12] Ibídem, 491-493.

espíritu, no atinará a encaminar al alma en él, cuando Dios se lo da, ni aun lo entenderá»"[13].

La *Presbiterorum Ordinis* al hablar del trabajo para despertar vocaciones al sacerdocio dice que "para lograr este fin, es de la mayor utilidad la diligente y prudente dirección espiritual"[14]; otros documentos la indican como medio ideal para que cada joven adquiera "una educación de la interioridad"[15]. Y al mencionar los medios para fomentar la propia vida espiritual recomienda que "estimen altamente la dirección espiritual"[16]. Por su parte diversos documentos la recomiendan para la formación adecuada de los seminaristas, especialmente en orden al celibato sacerdotal[17]. Lo mismo se dice de los religiosos[18].

El Papa Juan Pablo II, haciéndose eco de esto, dice: "En la propia vida no faltan las oscuridades e incluso debilidades. Es el momento de la dirección espiritual personal. Si se habla confiadamente, si se exponen con sencillez las propias luchas interiores, se sale siempre adelante, y no habrá obstáculo ni tentación que logre apartaros de Cristo"[19].

La Exhortación *Pastores dabo vobis*, hablando de la dirección espiritual, dice que "es necesario redescubrir la gran tradición del acompañamiento espiritual individual, que ha dado siempre tantos y tan preciosos frutos en la Iglesia. En determinados casos y bajo precisas condiciones, este acompañamiento podrá verse ayudado, pero nunca sustituido, con formas de análisis o de ayuda psicológica"[20].

---

[13] *Catecismo de la Iglesia Católica*, n. 2690.

[14] *Presbiterorum ordinis*, 11.

[15] Cf. Sagrada Congregación para la Educación Católica, *Dimensión religiosa de la educación en la escuela católica*, 7 de abril de 1988, Enchiridion Vaticacum, 11, n. 509: "el ideal sería que cada uno, para adquirir una educación de la interioridad, se valiese de la dirección espiritual".

[16] *Presbiterorum ordinis*, 18.

[17] Cf. *Optatam totius*, 2; Congregación para la Educación Católica, *Orientaciones educativas para la formación al celibato sacerdotal*, 11 de abril de 1974, Enchiridion Vaticanum, 11, nn. 273, 326, 331.

[18] Cf. Sagrada Congregación para los institutos de vida consagrada y vida apostólica, *La formación en los institutos religiosos*, 2 de febrero de 1990, n. 63; Enchiridion Vaticanum, 12, n. 80.

[19] Juan Pablo II, *Carta a los seminaristas de España*, Valencia 8 de noviembre de 1982.

[20] Juan Pablo II, *Pastores dabo vobis*, 40.

En la Exhortación Apostólica Postsinodal *Ecclesia in America*, el Pontífice volvió a insistir sobre el mismo tema: "Para madurar espiritualmente –decía allí–, el cristiano debe recurrir al consejo de los ministros sagrados o de otras personas expertas en este campo mediante la dirección espiritual, práctica tradicionalmente presente en la Iglesia. Los Padres sinodales han creído necesario recomendar a los sacerdotes este ministerio de tanta importancia"[21].

De los testimonios anteriores se desprende el principio teológico que afirma que la dirección espiritual es el medio normal de la Providencia para llevar las almas a la perfección y aun a la virtud meramente sólida. Como escribía Marmion: "Entra en los planes de la adorable Providencia de Dios nuestro Señor, que seamos guiados, no por revelaciones ni por Ángeles, sino por hombres que se ha dignado darnos al efecto y por cuya boca tiene a bien hablarnos"[22].

Se dice "medio normal" porque admite la excepción de quien, sin culpa suya, no tiene nadie a mano que lo pueda dirigir. Pero los santos advierten que Dios no da sus gracias a quien, teniendo quien le pueda instruir y dirigir, no se somete a dirección ajena; por eso vemos en el ejemplo de los padres del desierto cómo, a pesar de la dificultad, procuraban buscarse un director de conciencia. San Buenaventura llega a decir que ni el mismo Papa puede eximirse de tener su director.

III. OBJETO, FIN Y CUALIDADES DE LA DIRECCIÓN

1. OBJETO O MATERIA DE LA DIRECCIÓN ESPIRITUAL

El objeto material de la dirección espiritual son aquellos ámbitos del espíritu donde tiene lugar el desarrollo de la perfección cristiana. San Alfonso lo resume diciendo: "Cuatro puntos principalmente atenderá el confesor en la dirección de las almas espirituales: la meditación, la contemplación, la

---

[21] Juan Pablo II, Exhortación Apostólica postsinodal *Ecclesia in America*, n. 29.
[22] Columba Marmion, carta del 12 de setiembre de 1894; cit. Thibaut, *Un maestro de vida espiritual. Dom Columba Marmion*, 283.

mortificación y la frecuencia de los sacramentos"[23]. Otros añaden también la práctica de las virtudes y la santificación de las acciones ordinarias[24]

2. FINES DE LA DIRECCIÓN ESPIRITUAL

La dirección espiritual tiene como fin último llevar las almas a la perfección. Tiene también fines intermedios, según las diversas etapas del alma. Podemos indicar cuatro finalidades subordinadas, que son sanar y fortalecer las flaquezas humanas, precaver ante los peligros, discernir los espíritus que mueven al alma y preparar al alma para que responda con docilidad a las exigencias de la gracia. "Mi papel se reduce –escribía Dom Columba Marmion– a rezar mucho; a señalar los escollos que pueden encontrar las almas mejor intencionadas, a aconsejarlas en los casos oscuros y, finalmente, a estimularlas a que se entreguen sin reservas a Dios"[25].

1) Ayudar las flaquezas humanas

Una de las principales tareas del director es animar, fortalecer, alentar al dirigido en sus disposiciones, actitudes, dificultades, tentaciones, etc. ¿Cómo encara esta tarea? De modos muy diversos que nos limitamos a enumerar en sus líneas fundamentales:

- Alumbrando para deshacer ignorancias y errores.
- Sosteniendo en los desalientos.
- Urgiendo en las cobardías.
- Corrigiendo en las desviaciones.
- Serenando en las turbaciones y angustias.
- Asegurando en los temores.

2) Prevenir los peligros

Estos pueden provenir de tentaciones exteriores e interiores; de la naturaleza misma del sujeto; de pruebas divinas. Al director espiritual corresponde una tarea de discernimiento sobre el alma y de previsión (basándose en las manifestaciones actuales de esa alma, en su psicología

---

[23] San Alfonso María de Ligorio, *La práctica del confesor*, n. 99. Cf. 100-133.
[24] Cf. Garrigou-Lagrange, *Las tres edades de la vida interior*, I, 297.
[25] Thibaut, *Un maestro de vida espiritual. Dom Columba Marmion*, 288.

propia, en sus debilidades y cualidades) de las tentaciones o dificultades que con toda probabilidad sufrirá en el futuro; de este modo podrá preparar al alma para tales momentos.

3) Discernir los movimientos del alma

Es una tarea fundamental de la dirección por lo cual la estudiaremos detenidamente más adelante. En la vida espiritual el propio sujeto corre muchos riesgos de engañarse o ser engañado, por lo que necesita de alguien que pueda mirar y juzgar con objetividad sus propios pasos. Así lo entendieron y practicaron los grandes místicos. Por ejemplo, Santa Teresa al terminar el libro de su *Vida*, donde se explanaba sobre su experiencia espiritual y aconsejaba largamente a sus monjas, ruega al P. Domingo Báñez que lo haga llegar al célebre maestro San Juan de Ávila para que éste lo revise pues, "como a él [a San Juan de Ávila] le parezca voy por buen camino quedaré muy consolada, que ya –le escribe– no me queda más para hacer lo que es en mí"[26].

4) Suscitar la docilidad a la gracia

Nunca se insistirá suficientemente que el Director Espiritual propiamente dicho es el Espíritu Santo; Él orienta al alma y la santifica de modo efectivo, final y formal (mediante la infusión de la gracia). Por lo tanto, la obra fundamental del director espiritual es atender a las posibles inspiraciones del Espíritu Santo y hacérselo notar al alma, al mismo tiempo que se enseña al alma para que ella misma aprenda a discernir esas mociones y a seguirlas prontamente y con toda generosidad.

3. CUALIDADES DE LA DIRECCIÓN ESPIRITUAL

La dirección espiritual para que sea auténtica y fructífera tiene que reunir varias características. Las principales son:

1) Que sea científica

Es decir, tiene que proceder según los principios fundamentales de la

---

[26] Santa Teresa, *Carta* 5,4.

espiritualidad, de la teología moral y de la psicología humana (especialmente la psicología sobrenatural o psicología de la gracia y de los dones). De lo contrario se convierte en una guía de ciegos por parte de ciegos y se cumple lo que dice Jesucristo: "Si un ciego guía a otro ciego, ambos caen en la fosa" (Mt 15,14).

2) *Prudente*

Es decir, guardando en todo el justo medio. Lo cual implica, por un lado, el evitar prisas; no se puede hacer ni alcanzar todo de golpe. En segundo lugar, sin sobrecargar las fuerzas ni la atención del dirigido, para que el alma no se sienta agobiada y así pueda llevar adelante su trabajo espiritual con holgura. En tercer lugar, sin cargar de menos, es decir, sin exigir menos de lo que el dirigido puede dar, porque sería desaprovechar tiempo y esfuerzo. Por último, previniendo los peligros y complicaciones que suelen surgir en las almas desalentándolas.

3) *Firme*

La dirección espiritual nunca debe ser vacilante ni tímida. Es menester pensar bien el plan, y luego ser constante en la ejecución. Si el dirigido no ve firmeza, será inconstante y no dará importancia a los consejos. La firmeza, sin embargo, nunca debe ser confundida ni con la terquedad de juicio ni, menos todavía, con la crueldad de la voluntad.

4) *Caritativa*

La dirección espiritual es una obra de la caridad, por tanto tiene que nacer de ella y estar inspirada constantemente por ella. La caridad es la que sostiene en el desaliento, da dulzura en el trato, paciencia al director, celo por las almas que dirige, lo lleva a hacer penitencia y a orar por ellas.

5) *Adaptada*

A cada alma hay que darle según lo que ella es y según donde está, en tal o cual momento de su vida espiritual. No se puede pedir y ofrecer lo mismo a quien está todavía rondando las caídas mortales y a quien tiene grandes aspiraciones de santidad, a un niño que a un adulto, a un religioso que a un laico. Hay que adaptarse a las diversas vocaciones, a los diversos estados y obligaciones, edades, psicologías, etc.

4. SECRETO DE DIRECCIÓN ESPIRITUAL

"El ejercicio del poder de jurisdicción en la Iglesia debe respetar siempre la reserva y el silencio del director espiritual"[27].

El secreto de dirección espiritual es secreto profesional (secreto confiado) pero, por pertenecer a una materia tan delicada como la vida espiritual y moral de la persona, sin llegar a equipararse al sigilo sacramental de la confesión, se asimila más a él que a los secretos profesionales: es "cuasi-sacramental", en el sentido de que no puede ser develado ni por un interés general.

En efecto, en la categoría del secreto confiado, entra también el secreto "cuasi-sacramental" que, como dice un afamado canonista, "es el secreto que nace de las relaciones espirituales entre un religioso y su superior con ocasión del pedido de un consejo, o entre un fiel y su director de consciencia en los coloquios que pueden tener lugar fuera de la confesión"[28].

Otros autores lo llaman secreto *"stricte personalis"* (estrictamente personal) y dicen que no admite ninguna excepción: "No puede invocarse absolutamente ninguna causa excusante de los secretos estrictamente personales (a saber, cuando se confía algún tema moral, en cuanto tal); la ordenación de la persona a Dios es plenamente personal e inviolable; e igualmente los temas confiados bajo esta razón"[29].

Este secreto no puede ser revelado ni siquiera a una persona prudente, *ni aún por razón del bien común*; lo afirma Lanza con toda firmeza: "El moderador de la piedad [*es decir, aclaramos nosotros, el encargado de los asuntos espirituales*] (...) tiene obligación inviolable de [guardar] secreto, pues estas cosas son absolutamente personales. Esta obligación se refuerza, si se mira la necesidad de que ninguna sombra perturbe la cándida sinceridad hacia él. Por tanto, no puede apelarse a ningún sofisma que invoque el bien común para esquivar esta obligación de guardar secreto. Es absolutamente

---

[27] Congregación para el Clero, *El sacerdote confesor y director espiritual,* n. 103.

[28] «È il segreto che nasce nelle relazioni spirituali tra un religioso e il suo superiore in occasione della richiesta di un consiglio, o tra un fedele e il suo direttore di coscienza nei colloqui che possono aver luogo anche fuori della confessione» (Jung, N., *Secret d'ordre naturel*, Dictionnaire de droit canonique, vol. VI, 1756).

[29] "Nulla omnino invocari potest causa excusans de secretis stricte personalibus (utpote cum res aliqua moralis, ut talis, commissa est); ordinatio enim personae ad Deum plene personalis inviolabilisque est; itemque res sub hac ratione commissa" (Lanza-Palazzini, *Theologia moralis*, II/2, Romae 1965, n. 910, 916).

mejor que, guardado el secreto, se consagre un sacerdote indigno, [o] que [un] monasterio se precipite de la prístina piedad, a que la hipotética y meramente posible revelación represente un impedimento para el alma que tiene necesidad de referir sus asuntos al moderador de la piedad"[30].

Asimismo la Instrucción *Religiosorum institutio*, de la Sagrada Congregación para los Religiosos, del 2 de febrero de 1961, hablando de la relación entre superiores y confesores y directores espirituales en las casas de formación religiosa, afirma: "diversamente [*de los demás superiores*] deben obrar, en cambio, los confesores, por el hecho de estar ligados «del inviolable secreto del sacramento», y los *directores espirituales* en sentido estricto, obligados también ellos al secreto «en fuerza de su oficio religioso». Estos sólo deben obrar en el fuero interno, para allanar el camino a aquellos que no son llamados por Dios o que se han hecho indignos de la llamada"[31]. Y más adelante, haciendo referencia al candidato que dice a su superior que "después de haberse aconsejado con el confesor o el director espiritual" juzga que no es digno del sacerdocio, añade: "el superior se atenga a tal declaración, y no haga más indagaciones; y si se trata de un subdiácono o un diácono, tramite ante la Santa Sede, con su consentimiento [*del súbdito*], la solicitud de reducción del estado clerical"[32]. ¡Hasta tal punto llega el secreto entre el dirigido y el director y el respeto del superior por este ámbito de la conciencia!

Por este motivo el Derecho Canónico prescribe: "Nunca se puede pedir la opinión del director espiritual o de los confesores cuando se ha de decidir sobre la admisión de los alumnos a las órdenes o sobre su salida del

---

[30] "De moderatoribus pietatis in seminariis et monasteriis. Moderator pietatis, etiam tantum perspecto iure individui, secundum naturam rerum sibi concreditarum, inviolabilem secreti obligationem habet, nam res omnino personales sunt. At maior efficitur eius obligatio, si spectetur necessitas ne umbra quidem perturbet candidam sinceritatem erga eum. Proinde nullo sophismate boni communis everti potest strictissima obligatio huius secreti. Melius omnino est, quod, tecto secreto, sacerdos consecretur indignus, quod monasterium e pristina pietate omnino ruat, quam hypothetica et mere possibilis revelatio impedimento sit animae eius, qui necessitatem habet res suas referendi ad moderatorem pietatis" (Lanza-Palazzini, *Theologia moralis*, II/2, Romae 1965, n. 911, 919, n. 912, II, 1).

[31] Sagrada Congregación para los Religiosos, *Instrucción "Religiosorum institutio"*, 2 de febrero de 1961, n. 17.

[32] Ibídem, n. 25.

I - La Dirección Espiritual - Conceptos generales

seminario"³³. Sería, pues, un gravísimo abuso el que un superior exija a un director espiritual que le informe de algo que este último sabe por su oficio de director.

Teniendo en cuenta esto, las únicas armas que posee un director espiritual, cuando advierte que algún dirigido incurre en defectos que ponen en peligro el bien común o el bien privado de otros, son, a mi aviso:

1º Intimar al dirigido –enérgicamente y sin apelación posible– a abandonar la situación (sea un seminario, una comunidad religiosa, o lugar de trabajo, un apostolado, o un proyecto, etc.) para la cual no es *moralmente* idóneo, y más aún, si su permanencia contrariara la ley de la Iglesia o la ley divina. Tal es el caso del director espiritual que advierte que un candidato al sacerdocio tiene serias y arraigadas inclinaciones homosexuales³⁴, o un candidato al sacerdocio o a los votos perpetuos, tras un tiempo prudencial, no ha solucionado algún problema serio referido a la castidad, si no tuviera rectitud de intención en la búsqueda del orden sagrado, si su dirigido le revelara que ha cometido actos torpes con menores, etc.; igualmente si un dirigido laico le dijera que está por contraer matrimonio sin intención de ser fiel o excluyendo algo fundamental para la vida conyugal, si oculta a su futuro cónyuge que tiene una enfermedad que afectaría seriamente la vida conyugal, etc. Especialmente referido a los dirigidos religiosos y, en particular, a los candidatos al sacerdocio, valen estas palabras de Pío XI: "Piensen los superiores de los Seminarios, piensen los *directores espirituales* y los *confesores* la gravísima responsabilidad que asumen a los ojos de Dios, ante la Iglesia, ante los jóvenes mismos, si no han hecho por su parte lo posible para impedir este

---

[33] CIC, 240, § 2.
[34] Cf. "Respuesta a cuestiones sobre la Ordenación de Homosexuales" (Congregación para el Culto Divino y la Disciplina de los Sacramentos, *Respuesta a cuestiones sobre la Ordenación de Homosexuales*, 16 de mayo de 2002, Prot. n. 886/02/0): "La ordenación al diaconado y al presbiterado de hombres homosexuales u hombres con tendencias homosexuales es absolutamente desaconsejable e imprudente y, desde el punto de vista pastoral, muy riesgoso. Una persona homosexual, o una con tendencia homosexual no es, por consiguiente, apropiada para recibir el sacramento de las Sagradas Ordenes".

paso [la ordenación sacerdotal de un candidato no idóneo]"[35]. Y añade "Los confesores y *directores espirituales* pueden ser responsables de un tan grave error, *no ya porque ellos puedan en modo alguno obrar externamente, lo que les está severamente prohibido*, por su mismo delicadísimo oficio, y sobre todo por el inviolable sigilo sacramental, sino porque pueden influir mucho en el ánimo de los alumnos, y con paternal firmeza deben guiar a cada uno según las exigencias de su bien espiritual; éstos, pues, especialmente si por cualquier razón no obrasen los superiores o se mostrasen débiles, *deben intimar sin respeto humano, a los ineptos y a los indignos, la obligación de retirarse* ateniéndose a la sentencia más segura la cual, en tal caso, es también la más favorable al penitente, porque lo preservará de un paso que podría ser para él eternamente fatal, y *si en alguna ocasión no apareciese muy clara la obligación que han de imponer*, a lo menos muestren aquella autoridad que nace del cargo a ellos confiado, y del cariño paternal hacia los alumnos, para *inducirlos a que espontáneamente se aparten* de ese camino"[36].

2º Si pudiera prever que, en algún caso menos grave, abriendo su conciencia a los superiores, el dirigido tendría esperanzas de solucionar prontamente su problema, debería proponerle este medio (pero creo que no puede imponerlo, porque el dirigido quizá prefiera marcharse del seminario guardando el secreto de su problema para trabajarlo luego con ayuda de algún prof.esional; él tiene siempre derecho a conservar su buena fama).

3º En caso de negarse a marcharse, si esa fuera la correcta solución, o, en el segundo caso, a abrir su corazón a sus superiores, el único medio que le queda al director es dar por terminada la ayuda direccional para no quedar comprometido en un camino enderezado al desastre personal del dirigido y, probablemente, al daño y escándalo de personas inocentes. Pero nunca puede delatar ni al dirigido ni a quien lo consultase ocasionalmente, ni las circunstancias que lo involucran de modo directo. Recuérdese las palabras de Pío XI arriba transcriptas y referidas a "los confesores y *directores espirituales*": el "tan grave

---

[35] Pío XI, *Ad Catholici Sacerdotii*, 62. El Pontífice indicaba como falto de idoneidad moral "quien especialmente está inclinado a la sensualidad, *y a través de una larga experiencia no ha demostrado saberla vencer*" (n. 61).

[36] Ibídem, 62.

error" que pueden cometer no proviene de que *"puedan en modo alguno obrar externamente"* pero no lo hacen; por el contrario, esto *"les está severamente prohibido* por su mismo delicadísimo oficio"; y al añadir: "sobre todo por el inviolable sigilo sacramental" (es decir por la confesión), se indica claramente que la confesión no es la única vía (de lo contrario, no tendría sentido decir "sobre todo", expresión que implica la existencia de otros casos distintos); pero como fuera de los confesores el párrafo sólo menciona a los directores espirituales, entonces quiere decir que se refiere al secreto de dirección espiritual.

De ahí que el director espiritual sólo puede hablar, como indica Santo Tomás, de cuanto sabe por indicios ajenos a lo confiado en la dirección espiritual, sea ésta habitual u ocasional, incluso si fuese interrogado bajo amenaza por sus superiores[37]. Y pienso que lo mismo vale para las consultas que un sacerdote recibe como teólogo, mientras sean éstas de conciencia y no sobre teorías o casos morales hipotéticos y mientras sean realizadas por una vía pertinente (aclaro esto porque si bien debemos guardar secreto de toda consulta personal, sin embargo, si una persona lo hace, sin un acuerdo previo con el consultado, por una vía que de suyo no es absolutamente privada –como sucede hoy en día con el email e internet, y los servicios de mensajería informática, o en presencia de otras personas, etc.– aquél no tiene la misma obligación).

Queda siempre a salvo el caso en que el interesado pidiera que su director espiritual hablara del tema con algún superior o lo autorizara, por su propio bien, a hacerlo.

IV. EL DIRECTOR ESPIRITUAL

Pasemos ahora a ver la figura del Director espiritual[38].

---

[37] "...Un superior, en efecto, no es juez de cosas ocultas, sino solo Dios. Por eso no tiene poder para mandar sobre lo que es secreto, a no ser que se conozca por algunos indicios, por ejemplo, infamia u otras sospechas. En estos casos puede el superior mandar; del mismo modo que el juez, seglar o eclesiástico, puede exigir juramento de decir la verdad" (*Suma Teológica*, II-II, 33, 7, ad 5).

[38] Cf. Eugenio del Niño Jesús, *Quiero ver a Dios*, 323-336; San Juan de la Cruz, *Llama de amor viva*, 3; Santa Teresa, *Vida*, 13.

1. QUIÉN PUEDE SER DIRECTOR ESPIRITUAL

Normalmente la dirección espiritual es ejercida por el sacerdote. "Los labios del sacerdote serán custodios de la ciencia y de su boca recibirán la ley, porque es el ángel del Señor de los Ejércitos" (Mal 2,7). Para este oficio son el carácter sacerdotal y los poderes anejos al carácter, y para eso lo forma la Iglesia. Por modo accidental, otras personas pueden ejercer ocasionalmente la función del consejo y orientación espiritual, al menos en algunas etapas de la vida (por ejemplo, los padres de familia respecto de sus hijos pequeños ejercen en los primeros años una auténtica guía espiritual) o en diversos estados (como, por ejemplo, la ejercieron los padres del desierto sin ser sacerdotes, los primeros abades benedictinos, y algunos santos como San Francisco de Asís y San Ignacio antes de su ordenación, Santa Catalina de Siena y Santa Teresa de Jesús), pero no es la vía ordinaria de la guía espiritual que, en la Iglesia, es jerárquica y está ligada al carácter sacerdotal.

Las razones de conveniencia para que sea el sacerdote quien ejerza la función de director espiritual son muchas:

- Porque el sacerdote cumple, de suyo, una función magisterial.
- Porque la dirección está muchas veces no sólo relacionada sino fusionada con la confesión sacramental (aunque son campos diversos y que conviene mantener diferenciados).
- Por la preparación singular que recibe (o debería recibir) el sacerdote para este oficio mediante el estudio de la teología dogmática, espiritual, moral y pastoral, de la psicología, etc.
- Por las gracias propias del estado sacerdotal.
- Porque en el caso del sacerdote se da propiamente un encargo por parte de la Iglesia; él ejerce una dirección ministerial, cuya misión está implícita en la misión de santificar a las almas por todos los medios posibles, que recibe en el momento de la ordenación sacerdotal.

2. CUALIDADES DEL DIRECTOR ESPIRITUAL

Las cualidades del buen director espiritual se deducen de las cualidades que hemos señalado debe tener la buena dirección espiritual. San Francisco de Sales las resume diciendo que el director "ha de estar lleno de caridad, de ciencia y de prudencia; si careciere de cualquiera de éstas, habrá peligro en la dirección"[39]. El motivo no es otro que la seria responsabilidad que asume ante Dios todo director espiritual. Consciente de esto, escribía a una dirigida Columba Marmion: "Usted no olvide que, al tomarla bajo mi dirección, cargo con toda la responsabilidad de su alma delante de Dios. Tome por tanto la costumbre, desde ahora, de encomendarme con todo fervor a Nuestro Señor a fin de que le pertenezca enteramente y que no me domine otro deseo que el de cumplir en todo su divina voluntad". Y a otra persona: "Así como yo... tomo sobre mí la responsabilidad de su alma, así también debe Usted rogar por mí a fin de que Jesús llegue a ser el verdadero maestro de mi vida interior y que viva en absoluta dependencia de su Espíritu"[40].

Detallemos un poco más cada una de las cualidades arriba mencionadas.

1) Santidad

Es una gracia que no tiene precio encontrar un director santo. No hablamos de una santidad caracterizada por favores extraordinarios sino aquella que se cimienta en la humildad y la caridad. Estas dos virtudes son fundamentales.

La humildad hace que el director respete su puesto entre Dios y el alma y comprenda que él no es más que instrumento del auténtico y único artífice de la santidad, el Espíritu Santo. Así como la finalidad de la dirección es lograr la docilidad al Espíritu Santo en el alma dirigida, en la misma medida es fundamental que el director sea dócil al Espíritu divino para dejarse guiar por sus dones en el acto de la dirección. Para esto es fundamental la humildad porque "Dios resiste a los soberbios y da su gracia a los humildes" (1Pe 5,5). Ni bien el director se atribuye a sí mismo, a sus dones o a sus cualidades, la obra de la perfección espiritual, destruye su obra.

Junto a la humildad hay que señalar la caridad, pues la dirección espiritual es obra eminente de caridad. Brota del celo por las almas y del amor a Dios a quien quiere acercar las almas. Es una de las obras de misericordia al

---

[39] San Francisco de Sales, *Introducción a la vida devota*, I, 4.
[40] Thibaut, *Un maestro de vida espiritual. Dom Columba Marmion*, 300.

configurarse muchas veces con el aconsejar al que lo necesita, alentar a los débiles, enseñar al ignorante, confortar al atribulado, etc.

Por esto decía Santa Teresa: "todo el remedio del alma está en tratar con amigos de Dios"[41].

2) Prudencia

El gobierno de las almas es el arte por excelencia (*ars artium regimen animarum*). Porque la materia de este trabajo es la oscuridad de lo divino (respecto de nuestra limitada inteligencia) y la complejidad de la naturaleza humana. Cada alma es diversa, cada camino elegido por Dios para ellas es distinto: "a cada una lleva Dios por diferentes caminos, que apenas se hallará un espíritu que en la mitad del modo que lleva convenga con el modo del otro"[42]. ¿En qué cosas se ejercita la prudencia divina?

Ante todo, en la exploración de la voluntad divina y en el discernimiento de los signos que la acreditan, es decir, en el discernimiento de espíritus. El director debe aguardar las manifestaciones ciertas antes de tomar decisiones que podrían resultar peligrosas para el alma. Por tanto, debe saber esperar sin precipitarse; la espera hace que se disipen los falsos entusiasmos y los engaños.

Luego escoge los medios más adecuados, que no son muchas veces los que pretendían imponer los entusiasmos iniciales o las impaciencias de un éxito pronto, sino los que indican las fuerzas limitadas del alma y la larga perseverancia. Santa Teresa cuenta el gran peligro que corrió por el deseo intemperante de su director, maestro Daza, de hacer remontar, en poco tiempo, la virtud de la Santa a la altura de los favores divinos que ésta recibía[43]. Los medios tienen que ser ajustados a las posibilidades del alma: ni imposibles para ella ni demasiado tímidos; no debe contentarse "con que se muestre el alma a sólo cazar lagartijas"[44].

La prudencia, en tercer lugar, hace que el director no rebase los límites de la dirección espiritual, evitando que se entrometa en otros dominios, por

---

[41] Santa Teresa, *Vida*, 23.
[42] San Juan de la Cruz, *Llama*, 3, 59.
[43] Cf. Santa Teresa, *Vida*, 23,9.
[44] Santa Teresa, *Vida*, 13,3.

más que el dirigido le haya autorizado o suplicado; esto es singularmente importante cuando se trata de cuestiones de gobierno religioso o de cosas ajenas a la perfección. Se puede dar en esto un abuso, una "promiscuidad de poderes"[45] totalmente contraproducente a la dirección propiamente dicha.

En cuarto lugar, la prudencia del director dictará a éste el auténtico respeto por la libertad del dirigido. El director no debe imponer sino aconsejar, guiar, responder, sugerir. Y al mismo tiempo, educar la libertad del dirigido para que sea él quien tome las decisiones deliberadas y maduras de caminar a la santidad. No es dirección espiritual el decidir por el dirigido cuál es su vocación, qué medios emplear, qué mortificaciones hacer. Es un abuso que deja al dirigido en un estado de infantilismo afectivo. Esto vale más todavía cuando los dirigidos quieren cambiar (por serias razones, se entiende) de director. Por eso dice San Juan de la Cruz: "Deben, pues, los maestros espirituales dar libertad a las almas, y están obligados a mostrarles buen rostro cuando ellas quisieren buscar mejoría; porque no saben ellos por dónde querrá Dios aprovechar cualquier alma, mayormente cuando ya no gusta de su doctrina, que es señal que no le aprovecha, porque o la lleva Dios adelante por otro camino que el maestro la lleva, o el maestro espiritual ha mudado estilo. Y los dichos maestros se lo han de aconsejar, y lo demás nace de necia soberbia y presunción o de alguna otra pretensión"[46].

Finalmente, la prudencia implica la guarda del secreto de dirección, al que ya nos hemos referido más arriba. Además de las razones jurídicas a las que ya hemos aludido anteriormente, el secreto también obliga de modo natural porque el director es testigo de lo que obra Dios en el alma, y esta obra es secreta y su continuación está condicionada al secreto; por eso los santos tienen una especie de "pudor espiritual" instintivo; parece muchas veces que Dios suspende su operación cuando se fijan en su actuar los ojos indiscretos. Santa Teresa del Niño Jesús narra cómo su alegría por la aparición de la Virgen se convirtió en amargura al comunicar su secreto[47].

---

[45] Eugenio del Niño Jesús, *Quiero ver a Dios*, 331.
[46] San Juan de la Cruz, *Llama*, 3, 61.
[47] "Si hubiera guardado mi secreto, también habría conservado mi felicidad" (Santa Teresa del Niño Jesús, *Historia de un alma*, 3,19). Sobre esta conveniencia del secreto de la acción de Dios también habla Santa Teresa de Jesús, por ejemplo: *Vida*, 23,13; *Moradas*, 6, 8, 9.

Por tanto, el comunicarlo al director por necesidad, para no ser engañada por ilusiones naturales o por el demonio, es ya una dura exigencia para el alma; no ha de pasar, pues, más allá del director.

3) *Experiencia*

Es una verdad incontestable que todos los grandes maestros de la vida espiritual han hablado según su experiencia personal o la de las almas que han tenido ocasión de observar de cerca. Piénsese, por ejemplo, en San Juan de la Cruz, San Ignacio de Loyola, San Francisco de Sales, Santa Teresa de Jesús, etc.

La acción de Dios en el alma desconcierta la lógica humana; por tanto, no alcanzan los métodos y técnicas humanas para seguirle el ritmo; el riesgo de quien se maneja sólo por cierta ciencia sin experiencia es la de bloquear al alma en su docilidad a Dios. Porque la acción divina no puede explicarse totalmente con los razonamientos humanos. Santa Teresa cuenta que no se tranquilizó plenamente acerca de sus visiones y de las palabras interiores hasta oír a San Francisco de Borja y San Pedro de Alcántara, quienes podían apoyarse en la experiencia personal. Asimismo, parece que los signos dados por San Juan de la Cruz acerca de la contemplación y su aplicación a los casos concretos requieren cierta experiencia. Escribía San Juan de Ávila: "Conviénos que toméis por guía y padre a alguna persona letrada, y experimentada en las cosas de Dios; que uno sin otro ordinariamente no basta. Porque las solas letras no son suficientes para proveer las particulares necesidades y prosperidades y tentaciones, que acaecen en las ánimas de los que siguen la vida espiritual"[48].

Santa Teresa, por eso, recomienda al principiante tomar director experimentado: "para esto es muy necesario el maestro, si es experimentado; que si no, mucho puede errar, y traer un alma sin entenderla, ni dejarla a sí misma entender... Yo he topado almas acorraladas y afligidas por no tener experiencia quien las enseñaba... porque no entendiendo el espíritu, afligen alma y cuerpo, y estorban el aprovechamiento"[49].

Y San Juan de la Cruz: "Algunos padres espirituales, por no tener luz

---

[48] San Juan de Ávila, *Audi, filia*, c. 55.
[49] Santa Teresa, *Vida*, 13,14.

y experiencia de estos caminos, antes suelen impedir y dañar a semejantes almas que ayudarlas al camino"[50]. Y en otro lugar: "Cuanto a lo primero, grandemente le conviene al alma que quiere ir adelante en el recogimiento y perfección, mirar en cuyas manos se pone, porque cual fuere el maestro, tal será el discípulo, y cual el padre, tal el hijo. Y adviértase que para este camino, a lo menos para lo más subido de él, y aun para lo mediano, apenas se hallará una guía cabal según todas las partes que ha menester, porque, además de ser sabio y discreto, ha menester ser experimentado. Porque, para guiar al espíritu, aunque el fundamento es el saber y discreción, si no hay experiencia de lo que es puro y verdadero espíritu, no atinará a encaminar al alma en él, cuando Dios se lo da, ni aun lo entenderá. De esta manera muchos maestros espirituales hacen mucho daño a muchas almas, porque, no entendiendo ellos las vías y propiedades del espíritu, de ordinario hacen perder a las almas la unción de estos delicados ungüentos con que el Espíritu Santo les va ungiendo y disponiendo para sí, instruyéndolas por otros modos rateros que ellos han usado o leído por ahí, que no sirven más que para principiantes. Que, no sabiendo ellos más que para éstos, y aun eso plega a Dios no quieran dejar las almas pasar, aunque Dios las quiera llevar, a más de aquellos principios y modos discursivos e imaginarios, para que nunca excedan y salgan de la capacidad natural, con que el alma puede hacer muy poca hacienda"[51].

4) *Ciencia*

Finalmente, es necesaria la cualidad de la ciencia. Es célebre la recomendación de Santa Teresa: "...aunque para esto parece que no son menester letras, mi opinión ha sido siempre, y será, que cualquier cristiano procure tratar con quien las tenga buenas, si puede, y mientras más, mejor"[52]. A San Francisco de Sales se atribuye haber dicho: "Es más de temer en un sacerdote la ignorancia que el pecado. Si Ginebra (*es decir, el calvinismo*) ha causado tan terribles devastaciones, se debe a que nosotros estuvimos dormidos y nos limitamos a rezar nuestro Breviario sin que hubiéramos

---

[50] San Juan de la Cruz, *Subida*, Prólogo, 4.
[51] San Juan de la Cruz, *Llama*, 3,30-31
[52] Santa Teresa, *Vida*, 13,17.

pensado en acrecentar nuestra ciencia"[53].

La ciencia a la que se hace referencia aquí no es una ciencia corriente. Santa Teresa recuerda en sus escritos el mal que le causaron los medioletrados que no acertaron a explicarle el modo de la presencia de Dios en el alma o la gravedad de sus faltas; ella los denomina "medio letrados espantadizos" que le "cuestan muy caro"[54]. Y eso que en comparación con la formación media de muchos sacerdotes de nuestro tiempo aquéllos podían considerarse sabios. Santa Teresa los contrapone a los eruditos que supieron encaminarla bien. ¿Qué ciencia tenían éstos?

La ciencia que pedía la Santa para los directores es ante todo un profundo conocimiento del dogma, gracias a lo cual puedan confrontar las más elevadas experiencias espirituales y no asustarse por el hecho de ser nuevas. En efecto, las experiencias místicas tienen ordinariamente su fundamento sobre verdades dogmáticas.

En segundo lugar, profundo conocimiento de la Sagrada Escritura y asiduidad con ella: "en la Sagrada Escritura que tratan, siempre hallan la verdad del buen espíritu"[55].

Junto a estos conocimientos dogmáticos y escriturísticos, el director ha de poseer conocimientos más específicos sobre lo que hace a la dirección del alma. Tales son:

La teología espiritual. Ante todo, lo relativo a la perfección cristiana: en qué consiste; a quiénes y de qué manera obliga; cuáles son los obstáculos que hay que remover y los elementos positivos que es preciso fomentar. Ha de conocer particularmente todo lo relativo a la vida de oración: sus diferentes tipos y grados, las pruebas que Dios suele enviar o permitir en almas que llevan vida de oración (arideces, asaltos diabólicos, noches del sentido, del espíritu, etc.).

La teología moral. Ésta le dará los elementos de juicio para distinguir la diferencia entre primeros movimientos, tentaciones, imperfecciones y pecados propiamente dichos; entre "sentir" y "consentir", etc.

---

[53] San Francisco de Sales, citado por Sellmair, *El Sacerdote en el mundo*, 63.
[54] Santa Teresa, *Moradas*, 5, 1, 8.
[55] Santa Teresa, *Vida*, 13,18.

I - La Dirección Espiritual - Conceptos generales

La psicología humana. El director ha de conocer también los principios elementales de la psicología humana: la teoría de los diferentes temperamentos y caracteres, la influencia que haya podido ejercer sobre el dirigido el medio ambiente en que ha vivido, la educación recibida, etc. Es muy conveniente, también, que conozca los distintos casos patológicos, las enfermedades nerviosas y mentales más frecuentes, para poder ejercer un auténtico discernimiento en este terreno.

La ciencia del director, si corona la santidad y la experiencia, hacen de éste el director ideal: "Así que importa mucho ser el maestro avisado, digo de buen entendimiento, y que tenga experiencia; si con esto tiene letras es grandísimo negocio. Mas si no se pueden hallar estas tres cosas juntas, las dos primeras importan más; porque letrados pueden procurar para comunicarse con ellos cuando tuvieren necesidad"[56]. Y en el mismo sentido Santa Catalina de Siena escribía: "Es mucho mejor ir a pedir consejo para bien del alma a un humilde con santa y recta conciencia que a un letrado soberbio, porque éste no puede dar sino de lo que en sí tiene; y por eso, muchas veces su vida tenebrosa presentará en tinieblas la misma luz de la Sagrada Escritura"[57].

5) *Cualidades humanas*[58]

La dirección espiritual es una obra de arte donde se conjugan elementos divinos y humanos. Por eso el director espiritual debe ser a la vez un hombre de Dios y un fino psicólogo (psicólogo sobrenatural); al menos en cuanto a los elementos esenciales. Entre las cualidades humanas que el director debe cultivar principalmente destaquemos:

Un afecto cordial sano. Tiene que poseer el don de la cordialidad que vemos en Jesucristo al encontrarse con Natanael (cf. Jn 1,48); debe despertar en el dirigido los sentimientos que Nuestro Señor arranca del joven rico: "¡Maestro bueno!" (Mc 10,17). Esta cordialidad es fruto de la gracia, aun cuando tenga en algunos una base humana, pues exige las más de las veces el sacrificio y la cruz. Implica la comunicabilidad y la comprensión; el saber

---

[56] Santa Teresa, *Vida*, 13,16.
[57] Santa Catalina de Siena, *Diálogo*, 85.
[58] Cf. Mendizábal, *Dirección espiritual*, 72-93.

escuchar y esperar. Hay que vigilar para que no se deforme en falsa y nefasta "afectividad", cayendo en lo que se conoce como "transferencia afectiva", o sea en una relación basada en el sentimiento humano.

El don de entender a las personas. Una cualidad importantísima es la que saber "leer el alma", es decir, entenderla. Esto es menos común de cuanto se supone; Santa Teresa escribe que pasó veinte años de vida espiritual sin encontrar confesor "que la entendiese"[59]. Aunque parezca algo evidente, no está de más recordar que para "entender" es antes necesario "escuchar". Hay que escuchar –a veces con mucha paciencia y caridad– al dirigido. Directores hay que no escuchan a sus dirigidos; que los interrumpen en sus exposiciones cuando no deben; que nos les dejan exponer con serenidad sus problemas; que hacen acotaciones que no vienen al caso, o son tiradas de los pelos o desvían del tema. A veces esto deja en los dirigidos la sensación de no haber sido comprendidos o, al menos, de no haber podido manifestar sus verdaderos conflictos.

El arte de sugerir con sencillez y eficacia. En ocasiones precisas el director debe ser capaz de exhortar y mandar, especialmente cuando el dirigido se encuentra en un estado de languidez y titubeo (o en los casos de escrúpulos), pero por lo general deberá más bien sugerir las posibles actitudes que su dirigido debe tomar; su tarea es enseñar al alma a hacer actos libres y meritorios y aprender así a caminar sin muletas. Jesucristo nos da un patrón de esto, por ejemplo, al exponerle el camino de perfección al joven rico a modo de hipótesis: "si quieres ser perfecto..."; la Virgen hace lo propio al "insinuar" al Hijo en las Bodas de Caná: "no tienen vino" (Jn 2,3). A veces se hace de forma abstracta, como Jesús a Nicodemo: "Si alguno no nace de agua y espíritu" (Jn 3,3).

La magnanimidad y la confianza. El trabajo de dirección espiritual es eficaz, pero muchas veces monótono e ingrato. Al mismo tiempo es tan complejo y difícil y de tanta responsabilidad que el director necesita gran confianza y magnanimidad para no amilanarse ante las dificultades. Hay que tener conciencia de que se trata de una enorme obra de misericordia con las almas, y tal vez la más grande de las obras que pueden hacerse por un alma.

---

[59] Santa Teresa, *Vida*, 4,7.

3. DEFECTOS DEL DIRECTOR ESPIRITUAL[60]

Evidentemente los principales defectos son la falta de las cualidades anteriormente mencionadas; pero además de esto hay que señalar otros defectos:

1) La vanidad y la autosuficiencia

Esto se da cuando el director se atribuye a sí mismo (y peor si está convencido) el hecho de llevar adelante el alma del dirigido. El efecto inmediato es dejar de fructificar, perder el apoyo de la gracia y detener el perfeccionamiento del alma. Dios es muy celoso en este punto; por eso algunos estancamientos tienen por causa el que el director, consciente o inconscientemente, se ha fiado de sí y ha contado exclusiva –o al menos principalmente– con su influjo sobre el dirigido.

2) La codicia

Puede darse tanto una codicia material (el afán de lucrar materialmente ganando los favores materiales del dirigido) cuanto una codicia espiritual, que es el amontonar almas y aplausos, fama de director de conciencias y adulaciones de gurú espiritual. Es una de las degeneraciones más crasas de la dirección espiritual, que deja de ser tal para convertiste en desorientación espiritual. Aún en sus grados más leves causa grandes males como el quitar la libertad de avisar y corregir, urgir al alma; lleva a tolerancias y silencios indebidos, etc. Estos directores buscan, evidentemente, sólo sus propios intereses.

3) La curiosidad

Todo tipo de curiosidad es un defecto. Y en la dirección espiritual hace mucho mal. En el grado más grave es el afán de conocer y descubrir todo en torno al dirigido, aunque nada tenga que ver con la conciencia ni con su perfección. En los grados más leves se manifiesta como el andar rastreando culpas o gracias que no dan ninguna luz para aconsejar ni dirigir. Lo que suele ocurrir es que, cuando el dirigido advierte que el director se está inmiscuyendo

---

[60] Cf. Hernández García, *Guiones para un cursillo práctico de dirección espiritual*, 243-244.

en terreno innecesario, pierde su confianza y estima en el director. Por el contrario, si ve que sólo pregunta lo que debe y hasta corta datos inútiles, cobra más confianza y franqueza, y permite que luego el director tenga más libertad para preguntar lo que necesita saber verdaderamente.

Por eso, todo lo que no atañe a la marcha del alma ha de quedar siempre fuera del trato de dirección, el cual no debe degenerar en un larvado periodismo. Incluso las mismas cosas de dirección han de tratarse con circunspección.

La curiosidad hace que la dirección degenere en mera amistad, lleva a indiscreciones que hacen despreciable al director y odiosa la dirección, puede ser ocasión de sentimentalismos y pasiones. Recordemos aquello de "la excesiva confianza engendra desprecio", lo cual tiene aquí más aplicación que en ninguna otra parte.

4) Los apegos humanos

El director ha de buscar sólo dar Dios a las almas y llevar las almas a Dios. Lo demás no es dirección espiritual. Las almas, como cualquier creatura, pueden generar apegos. El adagio atribuido a San Agustín dice: "amor spiritualis generat affectuosum, affectuosus obsequiosum, obsequiosus familiarem, familiaris carnalem", el amor espiritual engendra amor afectivo, el afectivo el obsequioso, el obsequioso el familiar y el familiar el carnal.

5) Los celos

El director debe tener celo y no celos. El primero es el deseo que nace de la caridad y que tiene como objeto el buscar almas para Dios. Los segundos nacen del amor propio y buscan almas para sí mismo, celándolas de todos los demás, es decir, reteniéndolas y considerándolas propiedad suya. Los celos hacen del director un cazador de almas.

6) La falsa prudencia[61]

Tal vez el más grave de los vicios que afectan al director espiritual lo configuran las distintas falsificaciones de la prudencia, especialmente la

---

[61] Cf. Santo Tomás, *Suma Teológica*, II-II, 55.

prudencia carnal, la astucia y la solicitud temporal.

La prudencia carnal le hace proponerse fines mundanos, terrenales o carnales. Si el director espiritual se guía por ella en las otras actividades de su vida, también la ejercerá –tarde o temprano– en la dirección de almas. De esta prudencia falsa dice San Pablo que es "enemistad con Dios" (Rm 8,7) y Santiago llega a afirmar que es "terrena, animal y diabólica" (St 3,15). Cuando se rige por esta prudencia, el director usa al dirigido para obtener de él (o por medio de él) fama, poder, dinero, aplauso, etc.

La astucia puede proponer tanto buenos como malos fines, pero en ambos casos lo propio de ella es la tortuosidad de los medios que elige y emplea: usa medias verdades, fraudes, mentiras, simulacros, deslealtad, hipocresía, ardides, etc.

La solicitud temporal es el empeño o preocupación inmoderada por las cosas temporales, buenas en sí. Es también el temor exagerado de que falte lo necesario en la vida. Se puede presentar muchas veces en los directores como falta de confianza en la acción providente de Dios o en el pretender hacer todas las cosas uno mismo, o en el no dar vuelo a las almas por miedo al futuro, a los riesgos, a las futuras tentaciones, etc. Olvida las palabras de Cristo: "No andéis solícitos diciendo: qué comeremos, qué beberemos o qué vestiremos" (Mt 6,31).

Todos estos defectos destruyen la dirección espiritual.

V. CUALIDADES Y DEBERES DEL DIRIGIDO[62]

1. LA ELECCIÓN DEL DIRECTOR

1) La elección

La primera cosa fundamental para el alma que quiere dirigirse es el saber elegir bien al director: "Y pues tanto os va en acertar con buen guía, debéis con mucha instancia pedir al Señor que os la encamine Él de su mano, y, encaminada, fiadle con mucha seguridad vuestro corazón"[63]. Si bien no debe dilatar el hacer dirección por no saber con quién hacerlo, tampoco debe dirigirse con el primero que venga a mano. Es muy importante mirar este aspecto, como ya señala San Juan de la Cruz en un texto citado arriba más largamente: "Grandemente le conviene al alma que quiere ir adelante en el recogimiento y perfección, mirar en cuyas manos se pone, porque cual fuere el maestro, tal será el discípulo, y cual el padre, tal el hijo..."[64].

Los criterios para la elección serán, ante todo, el tener en cuenta las cualidades que debe revestir el director, según ya hemos expuesto. En segundo lugar, el dirigido tendrá que tomar en cuenta las cualidades que habrá de tener él respecto del director, para ver con quién puede cuadrar mejor, especialmente la confianza, y la capacidad de abrir el alma.

El director espiritual ha de ser uno solo. "Importa sobremanera –decía Dom Marmion– no abrir su alma a otros a no ser que le conste ser esa la voluntad de Dios, porque hay en Usted contrastes de carácter y de gracia que no todos podrían comprender"[65]. Me parece que vale aquí con mayor razón lo que San Juan de la Cruz decía de los formadores de novicios: "no hay cosa más perniciosa que pasar por muchas manos"[66]. Tener varios es no tener ninguno; y esto vale tanto para quien tiene varios directores espirituales formalmente tales como para quien tiene uno solo pero consulta todo con

---

[62] Cf. Eugenio del Niño Jesús, *Quiero ver a Dios*, 336-342; Hernández García, *Guiones para un cursillo práctico de dirección espiritual*, 245-251.
[63] San Juan de Ávila, *Audi, filia*, c. 55.
[64] San Juan de la Cruz, *Llama*, 3,30-31.
[65] Thibaut, *Un maestro de vida espiritual. Dom Columba Marmion*, 285.
[66] San Juan de la Cruz, *Carta* 10 (al P. Ambrosio Mariano de San Benito).

otras personas espirituales sin compromiso de dirección. En definitiva, equivale a dirigirse a sí mismo, puesto que cuando discrepan los criterios será el mismo dirigido quien decida cuál tiene razón.

Es totalmente cierto que las consultas con otro no son incompatibles con la dirección espiritual; pero se limitan a ciertos casos:

- Cuando en algunos puntos concretos después de haber obedecido al director, las pautas de éste no resultan bien; la consulta puede ser útil cuando esto se repite una y otra vez.
- Cuando el director no acierta con lo que ocurre al alma o en indicar los medios más adecuados para algún problema específico. En principio sería más conveniente que consulte el mismo director, bajo secreto, y de no hacerlo él, podría ocuparse el mismo dirigido.

Incluso en algunos casos las consultas a otros deberían prohibirse por dañinas: es el caso de los escrupulosos, como diremos en su lugar.

2) *Cambio*

El cambiar de director no es aconsejable sino por serios motivos. Tales son:

- Cuando la confianza ha degenerado en un trato puramente natural y humano.
- Cuando el director ata demasiado, hasta no consentir que el dirigido consulte con otro habiendo motivo razonable y suficiente para hacerlo; igualmente si no permite o se resiente cuando el dirigido se confiesa con otro, etc.
- Cuando enseña cosas erradas doctrinalmente o su conducta es indigna.
- Cuando no tiene el suficiente cuidado del alma de su dirigido o es condescendiente con los defectos de la misma sin urgirla a combatir y trabajar espiritualmente.

Fuera de estos casos el cambio no es conveniente y los deseos del dirigido pueden responder a tentaciones contra la dirección espiritual que toman forma con la persona concreta del director (vergüenza de hablar con él; considerarlo duro, temores, miedos, etc.). Cuando es así, ni bien pasan los primeros tiempos de la nueva dirección, la misma tentación reaparecerá respecto del nuevo director.

2. CUALIDADES DEL DIRIGIDO

1) Espíritu de fe

El texto de la carta a los Hebreos (11,6), "es necesaria la fe para quien quiere acercarse a Dios", también vale como aplicación particular a la actitud del dirigido espiritual. La fe ha de ser la actitud fundamental en la relación con el director espiritual.

El espíritu de fe es fundamental cuando debe enfrentar las tentaciones que pueden surgir contra el director espiritual: desconfianza infundada, rechazo de sus consejos ascéticos, descubrimiento de sus defectos (que como todo ser humano tiene) inflados por el espíritu diabólico, etc. Es igualmente necesario este espíritu en el caso de que surjan movimientos contrarios, es decir, apegarse humana y afectivamente a un determinado director, caer en un trato puramente natural con él, etc.

2) Confianza, sencillez, sinceridad y discreción

La confianza con el director es esencial a la dirección. Santa Teresa, hablando del confesor, decía tener por principio normativo esta actitud: "tengo por gran principio de aprovechar mucho tener amor al confesor"[67].

Escribía San Francisco de Sales: "Tratad con él (el director) con franqueza, con sinceridad y fidelidad, manifestándole claramente vuestro bien y vuestro mal, sin fingimiento ni disimulación... depositad en él toda vuestra confianza mezclada de un respeto sagrado, de tal modo que el respeto no disminuya la confianza ni ésta el respeto"[68]. Algo semejante enseña San Juan de Ávila: "... fiadle con mucha seguridad vuestro corazón, y no escondáis cosa de él, buena ni mala; la buena, para que la encamine y os avise; la mala, para que os la corrija"[69].

---

[67] Santa Teresa, *Camino de Perfección*, 7,2.
[68] San Francisco de Sales, *Introducción a la vida devota*, III, 4.
[69] San Juan de Ávila, *Audi, filia*, c. 55.

Santa Teresa, por su parte, añadía: "Lo que es mucho menester, hermanas, es que andéis con gran llaneza y verdad con el confesor; no digo en decir los pecados, que eso claro está, sino en contar la oración. Porque si no hay esto, no aseguro que vais bien, ni que es Dios el que os enseña; que es muy amigo que al que está en su lugar, se trate con la verdad y claridad que consigo mismo, deseando entienda todos sus pensamientos. ¡Cuánto más las obras por pequeñas que sean!"[70]. Dom Columba Marmion escribía en una oportunidad: "El alma que se abre enteramente a quien el Señor le dio por guía no tiene por qué temer ser víctima de ilusiones"[71].

Y San Juan de la Cruz: "...Cualquier cosa que el alma reciba, de cualquier manera que sea, por vía sobrenatural, clara y rasa, entera y sencillamente ha de comunicarla luego con el maestro espiritual... Y esto por tres causas: la primera, porque... muchas cosas comunica Dios, cuyo efecto y fuerza y luz y seguridad, no la confirma del todo en el alma hasta que, como habemos dicho, se trate con quien Dios tiene puesto por juez espiritual de aquel alma, que es el que tiene poder de atarla o desatarla y aprobar y reprobar en ella... La segunda causa es porque ordinariamente ha menester el alma doctrina sobre las cosas que le acaecen, para encaminarla por aquella vía a la desnudez y pobreza espiritual que es la noche oscura. Porque si esta doctrina le va faltando, dado que el alma no quiera las tales cosas, sin entenderse se iría endureciendo en la vía espiritual y haciéndose a la del sentido, acerca del cual, en parte, pasan las tales cosas distintas. La tercera causa es porque para la humildad y sujeción y mortificación del alma conviene dar parte de todo, aunque de todo ello no haga caso ni lo tenga en nada. Porque hay algunas almas que sienten mucho en decir las tales cosas, por parecerles que no son nada, y no saben cómo las tomará la persona con quien las han de tratar; lo cual es poca humildad, y, por el mismo caso, es menester sujetarse a decirlo. (Y hay otras) que sienten mucha vergüenza en decirlo, porque no vean que tienen ellas aquellas cosas que parecen de santos, y otras cosas que en decirlo sienten, y, por eso, que no hay para qué lo decir, pues no hacen ellas caso de ello; y, por el mismo caso, conviene que se mortifiquen y lo digan, hasta que estén humildes, llanas y blandas y prontas en decirlo, y

---

[70] Santa Teresa, *Moradas*, 6, 9,12.
[71] Thibaut, *Un maestro de vida espiritual. Dom Columba Marmion*, 321.

después siempre lo dirán con facilidad"[72].

Santa Faustina Kowalska, entre los propósitos que hizo durante el Ejercicio Espiritual de 1937, dejó escrito: "Rendir cuentas fielmente de todo al director espiritual y no emprender nada de importante sin acordarlo con él. Trataré de revelar claramente los más secretos rincones de mi alma delante de él, recordando que trato con Dios mismo, pero como sustituto está solamente un hombre, por lo tanto todos los días debo pedir la luz para él"[73].

Y creo que estas palabras de la misma santa, que ella pone en boca de Jesús, son más que elocuentes: "Y ahora te diré lo que es más importante para ti: una sinceridad sin límites con tu director espiritual; si no aprovechas esta gracia según mis indicaciones, te la quitaré y entonces te quedarás sola contigo misma y volverán a ti todas las tribulaciones que conoces. No me agrada que desaproveches la oportunidad cuando puedes encontrarlo y hablar con él. Has de saber que es una enorme gracia de mi parte si Yo doy a un alma un director espiritual. Muchas almas me lo piden pero no a todas les concedo esta gracia. En el momento en que te lo he dado como director espiritual, le he dotado de una nueva luz para que pueda conocer y comprender fácilmente tu alma"[74]. "No preguntes la opinión de todos sino de tu director espiritual; con él sé sincera y sencilla como una niña"[75].

3) *Obediencia*

La obediencia garantiza la eficacia de la dirección. Es, por tanto, la obligación fundamental del dirigido. Hasta el punto tal es esto necesario que la actitud de algunos santos, como Santa Teresa, no deja de ser sorprendente. Así, por ejemplo, dice: "Siempre que el Señor me mandaba una cosa en la oración, si el confesor me decía otra, me tornaba el mismo Señor a decir que le obedeciese; después Su Majestad le volvía para que me lo tornase a mandar"[76]. Aquí se percibe cómo y cuánto en la Iglesia la gracia y los dones divinos respetan la jerarquía.

Por eso, insiste Santa Teresa, no ha de emprender nada el alma de cuanto

---

[72] San Juan de la Cruz, *Subida*, 2, 22, 16-18.
[73] Santa Faustina Kowalska, *Diario*, Cuaderno II, n. 238-239.
[74] Santa Faustina Kowalska, *Diario*, Cuaderno V, n. 137-138.
[75] Santa Faustina Kowalska, *Diario*, Cuaderno VI, n. 120.
[76] Santa Teresa, *Vida*, 26,5.

le prescriba el mismo Dios, mientras no se lo autorice el confesor. Y si éste no autoriza, el alma no queda más obligada, pues ahí está la voluntad divina, ya que si Dios realmente quiere que el alma haga alguna cosa que el confesor no ve de la misma manera, cuando quiere y como quiera puede cambiar el corazón del director o confesor[77].

4) Guardar el secreto

Añadamos a estas consideraciones algo importante: ¿obliga el secreto de dirección también al dirigido? Digamos que fundamentalmente sí, aunque no de la misma manera que al director. Y esto para evitar abusos que muchas veces causan gran daño: el tergiversar (consciente o inconscientemente) las palabras del director o el usarlo simplemente para reforzar la propia utilidad.

En efecto, hay dirigidos que consultan al director cosas que realmente no atañen a su vida interior sino que son temas de discusión con otras personas (esto especialmente en seminarios, comunidades religiosas y grupos de espiritualidad o formación). Cuando el director es consultado sobre un tema su respuesta no es nunca (al menos no debería serlo) abstracta sino totalmente circunstanciada: responde lo que a su criterio ocurre a esta alma, en estas circunstancias, teniendo en cuenta estos pormenores y rasgos descritos por el dirigido, etc. Su respuesta se basa, indudablemente, en principios universales, pero están matizados por la aplicación concreta a un caso. Recordemos que la dirección espiritual no es una cátedra sobre espiritualidad sino dirección concreta, por tanto, es casuística espiritual.

Se entrevé desde ya el daño que puede causar el que el dirigido use los consejos o diagnósticos dados por el director en otros contextos diversos donde la aplicación quizá no sea la misma. Su autoridad puede ser menoscabada, puede acarrear grandes daños y ser fuente de errores y extravíos para otras almas. Y esto suponiendo que las palabras del director son transmitidas textualmente; ni qué decir cuando las mismas son tergiversadas voluntariamente o al menos malinterpretadas por el dirigido.

Por todo esto, parece lo más acertado afirmar que el secreto obliga también al dirigido, aunque su ruptura no constituya materia grave. Y a tenor de directores experimentados, si el dirigido no está dispuesto a mantener

---

[77] Cf. Santa Teresa, *Moradas*, 6, 3, 11.

este secreto no debería continuarse la dirección espiritual.

3. TENTACIONES MÁS CORRIENTES CONTRA LA DIRECCIÓN

Podemos distinguir tres tipos de tentaciones contra la dirección espiritual[78].

1) Los que rehúsan toda dirección porque creen no necesitarla

No faltan personas que, pudiendo hacer dirección espiritual, pretenden persuadirse de que no hay inconveniente en prescindir de ella. Al menos hay quienes piensan que no la necesitan cuando han alcanzado una suficiente maduración. Esto es totalmente falso; la dirección permanecerá necesaria o al menos muy útil en todo momento de la vida por muchas razones:

- Es un hecho de experiencia que al tener que exponer a otro una situación, ésta se nos aclara a nosotros mismos; la presencia de un oyente nos estimula y la necesidad de hacernos comprender hace que nos expliquemos con más claridad.
- Estamos demasiado cerca de nosotros mismos como para vernos objetivamente. Al no tomar distancia –cosa que sí nos proporciona la dirección– podemos hacernos víctimas de ilusiones y engaños.
- La dirección comunica confianza y valor; generalmente aleja el temor a equivocarse: suele decirse que "cuatro ojos ven más que dos".
- A veces lo que nos falta no es luz sino fuerza y constancia para realizar lo entendido y determinado. La necesidad de tener que dar cuenta a alguien nos obliga moralmente a actuar.
- Nos ejercita en la obediencia.
- Nos hace practicar también en la humildad.

Por tanto, cuando no se siente la necesidad de la dirección, es señal evidente de que el alma no posee sino una virtud estancada.

---

[78] Cf. entre otros lugares: Beaudenom, *Práctica progresiva de la confesión y dirección*, 363-367.

2) Los que pretenden que es imposible encontrar un director adecuado

No hay que descartar la posibilidad de que sea una gran verdad, especialmente en nuestro tiempo de crisis de directores serios. Pero a veces también puede ocurrir que el problema venga por otro lado, por ejemplo:
- O bien no se ha rezado para que Dios nos muestre un director para nuestras almas (no hay que olvidar que la dirección es un acto de fe teologal).
- O bien se pretende encontrar un director según nuestros gustos y medida (mientras que lo que necesitamos es alguien capaz de juzgarnos con objetividad y sobrenaturalidad).
- O bien huimos de la dirección por pereza o temor de sus exigencias.

3) Las tentaciones de abusar de la dirección

Hay que advertir a las almas dirigidas que tendrán en algún momento tentaciones dentro de la misma dirección espiritual. Estas tentaciones pueden provenir de la acción diabólica o de las mismas almas dirigidas. Cuanto más segura y eficaz sea la dirección mayores tentaciones surgirán. Las principales tentaciones son:
- Buscar consuelos humanos en la dirección, y por tanto, no aguantar al director que las quiere llevar por el camino de la virtud sólida. Por lo general las almas que ceden a estas tentaciones consideran que el director no las entiende.
- Aspirar a una devoción superficial viendo con desagrado el esfuerzo y consejo del director cuando trata de que apunten al vencimiento propio, a la abnegación y a la oración profunda.
- Buscar que las muevan siempre de afuera, es decir, que tomen las decisiones por ellas, que piensen por ellas, que deliberen por ellas; en la misma línea es tentación el considerar que el director no se ocupa de ellas si éste se limita —como debe hacer– a darle criterios para que el alma decida y ponga en acto su propia voluntad. A este

respecto recordaba el ya citado Columba Marmion: "El director no es un fabricante de conciencias. Nunca debe sustituir su conciencia a la del dirigido. En último término, éste es quien después de Dios y juntamente con Él obra su propia salvación y perfección"[79].

VI. LA ENTREVISTA DIRECCIONAL

Un punto clave en la dirección espiritual consiste en saber llevar adelante con fruto la "entrevista direccional", es decir, el encuentro entre el director y el dirigido. A veces se lo encara muy mal y ocurre que o bien no se lo aprovecha, o bien termina en una irremediable pérdida de tiempo, tanto para el director como para el dirigido. A muchos dirigidos, especialmente si no tienen experiencia, las primeras veces que hacen dirección habrá que ir explicándoles "cómo" hacerla adecuadamente.

1. EL MODELO DE JESUCRISTO

En los Evangelios la vida de Jesucristo nos presenta varios ejemplos de lo que puede ser el prototipo de la entrevista direccional cristiana[80]. Se pueden tomar como modelo los diálogos de Jesús con Nicodemo (cf. Jn 3,1-17), o con la Samaritana (cf. Jn 4,6-21) o con los discípulos de Emaús (cf. Lc 24,13-33). Éste último es el más completo y puede servirnos de guía. Los principales elementos que se descubren allí se pueden enumerar como sigue:

1) La actitud inicial de Cristo: se les acerca con simpatía cordial, confianza, invitándolos a abrir el corazón y a proponer las dificultades que los aquejan (vv.15-17).

2) Las disposiciones de los dos discípulos: se muestran con libertad para proponer sus dificultades, sin convencionalismos (vv.18-24).

3) Inicialmente Nuestro Señor los escucha sin intervenir, deja que suelten lo que llevan dentro. Después que se han desahogado, comienza a hablar con espontaneidad, los reta por su incredulidad pero lo hace sin perder

---

[79] Thibaut, *Un maestro de vida espiritual. Dom Columba Marmion*, 290.
[80] Mendizábal, *Dirección espiritual*, 63-66.

nada de su dulzura. Enuncia la verdad (en este caso sobre los misterios del Mesías Redentor), la despierta en el corazón de los que ya la conocían, pero la habían olvidado (vv. 25-27).

4) El efecto que esto deja en los discípulos: suscita una adhesión afectiva, que de manera consciente o inconsciente (todavía no lo han reconocido) es adhesión al mismo Cristo (v. 29).

5) Es fundamental la desaparición de la visibilidad humana del director para dejar paso a la fe, a Cristo invisiblemente presente, a semejanza de cómo el "peregrino de Emaús" se transforma, ante los ojos de los discípulos, en el Cristo (vv. 30-31).

6) Efecto final es la conversión entusiasta del corazón de los discípulos hacia la comunidad, de la que estaban ya alejándose; singular efecto carismático de fervor interior, aunque Cristo no había dado ninguna orden (vv. 32-34). Así la dirección espiritual debe terminar en efectos auténticos de caridad y apostolado.

2. *FRECUENCIA Y DURACIÓN DE LA ENTREVISTA DIRECCIONAL*

Al principio parece conveniente que la entrevista tenga una frecuencia quincenal y en algún caso incluso semanal; frecuencia que irá disminuyendo en proporción al avance en la vida espiritual, estableciéndose el ideal en una entrevista cada mes. Al comienzo también suele ser conveniente fijar el día y la hora de la siguiente entrevista y, a veces, urgir al dirigido, llamándole si es preciso, porque no raras veces suelen aparecer timideces e inhibiciones. Pero esto sólo al principio; luego hay que dejar que él la pida, pues este es el único modo que tiene el director para juzgar si el dirigido se hace responsable de su propio caminar espiritual o si solo se mueve porque –y cuando– el director lo mueve. Respecto de estos puntos dice un documento magisterial refiriéndose al caso de la dirección de los candidatos al sacerdocio: "La frecuencia de los coloquios puede establecerse en una media de uno cada mes como necesario y suficiente para la generalidad de los alumnos (...) No parece oportuno que de modo ordinario el director espiritual llame por propia iniciativa a cada alumno, excepto a aquellos que lo hubiesen pedido"[81].

Durante la entrevista hay que evitar, por un lado, la impresión agobiadora de la "prisa", y, por otro, hay que tratar de que sea "breve" a menos que el dirigido presente un problema singular o especial. En una conferencia dirigida a religiosas, les decía Dom Marmion: "Cuando se dice al sacerdote lo que hay que decirle, se recibe la dirección necesaria, y las más breves suelen resultar las mejores"[82]. Una entrevista "normal" puede ser hecha –si la frecuencia es la conveniente– en un cuarto de hora. Cuando dura mucho más tiempo, se empieza a hacer "pesada", y a la larga el mismo dirigido termina huyendo de ella o evitándola. Monseñor Gay escribía: "El abuso de la dirección es causa de temibles ilusiones. Me refiero a la frecuencia o prolongación de las charlas –habladas o escritas– con el director espiritual. Aparte de que, en lo que se refiere al sacerdote, aunque lo haga por caridad, se expone a perder miserablemente su tiempo..., para la misma alma es un grandísimo peligro de preocuparse excesivamente de sí misma, de alimentar el egoísmo y la vanidad, de extraviarse en el camino de la virtud, de levantar entre Dios y su alma una espesa polvareda que la haga perderle de vista y alejarse de él... Por lo tanto, si quieres marchar recto por el camino de la verdad y no debilitar en ti la gracia de Dios, sé sobrio, muy sobrio en la cuestión de la dirección de conciencias"[83].

Hay algunos dirigidos que no se "sienten capaces" de dirigirse en un corto espacio de tiempo. Suele escucharse expresiones como "me cuesta entrar en confianza en tan poco tiempo", o "no puedo explicar todo mi problema en poco tiempo". Con delicadeza el director espiritual tiene que ir explicándole la verdadera dimensión de la dirección y especialmente dos cosas:

Primero, que el director humano no es el principal Director Espiritual. Éste es el Espíritu Santo; frente a Él el director espiritual debe desaparecer; su función es sólo discernir lo que el Espíritu divino está haciendo o quiere

---

[81] Sacra Congregazione dei Seminari e delle Università degli Studi, *Per i direttori spirituali dei Seminari*, n. 3.

[82] Thibaut, *Un maestro de vida espiritual. Dom Columba Marmion*, 289.

[83] Citado por Thibaut, *Un maestro de vida espiritual. Dom Columba Marmion*, 289, nota 2.

hacer en el alma del dirigido. Si no se comprende esto la dirección degenera en un "coloquio psicológico" o una charla sobre temas espirituales.

Segundo, que el que debe "trabajar" principalmente es el dirigido, no el director. Éste debe dar indicaciones y el dirigido debe trabajar espiritualmente. Este trabajo es, en parte, previo a la dirección y, en parte, posterior a ella. Precisamente, parte del trabajo previo consiste en preparar la dirección que se va a hacer. A veces el dirigido tiene en su mente "su problema" o "sus dudas" de modo confuso, y se las expone a sí mismo por vez primera cuando las relata ante el director espiritual. En estos casos se suele asistir a una larga descripción pormenorizada y detallada, con un hilo conductor difícilmente aferrable, aburrida y confusa, con nombres de personas implicadas que en nada ayudan al problema, con idas y venidas y vueltas a ir que terminan con la paciencia, o al menos con los nervios, del director, el cual si luego de la interminable explicación no resume todo en un par de frases que sinteticen y centralicen el problema, debe concluir que no ha entendido nada. Precisamente, todo este trabajo de lograr una síntesis del problema debe hacerlo el dirigido antes de hablar con el director. Ésta es la forma de aprender a "saber" qué nos pasa, aprender a discernir nuestros propios problemas, e incluso aprender a resolverlos, pues las dudas surgen muchas veces de no habernos planteado nosotros mismos con claridad los problemas; esto no quita que, en estos casos, luego los presentemos –resumidos– al director para corroborar nuestros juicios sobre ellos.

La entrevista direccional debe evitar degenerar tanto en algo puramente "cerebral" como en algo "sentimental".

3. LOS TEMAS DE LA ENTREVISTA

En la entrevista direccional es muy importante que el director sepa mantenerse dentro de los límites de la competencia de la dirección "espiritual", es decir, en el marco de las cosas del alma. Debe saber distinguir pronta y claramente las cosas espirituales de las cosas de gobierno tanto con los laicos como con los religiosos (mucho más con estos).

Con los *laicos casados*, el director espiritual debe ser consciente de que no es el director de la familia o del matrimonio sino del fiel que tiene como dirigido singular. No debe, pues, meterse en las cuestiones conyugales que no afecta directamente la conciencia de su dirigido. Debe dar las pautas generales y saber que hay temas de la convivencia conyugal que deben ser tratados entre los esposos; o, en todo caso, han de plantearlos juntos a un sacerdote. De lo contrario se corre el riesgo de que –tal vez inocentemente– el dirigido "use" a su director contra su cónyuge ("mi director me dijo tal o cual cosa...").

Con los *religiosos* debe ser mucho más cuidadoso, pues la dirección puede degenerar y entrar en cuestiones propias del gobierno, invadiendo el terreno de los superiores y lo que hace a la obediencia. El director debe subordinar su tarea a la obediencia que sus dirigidos religiosos deben a sus superiores legítimos.

El punto central de toda entrevista direccional debe ser el "propósito actual" sobre el que el dirigido está trabajando o debe trabajar (es decir, el defecto que está intentando corregir o la virtud que busca adquirir). Esto marca el punto de progreso o retroceso en el trabajo del alma; volveremos sobre este tema más adelante.

4. EL COMIENZO DE LA DIRECCIÓN

Cuando se comienza a dirigir a una persona es muy conveniente hacerse cargo de la vida espiritual que hasta el momento ha llevado, pues cuanto mejor conozca sus cosas interiores y exteriores, con tanta mayor solicitud le podrá ayudar[84]. Es cierto que algunos afirman que no es necesaria una mirada hacia atrás y que sería suficiente contar con la docilidad y sinceridad del dirigido a partir del momento en que la dirección comienza. Sin embargo, en este punto, me parece muy clara la actitud de San Juan Bosco, quien sugería a sus jóvenes que empezasen a dirigirse con él haciendo una confesión general, abriéndole plenamente el corazón, porque, decía, "si no sé todo lo que han hecho en el pasado, no puedo aconsejar los remedios que requiere su estado y la moralidad de sus costumbres (...) Si no conozco su interior, me resulta imposible hacerles el bien que deseo y que ellos necesitan"[85].

Creo, pues, importante que el director espiritual conozca, en la medida

---

[84] Cf. Mendizábal, *Dirección espiritual*, 94-98.
[85] *Memorias biográficas de San Juan Bosco*, Volumen 7, 614.

que sea posible, el temperamento y carácter de su dirigido, el entorno en que ha vivido y vive actualmente, sus antecedentes familiares (muchos problemas humanos se entienden cuando uno conoce a los padres o hermanos de la persona que se desea ayudar), sus principales problemas pasados y su salud física y particularmente psíquica. Si la dirección espiritual ha de ser seria, estos pormenores no serán de poca monta.

En las primeras entrevistas hay que crear, ante todo, un ambiente de confianza para evitar inhibiciones. El director debe guardarse de pronunciar juicios definitivos a raíz de las primeras entrevistas y evitar dar la impresión de que se los ha formado interiormente. Igualmente, debe evitar **clasificar** al dirigido en las fichas de determinada categoría psicológica o espiritual. Debe desconfiar de las primeras impresiones; éstas son provisorias; debe tener paciencia para conocer bien a una persona.

Desde el principio debe mostrar estima al dirigido y confianza plena en la sincera voluntad. Si al principio deja transparentar la menor desconfianza, se acabó la dirección. El director debe estar seguro de que, si hay cosas que no son totalmente perfectas, hay, sin embargo, muchas buenas. También es muy importante que, desde el principio, el director se coloque en una perspectiva plenamente evangélica; no debe actuar, ni presentarse, ni dar la impresión de actuar como psicólogo, o doctor, o humanista, o teólogo, o persona culta, ni amigo natural, sino como "consejero evangélico sobrenatural"; en consecuencia debe expresarse, desde el principio, con juicios evangélicos de las situaciones concretas. Por último, debe patentizar su fe cierta en la victoria de Dios sobre el alma del dirigido; debe manifestar confianza en la acción y eficacia de la gracia para vencer los defectos que agobian al dirigido o simplemente para llevarlo a la santidad. Debe animar al dirigido en ese mismo sentido.

5. *EL DIRECTOR ANTE LAS MANIFESTACIONES DE CONCIENCIA DEL DIRIGIDO*[86]

La manifestación de la conciencia del dirigido es la que ofrece la única materia a la dirección. En esto el dirigido puede faltar por defecto o por

---

[86] Cf. Mendizábal, *Dirección espiritual*, 98 ss.

exceso:

- Por defecto, siendo demasiado vago, abstracto e impersonal (peligro más frecuente en los varones).

- Por exceso, descendiendo a detalles nimios y sin importancia para la dirección (peligro más frecuente en las mujeres).

Lo más importante es llegar a determinar, sin preguntas violentas, cuál es la fisonomía y línea general fundamental de la vida espiritual del alma dirigida. Hay que prestar atención a aquellos puntos en los que está particularmente trabajando bajo la dirección; en éstos ha de tratar de ver y expresar lo positivo y lo negativo de su labor. Luego pueden venir los otros puntos particulares. Hay que llevar al dirigido a que presente hechos y juicios concretos y no impresiones generales vagas, que resultan, ordinariamente, falsas, inútiles y depresivas. Después de escuchar, el director podrá ayudarle a formar un juicio desde la luz del Evangelio, con criterios evangélicos, tomados principalmente de las bienaventuranzas y de la cruz de Cristo. De este modo se irá habituando al dirigido a no juzgarse a sí mismo desde sí mismo (o sea, tomándose a sí mismo como punto de referencia y criterio último) sino a la luz del Evangelio y según los Planes de Dios.

Ante la apertura de la conciencia por parte del dirigido es muy importante para éste la reacción del director. Mientras el dirigido habla el director debe mantener una total confianza. Para esto debe controlar su propia afectividad (humor, carácter) en lo que puede afectar a cuanto escucha. Tiene que procurar interesarse realmente por lo que le viene referido, sin discutir. Durante la exposición del dirigido debe evitar, en cuanto le sea posible, reacciones inmediatas. Debe saber esperar.

Terminada la exposición del dirigido, el director debe guardarse bien de reaccionar inmediatamente con una posición decidida (salvo en casos muy bien determinados, como, por ejemplo, con los escrupulosos). Hay que proceder siempre por partes, y más al comienzo. El dirigido se debe dar cuenta perfectamente de que el director conoce y entiende lo que le está planteando. Para esto, al comienzo, la reacción ha de ser simplemente de comprensión y reinterpretación, reflejando el contenido de lo que el discípulo ha ido expresando, de modo que éste vuelva a oír sus propias proposiciones y vea objetivadas sus razones, dudas, inquietudes y sentimientos. Antes de dar

I - La Dirección Espiritual - Conceptos generales

consejo es bueno repetir bien lo que ha entendido. Este es uno de los puntos, dice Mendizábal, para detectar al buen director: cuando en la repetición lo dice más claro y ordenado de lo que el dirigido lo ha propuesto, colocando el acento en los puntos fundamentales, demuestra gran poder de síntesis, entendimiento y discernimiento.

Procediendo a la luz del Evangelio, hay que procurar envolverlo todo en una visión providencial; hay que tratar de aplicar la Sagrada Escritura. Para esto es fundamental la familiaridad con ella.

6. CONSOLIDAR LA SANA CONCIENCIA

Un punto clave de la entrevista es la educación de la conciencia. La dirección espiritual debe ir consolidando la salud y rectitud de la conciencia. Éste es, a veces, el mejor síntoma de una adecuada dirección y del progreso en ella: la conciencia del dirigido se va haciendo más equilibrada, segura, sana y cristiana. Esto significa una conciencia capaz de juzgarse con claridad, a la luz de la fe. Supone honradez, claridad de juicio y equilibrio.

Esta educación tiene que tener como objeto tanto la conciencia "psicológica" (la que nos dice "qué" hacemos o hemos hecho) como la conciencia "moral" (la que nos advierte sobre la bondad o malicia de aquello que hacemos, hemos hecho o estamos por hacer). De este modo se evitarán las diversas malformaciones de la conciencia que son:

- La conciencia laxa: la que bajo fútiles pretextos considera lícito lo ilícito o leve lo grave. Es causada por la falta de fe viva y la pérdida del sentido del pecado, la vida sensual, el descuido de la oración, la excesiva solicitud por las cosas terrenas, el ambiente frívolo, la costumbre de pecar y la lujuria.

- La conciencia cauterizada: la que por la costumbre de pecar no concede importancia alguna al pecado y se entrega a él (aparentemente) con tranquilidad y sin remordimientos.

- La conciencia farisaica: una combinación de conciencia escrupulosa y conciencia laxa; hace grande lo pequeño y pequeño lo grande; puede, por ejemplo, preocuparse excesivamente por cosas accidentales o sin importancia, y al mismo tiempo no intranquilizarse al lanzar una calumnia.

- La conciencia escrupulosa: aquella que por motivos insuficientes cree que hay pecado donde no lo hay o que es grave lo que es leve.

Nadie puede sustituirnos en nuestros juicios de conciencia, y no es posible delegar la responsabilidad moral que tenemos en tal sentido: la conciencia es singular, personal e intransferible. De este modo, para poder ejercer el derecho de una recta conciencia es necesario primero formar y educar la conciencia; y ayudar a formarla es también tarea del director espiritual.

1) *La interioridad con la Voluntad Divina*

Ante todo, el director debe ayudar a que el dirigido se interiorice con los planes de Dios, pues mediante la luz de la conciencia Dios conduce al hombre hacia su Fin Último participándole su *fuerza gubernativa* para que éste aplique esa luz a sus actos moviéndose a sí mismo hacia Dios. Esto se hará recurriendo a la Divina Revelación interpretada por el Magisterio auténtico de la Iglesia. La educación de la conciencia adviene, en este sentido, en el marco del ejercicio de la fe teologal.

Al respecto dice la *Veritatis Splendor*: "Los cristianos tienen —como afirma el Concilio— en la Iglesia y en su Magisterio una gran ayuda para la formación de la conciencia: «Los cristianos, al formar su conciencia, deben atender con diligencia a la doctrina cierta y sagrada de la Iglesia. Pues, por voluntad de Cristo, la Iglesia católica es maestra de la verdad y su misión es anunciar y enseñar auténticamente la Verdad, que es Cristo, y, al mismo tiempo, declarar y confirmar con su autoridad los principios de orden moral que fluyen de la misma naturaleza humana». Por tanto, la autoridad de la Iglesia, que se pronuncia sobre las cuestiones morales, no menoscaba de ningún modo la libertad de conciencia de los cristianos; no sólo porque la libertad de la conciencia no es nunca libertad «con respecto a» la verdad, sino siempre y sólo «en» la verdad, sino también porque el Magisterio no presenta verdades ajenas a la conciencia cristiana, sino que manifiesta las verdades que ya debería poseer, desarrollándolas a partir del acto originario de la fe. La Iglesia se pone sólo y siempre al servicio de la conciencia, ayudándola a no ser zarandeada aquí y allá por cualquier viento de doctrina según el engaño de los hombres (cf. Ef 4,14), a no desviarse de la verdad sobre el bien del hombre, sino a alcanzar con seguridad, especialmente en las cuestiones más difíciles, la verdad y a mantenerse en ella"[87].

2) *La formación en el conocimiento moral y el amor a la verdad*

En cuanto la conciencia ejerce una mediación respecto de la verdad no sólo divina sino natural (es decir, busca la verdad, la alcanza y la hace "norma" de la propia conducta), educar la conciencia significará aprender a amar la verdad; practicar la docilidad a ella; renunciar a nuestros intereses y a las ventajas puramente humanas que se nos ofrecen a condición de claudicar en alguna verdad.

Esta educación se logra mediante el conocimiento de esta verdad que nosotros no construimos, sino a la cual nos modelamos y en cuya conformación nos hacemos libres. La formación de la conciencia se realiza así mediante la adquisición de la ciencia ética humana y, para el cristiano, la ciencia moral sobrenatural. Consiste en descubrir las verdades fundamentales. Como dice la Encíclica *Evangelium vitae*: "No menos decisivo en la formación de la conciencia es el descubrimiento del vínculo constitutivo entre la libertad y la verdad"[88].

Esta educación debe comenzar desde la infancia, enseñando y aprendiendo a distinguir entre el bien y el mal; no permitiendo las deformaciones de la inteligencia que provienen de ver pecado donde no lo hay (por ejemplo, amenazando por cosas falsas o innecesarias) o, por el contrario, de minimizar la verdadera falta moral, enfriando el sentido del pecado y, como consecuencia, el sentido de Dios.

3) *La práctica de la virtud*

Una conciencia educada presupone la existencia de virtudes que inclinen connaturalmente la voluntad hacia los fines buenos y que garanticen la independencia de la razón ante la intervención imprevista de las pasiones. Al respecto dice la *Veritatis Splendor*: "Para poder «distinguir cuál es la voluntad de Dios: lo bueno, lo agradable, lo perfecto» (Rm 12,2)... es indispensable una especie de «*connaturalidad*» entre el hombre y el verdadero bien[89]. Tal connaturalidad se fundamenta y se desarrolla en las actitudes virtuosas del

---

[87] Juan Pablo II, *Veritatis splendor*, 64.
[88] Juan Pablo II, *Evangelium vitae*, 96.
[89] Cf. Santo Tomás, *Suma Teológica*, II-II, 45, 2.

hombre mismo: la prudencia y las otras virtudes cardinales, y en primer lugar las virtudes teologales de la fe, la esperanza y la caridad. En este sentido, Jesús ha dicho: «El que obra la verdad, va a la luz» (Jn 3, 21)"[90].

"La conciencia también depende de las disposiciones morales de la persona (virtudes y vicios); por eso, la práctica de las virtudes y la lucha contra el vicio es necesaria para llegar a tener una conciencia bien formada. Entre las virtudes morales, la sinceridad y la humildad tienen particular importancia en la formación de la conciencia: para reconocer las propias equivocaciones, para pedir consejo a las personas más prudentes o de mayor experiencia. Es grande también la importancia de la templanza, salvaguardia de la prudencia, porque ayuda a no confundir el placer con el bien y el dolor con el mal. Aristóteles señalaba que la voluntad humana tiene como objeto el bien, «pero este objeto, para cada uno en particular, es el bien tal como le aparece». Por eso añade que «el hombre virtuoso sabe siempre juzgar las cosas como es debido, y conoce la verdad respecto de cada una de ellas, porque según son las disposiciones morales del hombre, así las cosas varían... Quizá la gran superioridad del hombre virtuoso consiste en que ve la verdad en todas las cosas, porque él es como su regla y medida, mientras que para el vulgo en general el error procede del placer, el cual parece ser el bien, sin serlo realmente. El vulgo escoge el placer, que toma por el bien; y huye del dolor, que confunde con el mal». Es, pues, muy antigua la convicción de que el conocimiento del bien y del mal en la acción concreta no requiere únicamente la agudeza del intelecto, sino también una recta disposición de la afectividad (virtudes morales), sin la cual la razón no consigue desempeñar su función rectora de la conducta"[91].

7. *EL DIRECTOR ESPIRITUAL Y LOS SUPERIORES DEL DIRIGIDO*

Un último tema se refiere a las relaciones entre el director espiritual y los superiores de su dirigido, cuando éste es religioso: ¿qué puede él informar a los superiores?; ¿qué pueden los superiores informarle a él?

---

[90] Juan Pablo II, *Veritatis splendor*, 64.
[91] Rodríguez Luño, *Ética General*, 291 (el texto citado de Aristóteles corresponde a *Ética a Nicómaco*, III, 4.

El director espiritual debe regirse principalísimamente por lo que le informa su propio dirigido. Es el dirigido el interesado en que su alma sea correctamente iluminada; para esto él debe esforzarse en ser sincero y claro. Por su parte el director debe formar sus juicios en base a cuanto le es presentado por el dirigido, confiando plenamente en la sinceridad del mismo; como un médico con su paciente: si el enfermo deforma los síntomas, el que se perjudica es el enfermo; sería sumamente engorroso si el médico desconfiara de cuanto le expone su paciente.

Pero junto a esto, el director puede usar, al menos para su propio juicio, de otras noticias que pueden ayudarle a entender el alma que dirige. Entre estas cosas, son muy útiles las que le informan los superiores. En esto el director se encuentra en dos situaciones diversas.

La primera, cuando es uno de los formadores de la casa en que hace dirección espiritual. En este caso, en las reuniones de superiores formadores él escucha los informes que los demás superiores presentan de cada uno de los miembros de la casa; consecuentemente escucha las impresiones de los demás sobre sus propios dirigidos (sobre los cuáles, por otra parte, él –por ser director espiritual– no puede informar otra cosa que la frecuencia con que hacen dirección). Esto puede ayudarle a corregir sus impresiones personales, aunque debe guardarse totalmente de dejar entrever al dirigido que sabe algo de él por otro lado distinto de sus propias confidencias.

La segunda, cuando dirige en casas donde él no desempeña ninguna función como superior (por ejemplo, en casas de religiosas). Le ayuda no poco que los Superiores le informen sobre las cosas generales –y no confidenciales– de sus dirigidos; es decir, cuanto hace al comportamiento externo: su trato con los demás miembros de la comunidad, su celo apostólico, su modo de estudiar y trabajar, la psicología general que puede ser percibida por cuantos conviven habitualmente con esta persona. Los superiores no deben informar al director sus súbditos le han expuesto confidencialmente.

En todas estas cosas tanto los directores como los superiores deben regirse por una extremada y exquisita prudencia.

VII. LA DIRECCIÓN ESPIRITUAL POR CORRESPONDENCIA

La dirección por escrito no es el modo ordinario en que esta se ejerce, pero tampoco carece de exponentes entre los grandes directores y dirigidos de la historia. Baste pensar en los tomos del epistolario del P. Pío de Pietrelcina, tanto con sus directores como con sus dirigidos; las cartas de dirección del beato Columba Marmion, las cartas de san Francisco de Sales a santa Juana de Chantal, o las de Jean-Pierre de Caussade (su célebre tratado del *Abandono en la divina Providencia* está formado con extractos de cartas de dirección a las religiosas visitandinas)...

La dirección epistolar tiene importantes inconvenientes, no solo en el tiempo que exige del director cuando los dirigidos se multiplican, sino también por el secreto propio de la dirección y el peligro de crear algún tipo de dependencia afectiva si no se cuida bien este apostolado.

Entre otros peligros también señalo: el caer en la prolijidad de palabras, es decir, en exceso verbal innecesario (algunos dirigidos, e incluso directores, hacen perder el tiempo escribiendo ampliamente lo que pueden decir con pocas líneas); o, al contrario, el ser excesivamente parcos, ocasionando confusiones en quien lee; el espaciar demasiado la correspondencia (o sea, hacer poca dirección espiritual porque no se tiene nada nuevo que decir); o su contrario, escribir con excesiva frecuencia.

De todos modos, hay que reconocer que la falta de buenos directores espirituales en muchos lugares del mundo hace a veces necesario este medio, al menos para algunos misioneros y misioneras que tienen que ir a regiones apartadas o donde no hay directores de confianza. Es, pues, un medio extraordinario pero no excepcional ni, menos todavía, incorrecto por sí mismo.

Indico, por tanto, algunas observaciones que hace el P. Gerardo Di Flumeri sobre el modo en que el P. Pío de Pietrelcina practicó este modo de apostolado de la dirección[92]. En este caso concreto se puede observar:

1º El epistolario del P. Pío no es fruto de una veleidad o de un capricho. No eligió él con preferencia este género de dirección sino que fue inducido a

---

[92] Me baso concretamente en cuanto escriben los curadores en la *Introducción* al tomo III del Epistolario del P. Pío (*Correspondenza con le figlie spirituali [1915-1923]*, San Giovanni Rotondo (1994), LXVII-LXXVII.

escribir por la necesidad de las almas que recurrían a él. Lo dice en algunas ocasiones: "me consuela solamente el pensamiento de no ser yo quien va buscando estas almas o de tener para todos, especialmente con ciertos espíritus extraordinarios, toda la buena intención de recurrir a la divina luz"[93].

2° Aceptaba con consciente responsabilidad la dirección por escrito como una estrictísima obligación para realizarla con generoso empeño. Una vez que aceptaba, ponía todo el corazón en ayudar a cada uno en particular. "¡Usted es todo de todos!", le dijeron en una oportunidad, a lo que corrigió: "¡Soy todo de cada uno! Cada uno puede decir: el padre es mío".

3° Al ser cartas de conciencia este tipo de epístolas no son exposiciones meramente teóricas; en ellas el P. Pío evita toda superflua exposición yendo al punto con simplicidad evangélica, con espíritu concreto. Esto implica además el que las soluciones propuestas a cada consulta se adaptan a las circunstancias del momento de esa alma (de ahí el peligro de malinterpretar las cosas si se extrapolan a otros casos distintos, sea de parte de otras personas o del mismo dirigido).

4° El único interés del director (P. Pío) es la santificación del dirigido, llevándolo a la unión con Dios mediante la caridad. De ahí que sus respuestas provengan de su oración y meditación ante el Señor. Son comunes en su epistolario frases como: "respondo a tu carta delante de Jesús crucificado y junto a Él en el santísimo sacramento", "cerca del tabernáculo"...

5° Trataba de responder cuanto antes, siempre que le era posible, evitando todo retardo, pues las almas dirigidas necesitan la pronta respuesta del director. Cuando esto le resultaba imposible, se amargaba notablemente. Por eso, a menudo prefería responder breve pero prontamente.

6° El P. Pío era muy cuidadoso respecto del secreto que obligaba

---

[93] Carta a Antonietta Vona, 30 de marzo de 1918; tomo III, 851-852.

también a la dirección por correspondencia. De ahí que no solo evitara absolutamente cualquier indiscreción personal sino también *de parte de los mismos dirigidos*. "Exigía absoluto silencio sobre los temas de la dirección y condenaba inexorablemente toda ligereza e indiscreción al respecto. Si era necesario pedía permiso a las interesadas para usar ciertas noticias, para obrar de modo de no mortificar la susceptibilidad; y además exigía que solo a él le fuesen «manifestadas las cosas de conciencia». Por eso a veces evitaba hasta que se conociese el remitente"[94]. A las hermanas Ventrella escribía: "quiero que la presente no sea conocida por nadie, por razones providenciales y de previsión"[95]; a Erminia Gargani se le quejaba: "Me sorprende que mi correspondencia sea conocida de otros"[96]. No hacía esto para mantener cierta clandestinidad epistolar sino para preservar el secreto propio de la dirección. En algunos casos el mismo padre indicaba que ciertos puntos, quizá más delicados moralmente, no los podía poner por escrito y debían tratarse exclusivamente de viva voz[97].

7º Una norma de prudencia elemental en la correspondencia escrita que observaba el P. Pío era no mezclarse en cuestiones temporales o familiares extrañas a la dirección. En esto sostenía que había que tener mucha circunspección.

8º Otra cosa que cuidaba el P. Pío, y que se exige siempre en este tipo de dirección, era evitar frases o locuciones que pudieran generar cualquier sentimentalismo tonto o malsano. Es de capital importancia sopesar las manifestaciones escritas que puedan despertar cualquier inquietud emotiva; esto puede causar daños *irreparables* tanto para el director como para el dirigido.

Si no pueden cumplirse estas normas elementales, ya sea porque los medios no son seguros o porque el director se siente incapaz de atarse fielmente a ellas, o porque el dirigido es indiscreto, sería mejor no hacer dirección espiritual epistolar.

---

[94] Pío de Pietrelcina, *Introducción* al tomo III, LXXIII.
[95] Carta a las hermanas Ventrella, 17/4/1818.
[96] Carta a Erminia Gargani, 3/6/1919.
[97] Cf. Carta a Elena Bandini, 11/1/1922.

SEGUNDA PARTE

LOS ELEMENTOS DE LA EDUCACIÓN ESPIRITUAL

CAPÍTULO PRIMERO

HACERSE CARGO DEL ALMA DEL DIRIGIDO

Dice el magisterio: "El director debe conocer bien a la persona que ayuda, para buscar junto con ella los signos de la voluntad de Dios en el camino de santidad y en los momentos especiales de gracia. La diagnosis se centrará en la manera de ser, las cualidades y los defectos, el desarrollo de la vida espiritual personal, etc."[98]. Y también: "Es oportuno iniciar el camino de la dirección espiritual, con una relectura de la vida"[99].

Si la dirección debe ser particular y adaptada a cada alma, se sigue que es imposible dirigir adecuadamente a quien no se conoce. Los dirigidos que han alcanzado la santidad, han hecho todo lo posible para ser, para sus directores, como un trozo de cristal trasparente, o un libro abierto en el que el director pueda leer sin esfuerzo toda la verdad del dirigido.

Son interesantes estos consejos de Don Bosco a sus muchachos:

"Es mi costumbre aconsejar a los alumnos que entran nuevos en la Casa lo mismo que Pitágoras exigía de sus discípulos. Cada vez que se le presentaba uno nuevo, quería para admitirlo en su escuela, que antes le hiciese en confianza una minuciosa declaración, o sea una especie de confesión, de toda su vida pasada. Notad que era un filósofo pagano, el cual, sin embargo, buscaba, merced a los muchos conocimientos adquiridos, ser útil a sus semejantes. Pedía, pues, tal manifestación y daba la razón de ello diciendo: «si no sé todo lo que han hecho en el pasado, no puedo aconsejar los remedios que requiere su estado y la moralidad de sus costumbres». Después cuando un joven era admitido en su escuela como alumno, quería que le abriese el corazón en todo: «Porque, añadía, si no conozco su interior, me resulta imposible hacerles el bien que deseo y que ellos necesitan». Lo mismo os aconsejo a vosotros, queridos muchachos. Creen algunos que basta abrir plenamente el corazón al director espiritual para comenzar una vida nueva, y que han hecho una confesión general cuando lo dicen todo... Eso es una gran cosa, pero no lo es todo... Se trata no sólo de remediar el pasado, sino también de prevenir el futuro con firmes resoluciones... En cuanto al porvenir, para caminar con

---

[98] Congregación para el Clero, *El sacerdote confesor y director espiritual*, n. 103.
[99] Ibídem, n. 88.

seguridad debéis revelar vuestros defectos habituales, las ocasiones en que solíais caer, las pasiones dominantes; cumplir los consejos y avisos que se os darán poniéndolos fielmente en práctica; y después perseverar teniendo abierto vuestro corazón con entera confianza, exponiendo de tanto en tanto las necesidades, las tentaciones, los peligros, de modo que quien os dirige pueda guiaros con seguridad"[100].

El director debe hacerse cargo, pues, de todo lo necesario para conocer adecuadamente a su dirigido; por tanto, necesita conocer:

- Su vida: cómo ha sido y cómo es.
- Su temperamento y su carácter. "El conocimiento de los temperamentos y de los caracteres ayudará a moderar y a orientar: por ejemplo, si se toma una tipología «clásica» de los Padres como la de Hipócrates, se hará de forma que las aspiraciones a grandes cosas no caigan en el orgullo y en la autosuficiencia (temperamento colérico), que la afabilidad no caiga en vanidad y superficialidad (temperamento sanguíneo), que la tendencia a la vida interior y a la soledad no corran el riesgo de caer en la pasividad y en el desaliento (temperamento melancólico), que la perseverancia y la ecuanimidad no corran el riesgo de ser negligencia (temperamento flemático). En este nivel o dimensión humana entra el tema de la «ayuda psicológica»: este acompañamiento «puede ser ayudado en determinados casos y con precisas condiciones, pero no sustituido por formas de análisis o de ayuda psicológica» (Juan Pablo II). A este respecto, se pueden consultar los documentos de la Iglesia que presentan tanto la oportunidad, como las condiciones con las que estos instrumentos humanos se pueden usar rectamente"[101].
- Su entorno familiar: cómo son sus parientes y su relación con ellos; muchos de los problemas que pueden llegar a presentarse en la vida tienen que ver con antecedentes familiares (problemas en las relaciones, malos tratos, dificultades para perdonar heridas del pasado, etc.).
- Su entorno laboral y sus amistades.
- Su modo de pensar y de sentir.

---

[100] *Memorias biográficas de San Juan Bosco*, volumen 7, 721.
[101] Congregación para el Clero, *El sacerdote confesor y director espiritual*, n. 130.

Solo a la luz de estos conocimientos es posible entender las cualidades que deben desarrollarse, los defectos que hay que desarraigar, los principios erróneos que hay que corregir, el defecto dominante, los obstáculos que se pueden prever en el futuro inmediato, etc.

Para llegar a este fin, todos los grandes autores de la vida espiritual señalan, como ya hemos dicho más arriba, que el dirigido debe manifestar al director espiritual *todos* los movimientos de su alma, tanto buenos como malos. Por eso, ante la pregunta que le dirigía su director, el P. Agostino di San Marco in Lamis ("¿Has confiado desde el principio a los confesores [*se refiere tanto a los confesores como directores*] lo que Jesús obrara en ti y fuera de ti?"), San Pío de Pietrelcina respondía: "Quédese tranquilo, Padre, también sobre este punto, que el alma de la que hablamos [*él mismo*] jamás ha callado por malicia con sus directores más que con sus confesores lo que iba obrando en él. Dije: con sus rectores más que con sus confesores, porque desgraciadamente, dada su vida girovaga jamás se ha podido encontrar, especialmente en el mundo, con confesores iluminados en los caminos sobrenaturales"[102].

---

[102] San Pío de Pietrelcina, *Carta a P. Agostino*, 17/10/1915, Epistolaro I, n. 292, 679.

CAPÍTULO SEGUNDO

LAS GRANDES LÍNEAS DE LA EDUCACIÓN ESPIRITUAL

La dirección espiritual trabaja sobre la base de grandes líneas que el director espiritual debe ayudar a desarrollar, y son: la educación de la oración, de la mortificación y purificación, de la vida sacramental, de la vida teologal, del carácter virtuoso humano y de los deberes de estado.

I. EDUCACIÓN DEL CARÁCTER Y DE LA AFECTIVIDAD

La formación y educación de la persona debe partir del trabajo en la rectitud humana. Esto es lo que implica el axioma "gratia non tollit naturam", la gracia no destruye la naturaleza, y su complementario: "gratia praesupponit naturam", la gracia *supone* (o *presupone*) la naturaleza.

1. LA GRACIA Y LA NATURALEZA

Esto significa que la gracia, es decir, la acción gratuita de Dios sobre el alma, no solo no hace inútil la acción forjadora de la virtud humana y la educación del carácter, sino que la entraña. Es indudable que Dios puede transformar el agua en vino, pero fuera del milagro de Caná no conocemos otros casos en que excuse del trabajo a los vendimiadores y bodegueros para ofrecer a los hombres el fruto de la vid por vías extraordinarias. También para el plano del carácter y de la personalidad vale, pues, la advertencia paulina: "si alguno no quiere trabajar, que no coma" (2Ts 3,10).

El principio "la gracia presupone la naturaleza" indica, así, que los dones y cualidades que cada persona tiene por naturaleza *pero en estado potencial*, no se desarrollan sino a través de un trabajo voluntario sobre la misma natura. Tan necio es, por tanto, esperar que se desplieguen de modo espontáneo y mágico, cuanto aguardar a que Dios corra con su gracia a remediar la ineptitud o pereza pedagógica de quienes deben garantizar tal desarrollo. Al referirnos a lo que está en estado *potencial*, entendemos tanto lo que está puramente sin trabajar, cuanto lo que pueda estar sepultado bajo una resaca de defectos y quizá vicios, mientras haya esperanza de que pueda revivirse y hacerlo prevalecer sobre estos últimos. Esta es la labor que ha de encarar un trabajo serio de formación humana.

El beato Santiago Alberione en un opúsculo de 1953 titulado *Formación humana* decía: "Es necesario que haya una base, un punto de partida: el hombre recto; sobre él puede construirse el buen cristiano, el hijo de Dios; sobre éste puede edificarse el religioso santo, laico o sacerdote; y del religioso santo puede hacerse un apóstol según el gran modelo, san Pablo. Si faltara la base –el hombre recto en el uso de la inteligencia, de las fuerzas, del corazón, según la razón–, todo se hundiría; como es evidente en quien no observa los mandamientos"[103].

Y ponía como ejemplo al mismo Cristo: "Jesucristo, Apóstol del Padre, fue antes «perfecto hombre»; también en esto él es *camino*. El concepto de «perfecto hombre» no implica sólo que él tuvo alma racional y cuerpo orgánico; sino que significa el perfecto ordenamiento de sus facultades, por una parte, según Dios y, por otra y a la vez, según razón. ¿Quién pudo acusarle de pecado en algún punto? Fue el perfecto hijo de familia, el perfecto niño, el perfecto joven, el perfecto trabajador, el perfecto ciudadano, el perfecto súbdito, el perfecto rey; fue perfecto en casa, en sociedad, en el trato, en la oración, en la soledad; fue perfecto en la prudencia, justicia, fortaleza, templanza; fue perfecto en aprender como discípulo y perfecto en enseñar como Maestro, en buscar la gloria de Dios y la salvación del hombre como Apóstol"[104].

En la formación no puede, pues, separarse lo externo y lo interior, lo superior y lo inferior, lo natural y lo sobrenatural: "Nuestro interior y nuestro exterior deben servir a Dios. Todas las cosas han sido modeladas por él: todo, aun las cosas más materiales, son dadas por Dios a servicio del hombre; y éste ha de usarlas a servicio de Dios: «*bonum ex íntegra causa, malum ex quocumque defectu*» [= algo es bueno cuando todos sus elementos son buenos; es malo, en cambio, cuando al menos uno de ellos es defectuoso]; por ejemplo, el buen uso del tiempo, de la salud, de los ojos: «Todo es vuestro; pero vosotros sois de Cristo y Cristo de Dios» [1Co 3,22-23]. Cuerpo y alma, pues, a servicio de Dios; y como conviene a un hijo de

---

[103] Alberione, Santiago, *Formación humana*, 119.
[104] Ibídem.

II - Los elementos de la educación espiritual

Dios"[105].

La formación humana apunta, entonces, al trabajo en lo que ha de constituir la base de toda santidad. Si no se procura este aspecto, todo cuanto se intente edificar se derrumbará: "Si se parte bien, se puede esperar llegar bien; si se parte mal, ¿cómo se llegaría bien? (...) Por eso Jesús dice al joven que quiere ir al cielo: «¡Guarda los mandamientos!», y sólo después de haber asegurado que los había practicado siempre, le ofreció el camino de perfección"[106].

Cuando faltan ciertas cualidades humanas que se presuponen para el ejercicio de los actos sobrenaturales estos se tornan imposibles. Así, para poner algún ejemplo, decía el citado Alberione: "la vida común [es decir, la vida comunitaria religiosa] supone: un carácter manso, sociable, optimista: parte por naturaleza, parte por educación; una mente amplia, solícita, comprensiva, inclinada a interpretar favorablemente las cosas; una disposición recta hacia los pobres, los atormentados, los superiores, los inferiores; la observancia de las reglas de cortesía, educación, sumisión, amabilidad; en todas partes, pero especialmente estando en compañía; la disposición a perdonar los desafueros y los males, y a recordar los beneficios recibidos; sin echar en cara las culpas, ni humillar al inferior, etc.; ser siempre ecuánimes y sencillos, sin orgullo en la suerte y en el honor; pero también sin abatirse en las contradicciones"[107]. Esto significa que si esperamos que una persona de mente estrecha, duro de corazón, insociable, inclinado a ver las cosas en tonos grises y negros, rencoroso, pronto a la disputa, contradictor y orgulloso, insumiso y maleducado, sembrador de mal espíritu... pueda vivir en una comunidad sin convertirla en un infiernillo doméstico, estamos esperando cosechar peras de un olmo.

Y refiriéndose a la castidad del consagrado afirmaba: "La observancia de la castidad supone: el hábito de pensamientos elevados, el empuje del corazón a las cosas hermosas y buenas, un firme propósito de querer vivir como hombres; el dominio habitual de los sentidos: vista, oído, lengua, tacto, olfato, etc.; la fuerza de voluntad y táctica en el gobierno de nosotros mismos; el verdadero concepto de la vida, de la nobleza de alma respeto al cuerpo y

---

[105] Ibídem, 119-120.
[106] Ibídem, 122.
[107] Ibídem, 123.

la sujeción de éste al espíritu; la vigilancia en evitar las ocasiones próximas del mal y los peligros: cosas, personas, espectáculos, lugares, lecturas, audiciones, etc.; la fuga del ocio, de la gula, de las libertades excesivas solos o en compañía; una tierna devoción a María, con la fervorosa frecuencia a la confesión y comunión"[108]. Por tal motivo, suponer que un joven o una muchacha que no domina sus sentidos, o no gobierna su corazón, o no es cuidadoso/a en evitar las ocasiones de pecado, o se toma libertades sensuales, o no se mortifica ni se priva de gustos mundanos, o no es asiduo/a a la oración y a los sacramentos...; que una persona así, digo, abrigue la esperanza de guardar la castidad perfecta y la fidelidad del corazón por el solo hecho de firmar un papel sobre el altar o pronunciar sus votos en público... es una vaga ilusión o un falso sobrenaturalismo. Y el sorprenderse de sus caídas o de la falta de perseverancia denotaría mucha ignorancia de la psicología humana.

He tomado solo estos dos ejemplos pero puede afirmarse otro tanto de todas las dimensiones sobrenaturales de la vida que necesitan apoyarse sobre una naturaleza humana trabajada correctamente: la vida de las virtudes teologales, el cumplimiento de los mandamientos divinos, el ejercicio de la pobreza voluntaria, la práctica de la justicia, el apostolado, la obediencia religiosa, la fidelidad matrimonial, las responsabilidades de gran peso... en fin: la santidad a la que debemos aspirar.

La formación humana o educación del carácter –fragua de la personalidad sólida – se concreta en la adquisición y desarrollo de las virtudes morales e intelectuales que hacen de cada ser humano un hombre o una mujer maduros. Esta tarea cobra un valor fundamental al tratarse de dirección de jóvenes, niños y adolescentes, por estar, estos, en la edad más apta para formarse o deformarse, pero, en rigor de verdad, no acaba nunca en la vida.

2. LA NECESIDAD DE LOS HÁBITOS VIRTUOSOS

El hombre es un ser dotado de potencias espirituales (inteligencia y voluntad) y sensitivas (memoria, imaginación, cogitativa, apetito concupiscible y apetito irascible). Todas tienen natural inclinación hacia los bienes que las perfeccionan (la verdad para la inteligencia; el bien espiritual

---

[108] Ibídem, 123-124.

para la voluntad; el bien sensible para el apetito concupiscible; el bien arduo para el irascible). A su vez, todo ser animado busca instintivamente crear sobre cada una de sus inclinaciones "hábitos" que le permitan: concretar más el objeto propio de su inclinación, realizar ese movimiento de modo más conforme a su propia naturaleza (en el caso del hombre será conforme con una elección auténticamente libre) y de modo más fácil y deleitable. Todos los seres tienen esta experiencia: el aprender a volar es para el pájaro adquirir un hábito mecánico como lo es para el hombre el aprender a escribir. Con mayor razón vale esto para las potencias espirituales. En el plano humano, denominamos al hábito bueno "virtud" y "vicio" al malo. Es importante tomar conciencia de que las virtudes no son un modo excepcional de obrar sino el modo normal. Sin ellas pueden pasar dos cosas: o el hombre estaría siempre empezando a aprender algo, o bien sería presa de las circunstancias (pasiones, arrebatos, influencias externas), y si esto último ocurre repetidamente terminaría por surgir el vicio contrario a la virtud que no se ha cultivado.

Esta adquisición de las virtudes en el estado actual del hombre se torna más necesaria –y más difícil– porque el pecado original ha introducido una disgregación en cada una de las inclinaciones naturales del hombre. Éste está herido en sus potencias (ignorancia en la inteligencia, malicia en la voluntad, concupiscencia desordenada en su afectividad, cobardía y flojera en su instinto de superación), disociado interiormente y enemistado con las mismas cosas exteriores.

Todo hombre debe, por eso, autoeducarse, y ser ayudado en esta tarea de educación, para alcanzar la perfección de cada una de sus potencias y cierta armonía entre ellas. Esto significa "madurar". Si el hombre no alcanza esta maduración corre dos peligros: o queda frenado en lo que algunos llaman "infantilismo psicopático" (son los hombres y mujeres afectados de profundo egoísmo, que usan al prójimo, que todo lo refieren a sí mismos, que sólo piensan en el placer) o bien pasan a un estado de vejez (decrepitud) espiritual (son los hombres y mujeres sin ilusiones, sin futuro, decepcionados de la vida, amargados, desesperados).

La auténtica educación consistirá en la adquisición de los hábitos que dispongan al hombre a obrar conforme al bien de la persona y al fin último de la existencia humana. Tales hábitos son las virtudes intelectuales y morales;

educar significa, pues, educar en las virtudes.

3. EL EDUCADOR COMO CAUSA COOPERANTE

Quien toma la tarea de educar (en este caso el director espiritual) debe tener presente que no es causa principal de la educación. Toda educación es principalmente *autoeducación*[109]. Los educadores (padres, maestros, directores espirituales, etc.) son cooperadores[110]; son los que guían la autoeducación: los que van viendo o creando las oportunidades, los que vigilan, los que conducen. Esta tarea, fundamentalmente, se realiza mediante la ejemplaridad de vida: "los padres deben, por deber de naturaleza, instruir a los hijos con el ejemplo"[111]; "en las acciones y en las pasiones humanas, en las cuales la experiencia tiene tanto peso, mueven más los ejemplos que las palabras"[112].

Al mismo tiempo, es evidente la absoluta necesidad de la docilidad por parte del educando hacia el educador. Esta docilidad hay que ganarla y sólo se la conquista ganándose el cariño, la confianza y la familiaridad. Esta es la gran intuición del método educativo practicado, por ejemplo, por Don Bosco y San Felipe Neri.

4. EDUCACIÓN INTEGRAL

La educación debe ser integral. Algunos trabajan sólo en el plano intelectual: creen que basta con enseñar la verdad para tener hombres y mujeres buenos; pero uno puede saber mucho y vivir pecaminosamente y a la postre, como dice el dicho, terminar pensando como vive, es decir, amoldando sus ideas a su conducta de vida. Otros, por el contrario, no le dan importancia a las ideas, a la verdad; se contentan con que sus hijos, educandos o dirigidos, sean buenos, pero sin vigilar lo que va entrando en sus cabezas, olvidando que al fin y al cabo, los malos principios corrompen

---

[109] "El proceso educativo lleva a la fase de la autoeducación, que se alcanza cuando, gracias a un adecuado nivel de madurez psicológica, el hombre empieza a *educarse él solo*" (Juan Pablo II, *Carta a las familias*, 16).

[110] Cf. Santo Tomás, *De Magistro*, 1.

[111] Santo Tomás, *Ad Ephesios Lectura,* 6,1, n. 336.

[112] Santo Tomás, *Suma Teológica*, II-II, 54,1.

el mejor corazón. Otros, finalmente, se contentan con constatar que tienen ideas correctas y buenas aspiraciones, pero no corrigen los defectos de su afectividad, y ésta precisamente puede ser la veta por la que termine desplomándose el largo trabajo. De aquí que no deba descuidarse ninguno de los aspectos. Por olvidar uno solo de ellos puede arruinarse el trabajo de toda una vida.

5. *LA EDUCACIÓN INTELECTUAL*

Se debe educar la inteligencia del hombre desde que éste es un niño. Hay que tener en cuenta que la inteligencia utiliza, para formar sus conceptos, los sentidos externos (gusto, tacto, olfato, y principalmente oído y vista: "no hay nada en el intelecto que antes no haya pasado por los sentidos") e internos (imaginación, memoria, sentido común y cogitativa). Los sentidos externos no son sujeto de virtudes, pero sí se los puede disciplinar, es decir, regular su actuación: qué ver u oír, cómo y cuándo (en realidad se trata aquí, en último término, de educación de la voluntad, pero, a través de ella, está uno previendo qué influirá sobre la imaginación, y –a través de ésta– sobre la inteligencia y la voluntad). En cuanto a los sentidos internos, especialmente la memoria y la imaginación, mientras más se los educa, más aptitudes ofrecen a la inteligencia (como cuando se hace ejercitar desde pequeños la memoria aprendiendo poesías o cantos, o la sana fantasía).

Pero sobre todo, la educación de la inteligencia consiste en fomentar ideas conformes a las acciones que se quieren llevar a término y repudiar las ideas conformes a las acciones que se quieren evitar. Todos los canales transmisores de ideas van formando de alguna manera nuestra personalidad; por ejemplo, las lecturas: los escritores forman a los lectores a su imagen; muchos obran de acuerdo a lo que han leído (pensemos en el hombre moderno formado a imagen y semejanza de la prensa de cada día). Lo mismo se diga de las enseñanzas de los profesores. Es de capital importancia vigilar las ideas que los medios de comunicación (especialmente la televisión) pueden inculcar de modo singular en niños y jóvenes.

Educar la inteligencia consistirá, ante todo, en forjar en ella auténticos hábitos intelectuales especulativos, conocimientos verdaderos y firmes. Una cabeza que sabe pensar bien ya es un buen comienzo para que un hombre obre bien (pero no lo es todo). Es necesario formar hombres de criterio, que sepan juzgar la realidad, que sepan distinguir el bien del mal, la verdad del error. Esto se logra haciendo de sus mentes cabezas "filosóficas", lo que no quiere decir "que sepan filosofía", sino que sepan pensar apoyándose en principios firmes y seguros. En el niño y especialmente en el adolescente hay ya una incipiente inclinación filosófica: quieren saber el porqué de las cosas, y no se contentan con un conocimiento cualquiera; esto se manifiesta de modo particular en el adolescente que no acepta algo mientras no se convenza de ello personalmente. Hay que saber dar cauce a estas inquietudes.

Es necesario formar inteligencias cultas. Hacer mentes cultas es formar cabezas que sepan conservar el enorme patrimonio cultural y artístico de la humanidad y sepan también desarrollarlo y llevarlo adelante. De aquí se sigue la importancia capital de las humanidades: las lenguas, la literatura, la lectura atenta de los clásicos. Una mente exclusivamente tecnológica es una mente hábil para ciertas cosas, pero vacía para lo esencial, y éste es el riesgo de la cultura contemporánea.

Es necesario, también, forjar hábitos intelectuales prácticos, es decir, artísticos (la música, la pintura, la escultura, el canto). No todos tienen capacidades artísticas, pero muchos que las tienen no encuentran oportunidades para descubrirlas o para desarrollarlas ni quien los aliente a ello.

Más aun que los hábitos científicos y artísticos hay que formar la prudencia que es la virtud que rige todos nuestros actos, y sin la cual no hay virtud alguna. Es la virtud de gobierno, empezando por el gobierno de sí mismo.

Por sobre todo, es necesario formar los hábitos intelectuales religiosos, es decir, el conocimiento firme de las grandes verdades de la fe; ésta será una tarea a la que principalmente debe apuntar el director espiritual: procurar la sólida y constante formación religiosa de su dirigido.

6. LA EDUCACIÓN DE LA VOLUNTAD Y DEL AFECTO

Muchos educadores reducen la educación a la sola formación de hábitos intelectuales (y éstos especulativos). Olvidan que la educación es parte de la formación ética o moral del sujeto, y que, por tanto, debe apuntar a la formación de la voluntad, es decir, a crear en ella los hábitos por los cuales se mueva a sí misma hacia el bien espiritual y mueva las demás potencias (especialmente el plano de la afectividad) hacia sus fines propios en armonía con el bien integral del hombre y con el fin último del mismo.

La voluntad debe ser educada en sus dos funciones: en el amor al bien verdadero y en el gobierno sobre la afectividad (por el que debe lograr que ésta tienda de modo justo al bien propio de la dimensión afectiva)[113].

El amor al bien verdadero, a los valores auténticos, la voluntad lo alcanza adquiriendo la virtud de la justicia con todas las demás virtudes que giran en torno a ella (religión, piedad, veracidad, generosidad, etc.). La justicia es la que nos hace equitativos con cada persona, dándole a cada uno lo que le es propio: a Dios, a la Patria, a los padres, al prójimo.

Respecto de la afectividad sensible, la voluntad y la inteligencia pueden ejercer un auténtico gobierno (no un gobierno absoluto, sino relativo), mediante la adquisición de virtudes apropiadas para ello. Cuáles serán esas virtudes habrá que determinarlo en cada caso, según el temperamento de cada individuo. La afectividad está en estrecha dependencia de nuestra constitución orgánica, de nuestro patrimonio hereditario y de las experiencias recibidas, especialmente en la primera infancia; esto es lo que hace que cada uno tenga características propias. Teniendo en cuenta el temperamento, los hombres han sido clasificados de diversas maneras según la preeminencia que las distintas emociones o pasiones toman en cada sujeto (más adelante, al hablar del conocimiento de sí mismo, mencionaremos una de las posibles tipificaciones). Esto tendrá también gran importancia a la hora de ver qué virtudes concretas habrá de desarrollar cada uno en particular.

Las emociones son movimientos de nuestra afectividad que la misma naturaleza suscita para alcanzar su perfección; en sí, no son ni buenas ni malas: son buenas cuando están orientadas según la recta razón; malas si salen de esta medida. La educación de la afectividad se realiza mediante la adquisición de las virtudes morales que regulan los dos apetitos sobre los que se asientan todas las pasiones: la templanza el apetito concupiscible, la

---

[113] He desarrollado más largamente este tema en: Fuentes, Miguel, *¡Quiero! Educación de la voluntad*, 3-98.

fortaleza el apetito irascible.

¿Cómo educar las virtudes morales? En líneas generales hay que decir que se hace ayudando al educando o dirigido a que practique actos en los cuales siga los dictámenes de la recta razón, es decir, de su razón guiada por la prudencia y la fe. La repetición de estos actos –cuando son hechos con plena conciencia y libertad– produce una disposición estable a obrar siempre del mismo modo, y esto es lo que llamamos "virtud". La primera cosa que debe tenerse en claro es que la adquisición de cualquier hábito es algo que se produce desde adentro del sujeto que lo recibe, porque las virtudes morales se adquieren por la repetición de actos virtuosos. La causa eficiente de una virtud es, por eso, el mismo educando; el educador es un colaborador. La dificultad consiste, por tanto, en que el educador no puede producirle la virtud, sino que debe hacer que el mismo educando la produzca; por esto llevar a que otro adquiera los hábitos virtuosos es una obra de arte. Para lograrlo se señalan tres momentos esenciales:

1) *Motivar al educando*

Motivar significa darle un fundamento para que obre de tal o cual manera. Esto será diverso según la edad del educando.

a) Con los que están en la primera infancia (antes de la edad escolar), aunque todavía no sean capaces de realizar actos plenamente voluntarios, hay que empezar a crearles las bases para la virtud propiamente dicha. Se tratará de crear *costumbres* que favorecerán en el futuro la adquisición de virtudes. Esto se logra, fundamentalmente por medio de *asociaciones*. Todo padre y toda madre lo hacen a pesar de no saber generalmente mucha teoría educativa. Cuando su hijo hace cosas laudables lo premian de alguna manera (a veces es sólo una sonrisa, una manifestación de afecto). En cambio, cuando hace algo reprobable, aun sin castigarlo propiamente –porque saben que no tienen voluntariedad perfecta– le muestran el desagrado por lo realizado, o bien simplemente no lo exaltan por lo hecho. Esto va estimulando a obrar siempre de un modo determinado y regular, y la inclinación creada seguirá subsistiendo aun cuando ya no exista el estímulo que ayudó a crearla: "la costumbre tiene la fuerza de naturaleza, especialmente si se radica en el niño, y como una segunda naturaleza", dice Santo Tomás[114]. El trabajo del director en este período no es directo, aunque puede considerarse indirecto, al formar a los padres como auténticos educadores de sus propios hijos.

b) A partir de la edad escolar, y con más razón en la adolescencia y en la edad adulta, también deben asociarse los comportamientos virtuosos con premios y los vicios con castigos, pero hay que subrayar dos elementos importantes. El primero es que los premios y castigos deben ser educativos, y propiamente estos son tales cuando se hace entender que el premio del acto virtuoso es la misma obra virtuosa, es decir, cuando se logra que se identifique como premio el haber obrado bien (el agradar a Dios o a los padres, la tranquilidad de la conciencia, etc.), y que el castigo es la misma obra mala (el sabor amargo de una obra desordenada, de un fracaso moral, etc.). Por eso decía Santo Tomás: "aquél que tiende a la virtud debe ser guiado desde su juventud a gozar de aquello que merece gozo y a entristecerse de lo que merece vituperio. La justa educación consiste en habituar a los jóvenes a sentir gusto en el bien"[115]. La segunda aclaración es que los educadores deben motivar a través de la persuasión. No se logra nada o casi nada imponiéndolo obligatoriamente. Hay que persuadir, y esto es posible sólo si el educador es amigo del educando, si gana su confianza. Tal es la médula del método preventivo de San Juan Bosco.

2) *Crear ocasiones de actos virtuosos*

Cada persona tiene innumerables oportunidades de ejercitar las virtudes a lo largo de su vida, porque siempre tiene la necesidad de gobernarse, de dominar sus impulsos, de rechazar tentaciones. Pero es necesario también, especialmente en los niños y en los adolescentes, crear situaciones propicias para que ejerciten aquellas virtudes que más marcan la personalidad.

Tales ocasiones pueden ser buscadas en la misma familia, en la escuela, en la vida de campamento, en los "oratorios" festivos o diarios, según el espíritu de San Felipe Neri y San Juan Bosco, etc.

---

[114] Santo Tomás, *Suma Teológica*, I, 63, 4 ad 2.
[115] Santo Tomás, *In Ethicorum*, II, 3, n. 268.

3) Las fuerzas

Sin embargo, estas ocasiones no tienen valor educativo (aunque estén perfectamente motivadas) si los niños y los jóvenes no tienen las fuerzas suficientes para suscitar o realizar los esfuerzos que exige el acto virtuoso, o para resistir a las pasiones desordenadas. Y para esto se necesita fuerza espiritual: una gran voluntad fortalecida por la gracia divina. Esto se lo da el ejercicio de la voluntad junto a la oración y a la frecuencia de los Sacramentos, especialmente la Santa Misa y la Confesión frecuente.

El trabajo sobre la propia voluntad exige el prever cada día aquello que se quiere adquirir o evitar, buscar los medios, dominar la imaginación (especialmente cuando se quiere desarraigar un vicio o un defecto), renunciar a cosas lícitas para poder luego renunciar fácilmente a lo que es ilícito, saber imponerse pequeñas "mortificaciones" cuando se ha fallado voluntariamente.

II. EDUCACIÓN DE LA VIDA DE ORACIÓN

Por "educar la vida de oración" entiendo el trabajo que el director tiene que hacer con el dirigido para que éste crezca de modo constante y uniforme en la oración[116].

"Por oración entendemos aquí –para usar palabras de San Juan de Ávila– una secreta e interior habla con que el ánima se comunica con Dios, ahora sea pensando, ahora pidiendo, ahora haciendo gracias, ahora contemplando, y generalmente por todo aquello que en aquella secreta habla se pasa con Dios"[117].

Es la oración, en cuanto diálogo del alma con Dios que nace de la fe y de la caridad, la que marcará el estado de perfección del alma. Escribía Dom Columba Marmion a una persona que había abandonado la oración: "Me ha dado pena saber que ha abandonado la meditación. Es un lazo del demonio, porque sin la oración, contacto del corazón y del alma con Dios,

---

[116] Cf. Eugenio del Niño Jesús, *Quiero ver a Dios*, 69-85; 215-232; A. Royo Marín, *Teología de la perfección cristiana*, 626ss; R. Garrigou-Lagrange, *Las tres edades de la vida interior*, 505ss.

[117] San Juan de Ávila, *Audi, filia*, c. 70.

se permanece siempre en una triste mediocridad"[118]. Y podemos completar estas ideas con las palabras del ilustre Juan de Ávila: "los que quieren valerse con tener cuidado de sí en hacer obras agradables a Dios, y no curan de tener oración, con sola una mano nadan, con sola una mano pelean, y con solo un pie andan"[119].

Dirigir el camino de la oración exige, por parte del director espiritual, el conocimiento de los diversos métodos de oración y de sus etapas, de sus dificultades y tentaciones, de su modo de evolución; el director tiene que adquirir, por tanto, la capacidad de discernir la oración que su dirigido está llamado a vivir en cada momento en consonancia con la acción del Espíritu Santo. En efecto, si bien los métodos o modos de oración son muchos, sólo es acertado para cada alma el más apropiado a su estado y temperamento: "La prueba general de que sea apropiado es, a este respecto, doble: facilidad en el ejercicio y resultados sanos. De estas dos, la segunda es la más segura, y algunas veces es el único signo de un camino conveniente de oración; pues si un alma está orando en la forma más apropiada a su estado, esto se manifestará en la bondad y fervor de su vida. Quien intenta adoptar una forma de oración en desacuerdo con su edad o su fortaleza espiritual se encontrará bien pronto envuelto en dificultades y empezará a fallar su regularidad y se apartará de su fervor anterior"[120].

Quiero señalar, como presupuesto de todo el trabajo en la oración, que la acción acertada del director espiritual consiste en suscitar en el alma la perfecta docilidad al Espíritu Santo. Creo útil (aun a riesgo de adelantar algunos conceptos) transcribir los consejos que Dom Columba Marmion daba en una de sus cartas a un alma contemplativa, válidos para todos los momentos de la vida espiritual:

"1º El Espíritu Santo la invita a una oración pasiva, y no debe desentenderse de ese Espíritu con una actividad mal entendida. Lo que más gloria da a Dios y es más ventajoso para nosotros es el dejarle plena libertad de conducirnos, en cuanto manifiesta el deseo de que se la demos. Dice Blosio que cuando un alma se abandona a la acción de Dios sin reserva, permitiéndole operar en ella cuanto quiera, hace más por la gloria divina y el bien de las almas en una

---

[118] Thibaut, *La unión con Dios según... Dom Columba Marmion*, 209.
[119] San Juan de Ávila, *Audi, filia*, c. 70.
[120] Boyland, *Dificultades en la oración mental*, 55.

hora, que otras durante años. 2º En cuanto sienta el atractivo de permanecer adorando en silencio en presencia de Dios, debe entregarse enteramente al Espíritu Santo y allí reposar sostenida por la fe pura. «Te desposaré conmigo en la fe» (Os 2,20). Si Dios no le da ninguna sensación, ningún sentimiento, ningún pensamiento definido, permanezca sencillamente ante Él con amor silencioso. En aquellos momentos Él obra insensiblemente en el alma y hace por su perfección más de lo que pudiera ella en toda la vida, guiada por sus propios pensamientos. 3º Si en algún momento se siente inclinada a peticiones o actos análogos, siga el atractivo. No es necesario pronunciar palabras, ni formular ideas precisas. Preséntese sencillamente ante Dios, Usted y su petición, en oración silenciosa. Él ve lo que dice su corazón: «El Señor escuchó el deseo de los pobres» (Sal 10,17). 4º Las distracciones están sólo en la superficie de su alma; son una cruz, pero hay que aprender a despreciarlas. Su oración se verifica en la oculta profundidad de su alma, la cual, por decirlo así, reposa en el seno de Dios, en su esencia, alimentándose de las grandes corrientes de amor y de luz. 5º Si alguna vez le dirige Dios palabras interiores, cuide de someterlas a su director antes de ponerlas en práctica"[121].

Hay que tener bien presente que las reglas de la oración son importantes, pero no es lo más importante. "A muchos –decía al respecto San Juan de Ávila– he visto llenos de reglas para la oración, y hablar de ellas muchos secretos, y estar muy vacíos de la obra de ella; porque el estribar en ellas, y el acordarse de ellas en el tiempo de la oración, les quita aquella humildad y simplicidad de niño, con que en este negocio han de tratar con Dios... Y no os digo esto para quitar las industrias razonables que de nuestra parte hemos de poner, especialmente cuando somos principiantes en ellos, mas para que se haga con tanta libertad que no nos impidan el estar colgados del Señor, esperando sus mercedes por la vía que Él las quisiese hacer. Y tened por cosa muy cierta que en este negocio aquél aprovecha más que más se humilla, y más persevera, y más gime al Señor; y no quien sabe más reglas"[122].

Para toda forma y grado de oración valdría la definición que Santa Teresa da para la oración mental: "tratar de amistad, estando a solas con quien sabemos nos ama"[123]. Veamos los principales modos.

---

[121] Thibaut, *La unión con Dios según... Dom Columba Marmion*, 223-224; la carta es del 2 de octubre de 1919.
[122] San Juan de Ávila, *Audi, filia*, c. 75.
[123] Santa Teresa, *Vida*, 8,5.

II - Los elementos de la educación espiritual

1. PRIMEROS GRADOS DE ORACIÓN: ETAPA PREDOMINAN-TEMENTE ASCÉTICA

La oración que más se adapta a los primeros tiempos de la vida espiritual es aquella en que más lugar toma nuestra exterioridad.

1) La oración vocal

La oración vocal es aquella que se expresa con las palabras; asocia, de esta manera, nuestra corporeidad al culto divino. "Esta necesidad de asociar los sentidos a la oración interior responde a una exigencia de nuestra naturaleza humana. Somos cuerpo y espíritu, y experimentamos la necesidad de traducir exteriormente nuestros sentimientos. Es necesario rezar con todo nuestro ser para dar a nuestra súplica todo el poder posible"[124]. Santo Tomás explica la conveniencia de este tipo de oración por varios motivos: ayuda a excitar la devoción interior y concentrar la atención, permite ofrecer a Dios el homenaje de nuestro cuerpo y nos ayuda a desahogar al exterior la vehemencia de los afectos interiores[125]. Para que la oración vocal sea fructífera debe reunir dos condiciones: atención y piedad[126].

Ante todo, la atención. No es necesario que se tenga atención actual, es decir, en cada momento (que, aunque es lo ideal, no siempre es alcanzable a causa de nuestra limitación humana); basta, al menos para obtener los frutos meritorios y eficaces de la oración, el que sea virtual y no retractada, o sea: puesta al comienzo de la oración y no retractada con el consentimiento voluntario a las distracciones. Esta atención puede versar sobre tres cosas: a las palabras, para pronunciarlas distintamente, al sentido de las palabras y, finalmente, al objeto de la oración, o sea, Dios y aquello por lo cual se ora. Esta última es evidentemente la más necesaria: está al alcance de personas sin cultura, incapaces quizá de entender toda la significación de las palabras, y a veces viene a ser tan intensa que el alma piensa tan sólo en unirse a Dios y olvida todo el resto, aun la formulación de las mismas palabras.

La piedad completa la atención; por ella la oración queda envuelta en las demás virtudes cristianas: la caridad, la fe viva, la confianza, la humildad, etc. Es preciso apuntar a recitar las oraciones vocales con piedad, aunque

---

[124] Catecismo de la Iglesia Católica, n. 2702.
[125] Cf. Santo Tomás, *Suma Teológica*, II-II, 83, 12.
[126] Cf. Santo Tomás, *Suma Teológica*, II-II, 83, 13.

para ello sea necesario disminuir el número de oraciones vocales; porque a veces el afán de mucho rezar lleva a algunas personas a que sacrifiquen el hacerlo con devoción. En este caso, se le aplica lo que dice Santa Teresa: "la que no advierte con quien habla y lo que pide, y quién pide y a quién, no la llamo yo oración, aunque mucho menee los labios...; no la tengo por oración, ni plegue a Dios que ningún cristiano la tenga de esta suerte"[127].

De todo esto se siguen algunas reglas importantes para que la oración vocal alcance su auténtico cometido:

No es conveniente multiplicar las palabras en la oración, sino insistir sobre todo en el afecto interior (cf. Mt 6,7-8).

La oración vocal no es más larga por decir muchas palabras sino en la medida en que se mantiene la piedad; por eso Cristo oraba largamente, pero a veces repitiendo una misma fórmula, como en Getsemaní: "hágase tu voluntad" (Mt 26,42).

Como la oración vocal tiene como fin el excitar el afecto interior, no hay que vacilar en abandonarla (a menos que se trate de oraciones obligatorias) para dar lugar al fervor interior si éste brota en el alma. Dice San Francisco de Sales: "si, haciendo oración vocal, sentís vuestro corazón atraído y convidado a la oración interior o mental, no rehuséis hacerlo así, mas dejad vuestro corazón inclinarse dulcemente de ese lado y no os preocupéis poco ni mucho de no haber terminado las oraciones vocales que teníais intención de recitar... Exceptúo el oficio eclesiástico, si estáis obligado a decirlo, porque en este caso es preciso cumplir el deber"[128].

El preludio de toda oración bien hecha consiste en saber recogerse interiormente y para esto es necesario no perder nunca el recogimiento habitual: "El que piensa recogerse algún rato señalado del día, decía el Padre La Palma, nunca se ha de distraer del todo; y el que desea entrar alguna vez dentro de sí, nunca ha de salir del todo fuera de sí; y el que pretende volverse a sí, no se vaya muy lejos de sí; y el que quiere tener quieta la imaginación y fija la atención en las cosas celestiales, nunca se derrame del todo por los sentidos en las cosas de la tierra; guarde su corazón y su pensamiento, si

---

[127] Santa Teresa, *Moradas*, 1, 1, 7.
[128] San Francisco de Sales, *Introducción a la vida devota*, II, 1.

quiere hallarle..."[129].

2) *La meditación*

La meditación es lo que San Ignacio llama "ejercicio con las tres potencias", porque en ella se combinan entre sí la memoria, el entendimiento y la voluntad. La meditación supone que nuestras facultades pueden ya trabajar solas sin el recurso constante de un texto escrito. Se puede definir como la aplicación razonada de la mente a una verdad sobrenatural para convencernos de ella, para comprenderla más profundamente o desentrañar su contenido y, de este modo, movernos a amarla y practicarla.

Aunque los métodos de meditación son tan variados como las escuelas espirituales, se ha hecho clásico el que propone San Ignacio en el Libro de los Ejercicios Espirituales. Éste consta de tres grandes partes:

La *preparación y los preludios* incluyen los actos de fe en la presencia de Dios, reverencia y ofrecimiento de la oración a la mayor gloria divina (o sea, la rectificación de la intención); la petición de la gracia divina para obrar con fruto; la composición de lugar (ejercicio de la imaginación) y la petición del fruto singular que se quiere conseguir con esa meditación.

El *cuerpo de la meditación* consta de varios puntos predeterminados (por el predicador o por el mismo sujeto que ora) antes de comenzar la meditación, sobre cada uno de los cuales se aplican las tres potencias: la memoria para recordar la verdad o asunto que se medita, el entendimiento examinando la materia, penetrándola y sacando conclusiones, y la voluntad prorrumpiendo en afectos, formando propósitos claros y firmes.

La *conclusión* incluye los coloquios afectivos y piadosos con Dios Padre, con Jesucristo y con la Virgen, volviendo sobre el fruto propuesto pidiéndolo y ofreciendo los propósitos tomados. A esto sigue, como muy importante, el examen de la meditación para ver sus posibles fallas (y corregirlas) y sus aciertos (y continuar aprovechándolos en las próximas meditaciones).

"La meditación es, sobre todo, una búsqueda, dice el Catecismo. El espíritu trata de comprender el porqué y el cómo de la vida cristiana para adherirse y responder a lo que el Señor pide. Hace falta una atención difícil

---

[129] La Palma, L., *Historia de la Pasión*, Prólogo, II.

de encauzar... Meditar lo que se lee conduce a apropiárselo confrontándolo consigo mismo. Aquí, se abre otro libro: el de la vida... La meditación hace intervenir al pensamiento, la imaginación, la emoción y el deseo. Esta movilización es necesaria para profundizar en las convicciones de fe, suscitar la conversión del corazón y fortalecer la voluntad de seguir a Cristo. La oración cristiana se aplica preferentemente a meditar «los misterios de Cristo», como en la «lectio divina» o en el Rosario. Esta forma de reflexión orante es de gran valor, pero la oración cristiana debe ir más lejos: hacia el conocimiento del amor del Señor Jesús, a la unión con Él"[130].

Otra forma particular de oración meditativa la constituye la *"lectio divina"* que tuvo gran popularidad entre los padres del desierto. Ésta consiste en la lectura de la Sagrada Escritura hecha de modo lento, tranquilo, rumiado, ajeno a todo interés extraño a la misma lectura; es decir, sin perseguir fines científicos o literarios. Apunta, fundamentalmente a descubrir los diversos sentidos de la Escritura[131]: ante todo el sentido histórico o literal (es el que principalmente intenta el autor, en este caso Dios); luego el sentido espiritual, que se subdivide en tres más, que son: el sentido alegórico (según el cual lo que sucedió en el Antiguo Testamento es figura del Nuevo Testamento), el sentido moral (según el cual todo cuanto ocurrió en Cristo y sus Misterios es figura de lo que nosotros debemos obrar en nuestra vida) y el sentido anagógico (según el cual las cosas de este mundo y en particular de la Iglesia son signo y figura de lo que ocurrirá en la vida eterna). Esta lectura lleva al diálogo espiritual con Dios. Por eso describía San Juan Crisóstomo a los monjes de Siria diciendo: "unos toman a Isaías y con él conversan; otros hablan con los apóstoles"[132]. Dom Marmion, en sus ya citadas cartas de dirección espiritual, insistía: "No olvide que debe leer las Sagradas Escrituras. Si durante la lectura se siente atraída a hablar con Dios, cese unos momentos y hable con Dios". En otra oportunidad: "Deseo que lea atentamente, sencillamente, piadosamente, el Nuevo Testamento escrito para nosotros por el Espíritu Santo. Es allí donde encontrará el conocimiento de Jesucristo, su espíritu, el espíritu de oración y todo..."[133]. Este modo de

---

[130] Cf. *Catecismo de la Iglesia Católica*, n. 2705-2708.
[131] Cf. Santo Tomás, *Suma Teológica*, I, 1, 10.
[132] San Juan Crisóstomo, *Homilías sobre San Mateo*, 68,4.
[133] Thibaut, *La unión con Dios según... Dom Columba Marmion*, 229-230.

II - Los elementos de la educación espiritual

oración introduce rápidamente en la oración de afectividad y luego en el recogimiento activo.

Las almas que perseveran en la oración discursiva suelen encontrar, con el tiempo, dificultades que hay que saber enfrentar[134]. Si las dificultades provienen de fallas humanas (negligencia, inconstancia, superficialidad) la corrección no puede ser otra que comenzar a hacer bien la oración. Muchas veces la dificultad proviene de la falta de recogimiento antes y durante la oración; por eso son siempre sabios aquellos consejos de Dom Marmion: "Trate de ser dueña de todos sus pensamientos, porque si se deja uno llevar de sus imaginaciones, no es posible llegar a la contemplación. Nuestra cabeza es como un molino que muele todo lo que allí se pone; por lo cual es muy importante, siempre que tenga unos momentos durante el día, el no dejar divagar el espíritu sino orientarlo hacia Dios. Sin esto no hay ni recogimiento ni oración posible. Procure también no pensar en sus ocupaciones fuera del tiempo que debe consagrarles; debemos dominar nuestras ocupaciones y no dejarnos absorber por ellas; y el caso es que aquella ocupación de su agrado la domina demasiado aún y le impide por lo tanto vivir unida con Nuestro Señor"[135].

Otras veces estas dificultades son ajenas a la voluntad del que las padece y se presentan más bien por la insistencia en este tipo de oración. Entonces son un signo de que Dios quiere llevar al alma a una oración más simplificada. Aquí se requiere docilidad a la acción divina, y atención por parte del director espiritual.

Estas dificultades no se presentan necesariamente luego de mucho tiempo, pues pueden juntarse con otras causas como, por ejemplo, el tratarse de personas cuyo temperamento encuentra obstáculo en la meditación discursiva; o bien son personas que llegan a conclusiones mediante una especie de intuición; etc. Este tipo de personas ganan poco intentando conservar fija la mente durante largo tiempo en los puntos de una meditación. También suele ser una dificultad el no encontrar una materia que se adapte a las necesidades o gustos del alma, o simplemente cuando se alcanzan los

---

[134] Cf. Eugen Boylan, *Dificultades en la oración mental*. Libro de mucho provecho en este tema.

[135] Thibaut, *La unión con Dios según... Dom Columba Marmion*, 211.

frutos de la meditación (que son las resoluciones serias) por otras vías (a veces en la misma lectura espiritual con la que preparan la meditación). A veces la imposibilidad de meditar viene dada por la intensa actividad que desarrolla una persona como trabajo o apostolado propio; su mente puede llegar al momento que cuenta para rezar con poco vigor o embotada, incapaz de razonar sin agotarse.

Todo esto es índice de que deben buscar un modo de oración más coloquial, afectivo, dialogado; un contacto con Nuestro Señor más vivo, más directo y personal. Es el paso a los siguientes modos de oración.

Quiero añadir algunos avisos dados por Fray Luis de Granada a propósito de la oración mental, pero válidos para todos los demás modos de oración[136]:

1° No atarse a meditar sobre la materia preparada. "Aunque sea bien que tenga el hombre señalados estos pasos que aquí van repartidos por los días de la semana para ejercitarse en ellos, mas con todo eso, si a medio camino se ofreciere algún otro pensamiento donde halle más miel o más provecho, que no le debe desechar por cumplir con su tarea, porque no es razón desechar la lumbre que el Espíritu Santo nos comienza a dar en algún buen pensamiento por ocuparnos en otro donde por ventura no se nos dará. Y, además de esto, como el fin de todos estos ejercicios sea alcanzar alguna devoción y sentimiento de las cosas divinas, fuera de razón sería, alcanzando éste con alguna buena consideración, andar a buscar por otro camino lo que ya tenemos alcanzado por éste". De similar modo se expresaba San Juan de Ávila: "... si pensando vos una cosa en la oración, sintiese vuestra ánima que la convidan para otra parte, abriéndole otra puerta de buen pensamiento, debéis entonces dejar lo que pensábades y tomar lo que os dan, presuponiendo que es bueno lo uno y lo otro. Aunque habéis de mirar no sea esto, que os viene de nuevo, engaño del demonio, para que, saltando de uno en otro como picaza, os quite el fruto de la oración; o, por ventura, no sea liviandad de vuestro corazón, que no hallando lo que deseáis en un pensamiento, vais a probar si lo hallaréis en otro, o en otro. Por tanto, no debéis ligeramente dejar lo que tenéis, si no fuéredes con eficacia interiormente convidada para otra parte, con una satisfacción que en el corazón suele quedar, cuando Dios le convida, a cuando él se entremete. Y con pedir lumbre al Señor, y con tener cuenta

---

[136] Fray Luis de Granada, *Del fin del hombre...*, 554-562.

con mirar, después de pasado, qué fruto sacasteis, y tomando experiencia de muchas veces, podéis en este negocio acertar con lo que debéis"[137].

2º Trabajar más con afectos que con discursos. "Procure de tratar este negocio más con afectos y sentimientos de la voluntad que con discursos y especulaciones del entendimiento... De lo cual todo parece cómo no aciertan este camino los que de tal manera se ponen en la oración a meditar los misterios divinos como si los estudiasen para predicar... Deberían los tales considerar que en este ejercicio más nos llegamos a escuchar que a parlar".

3º Moderación de la voluntad. "El presente [aviso] pone también su tasa y medida a la misma voluntad para que no sea demasiada ni vehemente en su ejercicio... La devoción que pretendemos alcanzar no es cosa que se ha de alcanzar a fuerza de brazos, como piensan algunos, los cuales con demasiados ahíncos y tristezas forzadas y como hechizos procuran alcanzar lágrimas y compasión cuando piensan en la pasión del Salvador, por éstas suelen secar más el corazón y hacerlo más inhábil para la visitación del Señor, como enseña Casiano".

4º Con atención moderada. "Conviene tener el corazón no caído ni flojo, sino vivo, atento y levantado a lo alto... Mas, por otra parte conviene que esta atención sea templada y moderada, porque no sea dañosa a la salud ni impida la devoción. Porque algunos hay que fatigan la cabeza con la demasiada fuerza que ponen para estar atentos a lo que piensan... y otros hay que por huir de este inconveniente están allí muy flojos y remisos y muy fáciles para ser llevados de todos vientos... Este aviso es tan necesario, que por falta de él hemos visto parárseles muchos años a algunas personas con poco aprovechamiento por la tibieza con que oraban, y a otros, por el contrario, perder la salud y la cabeza por el demasiado calor y fuerza que en esto ponían. Más particularmente conviene avisar que al principio de la meditación no fatiguemos la cabeza con demasiada atención, porque cuando esto se hace suelen faltar para adelante las fuerzas, como faltan al caminante cuando al principio de la jornada se da mucha prisa a caminar".

5º Perseverar sin desmayo. "El principal sea que no desmaye el que ora, ni desista de su ejercicio cuando no sienta luego aquella blandura de

---

[137] San Juan de Ávila, *Audi, filia*, c. 75.

devoción que él desea".

6° Con profunda oración y devoción. "No se contente con cualquier gustillo que halle en su corazón, como hacen algunos, que en derramando alguna lagrimilla o sintiendo alguna ternura de corazón, piensan que han ya cumplido con su ejercicio. Esto no basta para lo que aquí pretendemos".

7° No desaprovechar las visitaciones de Nuestro Señor. "Cuando el alma fuere visitada en la oración o fuera de ella con alguna particular visitación del Señor, que no la deje pasar en vano, sino que se aproveche de aquella ocasión que se le ofrece, porque es cierto que con este viento navegará el hombre más en una hora que sin él en muchos días (Jn 21,6)... Los que así no lo hacen, suelen comúnmente ser castigados con esta pena, conviene saber, que no hallen a Dios cuando lo buscan, pues cuando Él los buscaba no los halló".

En el libro de los Ejercicios, San Ignacio ha propuesto algunas formas de oración que podemos considerar tanto como un paso de la oración vocal a la meditación, cuanto una simplificación de la misma meditación y que, bien llevadas y practicadas, introducen prontamente en la oración de afectividad[138]. Él las denomina "tres modos de orar". En los tres casos sigue fundamentalmente el esquema de sus meditaciones, pero cambia la materia y en cierto modo la técnica empleada. El primer modo hace detener la atención sobre distintas verdades teológicas a modo de sereno y pausado examen de conciencia (señala San Ignacio que se puede hacer sobre cada uno de los mandamientos, o los pecados capitales, las potencias del alma o los sentidos del cuerpo), considerando cada una de estas verdades con brevedad, por pocos minutos, viendo cómo han sido guardadas, las faltas cometidas contra ellas, etc., pasando luego al punto siguiente. El segundo modo, toma como materia alguna oración vocal, la cual se va recitando lentamente, glosando mentalmente cada palabra, sacándole todas las aplicaciones posibles, pasando luego a la siguiente palabra. El último modo, es "orar por compás", es decir, repitiendo con cada anhélito o respiración una frase (por ejemplo, cada una de las peticiones del Padrenuestro) y mirando, mientras dura el anhélito, la significación de tal palabra, la persona por quien se reza,

---

[138] San Ignacio de Loyola, *Ejercicios Espirituales*, nn. 238-260; cf. Oraá, *Ejercicios Espirituales*, 1072-1081.

la bajeza de uno mismo, etc.

3) *Oración de afectividad*

A medida que el alma se acerca más a Dios, más se simplifica ella y, consecuentemente se simplifica su modo de orar. Los grandes autores espirituales siempre han insistido en esta gran verdad: el camino de la oración crece por simplificación y por docilidad al Espíritu Santo. Por ejemplo, Dom Marmion repetía constantemente en sus direcciones epistolares: "No debe complicar su oración", "hay que seguir el atractivo del Espíritu Santo con mucha paz, porque toda ansiedad es enemigo mortal de esa disposición de abandono que el Espíritu Santo desea encontrar en el alma a quien llama a una especial unión con Él"; "no complique sus oraciones"; "no olvide que lo esencial en la oración es el contacto del alma con Dios en la fe por medio del amor"; "que la meditación sea más bien una oración de corazón y de amor que de cabeza"; "respecto de la oración no tema la simplicidad. Vaya a Dios por medio de Jesucristo... Lo esencial en la oración de fe es amar y entregarse a todas las divinas disposiciones"[139].

Santa Teresa habla de la oración de afectividad sin usar este término[140]. Es aquel modo de orar en el que predominan los afectos de la voluntad sobre el discurso del entendimiento. Es como una meditación simplificada en la que cada vez va tomando mayor preponderancia el corazón por encima del trabajo intelectivo basado principalmente en el raciocinio. No hay diferencia esencial con la meditación sino que representa más bien una simplificación de aquélla. De hecho, el "coloquio" en el método ignaciano es oración de afectividad. Cuando se practica esta oración han de evitarse algunos errores muy comunes.

El primero es esforzarse por hablar constantemente. El alma debe detenerse para oír a Dios. Él nos contesta en nuestra conciencia, en el corazón, frecuentemente en forma inequívoca. No hay que dejarse engañar por la imaginación, pero puede descubrirse la voz de Dios en las mociones, deseos de santidad, de magnanimidad, en la compunción del corazón, etc.

El segundo error es intentar "sentir" nuestros actos. Los actos espirituales

---

[139] Cf. Thibaut, *La unión con Dios según... Dom Columba Marmion*, 212-217.
[140] Cf. Santa Teresa, *Vida* 13,11.

no se sienten pero se tiene conciencia de ellos. En la medida en que queremos amar a Dios, lo amamos efectivamente.

Cuando "un alma encuentra que puede emplear el tiempo de la oración en un amoroso trato con Dios, incluso usando pocas palabras, y al mismo tiempo no empieza a decaer en su fervor o en las otras acciones de su vida espiritual, ni a desarrollarse en él esa susceptibilidad orgullosa que rehúsa aceptar incluso la más pequeña humillación o indiferencia, en este caso se le podrá, y sin duda de le deberá, permitir orar en esa forma. Esta es la oración afectiva"[141].

4) La oración de recogimiento o de simplicidad

Cuando el alma persevera con fe en la oración vocal y en la meditación, Dios va haciendo que la oración se transforme en una comunión espiritual prolongada, una especie de reposo en Dios, que recibe el nombre de oración de recogimiento. No es todavía el recogimiento pasivo, infuso, sino un recogimiento activo, logrado con el esfuerzo humano y la ayuda divina: "llámase recogimiento, porque recoge el alma todas las potencias y se entra dentro de sí con su Dios, y viene con más brevedad a enseñarla su divino Maestro y a darla oración de quietud que de ninguna otra manera"[142]. Esta oración tiene dos tiempos.

El primer tiempo o momento es un movimiento activo de las potencias por el cual éstas se alejan de las cosas externas y se vuelven hacia el interior del alma. No es propiamente la oración de recogimiento sino el gesto preparatorio: las facultades (imaginación, memoria, sentidos, inteligencia, voluntad) se retiran al centro del alma porque allí Dios habita de manera especial por la gracia. El alma busca penetrar en sí misma hasta el lugar donde Dios se esconde[143]. No hay que confundir de ninguna manera estos actos preparatorios con las técnicas orientales de meditación que no constituyen un acto religioso de búsqueda de Dios sino un acto psicológico de búsqueda de sí mismo (ya sea buscando la paz, la calma, el silencio); esto puede constituir un acto terapéutico para una persona nerviosa o con crisis psicológicas, pero no es propiamente hablando oración (volveremos sobre

---

[141] Boylan, *Dificultades en la oración mental*, 55-56.
[142] Santa Teresa, *Camino de perfección*, 28,4.
[143] Cf. Santa Teresa, *Camino de perfección*, 28,2.

este tema).

El segundo tiempo consiste propiamente en tomar contacto con Dios y entretenerse con Él. Aquí la oración de recogimiento pasa a ser un comercio activo del alma con Dios. Este recogimiento no es perezosa inactividad. Por el contrario, exige muchas veces actividad del alma. Santa Teresa recomienda en este punto meditar la Pasión, representarse a Jesús y ofrecerlo al Padre, ir a buscarlo en el Calvario. Consiste, dice la Santa, no tanto en el trabajo del intelecto (por eso no es propiamente meditación) sino en detenerse con la imaginación, considerar que el Señor nos mira, hacerle compañía, hablarle, suplicarle, humillarse ante Él[144]. Todo se reduce a mirar y amar.

¿Cómo alcanzar esta oración? Al principio, señala Santa Teresa, el alma al intentar hacer esta oración notará que las potencias no le responden con docilidad; hace falta mucha "fatiga". Pero se puede lograr. Para alcanzar este tipo de oración hay que recurrir a muchas industrias: ante todo, a la imaginación, reconstruyendo escenas evangélicas o representándose la figura y actitudes de Cristo; luego haciendo reflexiones del entendimiento o meditaciones discursivas pero sin gastar demasiado tiempo en ello y buscando más el contacto íntimo al que aquellas deben apuntar; fijando, finalmente, una simple mirada de fe sobre el Maestro. Sobre esta oración conviene volver muchas veces durante el día.

Esta oración señala el tránsito de la etapa ascética a la mística.

---

[144] Cf. Santa Teresa, *Camino de perfección*, 28,4; *Vida*, 13,22.

2. ETAPA PREDOMINANTEMENTE MÍSTICA DE LA ORACIÓN: LA CONTEMPLACIÓN Y SUS GRADOS[145]

La docilidad a los elementos infusos presentes en la oración de simplicidad termina por prevalecer introduciendo al alma en la vida eminentemente mística con la oración de contemplación.

Se ha definido la contemplación como *"simplex intuitus veritatis sub influxu amoris"*, mirada simple de la verdad bajo el influjo del amor[146]; Ricardo de San Víctor usaba una expresión particularmente adecuada al llamarla *"contuitus"*, es decir, mirada global. La contemplación puede darse en el plano natural como contemplación puramente estética o artística, como contemplación intelectual o filosófica y como contemplación teológica. Esta última es la que más se aproxima a la oración propiamente contemplativa, pero a la vez se distingue esencialmente de ella. La contemplación teológica es humana por el modo en que la facultad realiza la operación, pero sobrenatural por el objeto, que es la verdad divina; a veces, por la acción de los dones del Espíritu Santo en el teólogo dócil a la verdad que contempla, ésta se hace camino a la contemplación mística.

La contemplación sobrenatural es distinta. La verdad sobre la que recae no es la fórmula dogmática sino la misma Verdad divina. Requiere la gracia santificante habitual y además el influjo de la gracia actual, las virtudes teologales y los dones del Espíritu Santo. El hábito del cual procede inmediatamente el acto de contemplación es la fe informada por la caridad y reforzada por los dones intelectuales del Espíritu Santo; la fe informada proporciona la sustancia del acto y los dones intelectuales de sabiduría, entendimiento y ciencia proporcionan el modo sobrenatural[147].

Desde el punto de vista de la psicología sobrenatural, la contemplación sobrenatural se caracteriza frecuentemente como una auténtica experiencia de Dios: ya Dios no se contenta con ayudarnos a pensar en él y recordarnos su presencia sino que nos da un conocimiento intelectual y experimental de

---

[145] Cf. Garrigou-Lagrange, *Las tres edades de la vida interior*, I, 1105ss; Eugenio del Niño Jesús, *Quiero ver a Dios*, 1182ss; A. Royo Marín, *Teología de la perfección cristiana*, 729ss.; Arintero, *La evolución mística*, 428ss.

[146] Cf. Santo Tomás, *Suma Teológica*, II-II, 180, 3 ad 1 y ad 3.

[147] Cf. A. Royo Marín, *Teología de la perfección cristiana*, 685-704.

II - Los elementos de la educación espiritual

esta presencia. Los místicos la describen también como una cierta invasión de lo sobrenatural en el alma.

San Juan de la Cruz y Santa Teresa han descrito los signos más importantes que revelan la auténtica entrada en la contemplación sobrenatural. El reconocimiento de estos signos es muy importante, tanto para el alma llamada a este nuevo modo de oración cuanto para el director espiritual, pues la oración contemplativa comporta para el alma nuevas obligaciones. El deber fundamental será, en adelante, respetar y favorecer las nuevas intervenciones divinas, mostrarse dócil y silencioso por la sumisión de su actividad a la de Dios. Los signos principales e inequívocos son los que da San Juan de la Cruz en la *Subida*:

El primero es negativo y es la impotencia de las facultades: "ya no puede meditar ni discurrir con la imaginación, ni gustar de ello como de antes solía, antes halla ya sequedad en lo que de antes solía fijar el sentido y sacar jugo"[148]. Esta impotencia proviene del hecho de que Dios se comunica en espíritu puro.

El segundo también es negativo y es el hastío general: "no le da ninguna gana de poner la imaginación ni el sentido en otras cosas particulares exteriores ni interiores"[149]. El alma tiene, al mismo tiempo, conciencia de que tal imposibilidad de gustar las cosas divinas no proviene de su pecado ni de su tibieza. Estos dos primeros signos son insuficientes por sí solos.

El tercero es positivo y el más importante: "el alma gusta de estarse a solas con atención amorosa a Dios sin particular consideración, en paz interior y quietud y descanso, y sin actos y ejercicios de las potencias... sino sólo con la atención y noticia general amorosa que decimos, sin particular inteligencia y sin entender sobre qué"[150]. Es la misma señal que da Santa Teresa para distinguir la contemplación[151].

Éste es –en el decir de los grandes maestros– uno de los momentos más delicados de la dirección espiritual. San Juan de la Cruz reserva palabras muy duras para los directores que no saben entender la acción de Dios en las

---

[148] San Juan de la Cruz, *Subida*, 2, 13 ,2.
[149] San Juan de la Cruz, *Subida*, 2, 13, 3.
[150] San Juan de la Cruz, *Subida*, 2, 13, 6.
[151] Cf. Santa Teresa, *Moradas*, 4, 2, 3-6.

almas y abortan el trabajo del Espíritu Santo en el camino de la contemplación por no comprender que Dios lleva a las almas al recogimiento interior, mientras que ellos –los malos directores– se empecinan en mantenerlas en pura actividad. Transcribo algunos párrafos de *Llama de amor viva*:

> "Y, con ser este daño tan grande, más que se puede encarecer, es tan común que apenas se hallará un maestro espiritual que no le haga en las almas que de esta manera comienza Dios a recoger en contemplación. Porque ¡cuántas veces está Dios ungiendo al alma con alguna unción muy delgada de noticia amorosa, serena, pacífica, solitaria y muy ajena del sentido y de lo que se puede pensar; no pudiendo meditar ni gustar de cosa de arriba ni de abajo, ni de noticias, porque la trae Dios ocupada en aquella unción solitaria, inclinada a soledad y ocio, y vendrá uno que no sabe sino martillar y macear como herrero, y porque él no enseña más que aquello, dirá: «Andad, dejaos de eso que es perder el tiempo, y ociosidad, sino tomad y meditad y haced actos, que es menester que hagáis de vuestra parte actos y diligencias, que son esotros alumbramientos y cosas de bausanes».
>
> Y así, no entendiendo estos los grados de oración ni vías del espíritu, no echan de ver que aquellos actos que ellos dicen que haga el alma, y aquel caminar con discurso está ya hecho, pues ya aquella alma ha llegado a la negación sensitiva; y que, cuando ya se ha llegado al término y está andado el camino, ya no hay caminar, porque sería volver a alejarse del término. Y así, no entendiendo que aquella alma está ya en la vía del espíritu, en el cual no hay discurso y que ya el discurso cesa y es de Dios el agente y el que habla secretamente al alma solitaria, callando ella, sobrepone otro ungüento en el alma de groseras noticias y jugos en que las imponen y deshácenle la soledad y recogimiento, y por el consiguiente, la subida obra que en ella Dios pintaba. Y así el alma ni hace lo uno, ni aprovecha en lo otro, y así todo es dar golpe en la herradura.
>
> Adviertan estos tales y consideren que el Espíritu Santo es el principal agente y movedor de las almas que nunca pierde cuidado de ellas, y que ellos no son los agentes, sino instrumentos solos para enderezar las almas para la regla de la fe y ley de Dios, según el espíritu que Dios va dando a cada uno. Y así, todo cuidado sea no acomodar al alma a su modo y condición propia de ellos, sino mirando si saben por dónde Dios las lleva y, si no lo saben, déjenlas y no las perturben. Y, conforme a esto procuren enderezar al alma en mayor soledad y libertad y tranquilidad, dándoles anchura a que no aten el sentido espiritual y corporal a nada cuando Dios las lleva por aquí, y no se penen ni soliciten pensando que no se hace nada; que, como el alma esté desasida de toda noticia propia y de todo apetito y afecciones de la parte sensitiva y en negación pura de pobreza de espíritu, en vacío de toda niebla

II - Los elementos de la educación espiritual

de jugo, despegada de todo pecho y leche, que es lo que el alma ha de tener cuidado de ir haciendo de su parte y ellos en ello ayudándola a negarse según todo esto, es imposible que no haga Dios lo que es de la suya...

Dios está como el sol sobre las almas para entrar; conténtense con disponerla según la perfección evangélica, que consiste en la desnudez y vacío de sentido y espíritu, y no quieran pasar adelante en el edificar, que ese oficio sólo es del Señor, de donde desciende todo dado excelente (cf. St 1,17). Porque si el Señor no edificare la casa, en vano trabaja el que la edifica (cf. Sal 126,1); edificará en cada alma como él quisiere, edificio sobrenatural. Dispón tú ese natural, aniquilando sus operaciones, pues que antes estorban que ayudan. Eso es tu oficio; y el de Dios, como dice el Sabio (cf. Pr 16,9) es enderezarle a los bienes sobrenaturales por modos y maneras que tú ni el alma no sabéis. Y así, no digas: «¡Oh, que no va delante, que no hace nada!» Porque, si el entendimiento del alma entonces no gusta de otras inteligencias más que antes, adelante va el entendimiento caminando a lo sobrenatural.

Donde no hay que temer de la ociosidad de la voluntad en este puesto: que, si cesa de hacer actos en particulares noticias cuanto eran de su parte, hácelos Dios en ella, embriagándola en amor infuso por medio de la noticia de contemplación, o sin ella, como acabamos de decir; y son tanto mejores que los que ella hiciera, y tanto más meritorios y sabrosos, cuanto es mejor el movedor e infusor de este amor, que es Dios, el cual le pega al alma porque la voluntad está cerca de Dios y desasida de otros gustos..."[152].

Tan grave considera este daño el Doctor Carmelitano que afirma de los directores que así obran:

"No entendiendo, pues, éstos las almas que van ya en esta contemplación quieta y solitaria, por no haber ellos pasado ni aun quizá llegado, de un modo ordinario de discursos y actos, pensando, como he dicho, que están ociosas, porque el hombre animal, esto es, que no pasa del sentido animal de la parte sensitiva, no percibe las cosas que son de Dios, dice san Pablo (cf. 1Co 2, 14), les turban la paz de la contemplación sosegada y quieta que de suyo les daba Dios, los hacen meditar y discurrir y hacer actos, no sin grande desgana y repugnancia y sequedad y distracción de las mismas almas, que se querrían estar en su quieto y pacífico recogimiento, y persuádenlas a que procuren jugos y hervores, como quiera que los habían de aconsejar lo contrario. Lo cual no pudiendo ellas hacer ni entrar en ello como antes (porque ya pasó ese tiempo, y no es ése su camino) desasosiéganse doblado, pensando que

---

[152] San Juan de la Cruz, *Llama*..., 38-41.43.

van perdidas, aun ellos se lo ayudan a creer, y sécanlas el espíritu y quítanles las unciones preciosas que en la soledad y tranquilidad Dios las ponía, que, como dije, es grande daño, y pónenlas del duelo y del lodo, pues lo uno pierden y en lo otro sin provecho penan.

No saben éstos qué cosa es espíritu, hacen a Dios grande injuria y desacato metiendo su tosca mano donde Dios obra. Porque le ha costado mucho a Dios llegar estas almas hasta aquí, y precia mucho haberlas llegado a esta soledad y vacío de sus potencias y operaciones para poderles hablar al corazón, que es lo que él siempre desea, tomando él ya la mano, siendo ya él el que en el alma reina con abundancia de paz y sosiego, haciendo desfallecer los actos naturales de las potencias, con que, trabajando toda la noche, no hacía nada, apacentándolas ya el espíritu sin operación de sentido, porque el sentido, ni su obra, no es capaz del espíritu...

Pero éstos por ventura yerran con buen celo, porque no llega a más su saber. Pero no por eso quedan excusados en los consejos que temerariamente dan sin entender primero el camino y espíritu que lleva el alma, y, si no la entiende, entremeter su tosca mano en cosa que no entiende, no dejándola para quien mejor la entienda. Que no es cosa de pequeño peso y culpa hacer a un alma perder inestimables bienes por consejo fuera de camino y dejarla bien por el suelo. Y así, el que temerariamente yerra, estando obligado a acertar, como cada uno lo está en su oficio, no pasará sin castigo, según el daño que hizo. Porque los negocios de Dios con mucho tiento y muy a ojos abiertos se han de tratar mayormente en cosa tan delicada y subida como en estas almas, como se aventura casi infinita ganancia en acertar y casi infinita pérdida en errar...

Deben, pues, estos tales dar libertad a estas almas, y están obligados a dejarlas ir a otros y mostrarles buen rostro, que no saben ellos por dónde aquella alma la quiera Dios aprovechar, mayormente cuando ya no gusta de su doctrina, que es señal que la lleva Dios adelante por otro camino y que ha menester otro maestro, y ellos mismos se lo han de aconsejar, y lo demás nace de necia soberbia y presunción"[153].

Siguiendo nuestro discurso, debemos señalar que la oración contemplativa admite varios grados, que en general los autores coinciden (con sus más y sus menos) en clasificar como: oración de quietud o recogimiento infuso o pasivo, oración de simple unión, unión extática o desposorio espiritual y unión transformativa o matrimonio espiritual.

---

[153] San Juan de la Cruz, *Llama...*, 45-46.48.52.

1) *Quietud o recogimiento infuso*

Otros la llaman "quietud de suavidad" y San Juan de la Cruz se refiere a ella como "sequedad contemplativa u oración de fe"[154]. "Sola la voluntad queda cautiva" dice Santa Teresa. Se trata de una muy filial afección hacia Dios por parte de la voluntad, causada de modo particular por el don de piedad. En este estado queda cautiva de Dios la voluntad y en una de sus fases (el "sueño de las potencias") también la inteligencia; en cambio, la memoria y la imaginación no están cautivadas por la acción divina; a veces son auxiliares de la voluntad y se mueven a su servicio; otras la perturban. Es frecuentemente interrumpida por las sequedades de la noche oscura de los sentidos y por las tentaciones. Garrigou-Lagrange distingue como tres fases: primero el recogimiento pasivo, que es una suave y afectuosa absorción de la voluntad en Dios por una gracia especial; segundo, la quietud propiamente dicha, en que la voluntad queda cautiva de Dios, ya permanezca en silencio, ya ore en una especie de transporte espiritual; tercero, el sueño de las potencias, que es cuando estando cautiva la voluntad, el entendimiento cesa de discurrir y se pone en las manos de Dios, si bien la imaginación y la memoria continúan moviéndose a sus anchas[155].

La conducta del alma debe ser, en este punto, seguir algunas normas que indicamos a continuación.

La primera, no suspender el discurso hasta sentir claramente la invitación del Señor. De lo contrario se cae en un falso quietismo o pereza espiritual.

La segunda, suspender inmediatamente el discurso al sentir el atractivo de la gracia que impulsa a ello. Pues empeñarse a seguir obrando con las potencias cuando la gracia invita al recogimiento y sosiego paralizaría la acción divina.

La tercera, no turbar la quietud inquietándose por el alboroto de las otras potencias; en particular la memoria y la imaginación, pues "es para alabar a Dios la guerra que nos da"[156]. No hay que hacer más caso que de un loco y "dejarla con su tema" pues sólo Dios la puede quitar.

---

[154] Cf. Eugenio del Niño Jesús, *Quiero ver a Dios*, p.649.
[155] Cf. R. Garrigou-Lagrange, *Las tres edades de la vida interior,* II, 873; Santa Teresa, *Vida*, 17.
[156] Santa Teresa, *Vida*, 17,7.

La cuarta, huir con grandísimo cuidado de las ocasiones de ofender a Dios, pues las pequeñas infidelidades suelen costar muy caro a las almas que Dios puso en los primeros grados místicos. De la conducta del alma en estas pequeñas cosas dependerá que Dios retire esas gracias o las siga comunicando.

Por fin, la quinta, no dejar jamás la oración a pesar de todas las dificultades o tropiezos.

2) La oración de simple unión

Es el grado de contemplación infusa en que todas las potencias interiores están cautivas u ocupadas en Dios. En la quietud solamente quedaba cautiva la voluntad; en el sueño de las potencias se unía el entendimiento; en ésta todas las potencias interiores (incluso la memoria y la imaginación) están cautivas. Sólo quedan libres, aunque imperfectamente, los sentidos corporales externos. Santa Teresa la describe diciendo: "estando así el alma buscando a Dios, siente, con un deleite grandísimo y suave, casi desfallecer toda con una manera de desmayo que le va faltando el huelgo y todas las fuerzas corporales, de manera que, si no es con mucha pena, no puede aun menear las manos; los ojos se le cierran sin quererlos cerrar, o si los tiene abiertos, no ve casi nada; ni si lee acierta a decir letra, ni casi atina a conocerla bien; ve que hay letra, mas como el entendimiento no ayuda, no la sabe leer aunque quiera; oye, mas no entiende lo que oye... Toda la fuerza exterior se pierde y se aumenta la del alma para mejor poder gozar de su gloria. El deleite exterior que se siente es grande y muy conocido. Esta oración no hace daño por larga que sea"[157].

Las características esenciales de esta oración son: la ausencia de distracciones (el alma no se distrae jamás mientras permanece en esta oración, porque las potencias responsables de las distracciones son la memoria y la imaginación que aquí están absortas en Dios); segundo, la certeza absoluta de haber estado unida el alma con Dios (mientras dura cualquier contemplación el alma nunca duda de que está íntimamente unida con Dios, a quien siente de una manera inefable; mientras que, al salir de los grados anteriores le quedaba alguna duda si fue unión con Dios o engaño suyo o del demonio;

---

[157] Santa Teresa, *Vida*, 18,10-11.

en cambio, en este estado queda certeza absoluta); finalmente, la ausencia de cansancio.

Los efectos de esta oración son una muy grande contrición de los pecados y ardiente celo por hacer conocer y amar a Dios y entregarse a su servicio, y sufrimiento intenso por ver a los pecadores perderse. Comienza a comprender lo que debieron ser los sufrimientos de Nuestro Señor y en base a tal inteligencia se inicia la práctica heroica de las virtudes. Algunos autores, como Santa Teresa y San Juan de la Cruz, señalan aquí algunos fenómenos concomitantes que se dan en algunas almas; son cuatro: los toques místicos (una impresión sobrenatural casi instantánea, que le da al alma la sensación de haber sido tocada por el mismo Dios), los ímpetus (impulsos fuertísimos e inesperados de amor de Dios que dejan al alma con un hambre y sed de amor casi insaciable), las heridas de amor ("escondidos toques de amor a manera de saeta", dice San Juan de la Cruz) y las llagas de amor (semejantes a las anteriores pero más hondas y duraderas).

3) *La unión extática o desposorio espiritual*

Añade sobre el modo anterior el cautiverio de los sentidos externos. La intensidad de la unión es aquí tan grande que el cuerpo no la resiste y sobreviene el éxtasis. El éxtasis es la suspensión de los sentidos externos; no implica necesariamente la levitación o elevación del cuerpo en el aire. La causa eficiente del éxtasis es el Espíritu Santo mediante sus dones. La causa formal es la contemplación infusa en grado muy intenso, aunque no máximo; es el efecto producido por los dones de entendimiento y de sabiduría al actuar intensamente en el alma. La causa material es la flaqueza natural del sujeto que la recibe, por eso cuando el sujeto está acostumbrado a la luz divina y fortalecido para soportarla, desaparecen los éxtasis. La causa final es la santificación del alma.

Esta suspensión de los sentidos se manifiesta en una insensibilidad más o menos pronunciada, retardo de la respiración y disminución de calor vital. Luego queda el cuerpo inmóvil, y la mirada fija sobre un objeto invisible. En vez de debilitar al cuerpo, comunícale este estado nuevas energías; acontece, a veces, que una persona que apenas puede estar arrodillada en situaciones ordinarias, puede hacerlo sin dificultad durante el éxtasis. A veces la suspensión de los sentidos es incompleta y permite ir dictando las revelaciones a medida que las va recibiendo, como fue el caso de Santa Catalina de Siena. La duración del éxtasis varía mucho, de pocos instantes a largo tiempo; termina ordinariamente en un despertar espontáneo; ese despertar puede ser provocado por una orden del superior religioso, orden que puede ser oral o sólo mental; por eso a juicio de la Iglesia, la obediencia durante el estado extático es una de las señales de su origen divino.

En medio de uno de estos éxtasis tiene lugar, según los místicos, el llamado desposorio espiritual, que es la promesa de Dios de llevar al alma hasta la unión transformativa o matrimonio espiritual.

Es fundamental para el director espiritual distinguir el éxtasis verdadero de sus posibles falsificaciones. Éstas son cinco, las cuatro primeras son naturales, la última diabólica:

a) El desvanecimiento natural o síncope. Su duración es corta y se puede retornar al enfermo con ciertos recursos terapéuticos: posición horizontal, aire libre, percusión de las manos, aspersiones frías en la cara, aspiración de olores fuertes (vinagre, amoníaco, etc.). Al verdadero místico no se lo puede sacar con estos medios. En el desvanecimiento natural se produce la pérdida del conocimiento y la suspensión de las facultades psíquicas, mientras que el éxtasis místico se produce por hipertensión de esas facultades.

b) El sonambulismo espontáneo. El sonámbulo va, viene, anda, ejecuta trabajos manuales, su mirada –cuanto tiene los ojos abiertos– es empañada, su actividad cerebral se desarrolla con detrimento del espíritu. Por el contrario, el extático, por lo general, permanece inmóvil, está radiante y transfigurado, goza celestialmente.

c) La hipnosis. De afuera puede presentar ciertas analogías con el éxtasis, pero tiene diferencias esenciales. El hipnotizado despierta en el momento en que se lo manda el hipnotizador; el extático sólo cuando lo manda la autoridad eclesiástica. En el primero, la voluntad está casi suspendida, la conciencia es torpe y la memoria de su actividad se pierde enteramente al despertar; en el segundo, los recuerdos permanecen muy presentes y su sueño no altera en lo más mínimo ni la voluntad ni la conciencia. En el primero, el estado de catalepsia provocada produce una rigidez casi cadavérica; en el segundo, aun habiendo inmovilidad manifiesta grande vida, especialmente el rostro.

d) La histeria. Se caracteriza porque las crisis son violentas y el histérico es propenso a la ilusión y a la fantasía, muy movible y antojadizo, impresionable hasta el extremo, malhumorado, vanidoso, embustero; sus crisis suelen ser seguidas de profunda depresión. El éxtasis verdadero el adormecimiento es tranquilo, no hay convulsiones, ni gritos inarticulados; todo es tranquilo y digno.

e) El éxtasis diabólico. Es una forma de obsesión, que confina con la posesión y se juzga por ella. El demonio no puede penetrar en el alma, por tanto sólo puede suprimir la sensibilidad exterior para concentrar toda la atención del alma sobre los cuadros sugestivos provocados por él en la imaginación. Las características del éxtasis diabólico son: vivir en pecado, gozar del éxtasis a capricho, hacer muecas y contorsiones, proferir palabras incoherentes, no conservar recuerdo alguno después del éxtasis, buscar sitios concurridos para llamar la atención, quedar con gran turbación al volver en sí, recibir en el éxtasis comunicaciones que incitan al mal o mueven a un bien aparente.

4) La unión transformativa o matrimonio espiritual

Es el último grado, llamado también "unión consumada" y "deificación del alma". San Juan de la Cruz lo define como "una transformación total en el Amado, en que se entregan ambas partes por total posesión de la una a la otra, con cierta consumación de unión de amor, en que está el alma hecha divina y Dios por participación, cuanto se puede en esta vida"[158].

Tres elementos la caracterizan. El primero es la transformación en el Amado: el alma adquiere propiedades divinas; no se trata de una transformación ontológica sino en cuanto al modo de obrar, es decir, el alma participa de los actos análogos que están en Dios: se tiene conciencia de la comunicación de la vida divina, el objeto de las operaciones sobrenaturales es Dios y además Dios se muestra como co-principio de tales operaciones, se cree sentir a Dios viviendo por los dos. El segundo es la mutua entrega, que será la esencia misma del matrimonio espiritual. El tercero es la unión permanente de amor: es una conciencia experimental de la unión continua con Dios.

---

[158] San Juan de la Cruz, *Cántico*, 22,3.

En este estado las facultades superiores están atraídas hacia el centro más profundo en que habita la Santísima Trinidad. Según San Juan de la Cruz, consiste en la posesión perfecta del don de sabiduría[159]. En este caso la unión con Dios ya no es solamente habitual sino actual y en cierto modo transformante y, a pesar de la infinita distancia que separa a la creatura del Creador, es una unión de conocimiento cuasi experimental y de muy íntimo amor. Se cumple lo que dice San Pablo: "Quien está unido con el Señor, es con Él un mismo espíritu" (1Co 6,17).

Según algunos autores, los efectos de este estado de perfección son los mismos que los de las virtudes teologales y de los dones en su pleno desenvolvimiento. Y su fruto es, según San Juan de la Cruz, la llamada "confirmación en gracia"[160], es decir la protección especial de Dios que aleja las ocasiones de pecar y da fortaleza cuando ésta es necesaria, de suerte que el alma queda, en adelante, preservada de pecado mortal y aun casi siempre de pecado venial deliberado.

3. EL EXAMEN DE LA ORACIÓN

1) Una modalidad ignaciana

En el Libro de los Ejercicios San Ignacio de Loyola dedica una adición al examen de la oración. Dice: "Después de acabado el ejercicio, por espacio de un cuarto de hora, ya sea sentado, ya paseándome, miraré cómo me ha ido en la contemplación o meditación; y si mal, miraré la causa donde procede, y así mirada arrepentirme, para me enmendar en adelante; y si bien, dando gracias a Dios nuestro Señor; y haré otra vez de la misma manera"[161].

Éste es uno de los elementos serios del método ignaciano. Si bien San Ignacio lo prescribe durante los Ejercicios Espirituales, tiene, sin embargo, una aplicación más universal. Para el Santo de Loyola el progreso en la oración depende en gran medida de esta práctica que ha de hacerse inmediatamente después de terminada la oración.

---

[159] Cf. San Juan de la Cruz, *Cántico*, 26.
[160] Cf. San Juan de la Cruz, *Cántico*, 22.
[161] San Ignacio de Loyola, *Ejercicios Espirituales*, n. 77.

Alonso Rodríguez advertía: "Este documento es de mucha importancia. Lo primero, porque con este examen y reflexión que uno hace de cómo le ha ido en la oración, toma experiencia por dónde le va mal para quitarlo, y por dónde le va bien, para seguirlo: con lo cual se alcanza la discreción espiritual y el magisterio que nace de la ciencia experimental. Por eso nuestro Padre estima en mucho este examen y reflexión para sacar maestros, no sólo en esto, sino también en otros ejercicios y ministerios nuestros... Lo segundo que ha de hacer uno en este examen, y muy principal, ha de ser mirar qué es el fruto que ha sacado de aquella oración, y tornarse a actuar de nuevo en él; como cuando uno repite la lección y saca en limpio las conclusiones y verdades, y hace como un epílogo de ellas. Y se ha de tener por de tanta importancia este examen, que cuando uno no tuviese tiempo para hacerle después de la oración, le debe hacer en la misma oración o al fin de ella"[162].

Lo esencial de este examen está en considerar el fruto que hay que sacar de la oración (que San Ignacio siempre hace especificar entre los preámbulos de la oración); "o mejor dicho, en la voluntad fervorosa y activa que se pone en alcanzarlo", explica Casanovas[163]. Y el mismo comentarista de San Ignacio añade a continuación: "cuando se empieza el examen, nuestra mirada ha de ir directamente a la voluntad de santidad con que hemos entrado en la meditación. Si dicha voluntad o no existió o fue tibia o mortecina, ya hemos dado con la raíz y veremos al momento que todas las deficiencias han nacido de aquel defecto radical".

"Miraré cómo me ha ido en la contemplación o meditación". En el fondo se trata de un ejercicio de discernimiento. "Tres personas –dice Casanovas– concurren al éxito de nuestra oración: nosotros mismos, el demonio y Dios; el saber «cómo me ha ido en la contemplación o meditación», depende de que nos sea muy bien conocida su acción. Esta acción de las tres anda siempre mezclada, pero para hacer bien el examen conviene examinar cada una por separado"[164].

De este modo examina primero nuestra acción, es decir: el grado de

---

[162] Rodríguez, Alonso, *Ejercicio de perfección*, 1ª parte, tratado 5, c. 27.
[163] Casanovas, *Comentario y explanación de los Ejercicios Espirituales de San Ignacio de Loyola,* I, 176.
[164] Ibídem, II, 399.

nuestro deseo de aprovechar en todo lo posible y la generosidad magnánima de darlo todo a Dios, las disposiciones para vencernos a nosotros mismos y para quitar todas las afecciones desordenadas y ordenar la vida según la voluntad divina, la intensidad del dolor de los pecados y el enamoramiento de Jesucristo, etc.

Lo segundo que se debe examinar es la intervención del demonio. San Ignacio da por sabido que el demonio desarrolla una actividad especial en torno al que ora, muchas veces transfigurándose como ángel de luz, lo cual suele descubrirse después, al observar si nuestros pensamientos han terminado en cosas distractivas o no tan buenas como las que nos habíamos propuesto alcanzar; o bien porque se trata de pensamientos que nos inquietan o conturban, quitándonos la paz y quietud que antes teníamos. La intención de San Ignacio es que, conocida y anotada esta experiencia, aprendamos a guardarnos en delante de estos sutiles engaños.

Finalmente, se ha de examinar la acción de Dios, quien se comunica "al alma devota abrazándola en su amor y alabanza, y disponiéndola por la vía que mejor podrá servirle en adelante"[165]. En tiempos de consolación quiere San Ignacio que examinemos si Dios ha movido nuestra voluntad y puesto en nuestra alma lo que debemos hacer[166], si ha aceptado y confirmado alguna oblación nuestra, teniéndola por mayor servicio y alabanza suya[167], si hemos sentido que el amor que nos mueve y nos hace elegir alguna cosa descendía desde arriba, del amor de Dios[168], etc. En tiempos de desolación debemos examinar de dónde ha podido venir: si de nuestra tibieza, pereza o negligencia; o si es una prueba de Dios. Especialmente se ha de examinar si en tiempo de desolación hemos hecho propósitos o si hemos cambiado propósitos anteriores; todo lo cual contradice las reglas elementales de discernimiento espiritual que da el mismo Ignacio[169].

Los "Directorios de ejercicios" más antiguos indicaban el provecho que puede sacarse de anotar brevemente las luces y mociones más notables y

---

[165] Cf. San Ignacio de Loyola, *Ejercicios Espirituales*, n. 15.
[166] Cf. Ibídem, n. 180.
[167] Cf. Ibídem, n. 183.
[168] Cf. Ibídem, nn. 184; 338.
[169] Cf. Ibídem, nn. 317-318.

significativas recibidas en la oración[170]. Lo mismo indica Alonso Rodríguez arriba citado.

2) Un examen de San Juan de Ávila

Quiero indicar un modo no menos importante de examinar la oración, insinuado por San Juan de Ávila a propósito de la meditación sobre la Pasión del Señor. Se trata, podría decirse, de la relación que ha de existir entre "oración" y "vida cristiana", y más exactamente, con la esencia de la vida cristiana: la caridad y la misericordia. Dice el Santo que "el fin de la meditación de la pasión ha de ser la imitación de ella, y el cumplimiento de la ley del Señor"[171]. El fin de nuestra meditación, que tiene por objeto los misterios de Cristo y las verdades eternas, es el "imitar", es decir, el transformar nuestra vida en aquello que rezamos.

Por esta razón San Juan de Ávila se descargaba contra aquellos que, dice él, llevan la cuenta de las horas que gastan en la oración y de los gustos que sacan de ella, pero no tienen en cuenta el provecho que de ella han de sacar. Es decir, consideran lo material y no lo esencial de la oración. "Piensan con engañado juicio –dice– que quien más dulcedumbre y más horas de oración tiene, aquél es más santo; mientras que en la verdad, lo es aquel que, con profundo desprecio de sí, tiene mayor caridad, en la cual consiste la perfección de la vida cristiana y el cumplimiento de toda la ley".

La duración de la oración, es, pues, accidental a su fruto; lo mismo el consuelo o desconsuelo que puede experimentarse en ella. En cambio, la transformación de nuestra vida a semejanza de lo que meditamos es esencial a la oración; es más, es el fin esencial de la oración: rezamos para convertirnos en lo que contemplamos. Así, en el ejemplo de Moisés que bajó transformado del Sinaí, dice San Juan de Ávila que se da entender "que quien trata con Dios con la lengua de la oración, ha de traer luz en su entendimiento, para saber lo que debe hacer, y el cumplimiento de la voluntad de Dios puesto en obra, como ley en las manos".

Insiste el maestro español: "No debéis considerar la pasión y el tener

---

[170] Como el "Oficial", el del P. Miró, el del P. Ceccotti, el de Gagliardi, etc. Son citados por Lopez Tejada, *Los Ejercicios...*, 359.

[171] San Juan de Ávila, *Audi, filia*, c. 76; todo cuanto expondré a continuación está inspirado en este capítulo.

compasión, como quien mira este negocio de talanquera[172], sino como quien ha de acompañar al Señor en el mismo padecer". Y en otro lugar: "pues tiene oficio de orar, tenga vida de orador; y sea tal que en todo su trato se manifieste que se le ha pegado algo de aquella suma verdad y suma pureza, con la cual ha tratado". Y añade: "porque los que gastan un rato en llorar las bofetadas que al Señor le dieron en su pasión, y, si saliendo de allí se les ofrece alguna cosa, aun de las pequeñas que al Señor se ofrecieron, tienen tan poca paciencia como si hubieran aprendido en la oración a no sufrir nada, no sé a quién se deban comparar, sino a los que entre sueños les parece que hacen grandes cosas y, al despertarse, lo hacen todo al revés".

En resumidas cuentas, nuestra vida, y especialmente nuestra vida de caridad y misericordia con el prójimo, es el mejor y más manifiesto examen de nuestra oración. Nuestras obras revelan la perfección de nuestra plegaria: el que vive virtuosamente debe esto a su buena oración; y el que obra sin virtud, lo debe a que reza mal.

4. MODOS ERRÓNEOS DE HACER ORACIÓN

Debido a la enorme difusión que en muchos ambientes católicos tienen hoy en día algunos "modos" de oración inspirados –con mal logrado concierto– en métodos orientales (concretamente en el Hinduismo y el Budismo, como el "Zen", la "meditación trascendental" o el "Yoga") considero oportuno ofrecer a los directores espirituales algunas orientaciones al respecto tomadas de la *Carta sobre algunos aspectos de la meditación cristiana*, de la Congregación para la Doctrina de la Fe[173].

1) Algunos modos erróneos[174]

Ya en los primeros siglos se insinuaron en la Iglesia modos erróneos de hacer oración, de los cuales se encuentran trazas en algunos textos del Nuevo Testamento (cf. 1Jn 4, 3; 1Tm 1, 3-7 y 4, 3-4). Poco después, aparecen dos

---

[172] Es decir, desde atrás de un vallado; como miran una función quienes no quieren correr el peligro de intervenir en ella.

[173] Congregación para la Doctrina de la Fe, *Carta sobre algunos aspectos de la meditación cristiana*, 1989.

[174] Ibídem, capítulo III, nn. 8-12.

desviaciones fundamentales de las que se ocuparon los Padres de la Iglesia: la *pseudognosis* y el *mesalianismo*. De esa primitiva experiencia cristiana y de la actitud de los Padres se puede aprender mucho para afrontar la problemática contemporánea.

Contra la desviación de la *pseudognosis*[175], los Padres afirman que la materia ha sido creada por Dios y, como tal, no es mala. Además sostienen que la gracia, cuyo principio es siempre el Espíritu Santo, no es un bien propio del alma, sino que debe implorarse a Dios como don. Por esto, la iluminación o conocimiento superior del Espíritu –"*gnosis*"– no hace superflua la fe cristiana. Por último, para los Padres, el signo auténtico de un conocimiento superior, fruto de la oración, es siempre el amor cristiano.

Si la perfección de la oración cristiana no puede valorarse por la sublimidad del conocimiento gnóstico, tampoco puede serlo en relación con la experiencia de lo divino, como propone el *mesalianismo*. Los falsos carismáticos del siglo IV identificaban la gracia del Espíritu Santo con la experiencia psicológica de su presencia en el alma. Contra éstos los Padres insistieron en que la unión del alma orante con Dios tiene lugar en el misterio; en particular, por medio de los sacramentos de la Iglesia. Esta unión puede realizarse también a través de experiencias de aflicción e incluso de desolación. Contrariamente a la opinión de los mesalianos, éstas no son necesariamente un signo de que el Espíritu ha abandonado el alma. Como siempre han reconocido los maestros espirituales, pueden ser en cambio una participación auténtica del estado de abandono de Nuestro Señor en la Cruz, el cual permanece siempre como Modelo y Mediador de la oración.

Ambas formas de error continúan siendo una tentación para el hombre pecador. Le instigan a tratar de suprimir la distancia que separa la criatura del Creador, como algo que no debería existir; a considerar el camino de Cristo sobre la tierra –por el que Él nos quiere conducir al Padre– como una realidad superada; a degradar al nivel de la psicología natural –como "conocimiento superior" o "experiencia"– lo que debe ser considerado como

---

[175] La pseudognosis consideraba la materia como algo impuro, degradado, que envolvía el alma en una ignorancia de la que debía librarse por la oración; de esa manera, el alma se elevaba al verdadero conocimiento superior y, por tanto, a la pureza. Ciertamente, no todos podían conseguirlo, sino sólo los hombres verdaderamente espirituales; para los simples creyentes bastaban la fe y la observancia de los mandamientos de Cristo.

pura gracia.

Formas erróneas, que resurgen esporádicamente a lo largo de la historia al margen de la oración de la Iglesia, parecen hoy impresionar nuevamente a muchos cristianos, que se entregan a ellas como remedio –psicológico o espiritual– y como rápido procedimiento para encontrar a Dios[176].

Pero estas formas erróneas, donde quiera que surjan, pueden ser diagnosticadas de modo muy sencillo. La meditación cristiana busca captar, en las obras salvíficas de Dios, en Cristo –Verbo Encarnado– y en el don de su Espíritu, la profundidad divina, que allí se revela siempre a través de la dimensión humano-terrena. Por el contrario, en aquellos métodos de meditación, incluso cuando se parte de palabras y hechos de Jesús, se busca prescindir lo más posible de lo que es terreno, sensible y conceptualmente limitado, para subir o sumergirse en la esfera de lo divino, que, en cuanto tal, no es ni terrestre, si sensible, ni conceptualizable[177]. Esta tendencia, presente ya en la tardía religiosidad griega –sobre todo en el "neoplatonismo"–, se vuelve a encontrar en la base de la inspiración religiosa de muchos pueblos, enseguida que reconocen el carácter precario de sus representaciones de lo divino y de sus tentativas de acercarse a él.

---

[176] En la Edad Media existían corrientes extremistas al margen de la Iglesia, descritas, no sin ironía, por uno de los grandes contemplativos cristianos, el flamenco Jan Van Ruysbroek. Distingue éste en la vida mística tres tipos de desviación (*Die gheestelike Brulocht*, 228, 12-230, 17; 230, 18 - 232 , 22; 232, 23 - 236, 6) y hace también una crítica general referida a estas formas (236, 7 - 237, 29). Más tarde, técnicas semejantes han sido descritas y rechazadas por Santa Teresa de Jesús. Observa ésta agudamente que "el mismo cuidado que se pone en no pensar en nada despertará la inteligencia a pensar mucho" y que dejar de lado el misterio de Cristo en la meditación cristiana es siempre una especie de "traición" (Véase: Santa Teresa de Jesús, *Vida*, 12, 5 y 22, 1-5).

[177] Mostrando a toda la Iglesia el ejemplo y la doctrina de Santa Teresa de Jesús, que en su tiempo debió rechazar la tentación de ciertos métodos que invitaban a prescindir de la Humanidad de Cristo en favor de un vago sumergirse en el abismo de la divinidad, el Papa Juan Pablo II decía en una homilía el 1-XI-1982 que el grito de Teresa de Jesús en favor de una oración enteramente centrada en Cristo "vale también en nuestros días contra algunas técnicas de oración que no se inspiran en el Evangelio y que prácticamente tienden a prescindir de Cristo, en favor de un vacío mental que dentro del cristianismo no tiene sentido. Toda técnica de oración es válida en cuanto se inspira en Cristo y conduce a Cristo, el Camino, la Verdad y la Vida" (cf. Jn 14,6). Véase: *Homelia Abulae habita in honorem Sanctae Teresiae*, AAS, 75 (1983), 256-257.

II - Los elementos de la educación espiritual

Con la actual difusión de los métodos orientales de meditación en el mundo cristiano y en las comunidades eclesiales, nos encontramos de frente a una aguda renovación del intento, no exento de riesgos y errores, de fundir la meditación cristiana con la no cristiana. Las propuestas en este sentido son numerosas y más o menos radicales: algunas utilizan métodos orientales con el único fin de conseguir la preparación psicofísica para una contemplación realmente cristiana; otras van más allá y buscan originar, con diversas técnicas, experiencias espirituales análogas a las que se mencionan en los escritos de ciertos místicos católicos[178]; otras incluso no temen colocar aquel absoluto sin imágenes y conceptos, propio de la teoría budista[179], en el mismo plano de la majestad de Dios, revelada en Cristo, que se eleva por encima de la realidad finita. Para el fin, se sirven de una "teología negativa" que supera cualquier afirmación que tenga algún contenido sobre Dios, negando que las cosas del mundo puedan ser una señal que remita a la infinitud de Dios. Por esto, proponen abandonar no sólo la meditación de las obras salvíficas que el Dios de la Antigua y Nueva Alianza ha realizado en la historia, sino también la misma idea de Dios, Uno y Trino, que es Amor, en favor de una inmersión "en el abismo indeterminado de la divinidad"[180].

Estas propuestas u otras análogas de armonización entre meditación cristiana y técnicas orientales deberán ser continuamente cribadas con un cuidadoso discernimiento de contenidos y de método, para evitar la caída en un pernicioso sincretismo.

2) *Métodos psicofísicos-corporales*[181]

La experiencia humana demuestra que la posición y la actitud del

---

[178] Véase, por ejemplo "La nube de la ignorancia", obra espiritual de un escritor anónimo inglés del siglo XIV.

[179] El concepto de "nirvana" viene entendido en los textos religiosos del budismo, como un estado de quietud que consiste en la anulación de toda realidad concreta por ser transitoria y, precisamente por eso, decepcionante y dolorosa.

[180] El Maestro Eckhart habla de una inmersión "en el abismo indeterminado de la divinidad" que es una "tiniebla en la cual la luz de la Trinidad nunca ha resplandecido". Cf. *Sermo "Ave gratia plena"*, al final, (J. Quint, Deutsche Predigten und Traktate, Hanser 1955, 261).

[181] Congregación para la Doctrina de la Fe, *Carta sobre algunos aspectos de la meditación cristiana*, cap. VI, nn. 26-28.

cuerpo no dejan de tener influencia sobre el recogimiento y la disposición del espíritu. Esto constituye un dato al que han prestado atención algunos escritores espirituales del Oriente y del Occidente cristiano.

Sus reflexiones, aun presentando puntos en común con los métodos orientales no cristianos de meditación, evitan aquellas exageraciones o visiones unilaterales que, en cambio, con frecuencia se proponen hoy en día a personas insuficientemente preparadas.

Los autores espirituales han adoptado aquellos elementos que facilitan el recogimiento en la oración, reconociendo al mismo tiempo su valor relativo: son útiles si se conforman y se orientan a la finalidad de la oración cristiana[182]. Por ejemplo, el ayuno cristiano posee ante todo el significado de un ejercicio de penitencia y de sacrificio, pero, ya para los Padres, estaba también orientado a hacer más disponible al hombre para el encuentro con Dios y al cristiano más capaz de dominio de sí mismo y, simultáneamente, más atento a los hermanos necesitados.

En la oración el hombre entero debe entrar en relación con Dios y, por consiguiente, también su cuerpo debe adoptar la postura más propicia al recogimiento[183]. Tal posición puede expresar simbólicamente la misma oración, variando según las culturas y la sensibilidad personal. En algunos lugares, los cristianos están adquiriendo hoy una mayor conciencia de cómo puede favorecer la oración una determinada actitud del cuerpo.

La meditación cristiana del Oriente[184] ha valorizado el simbolismo psicofísico, que a menudo falta en la oración del Occidente. Este simbolismo puede ir desde una determinada actitud corpórea hasta las funciones vitales

---

[182] Véanse, por ejemplo, los escritores antiguos que hablan de la actitud del orante asumida por los cristianos en oración: Tertuliano, *De oratione*, XIV; PL 1, 1170; XVII: PL 1, 1174-1176; Orígenes, *De oratione*, XXXI, 2: PG 11, 550-553. Y refiriéndose al significado de este gesto: Bernabé, *Epistula* XII, 2-4: PG 2, 760-761; S. Justino, *Dialogus*, 90, 4-5: PG 6, 689-693; San Hipólito Romano, *Commentarium in Dan.*, III, 24: GCS I, 168, 8-17; Orígenes, *Homiliae In Ex.*, XI, 4: PG 12, 377 378. Sobre la posición del cuerpo, véase también Orígenes, *De oratione* XXXI, 3: PG 11, 553-555.

[183] Cf. S. Ignacio de Loyola, *Ejercicios Espirituales*, n.76.

[184] Como, por ejemplo, la de los anacoretas hesicastas. La "*hesyquia*" o quietud, externa o interna, es considerada por los anacoretas una condición de la oración; en su forma oriental, está caracterizada por la soledad y las técnicas de recogimiento.

fundamentales, como la respiración o el latido cardíaco. El ejercicio de la "oración a Jesús" por ejemplo, que se adapta al ritmo respiratorio natural, puede –al menos por un cierto tiempo– servir de ayuda real para muchos[185]. Por otra parte, los mismos maestros orientales han constatado también que no todos son igualmente idóneos para hacer uso de este simbolismo, porque no todas las personas están en condiciones de pasar del signo material a la realidad espiritual que se busca. El simbolismo, comprendido en modo inadecuado e incorrecto, puede incluso convertirse en un ídolo y, como consecuencia, en un impedimento para la elevación del espíritu a Dios. Vivir en el ámbito de la oración toda la realidad del propio cuerpo como símbolo es todavía más difícil: puede degenerar en un culto al mismo y hacer que se identifiquen subrepticiamente todas sus sensaciones con experiencias espirituales.

Algunos ejercicios físicos producen automáticamente sensaciones de quietud o de distensión, sentimientos gratificantes y, quizá, hasta fenómenos de luz y calor similares a un bienestar espiritual. Confundirlos con auténticas consolaciones del Espíritu Santo sería un modo totalmente erróneo de concebir el camino espiritual. Atribuirles significados simbólicos típicos de la experiencia mística, cuando la actitud moral del interesado no se corresponde con ella, representaría una especie de esquizofrenia mental que puede conducir incluso a disturbios psíquicos y, en ocasiones, aberraciones morales.

Esto no impide que auténticas prácticas de meditación provenientes del Oriente cristiano y de las grandes religiones no cristianas, que ejercen un atractivo sobre el hombre de hoy –dividido y desorientado–, puedan constituir un medio adecuado para ayudar, a la persona que hace oración, a estar interiormente distendida delante de Dios, incluso en medio de las solicitaciones exteriores.

Sin embargo, es preciso recordar que la unión habitual con Dios, o esa actitud de vigilancia interior y de invocación de la ayuda divina que en el

---

[185] El ejercicio de la "oración de Jesús", que consiste en repetir una fórmula densa de referencias bíblicas de invocación y súplica (por ejemplo, "Señor Jesucristo, Hijo de Dios, ten piedad de mí"), se adapta al ritmo respiratorio natural. A este propósito, puede verse: San Ignacio de Loyola, *Ejercicios Espirituales*, n. 258.

Nuevo Testamento viene llamada la "oración continua"[186], no se interrumpe necesariamente ni siquiera cuando hay que dedicarse, según la voluntad de Dios, al trabajo y al cuidado del prójimo. "Ya comáis, ya bebáis o hagáis cualquier otra cosa, nos dice el Apóstol, hacedlo todo para gloria de Dios" (1Co 10,31). Efectivamente, la oración auténtica, como sostienen los grandes maestros espirituales, suscita en los que la practican una ardiente caridad que los empuja a colaborar en la misión de la Iglesia y al servicio de sus hermanos para mayor gloria de Dios[187].

III. EDUCACIÓN DE LA VIDA DE PURIFICACIÓN

En la vida espiritual cumple una función singular la penitencia. De hecho el progreso espiritual está signado por purificaciones de orden activo (realizadas voluntariamente por el sujeto) y de orden pasivo (son las que Dios realiza en el alma). San Juan de la Cruz denominó a esto las "Noches" del alma[188].

"Noche" quiere decir, en la terminología de San Juan de la Cruz, privación y desnudez y designa la purificación de los apetitos del hombre, naturales y espirituales. La necesidad de esta purificación está dictada por los daños que sobre el alma dejan las tendencias naturales del hombre y los vicios capitales que de ellas nacen. Por "tendencias naturales" entiende San Juan de la Cruz las inclinaciones desordenadas y voluntarias a las cosas creadas (no se trata de los primeros movimientos del apetito y de las tentaciones no consentidas) como, por ejemplo, la costumbre habitual de hablar mucho, o las afecciones desordenadas a cosas, gustos, personas[189]. Éstas causan dos

---

[186] Cf. 1Ts 5,17. Puede verse también 2Ts 3,8-12. De éstos y otros textos surge la problemática: ¿cómo conciliar la obligación de la oración continua con la del trabajo? Pueden verse, entre otros, S. Agustín, *Epístula* 130, 20: PL 33, 501-502 y S. Juan Casiano, *De institutis coenobiorum* III, 1-3: SC 109, 92-93. Puede leerse también la "Demostración sobre la oración" de Afrahate, el primer Padre de la iglesia siríaca, y en particular los números 14-15, dedicados a las llamadas "obras de la oración" (cf. la edición de I. Parisot, *Afraatis Sapientis Persae Dmonstrationes*, IV: PS 1, 170-174).

[187] Cf. Santa Teresa de Jesús, *Moradas*, VII, 4, 6.

[188] Cf. Eugenio del Niño Jesús, *Quiero ver a Dios*, 669-736; 763-788; 954-1035; 1135ss.

[189] Cf. San Juan de la Cruz, *Subida*, 1, 11, 4.

tipos de perjuicios al alma: como efecto privativo privan del Espíritu de Dios pues en la medida en que el alma está anclada en las cosas creadas se hace incapaz de Dios; como efecto positivo estas tendencias fatigan el alma, la atormentan, la oscurecen, la ensucian y la debilitan[190]. A esto hay que añadir el desorden que introducen en nuestras potencias los pecados actuales y las inclinaciones que nacen de ellos, las cuales nos siguen esclavizando aún después de confesadas (hasta que son purificadas definitivamente mediante las noches).

Estas noches conocen dos fases, cada una de las cuales tiene a su vez dos modos. Las fases son dos: noche del sentido y noche del espíritu. La noche del sentido es la purificación sensitiva, la del espíritu es la purificación del espíritu. Dos son los modos que reviste cada una de éstas: un modo activo y otro pasivo. La purificación activa comprende lo que el alma puede hacer y hace de su parte, y sirve de preparación y de mérito para la noche pasiva. La purificación o noche pasiva es la que Dios obra en el alma comportándose ésta como paciente pero cooperando enérgica y rudamente con Dios; es la sola purificación eficaz.

Señalemos primero algunas nociones de la penitencia en general (que acompañará toda la vida espiritual del dirigido, aunque tomando modalidades diversas) y luego la purificación según las distintas etapas sanjuanistas.

1. LA PENITENCIA EN GENERAL

"Penitencia" parece derivar de "*poenam tenere*" que suena así como "tener pena" o castigarse "con pena" por los pecados cometidos. Puede definirse como aquella virtud por la que el hombre se arrepiente del pecado cometido en cuanto es ofensa de Dios, con propósito de enmienda. Santo Tomás dice que es un dolor moderado de los pecados pasados, en cuanto son ofensa de Dios, con intención de hacerlos desaparecer[191]. Dolor "moderado" no quiere decir "mediocre" sino que no se desborda hacia la desesperación.

Consiste esencialmente en el dolor y arrepentimiento de los pecados, junto

---

[190] Se puede ver la exposición detallada y magnífica de cada uno de estos efectos en San Juan de la Cruz, *Subida*, 1,4-12.

[191] Cf. Santo Tomás, *Suma Teológica,* III, 85, 1.

con el cambio de vida. Porque uno podría cambiar de vida sin arrepentirse del pecado. El motivo es que el arrepentimiento alcanza el perdón del pecado: "Tú, oh Dios, no desdeñas un corazón contrito y humillado" (Sal 50,19). Dice el Catecismo: "La penitencia interior es una reorientación radical de toda la vida, un retorno, una conversión a Dios con todo nuestro corazón, una ruptura con el pecado, una aversión del mal, con repugnancia hacia las malas acciones que hemos cometido. Al mismo tiempo, comprende el deseo y la resolución de cambiar de vida con la esperanza de la misericordia divina y la confianza en la ayuda de su gracia. Esta conversión del corazón va acompañada de dolor y tristeza saludables que los Padres llamaron *«animi cruciatus»* (aflicción del espíritu), *«compunctio cordis»* (arrepentimiento del corazón)"[192].

Contiene, por tanto, varios actos:

- El odio o detestación del pecado, por el que quisiéramos verdaderamente no haberlo cometido.
- La voluntad de destruirlo en nosotros empleando los medios necesarios (el sacramento de la penitencia, la mortificación física por medio del ayuno, la abstinencia y el dolor físico).
- La voluntad de satisfacer a Dios por los pecados cometidos, es decir, pagar con mortificación el mal cometido.
- El propósito sincero de no volver a pecar más.

El espíritu de penitencia y mortificación se ubica entre dos errores extremos. Por un lado el naturalismo práctico, que desprecia la mortificación y afirma que no es necesaria o que es contraria a la naturaleza humana. Suele argumentar que es algo de tiempos oscurantistas; que implica un desprecio del cuerpo. En el fondo niega el pecado original y sus consecuencias y desconoce la fragilidad humana. Por otro lado el rigorismo (representado, por ejemplo, en el jansenismo) que centra todo en la mortificación, pero ésta separada del verdadero motivo que es el amor de Dios, y sin su verdadero espíritu que es la confianza en la misericordia divina. Es capaz de crear ascetas temibles pero que desconocen, al mismo tiempo, la misericordia y la humildad. Puede conducir al orgullo y a la dureza de corazón basándose, precisamente, en el placer de sentirse "penitentes". Tentación, esta última,

---

[192] Catecismo de la Iglesia Católica, n. 1431.

conocida ya por los Padres del desierto como una de las más sutiles; por eso, contra estos ascetas que se dejaban arrastrar por el orgullo, decía San Paladio: "mucho mejor será beber vino con moderación que beber agua con orgullo"[193].

Objeto de la penitencia son, ante todo, los pecados cometidos, graves o leves; incluso los ya perdonados (por eso dice el Sal 50,4: "Lávame más y más de mi iniquidad"); en segundo lugar, las tendencias desordenadas que quedan después de los pecados, incluso ya confesados; tercero, nuestra habitual tendencia al pecado a causa de la inclinación al pecado que nos queda después del bautismo, precisamente "para la lucha" (*ad agonem*), como señala el Concilio de Trento[194].

La penitencia es indispensable para entrar en el Reino de los cielos. "El reino de los cielos es de los violentos y sólo los que se hacen violencia entrarán en él" (Mt 11,12). "Decía a todos: Si alguno quiere venir en pos de mí, niéguese a sí mismo, tome su cruz cada día, y sígame. Porque quien quiera salvar su vida, la perderá; pero quien pierda su vida por mí, ése la salvará" (Lc 9,23-24). De una manera u otra todos hemos pecado y necesitamos ser perdonados. Por eso, la mortificación, aunque nos cause natural repugnancia está entrañablemente unida a la vida cristiana. En este sentido se habla de "mortificación penal", o sea, tomada como "pena" por nuestros pecados.

Esta convicción la observamos en la vida de todos los santos. No hay uno solo de ellos que no haya practicado la penitencia en alguna medida; incluso algunos tenían un sentido de la penitencia realmente enorme, como san Antonio, San Francisco, San Ignacio, Santa Catalina, Santa María Magdalena, etc. No quita esta convicción la repugnancia de nuestra sensibilidad; es, sí, el convencimiento de que no se puede seguir a Cristo de otra manera: "¡Recia palabra, Señor, es **seguiros**; el **conseguiros** bien me parece, mas el seguiros, el negarse, el tomar la cruz, recia palabra! ¿Quién sufrirá, Señor, ser hecho, como dice San Pablo, «tamquam peripsémata» (1Co 4,13), como estiércol, como cosa desechada de todos y que nadie la quiere aun mirar?"[195].

---

[193] Paladio, *Historia lausíaca*, Introducción, 10.
[194] Cf. DS 1515/792.
[195] San Juan de Ávila, *Plática 16*, Obras completas, II, 1385-1386.

Los motivos por los que la virtud de la penitencia es necesaria son:

1° La enseñanza del Evangelio (cf. Lc 9,23); la lección del Sermón de la montaña es enseñanza de mortificación: mortificar el orgullo, el juicio propio, las ocasiones de pecado, la hipocresía, etc. Decía San Juan de Ávila que debemos "escuchar a donde llama el espíritu y doctrina de Jesucristo, que es todo negarse el hombre en todo, y seguir la voluntad del Señor, y procurar enteramente y perfectamente mortificación de sí mismo"[196]. Incluso se nos enseña el "espíritu" que debe animar toda mortificación: la humildad (cf. Mt 6,16).

2° Las consecuencias del pecado original. El bautismo nos ha borrado el pecado original, pero nos ha dejado el *"fomes"*, la inclinación al pecado. Por eso experimentamos a veces deseos "contrarios": los de la carne y los del espíritu (cf. Rm 7,23). La penitencia nos ayuda a dominarlos.

3° Nuestros pecados personales. La penitencia es dolor y mortificación por nuestras faltas personales; un modo de reparar el mal hecho en nuestra vida; de pagar nuestras ofensas; de mostrar la sinceridad de nuestra conversión; de arrancar las "reliquias" de nuestros pecados.

4° Por la elevación de nuestro fin. Debemos vivir ya como si fuéramos del cielo. Esto, dice San Pablo, exige la mortificación: "Si habéis resucitado con Cristo, buscad las cosas de arriba... Aspirad a las cosas de arriba, no a las de la tierra... Por tanto, mortificad vuestros miembros terrenos" (Col 3,1-7).

5° Finalmente, por la necesidad de imitar a Jesucristo crucificado. San Pablo nos incita a llevar siempre en nosotros la muerte de Jesús: "Atribulados en todo, mas no aplastados; perplejos, mas no desesperados; perseguidos, mas no abandonados; derribados, mas no aniquilados. Llevamos siempre en nuestros cuerpos por todas partes el morir de Jesús, a fin de que también la vida de Jesús se manifieste en nuestro cuerpo. Pues, aunque vivimos, nos vemos continuamente entregados a la muerte por causa de Jesús, a fin de que también la vida de Jesús se manifieste en nuestra carne mortal" (2Co 4,8-11). "¿Seguís al Señor sin cruz? Pues no vais tras Él", decía San Juan de Ávila[197]. La mortificación hecha con el fin de imitar el dolor de Cristo es lo

---

[196] San Juan de Ávila, *Carta 184*, Obras completas, I, 482-483.
[197] San Juan de Ávila, *Sermón 15*, Obras completas, II, 267.

que algunos denominan "mortificación aflictiva", por contraposición a la ya mencionada "mortificación penal"[198].

2. LA PURIFICACIÓN ACTIVA DEL SENTIDO

La purificación activa del sentido comprende la mortificación de los sentidos corporales y de los apetitos sensibles del hombre. Ante todo, la mortificación del gusto, de la vista, del tacto, del olfato y del oído. En segundo lugar, la mortificación de la imaginación y de la memoria (aunque esta última, San Juan de la Cruz la presenta en la noche activa del espíritu). Por último, la mortificación de las pasiones del apetito concupiscible y del irascible.

Esta purificación se hace por dos vías, una negativa y otra positiva.

De modo negativo consiste en la privación de los actos desordenados o ilícitos (etapa de simple corrección) y la privación de algunos de los actos ordenados o lícitos (para acostumbrar dichas potencias a obedecer a la razón y a ofrecer a Dios una oblación agradable), por ejemplo, mediante el ayuno, la abstinencia, el acortar el sueño, el uso de vestimentas incómodas, el procurarse algún dolor sensible, etc. "Para estas cosas –señala prudentemente San Juan de Ávila– no se puede dar una regla general que cuadre a todos; pues unos se hallan bien con unos medios y otros no; pues lo que daña a uno en su salud, a otro no. Y una cosa es ser la guerra tan grande que pone al hombre a riesgo de perder la castidad, porque entonces a cualquier riesgo conviene poner el cuerpo por quedar con la vida del alma; y otra cosa es pelear con una mediana tentación, de la cual no se tiene tanto peligro, ni ha menester tanto trabajo para la vencer. Y el tomar en estas cosas el medio que conviene está a cargo del que fuere guía prudente de la persona tentada... Muy mal se guarda la humildad entre honras, y templanza entre abundancia, y castidad entre los regalos... Ame, pues, la templanza y mal tratamiento de su carne quien es amador de la castidad; porque, si lo uno quiere tener sin lo otro, no saldrá con ello, antes se quedará sin entrambas cosas..."[199].

---

[198] Por ejemplo, usa esta terminología Beaudenom, *Práctica progresiva de la confesión y dirección*, 282-283.

[199] San Juan de Ávila, *Audi filia*, 5.

De modo positivo consiste en la adquisición de las virtudes que ordenan nuestras potencias y las perfeccionan de modo habitual: templanza y fortaleza. Sobre esta educación hablaremos más adelante.

3. LA PURIFICACIÓN PASIVA DEL SENTIDO

La purificación pasiva del sentido consiste en la sequedad purificadora que es obra de Dios sobre el alma, es decir, en una serie prolongada de arideces, sequedades y oscuridades sensibles causadas por Dios. San Juan de la Cruz la caracteriza por tres signos: el sinsabor en la meditación y en las cosas divinas y humanas (que, por sí solo, puede ser efecto de otras cosas, como la tibieza, melancolía o malas tendencias), el traer la memoria ordinariamente en Dios con solicitud y cuidado penoso, pensado que no sirve a Dios, y el no poder meditar ni discurrir aunque mucho se esfuerce[200]. El autor de esta sequedad es el mismo Dios y la causa próxima es la contemplación que Dios infunde. La explicación psicológica de este desgano, hastío e impotencia, San Juan de la Cruz la encuentra en que Dios se comunica, en este período, a la parte superior del alma y le suministra el alimento y apoyo que anteriormente encontraba en las operaciones de los sentidos; Dios liga las potencias interiores para someterlas a su propia influencia, liberándolas de la dependencia de las potencias exteriores; esto deja a los sentidos como aislados. De este modo las potencias sensibles experimentan agitación y desgana dolorosa hasta que, purificadas y adaptadas por este dolor, pueden ellas mismas participar de este modo de comunicación divina. Por eso la purificación pasiva del sentido afecta a las potencias sensibles y a las espirituales en la medida en que dependen, para su ejercicio, de los sentidos.

La duración de esta prueba es muy variable. San Juan de la Cruz la distingue según las varias clases de almas: las almas débiles, con mucha remisión y tentaciones, les lleva mucho tiempo, pues Dios les va dando de vez en cuando consuelos para que no vuelvan atrás (por eso tardan tanto en llegar a la perfección y algunas nunca llegan); con las más débiles todavía por ser muy remisas, Dios anda como "pareciendo y trasponiéndose"; en cambio, las valientes y esforzadas, llegan prontamente, pues Dios obra en ellas viva e intensamente.

---

[200] Cf. San Juan de la Cruz, *Noche*, 1, 8, 3; 1, 9, 2-3. 8.

Los efectos que produce esta noche en el alma son de dos categorías: dolorosos y benéficos.

Los efectos dolorosos son: la sequedad e impotencia, es decir, el no encontrar consuelo ni gusto en las cosas de Dios ni en las cosas creadas; la congoja engendrada por la misma impotencia y desgana; la actividad extemporánea y el aumento de la inquietud del alma que causa a su vez la congoja. En algunos casos, por el temperamento, pueden aparecer otros efectos como, por ejemplo, la melancolía.

En cambio son efectos benéficos, ante todo, la infusión de una secreta sabiduría por la cual el alma se esclarece al conocer más profundamente, por un lado, a sí misma y su miseria y por otro la grandeza y excelencia divina. De aquí nace como segundo efecto el inmenso respeto por la Majestad divina, un trato, como dice San Juan de la Cruz, "con más comedimiento y más cortesía"; la percepción de la trascendencia divina; y, finalmente, el ejercicio de las virtudes en conjunto, ya no aisladas.

La conducta del alma en este estado ha de ser, primero de todo, la sumisión completa y amorosa a la voluntad de Dios, aceptando con paciencia y resignación la dolorosa prueba por todo el tiempo que Dios quiera.

En segundo lugar, la perseverancia en la oración a pesar de todas las dificultades; como Cristo en Getsemaní; orando con más intensidad, por supuesto, adaptándose a los métodos nuevos que exigen estas dificultades que experimenta.

En tercer lugar, como dice el mismo San Juan de la Cruz, el dejar estar el alma en sosiego y quietud, contentándose sólo con una advertencia amorosa y sosegada en Dios, sin particular consideración y sin gana de gustarse o de sentirle.

Finalmente, la docilidad a un director prudente y experimentado.

4. LA PURIFICACIÓN ACTIVA DEL ESPÍRITU

La noche activa del espíritu la describe San Juan de la Cruz como la purificación de las potencias del alma llevada a cabo por las virtudes teologales.

1) La purificación de la memoria por medio de la esperanza[201]

Nuestra memoria tiende a conservar los recuerdos más inútiles e incluso peligrosos para nosotros; en particular recordamos las humillaciones y daños que hemos recibido del prójimo; en menor escala conservamos vivo el recuerdo de los beneficios recibidos de los demás. Pero la culpa principal de esta potencia, desde el punto de vista espiritual, es el olvido de Dios y de los beneficios divinos (cf. Jer 2,33; Sal 105,13.21). Muchos hombres se acuerdan de Dios sólo en los momentos de peligro. Ese olvido de Dios hace que nuestra memoria esté inmersa en la temporalidad y la horizontalidad.

La purificación viene hecha por obra de la esperanza: "ningunas formas ni noticias sobrenaturales que pueden caer en la memoria son Dios, y de todo lo que no es Dios se ha de vaciar el alma para ir a Dios; luego también la memoria de todas estas formas y noticias se ha de deshacer para unirse a Dios en esperanza... Cuanto más la memoria se desposee tanto más tiene de esperanza, y cuanto más de esperanza tiene tanto más tiene de unión de Dios"[202].

Esto se logra con el recuerdo constante de varias cosas. Por un lado, de nuestro desenlace final (Eclo 7,40: "En todas tus acciones, recuerda tus postrimerías y no pecarás jamás"); por eso los santos han insistido tanto en la utilidad de la meditación de la muerte y de la posible condenación: "... triste cosa será, pero posible", como dice Fray Juan de los Reyes. Por otro, la memoria de los beneficios divinos (beneficios de naturaleza y de gracia, de orden común y personal) y de las promesas divinas (la vida eterna, el cielo). Se logra también con el olvido voluntario de las injurias y desprecios recibidos, con el combatir los recuerdos inútiles (cosas del pasado que nos llenaron de tristeza o humillación, alegrías falsas, etc.), y eliminando por completo los recuerdos pecaminosos.

2) Purificación del entendimiento por medio de la fe

Los principales vicios y defectos de la inteligencia son la curiosidad, la necedad, los prejuicios, el juicio temerario y, sobre todo, la ceguera de

---

[201] Cf. San Juan de la Cruz, *Subida*, 3, 6-7; Garrigou-Lagrange, *Las tres edades de la vida interior*, I, 400-407.

[202] San Juan de la Cruz, *Subida*, 3, 7, 2.

espíritu. Todos estos vicios pueden reducirse a modos de juzgar contrarios a la fe. Los diversos espíritus según los cuales uno puede vivir, razonar y sentir de modo falso son cuatro: el espíritu natural, el espíritu mundano, el espíritu diabólico y el espíritu necio:

a) El espíritu natural: es un modo de juzgar que no trasciende las realidades de este mundo; no tiene en cuenta a Dios, ni el alma, ni la eternidad; es el espíritu pagano. Juzga las cosas según ciertos principios, como: la vida comienza y termina en este mundo, el placer es la única regla moral, lo bueno es lo útil, no hay nada fuera de la materia, la existencia es una locura que no tiene sentido. A este espíritu se refiere la Escritura cuando dice que la cruz y la mortificación son "locura" para los paganos[203].

b) El espíritu mundano: es semejante al primero, pero no se da en los que desconocen a Dios sino en los cristianos. Saben que existe Dios y profesan la fe; incluso pueden ser sacerdotes y religiosos. Sin embargo, en definitiva piensan y viven como paganos: no tienen otras aspiraciones que los honores de este mundo, e incluso aplican los criterios del espíritu natural a la vida religiosa. Aquí encontramos, por ejemplo, a los que reducen el Evangelio a diplomacia o burocracia; en general es lo que se denomina "fariseísmo en sus primeros grados". De estos se dice que son "hombres de mundo", es decir, mundanos, conocedores del mundo por experiencia personal.

c) El espíritu diabólico: es el modo de juzgar propio del diablo y de aquellos de quienes el Señor dijo: "Vosotros tenéis por padre al diablo" (Jn 8,44). El diablo ve y juzga según criterios de enemistad: Dios es su enemigo y, por tanto, también es enemigo lo que proviene de Dios. Ve como malo todo cuanto viene de Dios tanto en el orden de la creación como en el de la redención: ve como malo la vida, el hombre, la concepción, el heroísmo, la patria, las cosas nobles, la justicia, la Redención, la eternidad, la virtud, la fe, la Encarnación. Comparten este espíritu todos cuantos quieren reformar la creación y la redención. En el Evangelio de San Mateo Nuestro Señor los llama "obradores de iniquidad", que en lenguaje bíblico quiere indicar a todos cuantos allanan el camino del Anticristo.

---

[203] "Cristo Jesús es locura para los gentiles" (1Co 1,23); "La doctrina de la cruz es locura para los que se pierden" (1Co 1,18); "El hombre animal no percibe las cosas del Espíritu de Dios; son para él locura y no puede entenderlas" (1Co 2,14).

d) **El espíritu de necedad**: es el espíritu contrario a la fe. Se distingue de los demás porque se trata de una distorsión de la luz que viene de la fe. Es el espíritu con que el Evangelio caracteriza al fariseísmo. Es el espíritu que llevó a los judíos a juzgar que su elección excluía de la vida eterna a todos los demás pueblos; es el espíritu que llevó a los fariseos y doctores de la ley a juzgar que los milagros de poder, la expulsión de los demonios por parte de Cristo, en lugar de probar su origen divino, manifestaban su legación diabólica. Cristo llamó a esta actitud "pecado contra el Espíritu Santo" (cf. Mc 3,28-30). San Juan de la Cruz lo llama en la Subida al Monte Carmelo: "espíritu de entender al revés", "espíritu de errar"[204]. Es el espíritu de ceguera. Caracteriza a todos cuantos se entristecen por los frutos de la gracia; todos los que atribuyen los milagros morales a causas totalmente humanas; todos los que creen que la vocación o la perseverancia en ella es explicable por la sola voluntad del hombre; es también la actitud de todos cuantos atribuyen los fracasos en la evangelización, la formación espiritual, la disminución de las vocaciones, o el decrecimiento en el fervor misionero, a factores puramente sociales o históricos, en lugar de examinar las propias conciencias para ver si no depende de la poca fe y la escasa oración o de la personal infidelidad a la gracia.

A estos modos erróneos de juzgar puede llegar el cristiano cuando se deja llevar por su "juicio propio". "Juicio propio" designa el apego desordenado al propio parecer, a la propia opinión y al propio consejo. Se da en muchas clases de personas, pero especialmente en dos: en aquellos que son tan cortos de entendimiento que no tienen la suficiente prudencia como para dudar de sí mismos, y en los soberbios y jactanciosos apegados a su propia inteligencia que desprecian el consejo ajeno. En ambos casos se cae en el mismo pecado: la necedad.

San Juan de Ávila exigía mucho empeño en purificar el apego al juicio propio en cualquier variante que se presentase; así escribía en su Regla de espíritu: "Esfuércense mucho en Cristo... a negarse a sí mismos, no sólo en la sensualidad, mas en voluntad, y principalmente el entendimiento; porque éste es el derramasolaces[205], enemigo de la paz, juez de sus mayores, padre de la disensión, enemigo de la obediencia, ídolo puesto en el lugar santo de

---

[204] Cf. San Juan de la Cruz, *Subida*, 2, 22, 11-12.
[205] "Aguafiestas".

II - Los elementos de la educación espiritual

Dios. Otra y otra vez les encomiendo que lo derriben, y reine Dios por fe en él, muy confiados que lo que sus mayores les mandan es la voluntad del Señor"[206].

El mismo santo insistía en que, con nuestro propio saber, por más que seamos otro Aristóteles, no alcanzaremos a conocer la sabiduría y espíritu de Dios mientras no neguemos nuestro saber y razón y nos tengamos por ignorantes en todo[207]. En otro lugar: "las experiencias que hemos visto, todas a una boca nos encomiendan que no nos arrimemos a nuestra prudencia, mas que inclinemos nuestra oreja al ajeno consejo"[208].

En este campo es mucho lo que se juega "porque aunque sea peligrosa la soberbia e inobediencia de la voluntad, que es no querer obedecer a la voluntad ajena, muy más peligrosa es la soberbia del entendimiento, que es, creyendo a su parecer, no sujetarse al ajeno. Porque el soberbio en la voluntad alguna vez obedecerá, pues tiene por mejor el ajeno parecer; mas quien tiene sentado en sí que su parecer es el mejor, ¿quién le curará? ¿Y cómo obedecerá a lo que no tiene por tan bueno?"[209].

San Juan de la Cruz presenta el ejercicio de la fe, que es el fundamento del espíritu de fe, como medio de purificarse de todos estos modos viciados de ver y juzgar. Este es el modo de juzgar que proviene de la virtud de la fe. San Pablo lo describe cuando dice a los Corintios: "Nosotros no hemos recibido el espíritu del mundo, sino el Espíritu que viene de Dios, para conocer las gracias que Dios nos ha otorgado, de las cuales también hablamos, no con palabras aprendidas de sabiduría humana, sino aprendidas del Espíritu, expresando realidades espirituales. El hombre naturalmente no capta las cosas del Espíritu de Dios; son necedad para él. Y no las puede conocer pues sólo espiritualmente pueden ser juzgadas. En cambio, el hombre de espíritu lo juzga todo; y a él nadie puede juzgarle. Porque ¿quién conoció la mente del Señor para instruirle? Pero nosotros tenemos la mente de Cristo" (1Co 2,12-16).

---

[206] San Juan de Ávila, *Regla de espíritu*, Obras completas, I, 1056.
[207] Cf. San Juan de Ávila, *Sermón 78*, Obras completas, II, 1215; *Carta 12*, Obras completas, I, 346.
[208] San Juan de Ávila, *Audi, filia*, c. 54.
[209] San Juan de Ávila, *Audi, filia*, c. 54.

Por tanto, el espíritu de fe viene de Dios; tiene como fin que conozcamos la obra de Dios; posee un lenguaje espiritual; formalmente es una especie de sentido, comprensión y discernimiento espiritual que se reduce, en definitiva, a la mente de Cristo.

El espíritu de fe nos hace ver de un modo totalmente distinto, e incluso diametralmente opuesto, al de los mundanos, paganos, fariseos y necios: el misterio del dolor, de la muerte, de la eternidad, la obra de la Providencia, el misterio de la Historia, las obras de los hombres, las maquinaciones de los impíos, la persecución de los justos y la obediencia a quienes estamos sujetos.

Este espíritu de fe juzga todo a la luz de tres criterios:

- El primero es la dependencia de Dios. Mientras el impío dice en su corazón "no hay Dios", el hombre de fe repite las palabras del Señor: "Ni siquiera un cabello de vuestras cabezas caerá sin el permiso de Dios" (Lc 21,18).

- El segundo criterio es el de la providencia amorosa de Dios, que nos enseña que todas las cosas, incluso el dolor, la persecución y el mal, ocurren para el bien de los elegidos: "Nosotros sabemos que todo concurre para el bien de los que Dios ama" (Rm 8,28).

- El tercer criterio es el de la centralidad de Dios y de Cristo, que nos enseña que "el mundo, la vida, la muerte, el presente, el futuro: todo es vuestro. Pero vosotros sois de Cristo y Cristo es de Dios" (1Co 3,21-22). Lo único importante es Cristo. Por eso ante él hay que decir como el Bautista: "es preciso que él crezca y que yo disminuya" (Jn 3,30).

El espíritu de fe engendra sumisión a los superiores, docilidad al consejo ajeno, plena conformidad con la voluntad divina en las tribulaciones de la vida.

3) La purificación de la voluntad por medio de la caridad

"Adelante. ¿Qué más habéis de negar? También la voluntad, vuestros apetitos, vuestros deseos, vuestras malas inclinaciones, todo lo habéis de dejar, si a Jesucristo habéis de seguir"[210]. El principal defecto de la voluntad es el egoísmo, es decir, el amor desordenado de nosotros mismos. La purificación del egoísmo de la voluntad se da mediante actos negativos y actos positivos.

De modo negativo, la purificación se alcanza en la abnegación de sí mismo y el desapego de la voluntad respecto de las cosas creadas. Es la doctrina que, siguiendo a San Juan de la Cruz, se denomina el camino de "las nadas", y que tiene su expresión en aquellas afirmaciones que dicen:

"Procure siempre inclinarse:
no a lo más fácil, sino a lo más dificultoso;
no a lo más sabroso, sino a lo más desabrido;
no a lo más gustoso, sino antes a lo que da menos gusto;
no a lo que es descanso, sino a lo trabajoso;
no a lo que es consuelo, sino antes al desconsuelo;
no a lo más, sino a lo menos;
no a lo más alto y precioso, sino a lo más bajo y despreciado;
no a lo que es querer algo, sino a no querer nada;
no andar buscando lo mejor de las cosas temporales, sino lo peor,
y desear entrar en toda desnudez y vacío y pobreza por Cristo de todo cuanto hay en el mundo"[211].

Y más adelante en la misma obra:

"Para venir a gustarlo todo,
no quieras tener gusto en nada.
Para venir a poseerlo todo,
no quieras poseer algo en nada.
Para venir a serlo todo,
no quieras ser algo en nada.
Para venir a saberlo todo,
no quieras saber algo en nada.
Para venir a lo que no gustas,
has de ir por donde no gustas.
Para venir a lo que no sabes,
has de ir por donde no sabes.
Para venir a lo que no posees,

---

[210] San Juan de Ávila, *Sermón 78*, Obras completas, II, 1218.
[211] San Juan de la Cruz, *Subida* 1,13, 6.

has de ir por donde no posees.
Para venir a lo que no eres,
has de ir por donde no eres.
Cuando reparas en algo,
dejas de arrojarte al todo.
Porque para venir del todo al todo
has de negarte del todo en todo.
Y cuando lo vengas del todo a tener,
has de tenerlo sin nada querer.
Porque, si quieres tener algo en todo,
no tienes puro en Dios tu tesoro.
En esta desnudez halla el espiritual su quietud y descanso, porque, no codiciando nada, nada le fatiga hacia arriba y nada le oprime hacia abajo, porque está en el centro de su humildad. Porque, cuando algo codicia, en eso mismo se fatiga"[212].

De este modo hay que desnudar la voluntad de todo capricho propio por pequeño que parezca, porque –dice San Juan de Ávila– "una voluntad acostumbrada a hacer lo que quiere en cosas de poca importancia, se hallará muy rebelde para negarse en las mayores"[213].

De modo positivo, la purificación activa de la voluntad se da por la práctica de la caridad y de modo concreto por el ejercicio de los actos propios de la caridad, internos y externos: la paz, el gozo espiritual en las cosas verdaderamente buenas, las obras de misericordia espirituales y corporales, la limosna y la corrección fraterna.

5. *LA PURIFICACIÓN PASIVA DEL ESPÍRITU*

La noche del espíritu consiste en una serie de purificaciones pasivas extremadamente dolorosas, que tienen por objeto completar la purificación del alma, sólo comenzada en la noche del sentido. Es, dice San Juan de la Cruz, "una influencia de Dios en el alma, que la purga de sus ignorancias e imperfecciones habituales, naturales y espirituales, que llaman los contemplativos contemplación infusa, o mística teología"[214]. Aquí Dios

---

[212] San Juan de la Cruz, *Subida*, 1, 13, 11-13.
[213] San Juan de Ávila, *Audi, filia*, c. 101.
[214] San Juan de la Cruz, *Noche*, 2, 5, 1.

arranca las mismas raíces de las imperfecciones. La causa es la infusión de la oración contemplativa, pero en superior intensidad que en los grados anteriores; es el exceso de luz. San Juan de la Cruz la llama "horrenda y espantable" y no duda en compararla a un descenso al infierno[215]. La describe caracterizada por sufrimientos interiores y exteriores.

1) Los sufrimientos interiores

Los indica el Santo como "desamparo y desarrimo de todas las aprensiones de mi alma, esto es, oscuridad de mi entendimiento y aprieto de mi voluntad, en aflicción acerca de la memoria, dejándome a oscuras en pura fe..."[216]. En otro lugar dice que el alma "siente en sí un profundo vacío y pobreza de tres maneras de bienes que se ordenan al gusto del alma, que son temporal, natural y espiritual; viéndose puesta en los males contrarios, conviene a saber: miserias de imperfecciones, sequedades y vacíos de las aprensiones de las potencias y desamparo del espíritu en tiniebla"[217]. A pesar de todo, interpola Dios alivios de vez en cuando, dejando que la contemplación embista "iluminativa y amorosamente... puesta (el alma) en recreación de anchura y libertad, guste con gran suavidad de paz y amigabilidad con Dios..."[218].

2) Los sufrimientos exteriores

Siendo tan estrecha la unión entre el cuerpo y el alma es totalmente normal que desborde al cuerpo, por efectos sensibles, el sufrimiento del alma. El sufrimiento aflora por tres grupos de fenómenos que señalan los místicos como Santa Teresa o San Juan de la Cruz.

En primer lugar los quebrantos ordinarios, los cuales se presentan como fenómenos psicológicos (pérdidas de conciencia, suspensiones de las facultades, sorpresas angustiosas, temor de ser víctimas de ilusiones o engaños diabólicos, incluso cierto frenesí, imposibilidad total de cualquier clase de oración), y físicos (visiones, éxtasis, debilitamientos físicos, descoyuntamiento de huesos, etc.).

---

[215] Cf. San Juan de la Cruz, *Noche*, 1, 8, 2; 2, 3, 2.
[216] San Juan de la Cruz, *Noche*, 2, 4, 1.
[217] San Juan de la Cruz, *Noche*, 2, 6, 4.
[218] San Juan de la Cruz, *Noche*, 2, 7, 4.

En segundo lugar señalan las pruebas derivadas de los agentes exteriores, es decir, la persecución del mundo, el odio, incluso las críticas de las gentes de bien. El demonio no puede permanecer impasible ante un alma eminentemente caritativa, por lo cual suscita personas y cosas, pasiones de los hombres, contradicciones y persecuciones contra esta alma. De esto están llenas las vidas de los santos: San Juan María Vianney, San Juan de la Cruz, San Pablo de la Cruz, etc.

Finalmente algunos fenómenos extraordinarios como pueden ser enfermedades misteriosas (como en Santa Teresa del Niño Jesús), estigmas (como en San Francisco de Asís), etc.

El comportamiento del alma durante esta noche de terrible prueba es la paciencia y la esperanza practicadas en grado heroico y, junto a esto, el ejercicio de lo que Santa Teresa del Niño Jesús denominó el "camino de la infancia espiritual": dejarse llevar por la voluntad divina, querer sufrir, dejarse guiar por Dios y en sola fe; saber que es un camino oscuro pero absolutamente seguro.

6. APÉNDICE: LA LUCHA CONTRA LAS TENTACIONES

A lo largo de toda la vida espiritual el alma tendrá que luchar contra las tentaciones; como éstas tienen –entre otras cosas– una función purificadora, añado aquí algunas observaciones generales[219].

La tentación, como la define Tanquerey, es una solicitación al mal, que proviene de nuestros enemigos espirituales.

1) Los fines providenciales de la tentación

Dios no nos tienta jamás directamente, como dice el Apóstol Santiago: "Ninguno, cuando es tentado, diga que Dios lo tienta; porque Dios no puede dirigirnos al mal, y así él a ninguno tienta" (St 1,13). Sin embargo, permite que seamos tentados por nuestros enemigos espirituales, dándonos al mismo tiempo las gracias necesarias para resistir: "Fiel es Dios que no permite que seáis tentados por encima de cuanto podéis, sino que con la tentación

---

[219] Cf. entre otros: Tanquerey, *Compendio de teología ascética y mística*, op.cit., n. 900-933.

dispone el éxito para que podáis resistirla" (1Co 10,13).

Ante todo, permitiendo la tentación Dios quiere hacer merecer el cielo. En su sabiduría quiso que meréciéramos el cielo como recompensa, y que la recompensa fuera proporcionada al mérito y, por ende, a la dificultad vencida. Luchar contra la tentación es uno de los actos más meritorios. Vencerla equivale a lo que San Pablo llama "luchar el buen combate" (cf. 1 Tim 1,18; 6,12; 2 Tim 4,7).

En segundo lugar es un medio de purificación, porque: nos trae a la memoria que en otras ocasiones hemos caído por falta de vigilancia y de energía, y nos sirve para hacer repetidos actos de contrición, de confusión y de humildad, que ayudan a purificar nuestra alma; también nos obliga a esforzarnos enérgica y constantemente para no sucumbir, y de este modo nos hace expiar nuestras negligencias con actos contrarios. Por eso, cuando Dios quiere purificar un alma para elevarla a la contemplación, permite que padezca grandes tentaciones.

Finalmente, es un medio para adelantar en la virtud. La tentación es como un *latigazo* que nos despierta en el mismo momento en que íbamos a quedarnos dormidos y descuidados, haciéndonos entender la necesidad de no detenerse a la mitad del camino (el que no avanza retrocede). Es *escuela de humildad*, es decir, de desconfianza de nuestras propias fuerzas, haciéndonos entender la necesidad de mortificar la fuente de las tentaciones. Es una *escuela de amor a Dios*, porque para resistir con mayor seguridad nos debemos echar en los brazos de Dios buscando en Él la fuerza y protección.

Nunca hay que olvidar las sabias palabras del ángel a Tobías, según la versión de la Vulgata: "Porque eras grato a Dios, fue menester que la tentación te probara" (Tb 12,13).

2) *Psicología de la tentación*

a) Frecuencia de las tentaciones. La frecuencia y la violencia de las tentaciones varían en extremo: hay almas que son continua y fuertemente tentadas; otras que apenas lo son y sin sentir fuertes conmociones. Esto se explica por muchas causas. Ante todo, por el temperamento y el carácter: hay almas muy apasionadas y al mismo tiempo débiles de voluntad, las cuales son muy tentadas y andan revueltas con la tentación; otras que son equilibradas y esforzadas, que apenas padecen de vez en cuando alguna tentación, y que conservan la calma en medio de ellas. Otra causa es la educación: hay almas educadas en el temor y el amor de Dios, y en el cumplimiento de sus deberes de estado; otras se han educado en el amor al placer y al horror al padecimiento, y han recibido sólo ejemplos de vida sensual; las tentaciones tienen más de qué agarrarse en los segundos y no tanto en los primeros. Pero sobre todo, lo determinante son los designios providenciales de Dios: hay almas a las cuales elige para un elevado estado de santidad, y cuya pureza resguarda con celoso cuidado; otras, a las que también destina para la santidad, pero queriendo que pasen por pruebas muy duras; otras, no son elegidas para vocación tan elevada, y habrán de ser tentadas pero no tanto como las demás.

b) Las fases de la tentación. Según la doctrina tradicional, la tentación tiene tres fases claras: la sugestión, la delectación y el consentimiento.

a. La sugestión consiste en la proposición de algún mal: la imaginación o el entendimiento se representan, con mayor o menor viveza, los atractivos de algo prohibido; a veces, puede ser tan intensa que parezca obsesiva. Por muy peligrosa que sea, la sola sugestión no es pecado mientras no haya sido procurada o consentida libremente: no hay pecado sino cuando la voluntad presta su consentimiento.

b. La delectación se une a la sugestión: es la parte inferior del alma que se inclina instintivamente hacia el mal sugerido, y experimenta cierto deleite. Escribe San Francisco de Sales: "sucede no pocas veces que la parte inferior se complace en la tentación sin consentimiento, antes bien, con disgusto de la superior, y ésta es aquella contradicción y guerra que pinta el Apóstol cuando dice que la carne codicia contra el espíritu"[220]. Esta delectación de la parte inferior, mientras no tome parte en ella la voluntad, no es pecado; pero es un peligro, porque se halla muy solicitada la voluntad para prestar su consentimiento.

c. El consentimiento se da cuando *voluntariamente* recibe placer de la tentación y consiente en él. Sólo aquí hay pecado al menos interno. Por tanto, todo depende del libre consentimiento de la voluntad.

---

[220] San Francisco de Sales, *Vida devota*, IV, III.

c) Señales del consentimiento. Son diversas las señales del no-consentimiento, del consentimiento imperfecto y del pleno consentimiento.

a. No hemos consentido si a pesar de la sugestión y del deleite instintivo que va junto con ella, sentimos disgusto y fastidio de vernos tentados; si peleamos por no caer; si sentimos, en la parte superior del alma, vivo horror hacia el mal que se nos propone.

b. El consentimiento fue imperfecto: cuando no rechazamos la tentación *tan prontamente* como nos damos cuenta de la mala índole de ella; hay en ello una falta de prudencia, que sin ser grave, nos expone al peligro de consentir en la tentación. También cuando *vacilamos* un momento: querríamos gustar un poco del deleite prohibido, pero no querríamos ofender a Dios; en suma, tras un momento de vacilación, rechazamos la tentación; también hay aquí un pecado venial de imprudencia. Finalmente, si rechazamos la tentación sólo *a medias*, es decir: resistimos, pero débilmente y de un modo incompleto.

c. El consentimiento es pleno y entero cuando la voluntad, débil ya por las primeras concesiones, se deja arrastrar voluntariamente a gustar lo prohibido, a pesar de la conciencia que afirma ser pecado. En este caso, si la materia es grave, el pecado es mortal.

3) *Actitud ante la tentación*

Para vencer las tentaciones y hacerlas redundar en provecho propio, hay que procurar tres cosas principales: prevenirlas, pelear con ellas y dar gracias a Dios después de la victoria o levantarnos después de la caída.

a) Prevenir la tentación. Más vale prevenir que curar. El Señor lo enseñó a sus Apóstoles en Getsemaní: "Velad y orad para no caer en tentación" (Mt 26,41). La tentación se previene por medio de la oración y de la vigilancia. Vigilar significa estar alertas para no ser sorprendidos por las tentaciones; implica dos disposiciones: la desconfianza de sí mismo y la confianza en Dios. Hay que huir de la presunción que nos arroja en medio de los peligros con el pretexto de que somos fuertes para resistir: "El que crea estar en pie, mire de no caer" (1Co 10,12). También hay que evitar el otro extremo: los miedos vanos que no hacen sino aumentar el peligro; somos débiles, pero Dios está con nosotros. La desconfianza razonable consiste en evitar las ocasiones peligrosas, que pueden ser: personas determinadas, la ociosidad, cierta molicie habitual. Hay que vigilar el punto débil del alma, especialmente con el examen particular. Junto a la vigilancia debe haber una oración asidua: la elevación constante del alma a Dios la hace invencible.

b) Resistir a la tentación. Esta resistencia será de diversas maneras según la naturaleza de la tentación. Hay unas que son frecuentes, mas poco graves; a éstas hay que tratarlas con desprecio, como explicaba San Francisco de Sales[221]. En cambio, a las que son graves hay que resistirlas oponiéndose pronta y enérgicamente, con constancia y humildad. San Juan de Ávila tiene un admirable capítulo dedicado a los medios para resistir las tentaciones; aunque él habla principalmente de las tentaciones contra la castidad, vale la pena entresacar algunos párrafos:

> "Ahora oíd lo que habéis de hacer, cuando os acometiere y os diere el primer golpe. Señalad luego la frente o el corazón con la señal de la cruz, llamando con devoción el santo nombre de Jesucristo, y decid: ¡No vendo yo a Dios tan barato!...
>
> Y, si con esto no se quita, abajad al infierno con el pensamiento, y mirad aquel fuego vivo cuán terriblemente quema... Y decid entre vos lo que San Gregorio dice: «Momentáneo es lo que deleita, y eterno lo que atormenta».
>
> Y, si esto no os aprovecha, subíos al cielo con el pensamiento, y represénteseos aquella limpieza de castidad, que en aquella bienaventurada ciudad hay; y cómo *no puede entrar allí bestia ninguna*, quiero decir, hombre bestial, y estaos un rato allá hasta que sintáis alguna espiritual fuerza, con que aborrezcáis vos aquí lo que allí se aborrece por Dios.
>
> También aprovecha dar con el cuerpo en la sepultura, según vuestro pensamiento...
>
> También aprovecha ir luego a Jesucristo puesto en la cruz, y especialmente atado a la columna y azotado, y bañado en sangre de pies a cabeza...
>
> También aprovecha representar súbitamente delante de vos a la limpísima Virgen María, considerando la limpieza de su corazón y entereza de su cuerpo, y aborrecer luego aquella deshonestidad que os vino, como tinieblas que se deshacen en presencia de la luz.
>
> Mas, si sabéis cerrar la puerta del entendimiento muy bien cerrada, como se suele hacer en el íntimo recogimiento de la oración hallaréis con facilidad el socorro más a la mano que en todos los remedios pasados...
>
> También aprovecha tender los brazos en cruz, hincar las rodillas y herir

---

[221] Cf. San Francisco de Sales, *Vida devota*, IV, IX.

los pechos. Y lo que es más, o tanto como todo junto, es recibir con el debido aparejo el santo cuerpo de Jesucristo nuestro Señor, el cual fue formado por el Espíritu Santo, y está muy lejos de toda impureza. Es remedio admirable para los males, que de nuestra carne concebida en pecados nos vienen...

Y si, con todas estas consideraciones y remedios, la carne bestial no se asosegare, debéisla tratar como a bestia, con buenos dolores, pues no entiende de razones tan justas..."[222].

c) *Después de la tentación.* Es necesario guardarse mucho de examinar minuciosamente si consentimos o no; porque tamaña imprudencia abriría nuevamente la puerta a la tentación, y nos pondría otra vez en peligro. Además, es muy fácil de ver, por el testimonio de la conciencia, sin necesidad de un profundo examen, si quedamos vencedores o vencidos. Si hemos vencido, hay que dar gracias a Dios, pues la ingratitud es el principio de toda caída. Si caímos en la tentación, hay que levantarse con presteza, pedir perdón y poner los medios para no volver a caer.

4) Las principales tentaciones en los principiantes

Solamente señalo las tentaciones más propias de los principiantes en la vida espiritual. Estas son:

a) *Las ilusiones que provienen de las consolaciones.* Si bien los consuelos fortalecen la voluntad, nos hacen conocer a Dios y nos sirven para adquirir hábitos de recogimiento y oración, también es verdad que suelen ser causa de gula espiritual, fomentan a menudo la soberbia en forma de vana complacencia, vanidad y presunción.

b) *Las sequedades.* Tienen un fin providencial al humillarnos y purificarnos, pero también para muchos son causa de sufrimientos, de desconfianzas, de desaliento y de titubeos en la vida espiritual.

c) *La inconstancia.* Es tal vez una de las tentaciones más reiteradas al comienzo de la vida espiritual: comenzar con entusiasmo y desinflarse a los pocos pasos transitados por el camino de la virtud.

d) *La excesiva solicitud.* Otra fuente de tentaciones en los principiantes proviene del demasiado ardor y solicitud que ponen en la obra de su

---

[222] San Juan de Ávila, *Audi, filia*, c. 10.

perfección (se entiende que es un ardor imprudente) que acaba por cansarlos y quedan rendidos ante los esfuerzos inútiles. Esto proviene del suplantar la actividad de Dios por la actividad propia. Se trata de grandes pasos... pero fuera del camino. Se junta en esto algo de presunción y de curiosidad.

e) Finalmente, una fuente importante de tentaciones proviene de los escrúpulos, de los que largamente trataremos más adelante.

IV. EDUCACIÓN DE LA VIDA SACRAMENTAL Y LITÚRGICA

Los sacramentos son el medio ordinario por el que la gracia divina es derramada en los corazones. Por tanto, de la profundidad con que se viva el mundo sacramental depende nuestra recepción de las gracias ordinarias. Se deduce de aquí la importancia de hacer tomar conciencia al dirigido del trabajo que debe realizar sobre este tema.

1. EL TRABAJO EN LA LÍNEA DE LA GRACIA SACRAMENTAL

"La gracia sacramental es la gracia del Espíritu Santo dada por Cristo y propia de cada sacramento"[223]. En cada sacramento la gracia tiene una modalidad especial, es decir, es la misma gracia santificante y habitual pero con matices singulares, según el sacramento que la transmite, pues añade auxilios actuales para alcanzar los fines de dicho sacramento. En el bautismo es regenerativa, renovando totalmente al hombre, añadiendo también un auxilio especial contra la ofuscación del entendimiento y la dureza del corazón para creer. En la confirmación es roborativa, aumentando la vida de la fe, conduciéndola a la perfección y dándole vigor especial, con derecho a los auxilios necesarios para confesarla, incluso hasta el martirio si fuese necesario. En la eucaristía es nutritiva y unitiva, transformando espiritualmente al hombre en Cristo por la caridad. En la penitencia es sanativa o regeneradora, destruyendo los pecados actuales y convirtiendo el alma a Dios. En la unción de los enfermos es plenamente sanativa en cuanto borra las reliquias y rastros del pecado y fortalece el ánimo del enfermo. En el orden sacerdotal es consagrante en cuanto da al ministro especiales auxilios

---

[223] *Catecismo de la Iglesia Católica*, n. 1129.

para desempeñar santamente sus funciones. Finalmente, en el matrimonio es conyugal, en cuanto otorga a los esposos los auxilios especiales para el recto cumplimiento de los deberes matrimoniales con fidelidad y alegría.

2. EL TRABAJO EN LA LÍNEA DEL CARÁCTER SACRAMENTAL

El bautismo, la confirmación y el orden sagrado imprimen carácter; es más, por el primero de los dos sacramentos el hombre y la mujer pasan a formar parte del sacerdocio común de los fieles; por el último, se da una conformación con el sacerdocio ministerial de Cristo. La santificación habrá de darse en la línea trazada por el carácter.

El carácter es el signo indeleble que imprimen estos sacramentos en el alma, por el cual la persona queda destinada y consagrada para el culto divino, para recibir o administrar a los demás las cosas que pertenecen al culto de Dios. Por eso es cierta participación del sacerdocio de Cristo derivada del mismo Cristo[224].

El carácter bautismal confiere una especie de ser sacerdotal, en cuanto constituye una consagración ontológica que distingue al cristiano del que no lo es; una especie de poder sacerdotal, en cuanto pasivo o receptivo de los frutos del sacrificio eucarístico y, secundariamente, activo en cuanto ofrece mediante el sacerdote ministerial el sacrificio. El carácter de la confirmación realiza esto mismo en un grado más perfecto, de madurez. Al imprimir el carácter, Cristo ejerce una causalidad eficiente y ejemplar. Eficiente en cuanto es quien "sella" sobrenaturalmente a sus fieles. Ejemplar, en cuanto los hace semejantes y conformes a Él, Rey, Profeta y Sacerdote. Aunque ya el bautismo da estos tres rasgos, cada uno de los tres sacramentos que imprimen carácter desarrolla con principalidad uno de ellos.

1) *La reyecía del bautismo*

Por el bautismo el hombre es hecho hijo de Dios y heredero del Reino de Dios. Por este sacramento, pues, el cristiano deja de "pertenecer" a este mundo, en el sentido de "ser poseído" por él. Debe vivir como los nacidos de lo alto. Por tanto, debe ejercer una independencia de las cosas de este

---

[224] Cf. Santo Tomás, *Suma Teológica*, III, 63, 3.

mundo, dominarlas y regirlas para Dios. Esta reyecía significa soberanía y prescindencia: debe ser dueño, saber usar y saber renunciar. La regla de su uso la da el fin que es Dios, dueño suyo por título nuevo y especial a partir del bautismo. El bautismo da una "dignidad" nueva al cristiano. Por eso, San León Magno insiste en el reconocimiento de esta dignidad para asumir las nuevas obligaciones y responsabilidades: "Cristiano, reconoce tu dignidad. Puesto que ahora participas de la naturaleza divina, no degeneres volviendo a la bajeza de tu vida pasada. Recuerda a qué Cabeza perteneces y de qué Cuerpo eres miembro. Acuérdate de que has sido arrancado del poder de las tinieblas para ser trasladado a la luz del Reino de Dios"[225]. Su obligación consistirá ahora en cumplir lo de San Pablo: "Restaurar todas las cosas en Cristo" (Ef 1,10).

2) El profetismo de la confirmación

Profeta es el que habla en nombre de Dios, o el que proclama ante los demás el mensaje divino. Por el carácter de la confirmación el cristiano es destinado, por la fuerza y asistencia del Espíritu Santo que es infundido en él con mayor intensidad, para confesar el nombre de Cristo y no avergonzarse jamás de la cruz. Santo Tomás dice que por este sacramento "el confirmado recibe el poder de confesar la fe de Cristo públicamente y como en virtud de un cargo (*quasi ex officio*)"[226]. Por este sacramento, por tanto, se aumenta la responsabilidad de la predicación del reino de Dios, del apostolado, del testimonio evangélico, de la manifestación de la redención obrada por Cristo en el mismo testigo. La confirmación obliga a asumir el compromiso de ser una predicación viva del Evangelio; cada confirmado debería rezar constantemente aquella oración de un santo: "Señor, que quienes me ven, te vean a Ti".

3) El sacerdocio del orden sagrado

De más está decir que este sacramento da una configuración específica con Cristo Sacerdote. No es necesario abundar, pero sí es importante que se tome pie de él en la dirección espiritual de sacerdotes para incentivar a

---

[225] San León Magno, *Sermones*, 21,2-3.
[226] Santo Tomás, *Suma Teológica*, III, 72, 5 ad 2. El texto lo recuerda el *Catecismo de la Iglesia Católica* en el n. 1305.

que se realice un serio trabajo de configuración con las virtudes de Cristo Sacerdote; tal vez siguiendo el luminoso programa del Beato Chevrier: hombre despojado a imitación de Cristo en el pesebre, hombre crucificado a imitación de Cristo en el Calvario, hombre comido a imitación de Cristo en el tabernáculo[227].

3. LOS SACRAMENTOS COTIDIANOS

De los sacramentos, dos cumplen una función santificadora singular, pues ocupan un lugar importante en la vida cotidiana de los fieles que aspiran a la santidad. Son la Eucaristía y la Confesión.

1) La Eucaristía

El director espiritual debe tratar de ayudar al dirigido a que progrese en su devoción eucarística y logre que su vida espiritual esté centralizada en el Sacrificio de la Santa Misa. Proponiéndole a veces que lea y se instruya al respecto, o medite las partes de la Misa, sus ritos, oraciones, etc. Hay que recordar aquello que suele decirse: la Misa se vive fuera de la Misa, es decir, que uno prepara la intensidad con que vive el Sacrificio Eucarístico de la Misa en la medida en que dedica tiempo para ir conociendo más profundamente este misterio medular de nuestra vida cristiana. Según las posibilidades de los diversos dirigidos habrá que sugerir la asistencia frecuente a Misa (incluso diaria), las visitas al Santísimo Sacramento, la Adoración Eucarística, la comunión reparadora, etc.

2) La Confesión

El sacramento de la confesión no sólo borra los pecados mortales no confesados sino que al hacerse frecuente sana las heridas dejadas por las faltas anteriores (especialmente cuando aquellas estuvieron arraigadas como vicios) ayuda a crecer en el espíritu de dolor y aumenta el conocimiento de la misericordia de Dios que se experimenta en cada confesión. Hay que tratar que la confesión sea frecuente, según el estado de vida de cada dirigido. En los religiosos, sacerdotes, seminaristas y almas fervorosas, la confesión semanal tendría que ser la práctica ordinaria.

---

[227] Cf. Beato Antonio Chevrier, *El sacerdote según el Evangelio*, 491.

El director, sin necesidad de ser confesor, tiene que ir trabajando los distintos aspectos que hacen de la práctica periódica de la confesión una fuente de perfección y no de monotonía. Por ejemplo, con el trabajo sobre los propósitos, sobre el defecto dominante, sobre los motivos de dolor perfecto, etc.

4. PARA LOS ESPOSOS: LOS SACRAMENTOS VIVIDOS EN FAMILIA

El matrimonio cristiano está llamado a santificarse a través de los sacramentos que Dios ha dispuesto como medios ordinarios para su perfección. El director espiritual de hombres y mujeres casados, deberá insistir en este tema. ¿Cuáles son y cómo debe usarlos?

1) El sacramento del Matrimonio

El primero es el mismo sacramento del Matrimonio. Porque este sacramento, que el hombre y la mujer reciben al casarse ante la Iglesia, especifica la gracia santificante que los esposos ya han recibido en el bautismo y perfecciona y eleva el amor humano. La gracia los ayuda a lo largo de su vida matrimonial para que puedan afrontar las dificultades propias de la vida conyugal: la educación de los hijos, los sacrificios económicos, las incomprensiones, las cruces.

Del sacramento del matrimonio brota también una autentica espiritualidad conyugal. Los esposos deben santificarse meditando especialmente aquello que ellos representan en la Iglesia: el amor que Jesús ha demostrado en la Cruz hacia su esposa, la Iglesia y hacia cada alma; también la maternidad y la fecundidad de la Iglesia, la paternidad y providencia de Dios. Ellos deben reconocerse y sentirse signos y símbolos de ese amor de Cristo.

2) La Eucaristía

El segundo lugar donde han de encontrar la fuente de su santificación es la Santísima Eucaristía. De esa presencia real de Jesucristo en la Eucaristía, los esposos, y también los hijos, han de sacar fuerza para santificarse. Especialmente en la Misa, en que se pone ante los ojos de todo hombre y de toda mujer el amor y la oblación que Jesucristo realiza por la Iglesia. Allí contemplan cómo el Señor se entrega hasta derramar su Sangre, contemplan su caridad desbordante. Esto se convierte en aliento para la propia entrega, para el propio sacrificio, para la propia caridad conyugal.

En cada Eucaristía, los esposos y los hijos tienen también la posibilidad de unirse con Jesucristo en la comunión con su Cuerpo y con su Sangre y esto se convierte en fuente de vida. Es importantísimo, cuando es posible, asistir a Misa "en familia".

3) La Reconciliación

El tercer sacramento al que los esposos deben acercarse asiduamente para santificarse es la Confesión. Escribía Pablo VI de los esposos: "Si el pecado les sorprendiese todavía, no se desanimen, sino que recurran con humilde perseverancia a la misericordia de Dios, que se concede en el sacramento de la Penitencia"[228].

V. EDUCACIÓN DE LA VIDA TEOLOGAL

Por educación de la vida teologal entiendo el trabajo concreto en las virtudes teologales y en los dones del Espíritu Santo, es decir, la fidelidad al Espíritu Santo o docilidad a las mociones de la gracia. Ya hemos hablado del ejercicio de las virtudes teologales al tratar de la purificación activa del espíritu que se realiza, precisamente, por su ejercicio. Queda tocar el punto de la docilidad al Espíritu Santo.

Ésta es la coronación de la obra del director espiritual, puesto que su dirigido alcanzará la perfección en la medida en que sea capaz de dejarse llevar suavemente por el Espíritu Santo y no le niegue nada. Dom Columba Marmion escribía a una religiosa: "El único que puede formar las almas es el Espíritu Santo; la tarea del director espiritual consiste en señalar a sus dirigidos el camino por el cual Dios las quiere llevar, dar algunas reglas generales de conducta, controlar sus progresos, y, si surgen dificultades, resolverlas"[229]. Por su parte, Philipon también decía: "Él (el Espíritu Santo) es el principal Artífice de nuestra perfección, el Maestro interior, libre de

---

[228] Pablo VI, *Humanae vitae*, 25.
[229] Thibaut, *Un maestro de vida espiritual. Dom Columba Marmion*, 287.

hacernos su donación. «Dalo Dios a quien quiere y por lo que Él quiere» (Subida 2,32). Pocos místicos han señalado con tanto vigor como San Juan de la Cruz, la soberana libertad de Dios en la guía de las almas. Cierto, la colaboración de las almas es necesaria, y el famoso capítulo 13 de la *Subida al Monte Carmelo* resume, en dos fórmulas tajantes y decisivas, la ascesis personal que el alma debe emprender para purificarse y hacerse dócil a las divinas inspiraciones. Pero el Espíritu Santo, Él solo, puede realizar en nosotros esta transformación divina: «Dios de suyo obra en el alma la divina unión» (Subida 3,2). Cuanto más se eleva el alma a estos estados de unión y de transformación en Dios, más se transparenta en ella la acción del Espíritu Santo"[230].

El Espíritu Santo actúa sobre el alma con especiales toques, unos son extraordinarios, otros ordinarios. Los primeros son las gracias actuales, los segundos vienen a través de los dones del Espíritu Santo[231]. Nos referiremos principalmente a estos últimos puesto que son infundidos por Dios precisamente como cualidades habituales para guiar al alma de modo sobrenatural pero en la vida cotidiana. La fidelidad al Espíritu Santo se identifica con la prontitud y suavidad en la respuesta a estas mociones.

Los dones son hábitos sobrenaturales por los cuales nos disponemos a la pronta obediencia a la moción o inspiración del Espíritu Santo inhabitante en nosotros por la gracia y la caridad. Se trata de hábitos y no de disposiciones transeúntes, para que connatural, pronta, fácil y suavemente (y no de un modo violento) seamos movidos por el Espíritu Santo como instrumentos aptamente proporcionados. Se dicen dones no sólo porque son dados por Dios, sino porque disponen para seguir el *instinctum donantis*, que es el Espíritu Santo. La Escritura también suele llamarlos "espíritus".

Se distinguen de las virtudes morales infusas en que éstas disponen a obedecer prontamente a la recta razón, mientras que aquéllos son necesarios para que nos dispongamos a la pronta obediencia a las mociones o inspiraciones del Espíritu divino que inhabita en nosotros por la caridad. "Cuanto más alto es el motor, tanto es más necesario que el móvil se proporcione a él con una mejor disposición, como vemos que más perfecto debe estar dispuesto el

---

[230] Philipon, *Los dones del Espíritu Santo*, 62-63.
[231] Cf. Santo Tomás, *Suma Teológica*, I-II, 68.

II - Los elementos de la educación espiritual

discípulo cuanto más alta es la doctrina enseñada por el maestro"[232].

Su necesidad se deriva del hecho que por la gracia y por las virtudes teologales poseemos la naturaleza, vida y potencias divinas sólo de un modo imperfecto. Y quien tiene imperfectamente una naturaleza o forma, no puede siempre y respecto de todas las cosas obrar por sí mismo, a menos que sea movido por aquél que posee perfectamente esa naturaleza (como los niños pequeños que si bien poseen la vida y los principios motrices que en ella están en potencia, necesitan sin embargo ser conducidos por los mayores para no caerse). Por tanto, nosotros, imperfectos en la vida divina, necesitamos de Dios para que alcancemos la vida eterna[233]. En este sentido los dones son necesarios para la salvación de todo justo.

En cuanto al número, siempre se mencionan aquellos que Isaías indica respecto del Mesías: sabiduría e intelecto, consejo y fortaleza, ciencia, piedad y temor del Señor[234]. Cuatro pertenecen al intelecto, por los que nos disponemos bajo el instinto del Espíritu Santo de un modo cuasi experimental:

- A penetrar las verdades de fe por el don de intelecto;
- A juzgar de las cosas creadas en cuanto conducen o no a Dios por el don de ciencia;
- A juzgar de las cosas divinas y de las humanas según las razones divinas, por el don de sabiduría por el cual las gustamos suavemente;
- A juzgar de las cosas que hay que hacer o evitar en la vida espiritual y en los casos difíciles, por el don de consejo, por el cual nos dirigimos y obramos sin titubear. Este es un don práctico, mientras que los tres primeros son principalmente especulativos y secundariamente prácticos.

Los tres restantes tienen por sujeto el apetito volitivo del hombre:

- Por el de piedad el Espíritu Santo nos impele a reverenciar a Dios no como Creador sino como Padre, por eso se lo llama piedad filial;
- Por el de fortaleza, confiadamente soportamos los peligros y adversidades en el camino de la salvación;

---

[232] Santo Tomás, *Suma Teológica*, I-II, 68, 1.
[233] Cf. Santo Tomás, *Suma Teológica*, I-II, 68, 2.
[234] "Y reposará sobre él el espíritu de Yahveh, espíritu de sabiduría e inteligencia, espíritu de consejo y de fuerza, espíritu de conocimiento y de temor de Yahvéh" (Is 11,2).

- Finalmente, por el temor del Señor, tememos ofender a Dios (principalmente en las delectaciones) motivados por la reverencia filial.

El trabajo de los dones del Espíritu Santo en nuestra alma es el punto clave en el camino hacia la perfección. Precisamente, mientras la vida ascética se caracteriza por el predominio del modo humano de las virtudes cristianas, la vida mística se distingue en el predominio del modo sobrehumano o divino de los dones del Espíritu Santo, es decir, por un conocimiento infuso y un amor infuso, que no puede ser fruto de nuestro esfuerzo personal[235].

En estos dones, mediante los cuales se produce en nosotros la verdadera santidad del alma, se da un crecimiento. En efecto, si admitimos el crecimiento de la caridad, también hay que admitir el crecimiento paralelo de los dones. Y así como se distinguen tradicionalmente tres grados principales en la caridad (el de los principiantes, el de los proficientes y el de los perfectos) también se pueden distinguir tres grados en el crecimiento y en la acción de los dones. Garrigou-Lagrange señala los grados de los tres dones que se relacionan directamente con la vida mística[236]:

a) El don de ciencia: en el primer grado nos estimula a utilizar las realidades creadas solamente para ir a Dios; en el segundo favorece de modo especial el desapego interior de las creaturas y nos eleva a Dios con el espectáculo de la creación; en el tercero, da el espíritu de renuncia hasta el ejercicio heroico de los consejos en la constante imitación de Cristo crucificado.

b) El don de intelecto: en el primer grado consolida la fe del cristiano; en el segundo, desvela las principales conveniencias y la sublimidad de los misterios revelados contribuyendo, además, a la purificación pasiva del espíritu (siendo esta segunda función fundamental); en el tercer grado hace penetrar en las profundidades de los misterios divinos y, en cierto modo, hace ver a Dios, no por una intuición positiva de la esencia divina, sino mostrando siempre mejor aquello que Dios no es.

c) El don de sabiduría: en el primer grado muestra especialmente las grandezas de los mandamientos de Dios, dándonos la atracción al bien;

---

[235] Cf. Garrigou-Lagrange, *Perfezione cristiana e contemplazione*, 300.
[236] Cf. Ibidem, 330 ss.

en el segundo hace apreciar sobre todo los consejos, y con la luz de la contemplación, hace atravesar la noche del espíritu, consintiendo imitar siempre más a Cristo en el camino de la cruz; en el tercero transforma el alma haciéndola capaz de adherir completamente a Dios, de gozar de Él, y le infunde el deseo de morir para estar con Cristo.

Siendo los dones al modo de hábitos pasivos, nuestra actitud es la docilidad o fidelidad a las mociones que sobre ellos imprime el Espíritu Santo[237]. La fidelidad consiste en la prontitud en seguir las inspiraciones del Espíritu divino. "Llamamos inspiraciones –decía San Francisco de Sales– a todos los atractivos, movimientos, reproches y remordimientos interiores, luces y conocimientos que Dios obra en nosotros, previniendo nuestro corazón con sus bendiciones, por su cuidado y amor paternal, a fin de despertarnos, excitarnos, empujarnos y atraernos a las santas virtudes, al amor celestial, a las buenas resoluciones; en una palabra, a todo cuanto nos encamina a nuestro bien eterno"[238].

Mediante estas inspiraciones el Espíritu Santo ilumina la inteligencia para que podamos ver lo que hay que hacer, y mueve nuestra voluntad para que podamos y queramos cumplirlo. A veces sólo ilumina, otras solamente mueve; en algunas oportunidades ilumina y mueve.

"La preocupación casi única del alma ha de ser la de llegar a la más exquisita y constante fidelidad a la gracia. Sin esto, todos los demás procedimientos y métodos que intente están irremisiblemente condenados al fracaso"[239]. "El alma y su director espiritual no deberían tener otra obsesión que la de llegar a una continua, amorosa y exquisita fidelidad a la gracia"[240]. Royo Marín cita a Mahieu, quien afirmaba: "que alguno haga la prueba, durante tres meses, de no rehusar absolutamente nada a Dios, y verá qué profundo cambio experimentará en su vida"[241].

Por su parte, también Lallemant decía que "toda nuestra perfección depende de esta fidelidad, y puede decirse que el resumen y compendio de la vida espiritual consiste en observar con atención los movimientos del Espíritu

---

[237] Cf. Royo Marín, *El Gran Desconocido*, 209-230.
[238] San Francisco de Sales, *Introducción a la vida devota*, II, c. 18.
[239] Royo Marín, *El Gran Desconocido*, 212.
[240] Ibídem, 214.
[241] Ibídem, 216.

de Dios en nuestra alma y en reafirmar nuestra voluntad en la resolución de seguirlos dócilmente, empleando al efecto todos los ejercicios de la oración, la lectura, los sacramentos y la práctica de las virtudes y buenas obras"[242].

¿Por qué actos nos disponemos a conseguir la docilidad al Espíritu Santo? Una vez identificada la voz de Dios (no hay que dejarse engañar creyendo que Dios nos pide cosas que responden en realidad a los deseos de nuestra naturaleza herida o a inspiraciones diabólicas; para este reconocimiento hay que aplicar los criterios de discreción de espíritus), quedan algunas cosas por hacer:

1º La práctica de las virtudes morales. Ésta es una condición necesaria para el fomento de los dones. Así enseña Santo Tomás: "las virtudes morales e intelectuales preceden a los dones, porque por el hecho de que el hombre se haya bien en cuanto a la propia razón, se encuentra bien dispuesto en orden a Dios"[243]. Para alcanzar la divina ductibilidad que confieren los dones, es menester haber antes domado las pasiones y los vicios por medio de hábitos de prudencia, de humildad, de obediencia, de mansedumbre y de castidad. Es decir, antes de dejarnos llevar de los impulsos de la gracia, es necesario haber cumplido los mandamientos y vencido la soberbia.

2º También se fomentan los dones y la docilidad a ellos peleando contra el espíritu del mundo, opuesto diametralmente al Espíritu de Dios. Para esto es absolutamente indispensable poseer discernimiento de espíritus, del que hablaremos más adelante.

3º Ya entre los medios propiamente positivos tenemos sobre todo el recogimiento interior, o sea, el hábito de pensar continuamente en Dios, presente en nuestro interior. "Feliz el alma que escucha a Dios que habla en su interior, y de su boca toma la palabra de consuelo"[244]. Este recogimiento es lo que nos permite estar atentos a las inspiraciones. Muchas veces no oímos la voz del Espíritu Santo por nuestra habitual disipación que nos hace caer en un activismo y dispersión que impide la necesaria concentración para captar el momento en que Dios habla. El Espíritu Santo no solamente sopla donde quiere, sino también cuando quiere. También puede ser obstáculo para escuchar su voz, nuestra falta de mortificación, pues como dice San

---

[242] Lallemant, *Doctrina espiritual*, princ. 4, c.2, a.1 y 2.
[243] Santo Tomás, I-II, 68, 8 ad 2.
[244] Kempis, *Imitación de Cristo*, III, 1.

II - Los elementos de la educación espiritual

Pablo: "El hombre carnal no percibe las cosas del Espíritu de Dios" (1Co 2,14). O bien, finalmente, por nuestras aficiones desordenadas. La *Imitación de Cristo* dice: "Si alguno no estuviere del todo libre de las criaturas, no podrá tender libremente a las cosas divinas. Por eso se encuentran tan pocos contemplativos, porque pocos aciertan a desembarazarse totalmente de las criaturas y cosas perecederas"[245].

4° Acostumbrarse a complacerlo, es decir, docilidad en la ejecución. El Espíritu Santo nos pide siempre sacrificios, y por ello es necesario ejercitarse en hacer su agrado como Jesucristo: "Hago siempre lo que le agrada" (Jn 8,29). Cuando los sacrificios que nos exige nos parecen difíciles no hay que desalentarse sino pedirle como San Agustín: *Da, Domine, quod iubes, et iube quod vis* (da, Señor, lo que pides y pide lo que quieras). Lo que importa es no resistir deliberadamente a sus divinas inspiraciones. En esto hay que evitar un triple obstáculo[246]:

- La tentación de la dilación. Es como decirle al Espíritu Santo: "Excúsame por hoy; lo haré mañana". Al ser Dios tan discreto en sus peticiones y toques, podemos perder de vista el gran agravio que significa rechazarlas. Justamente, al ser tan delicado al solicitar nuestra voluntad, corresponde una gran delicadeza de nuestra parte para apurarnos a responderle. Muchas almas llegan al final de su vida sin consentir casi nunca al Espíritu Santo por dejar sus respuestas para el día de mañana.

- Los hurtos de la voluntad. Nacen del espíritu de cobardía que origina un terrible miedo al sacrificio, a la entrega de la voluntad a Dios. El que hurta o esconde su voluntad a Dios, le dice, como exclamaba Rivière: "¡Dios mío!, alejad de mí la tentación de santidad. Contentaos con una vida pura y paciente, que yo con mis esfuerzos trataré de ofreceros... No me tentéis con cosas imposibles"[247]. Así empiezan los que terminan lamentándose: "¡Lástima no haber tenido la corazonada de dárselo todo!".

- El afán de recuperar lo que hemos dado. Es la actitud de quien busca compensaciones mundanas que palien el sacrificio de la voluntad

---

[245] Kempis, *Imitación de Cristo*, III, 31.
[246] Cf. Royo Marín, *El Gran Desconocido*, 222-225.
[247] Citado por Royo Marín, *El Gran Desconocido*, 223.

que en un momento de generosidad hicieron. La fidelidad al Espíritu Santo exige una entrega mantenida con perseverancia.

5º Invocarle confiadamente. "Nadie que lo llama sale vacío de su consolación", decía San Juan de Ávila.

6º Renovar con frecuencia la resolución de seguir en todo la voluntad divina. Este propósito atrae nuevas gracias sobre el alma.

VI. EDUCACIÓN EN EL CUMPLIMIENTO DE LOS DEBERES DE ESTADO

Por último, la santificación de cada persona pasa por el cumplimiento de los deberes anejos a su propio estado: los sacerdotes en sus deberes sacerdotales, los laicos en sus deberes laicales, etc. Los deberes de estado generalmente consisten en las tareas ordinarias, rutinarias y cotidianas que cada persona tiene obligación de hacer según el estado que ha asumido libremente. "La devoción [práctica de la santidad] se ha de ejercitar de diversas maneras, según que se trate de una persona noble o de un obrero, de un criado o de un príncipe, de una viuda o de una joven soltera, o bien de una mujer casada. Más aún: la devoción se ha de practicar de un modo acomodado a las fuerzas, negocios y ocupaciones particulares de cada uno... La devoción mientras sea auténtica y sincera, nada destruye, sino que todo lo perfecciona y completa, y, si alguna vez resulta de verdad contraria a la vocación o estado de alguien, sin duda es porque se trata de una falsa devoción"[248].

La dirección espiritual debe tender, a este respecto, como meta básica a dos cosas: a la perfección en las cosas ordinarias y a la rectitud de intención al realizarlas.

1. HACER BIEN LAS OBRAS ORDINARIAS[249]

---

[248] San Francisco de Sales, *Introducción a la vida devota*, I, 3.
[249] Cf. Rodríguez, Alonso, *Ejercicio de perfección y virtudes cristianas*, tratado segundo y tercero. Esta obra, publicada por vez primera en 1614 tuvo enorme éxito. Aunque predominan en ella elementos ascéticos, es un clásico de la espiritualidad ignaciana.

"Lo que es bueno y justo, hacedlo bien hecho, justa y cabalmente. No está el negocio de nuestro aprovechamiento y perfección, en hacer las cosas, sino en hacerlas bien y como se deben hacer; como no está tampoco en ser uno religioso, sino en ser buen religioso... No es de loar el vivir en Jerusalén, sino el vivir bien en Jerusalén... Decían de Cristo, cuenta el evangelista san Marcos: *Bene omnia fecit*: Todas las cosas las hizo bien; en este *bien* está todo nuestro bien"[250].

Hay que convencerse de que todo nuestro provecho y trabajo serio en la santidad consiste en hacer bien hechas las cosas particulares, ordinarias y cotidianas; de modo que no se mejora la vida espiritual multiplicando obras extraordinarias, sino –primeramente– haciendo con perfección los oficios ordinarios. Se puede decir de esto lo que Dios dice a Moisés: "Porque estos mandamientos que yo te prescribo hoy no son superiores a tus fuerzas, ni están fuera de tu alcance. No están en el cielo, para que hayas de decir: «¿Quién subirá por nosotros al cielo a buscarlos para que los oigamos y los pongamos en práctica?» Ni están al otro lado del mar, para que hayas de decir: ¿Quién irá por nosotros al otro lado del mar a buscarlos para que los oigamos y los pongamos en práctica? Sino que la palabra está bien cerca de ti, está en tu boca y en tu corazón para que la pongas en práctica" (Dt 30,11-14). La santidad comienza por hacer bien lo que tenemos que hacer. En esto no hay engaño posible ni por parte de nuestra sensibilidad desordenada ni por parte del demonio.

Para hacer bien las obras propias de nuestro deber de estado, Alonso Rodríguez indicaba una serie de medios que no por lo evidentes dejan de ser los más adecuados a toda perfección. Los menciono a continuación.

Primero, mirar el fin y la intención con que obramos, pues "el hombre ve las apariencias, pero Dios mira el interior del corazón" (1Sam 16,6). La intención es la raíz y el fundamento de la bondad y perfección de todas

---

[250] Cf. Rodríguez, Alonso, *Ejercicio de perfección y virtudes cristianas*, II, cap. 1.

nuestras obras. Los cimientos no se ven, pero ellos son los que sustentan todo el edificio.

Segundo, hacer en nuestras obras todo cuanto podemos. No basta con la buena intención, sino que es necesario procurar hacer "todo" cuanto está de nuestra parte.

Tercero, hacer cada cosa como si fuese nuestra única ocupación. Orar, decir Misa, rezar el Rosario o barrer, como si ninguna otra cosa tuviésemos que hacer. El peor enemigo de toda perfección es el tener la cabeza en otras obras. En la oración no pensemos en el estudio, ni en los negocios; esto sólo sirve para impedir, estorbar o quitar fuerzas de lo que tenemos entre manos. *Omnia tempus habent*; toda cosa tiene su tiempo. "A cada día le basta su afán" (Mt 6,34). De esas preocupaciones que vienen fuera de lugar (en la oración recordar cosas importantes que se han de hacer luego) decía San Juan de Ávila: "Cuando viniere el cuidado fuera de tiempo, decid: No me manda mi Señor ahora nada de eso; y así no tengo que pensar en ello; cuando mi Señor me lo mandare, entonces trataré de eso"[251].

Cuarto, hacer cada obra como si fuese la postrera de nuestra vida. Decía San Bernardo: "si hubieres de morir inmediatamente, ¿harías esto?, ¿lo harías de esta manera?".

Quinto, para hacer bien las obras, "no hacer cuenta más que de hoy". "Una de las cosas que suele hacer a muchos desmayar y aflojar en el camino de la virtud –dice Alonso Rodríguez–, y una de las tentaciones con que el demonio procura esto, es ponerle delante: ¿Es posible que tantos años has tú de poder andar con tanto recato, con tanta puntualidad, con tanta exactitud en las cosas, mortificándote siempre, y yéndote a la mano, negando tu gusto, y quebrantando tu voluntad en todas las cosas? Y represéntales el demonio eso por muy dificultoso, y que no es vida aquella que se podrá llevar tan a la larga..."[252]. Es lo que se puede denominar como "tentaciones de futuro". Son las más dañinas porque causan desgano, ansiedad, preocupación y, como consecuencia, inconstancia y abandono de las obras comenzadas. Por tanto, el remedio o prevención de esto es no pensar más que en el "aquí y ahora" de

---

[251] Citado por Rodríguez, Alonso, *Ejercicio de perfección y virtudes cristianas*, II, cap. 4, in fine.

[252] Rodríguez, Alonso, *Ejercicio de perfección y virtudes cristianas*, II, cap. 6.

estos trabajos: hoy debemos hacer esto y de esta manera; mañana, Dios dirá.

Sexto, adquirir el hábito de obrar así. Toda obra realizada con perfección es difícil en sus comienzos, pero perseverando en tal o cual modo de obrar, termina por generar el hábito virtuoso que la hace no sólo fácil sino deleitable.

2. LA RECTITUD Y PUREZA DE INTENCIÓN[253]

El segundo elemento en que se debe trabajar para el perfecto cumplimiento de los deberes de estado consiste en purificar las intenciones con que se realizan tales obras. San Ignacio de Loyola expresaba esta rectitud de intención con aquellas palabras: *"Ad maiorem Dei gloriam"*, a la mayor gloria de Dios. Para trabajar adecuadamente en esta faceta fundamental de la santidad habrá que tener muy bien identificados los fines que bastardean toda acción humana y combatirlos con fuerza. Estos son principalmente tres: la vanagloria, la ambición y el respeto humano.

En cuanto a la vanagloria, "la malicia de este vicio consiste en que el hombre vanaglorioso se quiere alzar con la gloria y honra que es propia de Dios. «Sólo a Dios el honor y la gloria» (1Tm 1,17); y que no quiere él (Dios) dar a otro, sino reservarla para sí: «no doy mi gloria a ningún otro» (Is 42,8). Y así dice San Agustín: Señor, el que quiere ser alabado por lo que es don tuyo, y no busca tu gloria en el bien que hace, sino la suya, ése tal, ladrón es y robador, y semejante al demonio, que quiso hurtar tu gloria"[254]. Esta tentación de la vanagloria no sólo atenta a quienes comienzan el camino de la virtud, sino también a los que adelantan en ella; de hecho es una de las tentaciones que el demonio pone al mismo Jesucristo (cf. Mt 4,9). El vanidoso "prefiere la gloria de los hombres a la gloria de Dios" (cf. Jn 12,43).

La ambición. Es el deseo de poder, de tener cargos, de subir los escalafones de cualquier jerarquía, civil o sagrada. Este vicio pervierte la solicitud por las almas, el servicio del prójimo. El pastor ambicioso se torna asolador de sus propias ovejas.

El respeto humano. Es la vergüenza de manifestar en público lo que

---

[253] Cf. Rodríguez, Alonso, *Ejercicio de perfección y virtudes cristianas*, tratado tercero.

[254] Rodríguez, Alonso, *Ejercicio de perfección y virtudes cristianas*, II, cap. 2.

verdaderamente somos; es el miedo "al qué dirán". Paraliza a veces nuestras acciones; y a veces sin paralizarlas las disfraza, las tergiversa o las empaña.

Para hacer con rectitud de intención todas nuestras obras, éstas han de ser hechas de tal modo que sólo busquen la mayor gloria de Dios. Lo manda la misma Sagrada Escritura: "para que glorifiquéis al Dios y Padre de Nuestro Señor Jesucristo" (Rm 15,6); "glorificad a Dios en vuestro cuerpo" (1Co 6,20); "ya comáis, ya bebáis, haced todo para gloria de Dios" (1Co 10,31). Por eso, cuando una persona no tiene como meta de sus aspiraciones el glorificar a Dios con todas sus fuerzas en todas y cada una de sus obras, puede decirse que no ha comprendido el sentido último de su existencia, ni el sentido de la Encarnación y Redención. Y el director espiritual que no plantea este horizonte a las almas que dirige, no puede decirse que hace dirección sobrenatural sino una obra puramente humana.

Para encaminar las obras a la glorificación de Dios, es necesario comenzar por ofrecerlas a Dios y luego luchar para que no se mezclen otros intereses. Toda obra debe ser encarada para dar gloria a Dios, continuada y terminada con la misma intención. Es importante habituarse a ofrecer a Dios cada mañana todos los pensamientos, palabras y obras que se han de hacer cada día. Esto parece demasiado poco; sin embargo, es mucho, pues es poner una intención que luego se mantendrá durante el resto del día de modo virtual consagrando a Dios todo cuanto de bueno hacemos. Luego es necesario actualizar esa intención general ofreciendo a Dios cada obra que se comienza, lo que se logra con la buena costumbre de rezar antes de emprender cualquier actividad (aunque sea con una sencilla jaculatoria interior): el comer, el estudiar, el trabajar, el divertirse o el descansar.

Cuando uno realiza todas sus acciones por la gloria de Dios, cualquier obra adquiere un valor extraordinario. No importa lo que se hace (mientras sea parte de los deberes propios) sino el valor que le da el fin al que es destinado. El aprovechar o desaprovechar en la vida espiritual no proviene de la cualidad de la obra externa sino del fin al que es ordenada. Para alcanzar esta pureza de intención, recordaba el P. Alonso Rodríguez, es de capital importancia tener en cuenta algunos principios:

–Al emprender una obra, especialmente aquellas que son de provecho al prójimo, no hay que poner los ojos principalmente en el fruto y buen éxito de la obra, sino en hacer en ella la voluntad de Dios; "de tal modo –decía él– que cuando confesamos, cuando predicamos, cuando leemos, no hemos de poner principalmente los ojos en si se convierten, o enmiendan y aprovechan aquellos con quienes tratamos... sino en hacer en aquella obra la voluntad de Dios, y en hacerla lo mejor que pudiéremos para agradar a Dios".

–Uno de los termómetros de la rectitud y pureza de nuestras intenciones está en la alegría o, por el contrario, en la tristeza (envidia) por el éxito de los demás. Si el ver que otros tienen más fruto que nosotros en las mismas obras que nosotros realizamos nos produce alegría, señal de que obramos sólo por Dios; si nos produce tristeza, es señal de que nos buscamos a nosotros mismos.

–Cuando uno hace las cosas sólo por Dios, poco le importa que lo manden a una u otra cosa, a un oficio u otro, o lo cambien de él cuando le ha tomado gusto o lo realiza ya con facilidad y perfección; en todos está igualmente conforme. Si no tiene tal indiferencia, algún interés ajeno a Dios se ha mezclado en sus actos.

–Cuando hace las cosas por respeto humano, busca siempre que se reconozca su esfuerzo y que se le agradezcan sus obras. Y cuando no obtiene felicitaciones, se desanima.

El director espiritual debe trabajar, por lo tanto, para que las almas que dirige busquen no sólo la gloria de Dios, sino que lo hagan con toda intensidad y perfección, recordando que aun la recta intención tiene grados:

–El primero es pretender la gloria de Dios de tal modo que se olvide del mundo y no busque consuelo en las cosas creadas sino en Dios.

–El segundo es no solamente olvidarse de las cosas exteriores, sino también de sí mismo, no amándose a sí mismo sino en Dios y por Dios y para Dios. Esto se manifiesta cuando, incluso en las obras buenas, la alegría no viene tanto del provecho que uno alcanza sino por la conciencia de que se cumple así la voluntad de Dios. Es lo que Jesucristo nos enseña a pedir en el Padrenuestro: desear ante todo el cumplimiento de la voluntad divina en la tierra según el modo en que se cumple en el Cielo.

–El tercero es cuando uno está tan olvidado de sí, que ya en lo que hace no mira si se agrada Dios de uno, sino simplemente busca agradar y contentar él a Dios y que se contente y agrade Dios en esta obra.

CAPÍTULO TERCERO

MEDIOS EXTERNOS Y SUBSIDIARIOS

A continuación expondré algunos medios subsidiarios que ayudan al trabajo espiritual. Indicaré aquí solamente los elementos más prácticos sobre los mismos; los aspectos teóricos los considera y desarrolla largamente la teología espiritual.

I. LA REFORMA Y EL PLAN DE VIDA

1. QUÉ ES REFORMAR

Muchas veces en la vida, el alma que aspira a la perfección tendrá que rever su camino espiritual y replantear algunos de sus puntos claves. Esto suele hacerse con oportunidad de los Ejercicios Espirituales o en Retiros. De hecho, San Ignacio afirma que los Ejercicios Espirituales por él elaborados se ordenan a vencerse y ordenar la vida sin dejarse determinar o condicionar por ningún apego[255].

Reformar quiere decir "volver a formar"; volver a "dar forma"; como quien trabaja una imagen en arcilla y ve que no le salió lo que él quería, la vuelve a amasar y comienza a darle forma otra vez. Para poder reformar adecuadamente la vida es necesario tener una recta intención de ánimo, es decir, procurar que el móvil de la misma no sea otro que el fin último de la vida de todo hombre: dar gloria a Dios y salvar el alma.

Para poder efectuar adecuadamente una reforma de vida se supone que la persona que quiere hacerla tiene identificadas, como fruto de su reflexión personal y tal vez con la ayuda de su director espiritual, varias cosas. Ante todo, la voluntad de Dios sobre él en la vida pasada (¿qué me ha pedido Dios en el pasado o qué ha querido de mí anteriormente?); esto puede haberlo visto a través de inspiraciones del Espíritu Santo, iluminaciones, circunstancias singulares que han rodeado su vida o simplemente la voluntad

---

[255] San Ignacio, *Ejercicios Espirituales*, n. 21.

de sus superiores. En segundo lugar, ve lo que Dios le pide ahora con toda claridad. Tercero, tiene también identificados los puntos sobre los cuales no discierne con claridad la voluntad divina actual; sobre esto tendrá que aplicar las reglas de discernimiento y elección que tocaremos más adelante. Finalmente, también sabe cuáles son los obstáculos concretos que le impiden el seguimiento radical y total de Jesucristo. En base a todo esto deberá reformar su vida.

2. LA REVISIÓN DE VIDA

Para poder hacer una reforma, primero hay que saber qué se ha de reformar. A esto se ordena la "revisión de vida". "Revisar" la vida significa examinar las distintas dimensiones de la propia vida para ir descubriendo las cosas que hay que cambiar, purificar, quitar, empezar, modificar, rectificar o intensificar. En cada una de esas dimensiones hay que prestar atención a dos cosas:

–Las cosas de las que hay que apartarse: porque están mal hechas, o porque no dan gloria a Dios, o porque comportan apegos desordenados al mundo, o porque son fuente de pasiones no dominadas, o porque son ocasión de pecado, etc.

–Las cosas que hay que encarar para mejorar nuestras actitudes: porque vemos que Dios lo quiere así, o porque damos con ello mayor gloria a Dios, o porque condice con nuestros deberes de estado, o porque nos acerca más a Dios, o porque aprovecha más a nuestros prójimos, etc.

Estas diferentes dimensiones son fundamentalmente cinco: la humana, la espiritual, la comunitaria, la intelectual y la apostólica.

1) La dimensión humana

Es el campo de la personalidad humana, del equilibrio de las virtudes y pasiones. Concretamente ha de tenerse en cuenta aquí:
- Ante todo, nuestro defecto dominante.
- Las virtudes que urge adquirir.
- Los defectos que hay que combatir.

- El orden interior y exterior del alma y su relación con las diversas cosas materiales y espirituales que habitualmente nos rodean.
- Examinar los afectos: la capacidad para la amistad, las pasiones, los posibles apegos a cosas, personas, lugares, etc.

2) *La dimensión espiritual*

Designa el plano más importante y donde se encuentran los elementos que nos santifican y relacionan directamente con Dios:
- La oración.
- El modo de vivir y aprovechar la Santa Misa.
- Las confesiones: frecuencia, modo de aprovecharlas.
- Las penitencias y mortificaciones, el comportamiento en las contrariedades de la vida.
- La dirección espiritual (su frecuencia, sinceridad, aprovechamiento).
- El examen de conciencia diario.
- La lectura espiritual (especialmente la Sagrada Escritura).
- Los ejercicios espirituales anuales.

3) *La dimensión comunitaria*

En el caso del **religioso** tiene que examinar puntualmente su vida comunitaria. Por ejemplo:
- La participación en la comunidad, en las recreaciones.
- El aporte de los propios talentos para aprovechamiento del prójimo.
- La caridad fraterna.
- La obediencia a los superiores.
- La generosidad; la capacidad de ofrecimiento e inmolación.
- La pobreza, la castidad, el cumplimiento de los deberes de estado.

En los laicos esta dimensión se desarrolla fundamentalmente en su vida familiar:

- La relación con padres y hermanos, o con su cónyuge e hijos: las virtudes de la obediencia, respeto, piedad filial, etc.
- La caridad familiar.
- La solidaridad y la preocupación por los demás, etc.
- La responsabilidad en el trabajo y en la profesión.

4) *La dimensión intelectual y la capacitación profesional*

Es el campo de la formación personal que va de la formación permanente en la doctrina cristiana a la formación profesional. Es muy distinta la situación en quienes tienen el estudio como parte de su vida cotidiana y vocación, y aquellos que no tienen capacidades o vocación intelectual. Aquí los llamados a la formación intelectual (y en su medida todo cristiano que pueda formarse mejor e ilustrar su propia fe) pueden examinar:

- El aprovechamiento del estudio.
- La participación personal en cursos, conferencias, momentos especiales de formación.
- El trabajo personal en la línea de su profesión: si busca estudiar algo más, profundizar, capacitarse.
- La formación cultural: si se interesa por la lectura espiritual, por la literatura formativa, si se deja llevar por la curiosidad, o las modas literarias, la superficialidad, etc.

5) *La dimensión apostólica y pastoral*

La última dimensión la conforma la vida de apostolado. Vida cristiana y labor apostólica van necesariamente unidas. Todos deben ser apóstoles, como luego diremos, aunque cada uno en su propio ambiente y según su propia vocación. Los llamados a vivir un apostolado más intenso pueden y deben examinar los siguientes elementos:

- La oración y mortificación por el apostolado.
- La preparación del apostolado.
- El desarrollo del apostolado.

- El celo apostólico.

3. EL PLAN DE VIDA

Con los elementos más sobresalientes de este examen, cada uno tiene luego que elaborar un plan de vida realista[256]. El plan de vida, como su nombre lo indica, designa el proyecto de las principales actividades y objetivos que un sujeto intenta llevar a cabo en un plazo determinado de tiempo (el resto del año, o el bienio, o el quinquenio, etc.). En el plano espiritual es un programa de perfección. El tener un plan de vida es conveniente no sólo para los religiosos y sacerdotes sino para todos los fieles que quieren santificarse en medio del mundo; porque la santidad no se improvisa: quien quiere lograr algo en la vida, ya sea en el orden humano o en el sobrenatural, debe sentarse y prever, pensar y planear. Para santificarnos debemos aprovechar bien el tiempo, sobrenaturalizar nuestras obras y seguir un plan de formación y trabajo. Sin plan de vida se malgasta sin remedio mucho tiempo:

- surgen dudas sobre lo que debemos hacer; gastamos tiempo en deliberaciones superfluas; a pesar de mucho deliberar solemos quedar con dudas;
- descuidamos algunas de nuestras obligaciones por falta de previsión y de organización, por proponer fines sin determinar los medios o por echar mano en el momento a medios ineficaces o menos eficaces, etc.;
- y por este descuido, finalmente, nos exponemos a la inconstancia y al abandono de las obras emprendidas.

Por el contrario, el plan de vida nos da orden, nos ayuda a ganar tiempo, nos hace sobrenaturalizar las obras (porque las hacemos por obediencia al plan, es decir, a las decisiones tomadas en conciencia delante de Dios; siempre y cuando el plan esté hecho como Dios manda); tiene también un gran valor educativo en cuanto templa nuestra voluntad (la hace más austera, libre de caprichos, la somete a un orden y le hace adquirir constancia).

---

[256] Cf. Tanquerey, *Compendio de teología ascética y mística*, nn. 558-572.

1) Características

Para que sea real todo plan de vida tiene que tener ciertas cualidades:

Debe estar acomodado a los deberes de estado, a las ocupaciones habituales, a las disposiciones de espíritu, de carácter y temperamento de cada uno, a sus fuerzas y a su estado actual de perfección.

Debe ser flexible y rígido a la vez. Flexible para no esclavizar el alma al plan cuando la caridad hacia el prójimo, o alguna circunstancia grave imprevista, o la obediencia a los superiores haga irrealizable algún proyecto. Con cierta rigidez, para que el sujeto no lo modifique según sus caprichos; es rígido si contiene todo lo necesario para determinar por lo menos en principio, el tiempo y la manera de hacer nuestras diversas actividades, nuestros deberes de estado, ejercicios de piedad y la adquisición de las virtudes más necesarias para nuestro temperamento.

Debe estar hecho de acuerdo con el director espiritual. Lo exige la prudencia que nos enseña que uno no es buen juez en su propia causa ni diestro guía de sí mismo; también la obediencia, por la cual, el plan de vida revisado y autorizado por el director extiende la acción de éste al resto de nuestra vida.

2) Qué debe abarcar

Los principales elementos que deben estar presentes en el plan son:

El horario más fundamental del día: los religiosos esto ya lo tienen establecido en su casa religiosa. Pero puede ser necesario establecerlo *"ad hoc"* cuando se está de vacaciones.

Los proyectos fundamentales: de todas las cosas que ha visto que tiene que trabajar deberá determinar cuál es el objetivo más urgente, y el orden en que seguirá trabajando con los demás puntos que debe reformar en su vida. Lo más importante es la formación de propósitos concretos, reales, realizables y que vayan a la médula de la vida espiritual, buscando erradicar el defecto dominante, alcanzar las virtudes más importantes para el sujeto en cuestión, etc. Es importante subrayar que el esfuerzo principal (el trabajo diario) debe enfocarse sobre un solo propósito por vez (haciendo sobre esto el examen particular del que hablaremos más adelante). Una vez conseguido el propósito, habrá que cambiar y examinarnos sobre un nuevo objetivo. La misma dirección espiritual consiste en gran medida en ver el trabajo sobre ese propósito.

El desarrollo del proyecto: con qué medios va a alcanzar lo que proyectó hacer (por ejemplo, para alcanzar tal virtud o vencer tal defecto o virtud: ¿qué actos hay que hacer? ¿con qué frecuencia?, etc.). El medio esencial e indispensable es el examen de conciencia diario.

3) Modo de observarlo

Hay que observar el plan, es decir cumplirlo, íntegra y cristianamente. Íntegramente quiere decir: en todas sus partes y con puntualidad. Porque si cumplimos unos puntos y otros los dejamos de lado sin motivo razonable, caemos en el capricho y, en definitiva, pasamos a hacer nuestra propia voluntad en lugar de la de Dios. Hay que evitar dos extremos: el escrúpulo y la tibieza. No hay que tener escrúpulos en dejar de cumplir algún punto particular del plan cuando hay motivos graves, especialmente cuando nos lo exigen los deberes de caridad hacia el prójimo o urgencias propias de nuestros deberes de estado (como atender enfermos a horas inesperadas, o cuando se está rezando). Pero también hay que evitar la tibieza que tiende a abandonarlo todo por motivos fútiles o sofismas de nuestra afectividad, encontrando falsas excusas. Cumplirlo cristianamente significa que la intención que debe guiar la observancia del plan de vida ha de ser el hacer la voluntad de Dios. Esta pureza de intención es el alma genuina de un plan de vida.

4) Rendición de cuentas

Finalmente, toda persona tiene que prever con qué frecuencia examinará el andar de los propósitos y proyectos. Conviene que esto se haga una vez por mes; para los religiosos y seminaristas (o incluso seglares) que tienen costumbre de realizar retiros mensuales de un día, ésa será la oportunidad más adecuada. Sea cuando fuere, en tales ocasiones han de examinar lo hecho, tomar nuevas determinaciones si fuere necesario, imponerse algún castigo si la negligencia o pereza o desorden interior lo conduce a la inconstancia, y examinar las etapas siguientes.

II. EL CONOCIMIENTO DE SÍ MISMO

Es imposible que quien no se conozca pueda alcanzar la perfección, aunque más no sea porque se forjará ilusiones acerca de su estado (cayendo o en un optimismo presuntuoso o en un desaliento deprimente). El conocimiento claro y ponderado de sí mismo estimula a la perfección y ayuda a trabajar sobre terreno seguro. Este conocimiento debe ser completo, abarcando tanto nuestras cualidades y defectos naturales, cuanto los dones sobrenaturales y los defectos en el plano espiritual; es decir, nuestro temperamento con sus rasgos positivos y negativos, y el modo en que podemos trabajarlo para lograr un carácter virtuoso.

1. TEMPERAMENTO Y CARÁCTER

Ante todo una aclaración de términos: no todos los autores están de acuerdo en el vocabulario cuando se habla de cuestiones caracterológicas. Algunos hablan de temperamento y de carácter como fenómenos diversos; otros los identifican; algunos dan a cada uno de estos vocablos contenidos diversos, incluso unos llaman *carácter* lo que otros llaman *temperamento*[257]. Yo voy a emplear el término *temperamento* en un sentido más clásico, como el conjunto de tendencias profundas que derivan de la constitución fisiológica de los individuos: "Conjunto de inclinaciones innatas, propias de un individuo, resultantes de su constitución psicológica e íntimamente ligadas a factores bioquímicos, endocrinos y neurovegetativos, que imprimen unos rasgos distintivos a la conducta primariamente operativa de la persona"[258].

Los antiguos, como Hipócrates y Galeno, lo hacían depender de los *cuatro humores fundamentales*: linfa, bilis, nervios y sangre; de esta concepción procede la división de los temperamentos en linfático, bilioso, nervioso y sanguíneo, según el elemento que predomine en cada uno. Precisamente en

---

[257] Por ejemplo, Le Senne, cuya tipología vamos a seguir más adelante, llama *carácter* a lo que yo designo aquí como *temperamento*: "el carácter significa el conjunto de las disposiciones congénitas que forman el esqueleto mental de un hombre" (*Tratado de Caracterología*, 16).

[258] Polaino Lorente, A., *Temperamento*, 169. J.M. Poveda Ariño dice: "el temperamento representa, la capa instintivo-afectiva de la personalidad, algo más próximo de suyo a la biología, más dependiente del soma" (*Carácter*, 50).

latín *temperamentum* es la "combinación proporcionada de los elementos de un todo". Más modernamente se pone en relación con el funcionamiento endócrino[259]; de modo similar Lersh lo conecta con el "fondo endotímico"[260]; hay quienes lo relacionan con otros elementos como la "complexión física", por ejemplo Santo Tomás, quien dice: "hay hombres que, debido a la complexión del propio cuerpo, tienen predisposición para la castidad o para la mansedumbre u otras virtudes"[261]. Señalaba San Alberto Magno: "Algunos están naturalmente dispuestos a la fortaleza, otros a la liberalidad y otros a la castidad (…) Y en modo semejante, algunos naturalmente están dispuestos a vicios, como los melancólicos a la envidia y los coléricos a la ira"[262]. En consonancia con esto, reservo el término *temperamento* para "lo dado por la naturaleza"[263].

En cambio, reservo el vocablo *carácter* para el conjunto de las disposiciones psicológicas que resultan del trabajo sobre el temperamento por medio de la educación y de los esfuerzos de la voluntad, y que da por resultado un conjunto de hábitos buenos o malos (virtudes o vicios). "Comprende el conjunto de disposiciones psicológicas y de comportamiento habituales de una persona, modelado todo ello por la inteligencia y la voluntad"[264]. Esta es la terminología más usada por los educadores de la virtud[265].

---

[259] "El temperamento depende en particular de las secreciones pituitaria (de la hipófisis), de la tiroides y de las glándulas suprarrenales —en cuanto tal secreción determina la preponderancia del impulso a la lucha o a los placeres" (Bednarski, *L'educazzione della affettività*, Milano [1986], 22-23).

[260] Lersh llama "fondo endotímico" a nuestra realidad emocional-afectiva, integrada por los estados de ánimo, sentimientos, emociones, afectos, instintos y tendencias (Lersh, Philipp, *La estructura de la personalidad*, 478-79).

[261] Santo Tomás de Aquino, *Suma Teológica*, I-II, 51, 1.

[262] San Alberto Magno, *Quaestiones super De animalibus*, I, q. 21.

[263] Gladys Sweeny lo define, siguiendo a Caspi y Silva, como "la tendencia del individuo a responder de maneras predecibles a eventos en el ambiente, maneras que constituyen las piezas emocionales, y del comportamiento, con las que se construye la personalidad del adulto" (cf. Sweeny, G., *La formación sana de la madurez afectiva*. Ecclesia, XXII, n. 2 [2008], 139-158).

[264] Poveda Ariño, J.M., *Carácter*, 49.

[265] Por ejemplo, se puede leer en el hermoso libro de Tihamer Toth, *El joven de carácter*: "¿Qué pensamos cuando decimos de alguien que es un joven de carácter? Con la

El temperamento, pues, resulta del predominio fisiológico de un sistema orgánico. Es algo innato en el individuo: es la índole natural, o sea, algo que la naturaleza nos impone. Por lo mismo, no desaparece enteramente nunca: cada uno es "genio y figura hasta la sepultura"; pero una educación oportuna y la fuerza sobrenatural de la gracia, especialmente si se identifica el defecto dominante y se lucha contra él por medio del examen particular de conciencia, y también se descubren las buenas cualidades que cada uno tiene y se las hace fructificar, puede, si no transformarlo totalmente, sí, al menos, reducir hasta el *mínimo* sus estridencias y aun suprimir del todo sus manifestaciones exteriores y potenciar al *máximo* todas sus cualidades positivas.

Decimos que no "desaparece nunca" como base tendencial (uno tendrá siempre tales o cuales tendencias según la propia constitución biofísica), pero sí puede ser modificado por la educación (y más propiamente por la autoeducación), como dice san Alberto Magno a continuación del texto citado más arriba: "Algunos están naturalmente dispuestos a la fortaleza, otros a la liberalidad y otros a la castidad, *y sin embargo por la costumbre pueden cambiar e inclinarse en sentido opuesto*. Y en modo semejante, algunos naturalmente están dispuestos a vicios, como los melancólicos a la envidia y los coléricos a la ira, *y sin embargo, por el discernimiento del intelecto pueden habituarse en sentido contrario*". Por tanto, el *carácter* tiene, pues, una parte *dada por la naturaleza* (la base temperamental) y otra adquirida con la costumbre y los actos (los hábitos adquiridos, que pueden ser virtudes o vicios).

---

palabra carácter entendemos la adaptación de la voluntad del hombre en una dirección justa; y joven de carácter es aquel que tiene principios nobles y permanece firme en ellos, aun cuando esta perseverancia fiel le exija sacrificios (…) Con esto ya puedes ir vislumbrando en qué consiste la educación del carácter. Primero tendrás que adquirir ideales y principios (...) El segundo deber, es seguir estos principios justos; es decir, forjar tu carácter. Y éste, cómo hemos dicho no se da gratis, sino que hemos de alcanzarlo mediante una lucha tenaz, de años y decenas de años. El ambiente, cualidades heredadas, buenas o malas, pueden ejercer influencia sobre tu carácter, pero, en resumidas cuentas, el carácter será obra personal tuya, el resultado de tu trabajo formativo. ¿Sabes en qué consiste la educación? En inclinar la voluntad del hombre de suerte que en cualquier circunstancia se decida a seguir sin titubeos y con alegría el bien. ¿Sabes qué es el carácter? Un modo de obrar siempre consecuente con los principios firmes: constancia de la voluntad para alcanzar el ideal reconocido como verdadero; perseverancia en plasmar ese noble concepto de la vida".

II - Los elementos de la educación espiritual

Aquí me limitaré a hablar de los temperamentos o disposiciones naturales profundas, porque, como venimos diciendo, entre los defectos constitutivos de cada persona es donde encontraremos la pasión dominante contra la que debemos luchar para forjarnos una personalidad armónica y virtuosa.

La clasificación más divulgada es la cuadripartita que se remonta a Hipócrates y Galeno, quienes distinguían cuatro temperamentos fundamentales: sanguíneo, nervioso, colérico y flemático. Esta es todavía válida y orientadora, pero demasiado amplia.

Hoy en día se usan otras basadas en distintos criterios. Voy a aprovecharme aquí de otra muy conocida, la de Heymans y Le Senne, que considera ocho tipos caracterológicos, según las posibles combinaciones de tres variables[266]: 1º emotividad (grado de apertura a los estímulos exteriores e interiores); 2º actividad (mayor o menor propensión del temperamento a la acción); 3º resonancia (permanencia del estímulo en la persona, es decir, si las impresiones permanecen poco tiempo como ocurre en los llamados "primarios" o largo tiempo, como ocurre en los llamados "secundarios")[267]. De todos damos algunos rasgos generales y sus principales cualidades positivas y negativas.

2. TIPOS TEMPERAMENTALES

1) El apasionado

Se trata de un temperamento *emotivo* (es decir, impresionable ante cualquier tipo de estímulos), *activo* (con tendencia interior a la acción, no

---

[266] Otros autores señalan algunas más: 1º el nivel de actividad, o el ritmo típico, o vigor, de las actividades de uno; 2º la irritabilidad/emoción negativa, es decir, cuán fácil o intensamente uno se molesta frente a los eventos negativos; 3º la "calmabilidad", es decir, la facilidad con que uno se calma después de haber estado molesto; 4º el miedo, o sea, la preocupación acerca de estímulos intensos o muy desusados; y 5º la sociabilidad o receptividad a los estímulos sociales.

[267] Estas descripciones de los caracteres de Heymans y Le Senne se pueden ver más ampliamente en las obras citadas en la bibliografía; especialmente: Ibáñez Gil, J., *Pastoral Juvenil Diferencial: Tipología y Pastoral*; Magdalena Benedit, *Apuntes para la comprensión del carácter*; y de la misma autora: *Una mirada insustituible. Reconocer el carácter de los hijos*.

importa si tiene metas definidas o no) y *secundario* (es decir, que guarda durante mucho tiempo las impresiones recibidas y se encuentra muy ligado a su pasado).

Al apasionado, en general, le cuesta estar inactivo; pero no es impulsivo, sino enérgico, aunque se exterioriza poco; por ello, cuando se desborda es violento y avasallador. Sabe recordar las lecciones de experiencias pasadas y aprovecharlas en el futuro. Su iniciativa y acometividad son muy grandes, aunque calmadas en el exterior, salvo casos excepcionales, y dirigidas conscientemente a fines lejanos y constantes. Sus sentimientos y pasiones son fuertes, profundizan hondamente y arraigan en él, influyendo en su conducta durante mucho tiempo. Ante las injurias su coraje se enciende interiormente, aunque no se exterioriza en seguida; si se repiten, al final estalla en una tempestad de ira duradera que fácilmente deriva hacia el rencor y deseo de venganza.

Ante el peligro, reflexiona primero y pronto toma una determinación; si se decide a atacar, procede con violencia inaudita hasta vencer o morir; si juzga que debe tomar la actitud pasiva es tenaz en tal postura.

Las faltas propias y ajenas le causan gran enojo y se propone con firmeza corregirlas. Es constante en la acción, inmutable en sus juicios, a veces hasta la testarudez. Posee sentimientos estables de tal modo que su amistad es fidelísima aún después de largo tiempo, pero también le cuesta olvidar una ofensa y perdonar. Tiene notable capacidad de organización y mando no tanto simpático y atrayente cuanto eficaz, vigoroso y ordenado. Enérgico y sin gran peligro de dispersión, sabe ser firme, sistemático y orientado hacia un fin, al que se acerca por etapas bien meditadas.

Su inteligencia es amplia y más bien deductiva; su imaginación fecunda y a menudo goza de excelente memoria. Le interesan los problemas sociales, morales, religiosos y filosóficos. Es naturalmente honrado y digno de confianza. Sabe ser fiel a su palabra. Con respecto a los menos dotados adopta espontáneamente una actitud de protección y ayuda compasiva. En la vida social se muestra desordenado y sencillo sin gran inclinación por la diplomacia sinuosa, pero tampoco por el choque brusco; exteriormente es generalmente correcto, aunque poco efusivo.

Aspectos positivos. Cuando se encauza hacia un ideal grande, es capaz de una consagración, abnegación y actividad extraordinaria. Su rigor lógico en el pensamiento, su memoria, capacidad de invención y eficacia en la ejecución le capacitan para las grandes empresas, en cuya dirección o alta jefatura puede conseguir notables objetivos. Toma sus propios asuntos y los que le encomiendan con mucha seriedad, y es de fiar cuando empeña su palabra o promete alguna cosa. En la dirección de los súbditos sabe unir la exactitud aunque a veces le falta algo de simpatía atrayente; al final, él es consecuente con su natural rectitud, se impone por su justicia y nobleza. No olvida los favores y es agradecido. Es notable su poder de previsión y sentido de responsabilidad. Es un director o jefe nato, con tendencia afectiva y fundada hacia los grandes planes y objetivos. Tiene aspiraciones generalmente grandes en cualquier campo al que se dedique. Es apto para casi todas las carreras superiores, pero no tanto para el arte. Si encauza bien su vida espiritual tiene dotes para un fecundo apostolado, y no se contentará con mediocridades, sino que aspirará a la auténtica santidad. Generoso y altruista, requiere el contacto íntimo con Dios.

Aspectos negativos. Tiene grandes pasiones que no se borran fácilmente. Le cuesta la sujeción a un superior. Puede ser susceptible, crítico, desconfiado, así como volverse huraño. Cuando odia lo hace de todo corazón y es difícil hacerlo reconciliar con su enemigo. Tiende espontáneamente al rencor y a la venganza. También a la testarudez.

Su pasión, con frecuencia, le oscurece el juicio, por lo que sus críticas son severas, y muchas veces injustas. Es también notable su amor propio, ya que no acepta ser vencido ni sobrepasado por nadie. No es raro que se note en él impaciencia respecto a los defectos ajenos y desconfianza hacia algunas personas. En la acción peca a menudo por exceso de energía lo que lo lleva a ser duro y exigente son los otros.

Independiente en exceso, muy orgulloso, le cuesta el trabajo y las humillaciones. En sus tareas procura actuar sólo.

2) El colérico

Es *emotivo* (es decir, impresionable ante cualquier tipo de estímulos), *activo* (con tendencia interior a la acción, no importa si tiene metas definidas o no) y *primario* (es decir, de reacciones inmediatas pero con un pronto retorno a su estado anterior, o sea, fácil de calmar).

Como características generales señalemos ante todo su actividad exuberante y su modo impulsivo. Busca tareas donde descargar su ímpetu vital. Es combativo y entusiasta; emprendedor y de gran iniciativa. Por lo general optimista y alegre y aunque pasa fácilmente y con rapidez de unos sentimientos a otros, su gran acometividad le suministra continuamente entusiasmo y fogosidad para el desarrollo de sus actividades. Muchas veces esa actividad es febril, sin gran constancia en una misma dirección ni profundidad en su trabajo.

Sus sentimientos son abundantes, fuertes, expansivos en sumo grado. Tiene inclinación innata a comunicar lo que piensa y siente, para lo que le ayuda su notable facilidad de palabra. Todas sus pasiones tienen un matiz extremo; es apto para las grandes empresas, ya que no puede resignarse con miras estrechas ni términos medios.

Ante las injurias reacciona violentamente de palabra y pasa a las obras sin esperar repetidas incitaciones. En los momentos de peligro se exalta y llena de entusiasmo, lanzándose a la acometida sin pararse mucho a calcular las consecuencias. Cuando ha cometido una falta se llena de indignación consigo mismo. Ante las faltas ajenas reprende y busca que se corrijan. Tiene instinto de mando y dominación y no se contenta con el puesto de súbdito. Su inteligencia es rápida y penetrante, intuitiva, no pocas veces de vasta capacidad. Su porte exterior suele estar de acuerdo con su modo de ser: facciones varoniles, mirada decidida, paso firme y movimientos enérgicos.

Aspectos positivos. Su natural fortaleza, audacia y valentía le capacitan para grandes empresas. Es hombre de ideales elevados. Tiene capacidad para cargos de importancia en la vida social. Cuenta con una voluntad decidida y una amplitud de miras muy grande. Este ha sido el carácter peculiar de muchos jefes famosos.

Apto para la política, la enseñanza, la dirección, tiene gran talento de improvisación y cualidades de orador. Con frecuencia organiza acertadamente las actividades del grupo social al que pertenece y en ello sabe seducir con su optimismo comunicativo.

Aficionado al deporte y muy apto para el mismo. En la vida espiritual puede llegar a notable grado de santidad, ayudado de la gracia divina.

Aspectos negativos. Vive el instante presente interesándose exclusivamente por los resultados inmediatos. Tiene gran peligro de dispersión y derroche de su gran caudal vital, empezando muchas cosas sin acabarlas o comprometiéndose a más tareas de las que podrá realizar o teniendo simultáneamente varias ocupaciones sin llevar bien ninguna de ellas.

Al ser impulsivo, puede tomar fácilmente decisiones arriesgadas, sin prever las consecuencias.

Su riqueza psicológica y el reconocimiento de su propia superioridad en la acción le pueden llevar fácilmente al orgullo o a la vanidad. Confía en sí mismo y quiere siempre imponer su voluntad a los demás. Le cuesta reconocer sus defectos y fácilmente crítica los ajenos. Es indulgente consigo mismo y exigente con los demás. Puede llegar a defender sus defectos como si fueran buenas cualidades y aún gloriarse de sus faltas. Puede ser tan irascible que no admita la menor contradicción sin que se desate en cólera, llegando a veces hasta la crueldad.

Otro peligro en su acción es, al desear vivamente sus fines, que, para conseguirlos, llegue a usar medios indignos.

3) *El sentimental*

Es *emotivo* (es decir, impresionable ante cualquier tipo de estímulos), *no activo* (no tiende interiormente a la acción) y *secundario* (guarda durante mucho tiempo las impresiones recibidas y está muy ligado a su pasado).

Como notas generales se indican la profundidad y perseverancia de sentimientos, los cuales, sin embargo, se manifiestan poco exteriormente. Es muy sensible a toda clase de emociones o impresiones externas, pero la reacción íntima se concentra en el fondo del alma y allí se graba tenazmente y hasta se acentúa cada vez más. Por ejemplo, cuando se recibe una ofensa no es raro que aparezca exteriormente como poco impresionado pero, una vez solo saboreará su resentimiento agrandando la ofensa en su imaginación. Si se repiten las injurias llegará un momento en que estalle violentamente, teniendo mucha dificultad para reconciliarse, por la profundidad que toma la herida en su espíritu. Por otra parte, en la amistad es fiel y constante. No suele tener muchos amigos y prefiere un pequeño grupo de íntimos. Recuerda y agradece cualquier favor y atención que con él se tuvo. No es muy propenso a la risa y expansión, pero sí a la seriedad, a la melancolía y a los escrúpulos.

Su fuerte no es la actividad física ni intelectual, sino la afectividad. Fácilmente conmovido por los males ajenos y viendo tantas miserias en el mundo quisiera remediarlas. Puede sufrir más que otros por los defectos ajenos, y puede llegar a ser susceptible.

Es muy propenso a la reflexión y análisis de sí mismo. Es indeciso, vuelve mil veces sobre sus sentimientos y acciones, lo que, junto con su profundo sentido moral le impide en muchas ocasiones seguir adelante y actuar; siempre teme no haber hecho las cosas bien y de un modo recto. En la acción es más bien lento y no suele emprender obras por iniciativa propia. En momentos de peligro se muestra desconcertado y prefiere más bien una actitud pasiva que activa en la defensa. Ante sus propias faltas se desanima con facilidad y desespera en corregirse. Ante las ajenas se subleva interiormente, aunque muchas veces no acierta a ponerles remedio. No tiene gran sentido práctico; es soñador, y puede tener dotes literarias. Es sensible a los cambios meteorológicos.

Tiene seria concepción de la vida y en general ama todo lo grande y profundo. Su actitud ordinaria es de dulzura y amabilidad exterior. Aunque no suele ofrecerse espontáneamente, ayuda cuando es requerido. Muy apto para las obras que exijan consagración, silencio y caridad. Su perseverancia es una característica marcada. Cumplidor de su deber, se da cuenta de sus responsabilidades y procura atenderlas con esmero. Es de apariencia sencilla y poco amigo de ostentación.

Aspectos positivos. Es bondadoso y honrado; incapaz de ser cruel o áspero con otros aunque externamente su reserva parezca apatía. Con frecuencia le agrada el cuidado de los enfermos. Compensa su escasa tendencia a la acción con su facilidad para la oración. En general, encuentra consuelo y paz interior en el trato íntimo con Dios. Sencillo, humilde y fidedigno poco inclinado a la sensualidad. Propenso a ayudar a los demás. Perseverante; trabajador profundo, cumplidor de sus obligaciones. Abundan en este tipo los moralistas, pedagogos, psicólogos, etc., así como los literatos y críticos de arte.

Aspectos negativos. Puede pecar por indecisión. Tiende al desánimo y a subestimar sus propias cualidades, con ello puede llegar a un pesimismo, amargura o timidez molesta para sí mismo y para los demás. Y como compensación puede habituarse a juzgar y calificar interiormente al prójimo con falta de caridad. No es raro el peligro de orgullo y soberbia interior afectiva, como compensación de sentirse inferior respecto a otros cuya acción y apariencia sea más brillante. Encuentra gran dificultad en perdonar las ofensas y cuando odia lo hace intensamente. Por una injuria recibida se siente despreciado y odiado, desconfía de todos y juzga que le quieren hacer mal. Corre el riesgo de agriar su carácter si cede excesivamente a su tendencia a la soledad, lo que puede hacerle egoísta.

4) *El nervioso*

Es *emotivo* (es decir, impresionable ante cualquier tipo de estímulos), *no activo* (es decir, no tiende interiormente a la acción) y *primario* (es decir, reacciona pronto pero también vuelve prontamente al estado anterior).

En general tiene gran variabilidad de sentimientos; su vitalidad es tumultuosa, poco coherente y ordenada. Se interesa principalmente por su vida subjetiva, rica y compleja: hombre de problemas interiores, tensiones, intensos goces y sufrimientos que se suceden unos a otros y le hacen pensar mucho en sí mismo. Puede mantener las impresiones durante largo tiempo.

Su imaginación es vivísima y su ingenio vivaz; tiene cualidades artísticas y talento musical. Pero por lo mismo es en extremo sugestionable, curioso, ama lo que le causa placer momentáneo, lo impresionante. Siente vivamente las injurias y da muestras de ello con alteraciones de genio, aunque pasajeras. Esta excitabilidad puede hacerle muy indisciplinado, rebelde y rudo en el trato con quienes lo hieren (o él cree que le ofenden). Se abate fácilmente al fallar y hace propósitos de corregirse, pero pronto se olvida de ellos. También tiende a sobrevalorarse a sí mismo, subrayando mentalmente sus buenas cualidades y prestando poca atención a sus defectos. Siente necesidad de llamar la atención, de ser admirado, así como desahogar sus frecuentes arrebatos o impulsos.

Inteligencia más bien intuitiva que deductiva, más concreta que abstracta. Es ágil, sus nervios están siempre tensos, pero no persevera mucho en su esfuerzo continuo y penoso. Altamente influenciable, tiende a pensar, sentir y actuar como los otros a quienes corresponde con rapidez por su gran capacidad de sintonía psíquica. Ello le hace muy adaptable a los nuevos ambientes. Sabe ejercer sobre los demás cierta seducción pues suele ser de trato muy simpático con quienes congenian con él.

Aspectos positivos. Tiene un corazón muy sensible; es inclinado a la bondad y compasión y sumamente generoso. Muy atento a las necesidades y gustos ajenos, con una servicialidad espontánea y cariñosa cuando trata con aquellos a quienes admira o sabe que le aprecian y quieren. Posee fino tacto y sabe ser diplomático cuando lo desea. Si le mandan a alguien a quien aprecia como superior es dócil y obediente. Su espíritu delicado le comunica una gracia y don especial para el trato. Aptos para consolar a una persona abatida.

Aspectos negativos. La raíz de sus defectos es su sensibilidad. Para tratarlo hay que ver "de qué humor está hoy". Si se deja dominar por sus sentimientos se hace insoportable a sus compañeros. Puede llegar a ser tan susceptible que si se le mira se siente quizás herido porque le miramos y si no se le mira porque se siente despreciado. Inclinado también a la vanidad y a la sensualidad. Vive de impresiones, de ímpetus momentáneos; si se abandona a ellos no realizará nada grande y serio. Es imprevisor y enemigo de todo lo que exija esfuerzo y disciplina metódica (mental o física). Esta inconstancia es su defecto principal. Además por tal dependencia de la impresión momentánea, fácilmente cambia de parecer y de ocupación; puede llegar a ser esclavo del momento presente.

5) *El flemático*

Es *no emotivo* (es decir, no se impresiona fácilmente), *activo* (con tendencia interior a la acción, no importa si tiene metas definidas o no) y *secundario* (es decir, que guarda durante mucho tiempo las impresiones recibidas y se encuentra muy ligados a su pasado).

Como características generales digamos que presenta una personalidad vigorosamente estructurada y sin quiebres, con un fondo riquísimo de energía activa. No tiene sentimientos internos pero sí, constancia y tenacidad en la acción.

Hombre sin grandes pasiones, difícilmente excitable, se mantiene en constante tranquilidad afectiva. En la acción raramente violento y sobreexcitado. Sumamente paciente. Poco hablador, cuando se comunica lo hace con medida y casi nunca elevando la voz. Reduce a la mínima expresión las manifestaciones de afecto dando muchas veces sensación de frialdad. Continuamente ocupado, minuciosamente ordenado y metódico en todo su proceder. No suele gustar de la vida social aunque es fiel a las amistades.

Espíritu claro y lógico, sus intereses preponderantes son más bien intelectuales: estudios especulativos, matemáticas, derecho, literatura. Es sencillo en sus cosas y rara vez vanidoso.

En la acción es asiduo aunque lento y calmoso. Sus obras están de acuerdo con sus ideas y sus principios. Muestra gran rectitud moral, casi inflexible. Reflexivo y sumamente prudente no se decide a ninguna empresa hasta no haber calculado las últimas probabilidades de éxito, ponderando todas las dificultades. Una vez decidido, se dedica con seriedad y constancia al trabajo.

Ahorrador, honrado y sincero, no se inmuta ante las ofensas, no se da por enterado, o las toma con humor alegre. En momentos de peligro es indeciso aunque no se turba fácilmente, conserva su serenidad pero no se resuelve con prontitud. Si comete alguna falta no se angustia demasiado.

Su inteligencia es más apta para profundizar que para pensar con rapidez. Sobresale por su sentido práctico y conocimiento de las personas. Buen organizador, objetivo y realista, tiene poco vigor imaginativo y no es muy inclinado a la creación artística.

Aspectos positivos. Destaquemos su tranquilidad en recibir todos los acontecimientos, las dificultades no lo preocupan. Conserva fácilmente el equilibrio entre el pensar y el obrar, entre el sentimiento y la acción. Sin pasiones violentas, es sobrio y moderado y no se deja llevar por sus primeros impulsos. Amigo de la reflexión y de la consideración lenta de las cosas, es de pensamiento maduro y profundo en sus convicciones religiosas y criterios fundamentales. Paciente en tolerar a los demás, sus sentimientos fácilmente son de benevolencia y amabilidad. Poco inclinado a la pompa y al brillo, es natural y sencillo, sin ambiciones exageradas. No suele mentir nunca. Lo que no logra por una actividad rápida lo alcanza por su constancia. Como hombre práctico que es, sabe aprovechar los medios y busca más lo útil que lo llamativo. Le gustan las obligaciones netamente definidas. Apto para todo lo que requiere orden y constancia; tiene por ello dotes de gran colaborador. Esto y su hondo sentido del deber le capacitan para cargos directivos de gran responsabilidad social y delicada administración. En sus trabajos suele ser eficiente, seguro y asiduo.

Aspectos negativos. Su tranquilidad sentimental puede degenerar en una especie de apatía, despreocupándose de todo sin mostrar interés o entusiasmarse por cosa alguna. Ello suele endurecer notablemente su corazón haciéndole insensible y frío para con los demás y llevándole paulatinamente a un egoísmo calculador y al orgullo por autosuficiencia.

Tiende a ser esclavo de su organización, costumbre y método. Por su parte, es posible que exagere su prudencia y previsión hasta el extremo de no comenzar nada por pensar demasiado las posibles dificultades desaprovechando así las ocasiones propicias. Ello lo hace acobardarse en más de una ocasión y lo que es paradójico en un carácter activo puede hacerle perezoso al rehuir la acción por evitar sus posibles fracasos o peligros, o sencillamente por defender su soledad e independencia del ajetreo y trato social. En estos casos suele refugiarse en la actividad mental (preferentemente imaginativa) prefiriendo sistemáticamente en su acción exterior lo cómodo y fácil, alejándose de cuanto pueda parecer difícil o arduo.

6) El sanguíneo

Es *no emotivo* (es decir, no se impresiona fácilmente), *activo* (con tendencia interior a la acción, no importa si tiene metas definidas o no) y *primario* (es decir, reacciona prontamente pero rápidamente vuelve al estado anterior).

Características generales. No puede estar inactivo aunque no suele ser constante en continuar lo comenzado. Generalmente está siempre alegre, sonriendo, muy locuaz, de viva y animada charla. Amigo de exagerar, de hacer ruido, de la animación. Sociable, atento y cortés; gusta del compañerismo y las amistades. Ama la libertad. En política y religión no se apasiona; en general, sus pasiones no son muy fuertes. Suele tener disposición para la música y gusto en los deportes. Su imaginación es viva, aunque necesita ocupación continua, prefiere lo más agradable, gustoso y llamativo. Se deja llevar fácilmente por las apariencias y por ello con frecuencia es superficial en sus juicios. Para perseverar en una obra comenzada necesita siempre nuevo estímulos, desea variar siempre, y por eso, en su generosidad difícilmente llega al don total. Expansivo y efusivo, todo lo que piensa, lo comenta y discute, y comunica a los demás. No se irrita fácilmente ante las ofensas, y si lo hace, pronto se lanza sin reflexionar y no es fácil para acobardarse. Cuando ha cometido alguna falta, fácilmente se consuela y renueva los buenos propósitos.

Aspectos positivos. Es persona de agradable trato en la vida social. Afable, bondadoso lleno de alegría y de buen humor, animoso y comunicativo, muy servicial y cortés con todos. Fácilmente cae en la cuenta de lo que le hace falta a los demás y con agrado presta su ayuda. Compasivo y misericordioso para con las debilidades ajenas. Posee notable sentido práctico e inteligencia intuitiva. No se preocupa con angustia ni ahonda demasiado en los problemas. Tiene tacto especial para reprender las faltas ajenas con delicadeza, pero con sinceridad. Amigo de decir siempre las verdades, poco partidario de simulaciones. No guarda rencor para nadie. Perdona fácilmente. Muy dócil a las indicaciones de los superiores, con sencillez de espíritu.

Aspectos negativos. Su principal problema es la falta de reflexión y el dejarse arrastrar por el gusto y por los primeros ímpetus, y no por la razón. Es superficial. No tiene mucho discernimiento. Le cuesta mucho la disciplina y la mortificación. Sus apetitos e imaginación se desbordan fácilmente; se deja llevar por cualquiera que a primera vista parezca atrayente y simpático, siendo su personalidad poco sólida y seria.

7) El apático

Es *no emotivo* (no se impresiona fácilmente), *no activo* (no tiende interiormente a la acción sino que es más bien pasivo) y *secundario* (es decir, que guarda durante mucho tiempo las impresiones recibidas y se encuentra muy ligado a su pasado).

Entre sus *características generales* se destaca su falta de vitalidad y aislamiento. Evita mezclarse en el trato y actividad de los otros. No siente fastidio por sus compañeros, sino que estos no significan mucho para él, aunque hay que tener en cuenta que en esto hay muchos tipos intermedios. Posee también docilidad pero aparente, porque más bien lo que se observa es poca tensión afectiva. Prefiere la vida tranquila, independiente del ajetreo social. No muestra gran inclinación por los trabajos prácticos, sino que tiende más bien a lo teórico. Es dócil y conformista, por lo que se acomoda bien a las reglas de donde le toca vivir.

Aspectos positivos. Un elemento positivo es la fijeza, el arraigo y la tenacidad. Es capaz de disciplina y regularidad. No suele chocar con los demás. Su campo predilecto es el de la abstracción y le agradan las matemáticas más bien que las ciencias experimentales y los trabajos prácticos.

Como *aspectos negativos* tenemos que indicar la falta de dinamismo psíquico que casi siempre supone un desequilibrio del sistema neurovegetativo y, por consiguiente, una probable insuficiencia endocrina. Tiende a no preocuparse ni de él mismo ni de sus compañeros, a vivir pasivamente. Por su reserva, su aire meditativo, simula cierta riqueza interior. Pero hay peligro de que se trate sólo de un disfraz y en realidad carezca de interés y entusiasmo en su vida. También puede polarizarse su interés hacia un egocentrismo cerrado en que sólo le atraiga su bienestar propio, cuidarse y gozar. Tiende a no comprometerse en actividades altruistas que exijan esfuerzo y sacrificio.

8) *El linfático*

Es *no emotivo* (no se impresiona fácilmente), *no activo* (no tiende interiormente a la acción sino que es más bien pasivo) y *primario* (es decir, reacciona prontamente pero rápidamente vuelve al estado anterior).

Aunque no es común esta fórmula temperamental, indiquemos que, cuando se da, tiene, como rasgos generales el ser muy influenciable por el ambiente; es optimista, amable en el trato, notablemente sugestionable. Sociable, pero con tendencia a rehuir el esfuerzo personal que exijan los trabajos comunes. Es perezoso, pero en algunos la pereza se disfraza de actividad haciendo cosas que le gustan, aunque huye de las que debería hacer o se contenta con lo estrictamente obligatorio. Se fatiga pronto y tiene poco sentido de lo real.

Aspectos positivos son su valentía que se manifiesta más en la capacidad de resistir; es imperturbable ante el peligro. Suele tener entendimiento práctico y extrema sociabilidad, necesita de los otros para actuar, lo hace con gusto y no pocas veces con verdadera aptitud en el arte escénico. Con frecuencia posee dotes de ejecución musical.

Aspectos negativos: lo más notable es la pereza. Por eso mismo deja el esfuerzo para el último momento hasta que las necesidades le obliguen. Naturalmente esto le hace ser con frecuencia incumplidor e impuntual. Muchas veces esta pereza depende de causas orgánicas (astenia constitucional o accidental). Es más bien desmañado para las cosas que requieren orden. Negligente y a veces descuidado en la limpieza. Se deja influenciar fácilmente por el ambiente en que vive, y ello puede ponerle en serios peligros. Su inactividad es un obstáculo para la servicialidad, haciéndole cada vez más egocéntrico. Tiene el peligro de volar siempre a ras de suelo.

3. ¿DE QUÉ SIRVEN ESTAS DESCRIPCIONES?

Ninguno de estos "tipos" se da en la realidad en estado "químicamente puro", sino que existen numerosas mezclas; pero, con todo, es indudable que en cada individuo predominan ciertos rasgos temperamentales, que permiten ubicarlo, con las debidas reservas y precauciones, en alguno de los cuadros indicados.

Estas reseñas, solamente pueden aportarnos un conocimiento parcial (pues no es más que la estructura básica, sin aludir al entorno, ni a la historia, ni a la educación, ni a la libertad), tentativo (porque nos da solo rastros), somero (porque aporta algunas referencias para algunos aspectos pero no para otros), y esquemático (porque estos modelos son más bien teóricos y rígidos y se deben luego adaptar en cada caso individual)[268]. Pero son suficientes para que nos permitan entender mejor algunos de nuestros atributos, ver la íntima relación de unos rasgos con otros, y ayudarnos a comprendernos mejor (¡y también a comprender mejor a los demás[269]), identificar los puntos más relevantes de nuestras disposiciones más profundas, percatarnos de la

---

[268] Cf. Benedit, Magdalena, *La comprensión del carácter*, 42.

[269] Comparto plenamente estas apreciaciones de Magdalena Benedit: "Instintivamente cada uno de nosotros tiene dentro un *modelo*; imagina al otro desde *sus* parámetros personales o ideales, y hasta *moraliza*, le parece mal o bien tal o cual reacción (…) La premisa básica de la caracterología es que somos todos diferentes y que, para comprendernos, es útil pensarnos reunidos por características que tengamos en común (…)" (Benedit, Magdalena, *La comprensión del carácter*, 36).

dirección de nuestras reacciones, y, en el fondo, perfilar más adecuadamente nuestros aspectos positivos y negativos y encontrar las raíces de nuestros defectos para poder trabajarlos.

4. EL CARÁCTER IDEAL

Si tomamos la definición psicológica de carácter como la hemos indicado más arriba, es decir, como la resultante habitual de las múltiples tendencias que se disputan la vida del hombre, o sea, como la síntesis de nuestros hábitos, podemos observar que concurren en su formación tres causas fundamentales: el *nacimiento*, el *ambiente* exterior y (principio fundamental) la propia *voluntad*.

Los rasgos del carácter "ideal" pueden considerarse desde dos puntos de vista: el *psicológico* y el *moral*.

a) Psicológicamente, el mejor carácter es el perfectamente *equilibrado*, o sea el que posee la inteligencia, voluntad y sensibilidad en proporciones equivalentes.

La *inteligencia* es clara, penetrante, ágil, capaz de tanta amplitud como profundidad. Si está servida por una *memoria* feliz, el ideal se completa y redondea hasta la perfección.

La *voluntad* es firme, tenaz, perseverante. Estos tales saben perfectamente lo que quieren y avanzan hacia la consecución de su fin a pesar y en contra de todas las dificultades y obstáculos.

La *sensibilidad* es fina, delicada, serena, perfectamente controlada por la razón y la propia voluntad. Es muy difícil encontrar *naturalmente* reunidos todos estos rasgos en un solo individuo. Ordinariamente sólo consiguen aproximarse a este ideal los que han sabido perseverar años enteros en la ruda labor de irlo adquiriendo poco a poco.

b) Moralmente, las características fundamentales de un gran carácter son las siguientes:

a. Rectitud de conciencia. Si falla esta primera cualidad, es imposible un buen carácter. Un hombre sin conciencia es un hombre sin honor; y sin él, todas las demás cualidades se vienen abajo. La conciencia es un vigía experimentado y fiel que *aprueba* lo bueno, *prohíbe* lo malo y *permite* lo indiferente, haciéndolo bueno por el buen fin y las debidas circunstancias. Es un *testigo* de nuestra vida moral al que no se le escapa ningún detalle, un *fiscal* que acusa, un *abogado* que defiende y un *juez* que falla siempre con arreglo a la ley, sin dejarse nunca sobornar. Es un *timbre* de alarma que suena avisando el peligro, un *freno* enérgico que detiene al hombre ante el precipicio, un *acicate* y estímulo poderoso que nos empuja siempre hacia el cumplimiento del deber.

El hombre de conciencia es sincero y leal; cumple su deber aun cuando nadie le vigile, porque se siente siempre vigilado por la mirada de Dios, a la que nada ni nadie puede sustraerse. Sabe guardar un secreto; jamás traiciona a nadie. Dice y hace en cada caso lo que tiene que decir o hacer, sin importarle nada los aplausos o vituperios de los hombres. No conoce la esclavitud y vileza del "respeto humano". Siente instintivo horror a la mentira e hipocresía, no conoce el horrendo antagonismo entre la teoría y la práctica, entre la vida íntima y la vida pública o profesional. Su honradez en los negocios es intachable; prefiere renunciar a las riquezas antes que adquirirlas a costa de su conciencia. Puede confiársele, sin recibo, cualquier tesoro: a la hora convenida lo devolverá intacto a su dueño.

b. Fuerza de voluntad. Donde falta la voluntad no hay hombre. Con la voluntad se llega a la plena *posesión de sí mismo*, al dominio y emancipación de las *pasiones*, a la plena liberación de las malsanas *influencias exteriores*. Poco importa que todos cuantos le rodean se aparten del recto camino; él sigue imperturbable la marcha hacia el ideal aunque se quede completamente solo. No hay fuerza humana que pueda doblegar su voluntad y apartarle del cumplimiento del deber: ni castigos, ni amenazas, ni seducciones, ni halagos. Es de los que han tomado ya esa "muy determinada determinación" de que habla Santa Teresa, que –fecundada por la gracia– lleva ya en sí, en germen y esperanza cierta, el heroísmo y la santidad.

c. Bondad del corazón. La bondad del corazón se manifiesta principalmente en la *afabilidad*, virtud exquisita, parte potencial de la justicia, que embalsama el ambiente y hace agradable la vida. El hombre afable es sencillo, complaciente, conversa de buen grado con todos, alaba sin adulación las buenas cualidades ajenas, conserva siempre una dulce sonrisa en sus labios. Tiene particular, cuidado en no lastimar a nadie, procede en todo con sumo tacto y delicadeza; por eso, todo el mundo le quiere y no se crea enemigos en ninguna parte. Su bondad le hace generoso, magnánimo, desinteresado y profundamente compasivo.

d. La perfecta compostura en los modales. Consiste en que todas las acciones exteriores, sean movimientos, ademanes, palabras, tono de voz, posturas, actitudes, etc., convengan al decoro de la persona y se acomoden a sus circunstancias, estado y situación en forma que nada desentone, sino que en todo resplandezca la más perfecta armonía. Esta compostura exterior está íntimamente relacionada con la amistad o afabilidad y con la verdad.

"No es cosa fácil la formación del carácter. Es el rudo trabajo de toda la vida. Sólo tienen carácter los que en empeñada lucha consigo mismo han merecido tenerlo". Guibert reduce a tres puntos fundamentales la ruda labor de la formación del propio carácter: el *conocimiento de sí mismo* para saber lo que hay que corregir o encauzar, *un plan de vida* que ate nuestra voluntad inconstante y el empleo de *ciertos apoyos* exteriores para sostener nuestros esfuerzos. De estos elementos ya hemos hablado o hablaremos a continuación.

III. EL EXAMEN DIARIO Y PARTICULAR Y EL DEFECTO DOMINANTE

"El examen de conciencia es uno de los momentos más determinantes de la existencia personal... En él todo hombre se pone ante la verdad de su propia vida, descubriendo así la distancia que separa sus acciones del ideal que se ha propuesto"[270]. Es éste uno de los instrumentos más importantes para el trabajo espiritual serio y fructuoso.

1. EL EXAMEN DIARIO Y EL EXAMEN PARTICULAR

En la vida espiritual hay varias clases de exámenes[271]: de toda la vida, de previsión (antes de ocuparse de una acción para hacerla como corresponde y con perfección), práctico (que puede ser semanal, quincenal, mensual, y apunta ya sea a la confesión ya sea a la revisión del plan de vida). Y está

---

[270] Juan Pablo II, Bula *Incarnationis Mysterium*, 11.
[271] Cf. Rodríguez, Alonso, *Ejercicio de perfección y virtudes cristianas*, VII; Scaramelli, *Directorio Ascético y Místico*, I, IX.

también el examen general diario y el examen particular, que creo deben ir juntos. Este examen diario es uno de los medios más eficaces para tender seriamente a la santidad. Alonso Rodríguez aporta una larga lista de santos, tanto de época patrística como posteriores, que lo recomiendan vivamente como acto diario: San Agustín, San Basilio, San Antonio Abad, San Bernardo, San Juan Crisóstomo, etc. Incluso, en otro orden de cosas, menciona cómo fue practicado por filósofos paganos tales como Pitágoras, Séneca, Plutarco, etc. San Ignacio de Loyola mandó en sus Constituciones que los miembros de la Compañía lo hicieran dos veces al día. "Y en cierta manera –comenta Rodríguez– estimaba más el examen que la oración; porque con el examen se ha de ir ejercitando y poniendo por obra lo que uno saca de la oración, que es la mortificación de sus pasiones y extirpación de sus vicios y defectos... El P. Pedro Fabro era de las primeras devociones que daba a los que trataba"[272].

1) *El examen particular*

El examen particular se fija en una sola cosa o en un punto determinado, que es el propósito sobre el que se está trabajando (la adquisición de una virtud o el vencimiento de un defecto) y enfoca allí las energías del alma durante el día[273]. Tiene que versar principalmente sobre nuestro defecto dominante, del cual hablaremos en el próximo punto. Sin embargo, hay que indicar, siguiendo a Alonso Rodríguez, dos cosas muy importantes sobre esto, que constituyen una fina observación de psicología sobrenatural:

La primera, que cuando hay faltas exteriores que ofenden y desedifican a nuestros hermanos (por ejemplo, la impaciencia, la cólera, el exceso en el hablar, la murmuración, etc.), eso ha de ser lo primero que se ha de procurar quitar con el examen particular, aunque haya otras cosas interiores mayores. Esto es así, porque la razón y la caridad piden que quitemos ante todo lo que ofende o escandaliza o perjudica al prójimo.

La segunda es "que no se nos ha de ir toda la vida en traer examen particular de las cosas exteriores; porque éstas son más fáciles y están más a nuestra mano que las interiores". Por eso hay que procurar quitar estos defectos exteriores lo más presto posible y pasar a perfecciones superiores

---

[272] Rodríguez, Alonso, *Ejercicio de perfección y virtudes cristianas*, VII, 1.
[273] Cf. más largamente: Fuentes, Miguel, *El examen particular de conciencia*, 7-21.

(como por ejemplo, la profunda humildad del corazón, la pureza de las intenciones, etc.).

Este examen particular se ha de hacer sobre una sola cosa. Esto es lo que le otorga verdadera eficacia. "Quien mucho abarca poco aprieta; y uno a uno se vencen mejor los enemigos". Hasta tal punto debe focalizarse este examen sobre una sola cosa que, a veces, convendrá encarar el trabajo no ya sobre una virtud o vicio sino sobre un aspecto o grado de estos, y sólo cuando se ha alcanzado lo buscado pasar a otro aspecto o grado.

¿Durante cuánto tiempo hay que trabajar en un punto preciso? No se pueden determinar tiempos "*a priori*". Es claro que no se debe mudar fácilmente la materia del examen; ésta es precisamente una de las causas por las que esta práctica rinde poco. En principio, habría que perseverar en ella hasta vencerla definitivamente. No importa que se emplee mucho tiempo, pues "si cada año desarraigásemos un vicio, presto seríamos perfectos", dice la Imitación de Cristo. Sin embargo, las cosas llevadas a las largas también pueden causar cansancio y desaliento. Por eso, puede ser conveniente establecerse "etapas" determinadas: trabajar, por ejemplo, durante unos meses en un punto espiritual; el saber que hay una meta y un tiempo para rendir cuentas de conciencia, ayuda a trabajar con más ahínco.

Este examen tiene tres puntos:
- El primero es pedir gracia y luz a Dios para ver cuántas veces se ha caído en el defecto que se está combatiendo.
- El segundo es analizar, a la luz de este punto (o sea, cómo se lo ha vivido), la jornada transcurrida.
- El tercero, pedir perdón si se ha faltado, y proponer enmienda (si es necesario también imponerse alguna penitencia).

Lo más importante es detenerse en el dolor por la transgresión y en el propósito serio de enmienda; esto es más fundamental que el simple y material recuento de las faltas, que podría convertir el examen particular en una pura cuestión estadística sin provecho.

2) *Algunos ejemplos...*

A continuación señalo algunos ejemplos clásicos del P. Alonso Rodríguez sobre el trabajo particular, que pueden servir al menos de "modelo" para quien quiere trabajar con seriedad[274]:

a) Sobre la humildad, indica trabajar, por ejemplo, en los siguientes puntos:

No decir palabras que puedan redundar en mi alabanza y estima.

No holgarme, cuando otro me alaba y dice de mí; antes tomar de eso ocasión para humillarme y confundirme más.

No hacer cosa alguna por respetos humanos, ni por ser visto y estimado de los hombres, sino puramente por Dios.

No excusarme, y mucho menos echar la culpa a otro, ni exterior ni interiormente.

Cortar y cercenar los pensamientos vanos, altivos y soberbios que me vinieren de cosas que toquen a mi honra y estima.

Tenerlos a todos por superiores, no en sola especulación, sino en la práctica y en el ejercicio, habiéndome con todos con aquella humildad y respeto, como si me fuesen superiores.

Llevar bien todas las ocasiones que se me ofrecieren de humildad, etc.

b) Sobre la caridad fraterna, son posibles puntos de examen y trabajo:

No murmurar ni decir falta alguna de otro, aunque sea ligera y pública.

Nunca decir a otro: "Fulano dijo esto de ti", siendo cosa de que puede recibir algún disgusto, por pequeño que sea; porque es sembrar discordias y cizaña entre hombres.

No decir palabras que puedan mortificar al prójimo, exasperarlo o impacientarlo. No porfiar, ni contradecir ni reprender a otro, sin tener cargo de ello.

Tratar a todos con amor y caridad, y mostrarlo con las obras, procurando acudirles y ayudarles, y darles contento, en cuanto pudiere.

Evitar cualquier aversión y mucho menos mostrarla.

---

[274] Cf. Rodríguez, Alonso, *Ejercicio de perfección y virtudes cristianas*, VII, 5.

No ser singular con ninguno en el trato, evitando familiaridades y amistades particulares que ofenden.

No juzgar a nadie, antes procurar excusar sus faltas consigo y con otros, teniendo mucha estima de todos.

c) De la mortificación:

Mortificarme en las cosas y ocasiones que se ofrecen sin andarlas yo a buscar, ahora vengan inmediatamente de parte de Dios, ahora vengan por medio de los superiores, o por medio de nuestros prójimos y hermanos, procurando llevarlas bien y aprovecharme de ellas.

Mortificarme y vencerme en todo aquello que me impidiere el guardar mis reglas, y el hacer bien hechas las cosas ordinarias.

Mortificarme en andar con la modestia que debo como religioso, o como seglar, según mi estado.

Mortificarme en algunas cosas que lícitamente pudiera hacer, por ejemplo, en lo que quiero ver o saber por curiosidad, en no decir algo que tengo ganas de decir, y cosas semejantes.

Mortificarme en las mismas cosas que tengo obligación de hacer, por ejemplo, en el comer, estudiar, leer, etc.

d) De la paciencia:

No dar alguna señal exterior de impaciencia, antes darla de mucha paz en palabras y en obras, reprimiendo todos los movimientos contrarios.

No dar lugar que entre en el corazón perturbación alguna, o sentimiento, indignación o tristeza, y mucho menos deseo de venganza alguna, aunque sea muy liviana.

Tomar todas las cosas y ocasiones que se me ofrecieren como enviadas de la mano de Dios para mi bien y provecho, de cualquier manera, y por cualquier medio o vía que vengan.

Irme ejercitando y actuando en esto por estos tres grados: lo primero, llevando a todas las cosas que se me ofrecieren con paciencia; lo segundo, con prontitud y facilidad; lo tercero, con gozo y alegría, por ser aquella la voluntad de Dios.

e) De la pobreza:

No dar ni recibir de otro de dentro o fuera de casa cosa alguna sin licencia.

No prestar ni tomar cosa alguna de casa o aposento de otro sin permiso.

No tener cosa alguna superflua, deshaciéndome de todo lo que no me fuere necesario, así en los libros y adorno del aposento, como en el vestido y la comida, y en todo lo demás.

En las mismas cosas necesarias de que usare, tengo de procurar parecer pobre, pues lo soy, procurando que sean de las más pobres, llanas y de menos valor; de manera que en el aposento, vestido, comida y en todo lo demás resplandezca siempre la virtud de la pobreza, y se eche de ver que soy pobre, deseando y holgándome que lo peor de casa sea siempre para mi mayor abnegación y provecho espiritual.

Holgarme que aun en las mismas cosas necesarias me falte algo, para que sea verdadero y perfecto pobre de espíritu, e imitador de Cristo Nuestro Señor.

Y así, indica posibles exámenes de conciencia también sobre la obediencia, la castidad, el hacer las cosas ordinarias bien hechas, la abstinencia, la conformidad con la voluntad de Dios. Creo que a pesar del lenguaje barroco propio de la época en que fueron escritos, estos esquemas de trabajo particular pueden dar una correcta y provechosa orientación a quien quiera preparar un plan sobre algún punto singular de la vida del alma.

3) Examen general diario

El examen general diario mira, a diferencia del particular, a todas las faltas que en el día hemos cometido. Debe apuntar a dos cosas: en primer lugar (es su aspecto positivo), a tomar conciencia de las gracias recibidas durante el día para hacer, en consecuencia, un acto de gratitud a Dios, porque sólo el reconocimiento y agradecimiento hacen al alma digna de recibir nuevas gracias; en segundo lugar (su parte negativa), a examinar las faltas cometidas. Aquí, si es necesario, hay que imponerse algún castigo. Esta segunda parte debe terminar con un acto de arrepentimiento y el pedido de una mayor docilidad a la acción del Espíritu Santo para el día siguiente.

Un esquema orientativo de un examen diario puede ser el siguiente:

1º Ponerse en presencia de Dios.

2º Reconocimiento de los dones recibidos:
- La Santa Misa del día, si la hubo.
- La Confesión, si la hubo.
- La oración diaria (rosario, liturgia, etc.).
- Mociones divinas, si las hubo.
- Cruces, sufrimientos, tentaciones, sequedades.

3º Acción de gracias, que puede ser hecha con algunos versículos de algún Salmo.

4º Faltas notables: buscando cuál ha sido la raíz de las mismas.

5º Examen particular sobre el propósito:
- Si se hicieron ejercicios previstos para alcanzar el propósito.
- Si hubo faltas contra él.

6º Pedir mayor docilidad al Espíritu Santo para trabajar mejor el día siguiente.

7º Acto de dolor y propósito enmienda.

Una vez adquirido el hábito, hacer examen todos los días no lleva más que algunos minutos. Pienso que la falta de perseverancia en el examen diario, que es de mucho daño para el alma, se debe a que se hace demasiado prolongado y minucioso, la atención se pierde en muchas cosas, y sobre todo porque no incluye la parte positiva. El verdadero examen de conciencia es un modo eminente de oración. "El que hiciere cada día este examen de conciencia bien hecho, puede hacer de cuenta que trae consigo ayo y maestro de novicios, y un superior que cada día y cada hora le está pidiendo cuenta, y avisando de lo que ha de hacer, y reprendiendo en faltando en cualquier cosa. Dice San Juan de Ávila: no podrán durar mucho vuestras faltas, si dura en vos este examen... Y si duran las faltas, y por ventura años... es porque no usáis como debéis de vuestros medios"[275].

---

[275] Rodríguez, Alonso, *Ejercicio de perfección y virtudes cristianas*, VII, 11.

III - Las diversas funciones del director espiritual

4) El examen del "golpe de vista"[276]

Quiero indicar, aunque sólo sea muy por encima, otro examen también muy provechoso que puede hacerse muchas veces en el día y toma sólo unos instantes aunque deja efectos inestimables. Es lo que Tissot llamaba "el golpe de vista". Parece una jaculatoria, una interrupción en nuestros pensamientos, que nos permite hacernos cargo del estado de nuestra alma y, en definitiva, de la fisonomía de nuestro corazón. Consiste en preguntarse, en un momento cualquiera del día: "¿dónde está mi corazón?". Con esta sencilla pregunta uno trata únicamente de conocer cuál es la disposición dominante de su corazón, la que lo inspira, la que lo dirige. Pueden agitarse muchos sentimientos, impresiones, imaginaciones, etc., pero siempre hay algo que domina. Unas veces, al responder, uno verá que lo domina, tal vez, el ansia de aplauso, el temor de una censura, el desabrimiento, la irritación, la alegría vana, etc. Pero este acto, que es verdadera oración y contiene la sustancia de todo examen de conciencia, le permite tomar conciencia de su situación y rectificar la dirección del alma, de sus pensamientos y de sus afectos.

2. EL DEFECTO DOMINANTE

1) Su naturaleza

El defecto o pasión dominante es aquel del que nacen todas o la mayoría de las faltas que una persona comete, y es el mayor obstáculo que se opone al progreso espiritual[277]. Lamentablemente, y a pesar de la importancia que tiene el trabajo sobre este punto, más del 80% de las personas que creen llevar una vida espiritual seria (incluso consagrados) ignora cuál es su propio defecto dominante[278].

Con expresión de Fulton Sheen podemos decir que es "lo que hay de peor

---

[276] Cf. Tissot, *La vida interior*, II, 7.

[277] Cf. Fuentes, Miguel, *El examen particular de conciencia y el defecto dominante de la personalidad*, 23-32.

[278] Lo afirma Amadeo Cencini, citando un estudio de L. M. Rulla, según el cual más del 80% de los consagrados encuestados por él continuaban ignorándolo después de cuatro años de formación (cf. Cencini, *Por amor*, 111).

en nosotros"²⁷⁹. Es aquello de lo que nacen todas o la mayoría de las faltas que una persona comete, y es el mayor obstáculo que se opone al progreso espiritual. Es el defecto que nos hace cometer más pecados, sobre todo pecados de afecto; aquel que en cada uno despierta los deseos más violentos y tenaces; el que nos lleva, ya sea a exageradas alegrías, ya sea a profundas tristezas; el que más nos reprocha la gracia y el que guarda relación con el natural modo de pensar, de sentir y de obrar de cada uno; el que constituye el fondo torcido de nuestro carácter y guarda íntima relación con nuestro modo de ser individual. Hay temperamentos naturalmente inclinados a la molicie, a la indolencia, a la pereza, a la gula y a la sensualidad; otros a la soberbia, etc.²⁸⁰

San Alfonso dice: "Sobre todo debemos examinar cuál es nuestra pasión dominante. Quien a ésta vence, todo lo ha vencido, y quien se deja vencer de ella está perdido... Algunos... se abstienen de ciertos defectos de menor cuantía y se dejan vencer de la pasión dominante. Con todo, si no sacrifican completamente ésta, jamás llegarán a puerto de salvación"²⁸¹. Y hablando de los "efectos funestos de la pasión dominante", añade: "hace moralmente imposible la salvación, ciega a su víctima y la precipita en todos los excesos. Si no matamos... la pasión dominante, es imposible que nos salvemos. Cuando la pasión domina al hombre, comienza por cegarle, de modo que ya no pueda ver el precipicio"²⁸².

Garrigou-Lagrange define este defecto como "un enemigo doméstico que reside en nuestro interior, y que es capaz, si echa fuerzas, de acabar por arruinar totalmente la obra de la gracia o la vida interior... El defecto o pasión dominante es tanto más peligroso, cuanto que con frecuencia compromete nuestra primera cualidad, que es una buena y recta inclinación de nuestra naturaleza; cualidad que debe ser cultivada y sobrenaturalizada por la gracia... Hay en cada hombre sombras y luces; existe el defecto dominante y, a la vez, excelentes cualidades... Preciso es vigilar para que el defecto dominante no sofoque nuestras buenas inclinaciones ni el atractivo de la gracia. De no hacerlo así, nuestra alma sería semejante a un campo de trigo

---

²⁷⁹ Sheen, Fulton, *Eleva tu corazón*, 113 (c. XI. "Emergencia del carácter").
²⁸⁰ Cf. Garrigou-Lagrange, *Las tres edades*, I, 365 ss.
²⁸¹ San Alfonso, *Sermón 41*, Obras ascéticas, II, 810.
²⁸² Ibídem, 811.

invadido por la cizaña de que habla el Evangelio... Ese defecto o pasión es muchas veces como el gusanillo que va royendo el corazón de las frutas más sanas y hermosas... En el castillo de nuestra vida interior, defendido por las distintas virtudes, el defecto dominante es el punto débil que ni las virtudes teologales, ni las virtudes morales defienden. El enemigo de las almas busca precisamente en cada uno ese punto débil, fácilmente vulnerable, y con facilidad lo encuentra"[283].

El defecto dominante está más ligado en cada persona al *sustrato temperamental* que a los vicios que se han adquirido a lo largo de la vida, incluidos aquellos que pueden haber degenerado en alguna adicción. Por eso no hay que confundir el defecto dominante con otros hábitos que pueden ser circunstancialmente *más graves* que el mismo defecto y que quizá exijan en algunos casos que se trabajen *con más urgencia* que el mismo defecto. La persona puede tener vicios objetivamente más graves que el defecto dominante que les ha dado origen.

El defecto dominante coincide, si no me equivoco, con el modo propio que asume en cada persona el *fomes peccati*, la labilidad moral o tendencia a deslizarse en el terreno moral, herencia del pecado original, lo cual está ligado a la distinta conformación temperamental[284].

Tan importante es el defecto dominante que aun en los casos en que la caridad urge trabajar primero otro vicio que quizá está perjudicando al prójimo o a nuestros deberes de estado, no debemos olvidar que todo vicio

---

[283] Garrigou-Lagrange, *Las tres edades*, I, 366-367.
[284] Dice el *Catecismo de la Iglesia católica*, n. 1264: "En el bautizado permanecen ciertas consecuencias temporales del pecado, como los sufrimientos, la enfermedad, la muerte o las fragilidades inherentes a la vida como las debilidades de carácter, etc., así como una inclinación al pecado que la Tradición llama concupiscencia, o «fomes peccati» La concupiscencia, dejada para el combate, no puede dañar a los que no la consienten y la resisten con coraje por la gracia de Jesucristo. Antes bien «el que legítimamente luchare, será coronado» (2Tm 2,5)".

lleva de algún modo la marca del defecto dominante. No son iguales las faltas de caridad en quien tiene un sustrato colérico y en quien es rencoroso o superficial; tampoco son idénticas la lujuria del impulsivo y la del egoísta. El orgullo tiene trazas de despotismo en un colérico y de rencor en un melancólico... Si esto no se toma en consideración, los exámenes de conciencia siempre serán abstractos e impersonales; y, por tanto, ineficaces.

2) Medios para conocerlo

Es notable la cantidad de buenas personas que después de muchos años de vida espiritual continúan sin acertar cuál es su defecto dominante.

Para descubrir la pasión que nos domina, hacen falta dos disposiciones previas.

La primera: pedir a Dios los medios necesarios; a saber: la luz sobrenatural para conocer adecuadamente nuestro mundo interior, y el sincero deseo de trabajar con seriedad en nuestra propia reforma. Esto último tiene una importancia capital; porque sucede a menudo que estamos dispuestos a conocernos, pero no tanto a cambiar; y ante tales disposiciones no resulta extraño que Dios no conceda tampoco las luces, porque no ilumina el camino del que no tiene seria intención de caminar.

Lo segundo: debemos procurar el valor para llamar las cosas "por su recto y feo nombre una vez que se las descubre, de lo contrario denominaremos nuestra falta de vigor como «complejo de inferioridad», y nuestro desordenado amor a lo carnal como «una liberación de la libídine». Judas perdió la posibilidad de salvarse porque nunca llamó a su avaricia con el nombre debido, sino que la disfrazó como amor a los pobres"[285]. Esta observación no carece de importancia, ya que son pocos los resueltos a aceptar que tienen un fondo profundamente egoísta, o sensual, o codicioso, o rencoroso. Este temor a enfrentar la verdad en su desnudez es uno de los obstáculos más importantes en el descubrimiento de nuestra pasión dominante.

Entre los recursos para hacer aflorar ante nuestra conciencia nuestra falta dominante, podemos señalar los siguientes.

---

[285] Sheen, Fulton, *Eleva tu corazón*, 114.

Ante todo, como señala monseñor Fulton Sheen, nos puede ayudar el observar cuál defecto nos enoja más cuando somos acusados del mismo: el traidor monta en cólera cuando es acusado por vez primera de ser desleal a su patria. También sirve considerar qué falta condenamos con más frecuencia o vehemencia en el prójimo, porque, por raros rulos de nuestra psicología, esta suele ser la misma que nos afecta a nosotros; así Judas acusó a Nuestro Señor de no amar suficientemente a los pobres. Quizá esto se explique porque esa falta, observada en otros, pareciera acusarnos a nosotros mismos.

Otro medio que nos permite descubrir nuestro defecto es el modo como los demás actúan respecto de nosotros. Esto tiene que ver con la ley física según la cual toda acción produce una reacción contraria e igual; lo que también vale en el plano psicológico. A veces los demás desconfían de nosotros, porque nosotros previamente desconfiamos de ellos. Si tratamos mal al prójimo, es probable que el prójimo nos trate mal. Aunque no se puede establecer esto como principio general, porque ocurre a veces que nos tratan mal sin que nosotros hayamos obrado de igual modo, como le ocurre, por ejemplo, al santo perseguido. Pero con mayor frecuencia podemos fiarnos de que las actitudes de los demás hacia nosotros hacen de espejo de nuestras disposiciones interiores.

Un nuevo medio consiste en preguntarnos adónde van nuestras ordinarias preocupaciones, cuál es el blanco de nuestros pensamientos y deseos; cuál es el origen corriente de nuestros pecados; cuál es generalmente la causa de nuestras tristezas y alegrías. Y también vale la pena interrogarnos qué piensa de esto nuestro director espiritual.

Asimismo se puede advertir que este defecto suele estar relacionado con las tentaciones que con mayor frecuencia el enemigo suscita en nuestra alma, porque este, como enseña San Ignacio, nos ataca por nuestro punto más débil.

En fin, también puede detectarse teniendo en cuenta que, en los momentos de verdadero fervor, las inspiraciones del Espíritu Santo acuden solícitas a pedirnos sacrificios en la materia que más dificultad moral nos produce.

3) *Modo de combatirlo*

De nada nos sirve conocer nuestro defecto dominante si no nos empeñamos en desarraigarlo. Y esto no es posible a menos que luchemos contra él de modo permanente. El trabajo superficial, o realizado por poco tiempo, o sin dar en el centro del problema, deja intacto este defecto, o al menos sus raíces. Y de este modo, como el ave Fénix, renace una y otra vez de sus cenizas, las cuales no son tan cenizas como parecen.

Los medios que la espiritualidad clásica ha sugerido para este trabajo son bien conocidos.

El primero es la oración: sin rezar no podemos lograr nada en la vida espiritual; menos que todo corregir o transformar el fondo oscuro de nuestra personalidad.

Pero el corazón del trabajo radica, en cambio, en la fidelidad al examen particular de conciencia, del que ya hemos hablado. Verdaderamente es muy difícil, y hasta roza lo imposible, pretender erradicar esta pasión sin ser fieles a este instrumento espiritual.

Hay que añadir, aunque algunos lo colocan como parte del examen particular, el aprender a imponernos a nosotros mismos una penitencia cada vez que fallamos al propósito que nos hemos señalado para la lucha contra el defecto dominante. Poco adelantaremos si nuestras caídas, incluso reiteradas, quedan impunes. La disciplina tiene en este punto una función pedagógica y correctiva de gran valor.

Monseñor Fulton Sheen hace hincapié en otro elemento importante: hacer que la falta predominante sea ocasión de un crecimiento en la virtud. En el orden físico ocurre con frecuencia que aquellas partes que han sido dañadas, una vez reparadas, pasan a ser las más fuertes. Por ejemplo, el tejido cutáneo lastimado, una vez que se recupera, llega a ser el más fuerte de toda la piel. De manera semejante, un defecto vencido puede llegar a ser la mayor fuerza con la que cuenta una persona. En la vida de los santos vemos que muchos de ellos se han destacado, y los recordamos precisamente por ello, por ciertas virtudes que debieron trabajar para enfrentar sus defectos personales; tal el caso, tan conocido, de San Francisco de Sales, a quien ensalzamos por su mansedumbre siendo que esta fue el resultado de su lucha contra su temperamento colérico. Los ejemplos podrían abundar en este sentido. "Los borrachos, alcohólicos, morfinómanos, materialistas, escépticos, lujuriosos, glotones, ladrones, etc., todos pueden hacer que el área de vida en que han sido derrotados se convierta en el área de su mayor victoria"[286].

IV. EL APOSTOLADO

Otro medio fundamental de santificación ordinaria es el apostolado. Por eso, en la dirección espiritual la formación de actitudes apostólicas y del espíritu misionero debe tener un lugar importante.

Recordemos lo que nos dice el Catecismo: "Toda la Iglesia es apostólica mientras permanezca, a través de los sucesores de san Pedro y de los apóstoles, en comunión de fe y de vida con su origen. Toda la Iglesia es apostólica en cuanto que ella es «enviada» al mundo entero; todos los miembros de la Iglesia, aunque de diferentes maneras, tienen parte en este envío. «La vocación cristiana, por su misma naturaleza, es también vocación al apostolado». Se llama «apostolado» a «toda la actividad del Cuerpo Místico» que tiende a «propagar el Reino de Cristo por toda la tierra»"[287].

La fuente de todo apostolado es la unión con Cristo, es decir, la vida espiritual del alma: "«Siendo Cristo, enviado por el Padre, fuente y origen del apostolado de la Iglesia», es evidente que la fecundidad del apostolado, tanto el de los ministros ordenados como el de los laicos, depende de su unión vital con Cristo. Según sean las vocaciones, las interpretaciones de los tiempos, los dones variados del Espíritu Santo, el apostolado toma las formas más diversas. Pero es siempre la caridad, conseguida sobre todo en la Eucaristía, «que es como el alma de todo apostolado»"[288].

¿Qué modo de apostolado hay que alentar en los dirigidos?

---

[286] Sheen, Fulton, *Eleva tu corazón*, 120.
[287] *Catecismo de la Iglesia Católica*, n. 863.
[288] *Catecismo de la Iglesia Católica*, n. 864.

Ante todo, el primer modo es aquél al que todos los cristianos están llamados: el apostolado del ejemplo. Los cristianos son "espectáculo para el mundo, los ángeles y los hombres", como dice San Pablo (1Co 4,9). Hay que tomar conciencia de que hay que vivir de tal modo que quienes nos vean se sientan llamados a vivir mejor y acercarse a Jesucristo.

En segundo lugar, también todos están llamados a hacer apostolado cristianizando su propio ambiente, es decir, hacer más cristiano el medio en que cada uno se mueve: su familia, el círculo de sus amistades, colegios, universidades, trabajo, etc. ¿Cuáles son los medios con que se cuenta? Muchos:

- Procurar que se respeten los mandamientos de Dios, especialmente si uno tiene autoridad (padres de familia, profesores, directores, etc.).
- Venciendo el respeto humano a ser reconocido como católico.
- Santificar las fiestas, llevar vida sacramental e invitar a los demás a que también obren así.
- La oración en común; especialmente en familia.
- Educar cristianamente a los demás, especialmente los padres respecto de los hijos, los hermanos entre sí.

En tercer y último lugar, algunos están llamados a un apostolado cualificado: es el caso de quienes pueden ser catequistas, misioneros religiosos o laicos, el apostolado de la oración pública, la ayuda en parroquias, las obras de misericordia, etc.

Para todas estas formas, especialmente las dos últimas, es necesaria la preparación apostólica. En este orden el director debe procurar, según las capacidades y dotes de los dirigidos, orientar su formación y potenciar sus cualidades. Al hablar más adelante de la formación de los laicos, daremos algunas pautas para orientar esta formación singular.

V. LA LECTURA ESPIRITUAL

Es un medio sumamente importante para la formación del dirigido y para mantener el fervor espiritual. Todo cristiano que tenga la capacidad de leer y entender, en la medida de sus posibilidades, debería tener de modo permanente un libro de lectura espiritual. Toca al director espiritual el guiar adecuadamente el tipo de lectura y el modo de leer de su dirigido.

En cuanto a los libros que conviene leer, hay que establecer una jerarquía:

Ante todo, la Sagrada Escritura. Hay que incentivar constantemente esta lectura que da al alma el contacto vivo con la Palabra divina. Conviene comenzar por la lectura del Evangelio, siguiendo luego con los otros libros del Nuevo Testamento (Hechos de los Apóstoles, Cartas, Apocalipsis). Luego el Antiguo Testamento, especialmente el Libro de los Salmos y los Libros Sapienciales en general.

En segundo lugar, la hagiografía. La vida de los santos es aliciente de santidad. En una oportunidad un obispo que hacía una visita pastoral a las parroquias de su diócesis, advirtiendo que en la biblioteca de un párroco no había vidas de santos, le preguntó el motivo: "es que los santos me acusan", fue la respuesta del sacerdote. También hay que saber elegir entre estas vidas las más provechosas, serias, mejor escritas, y que sepan calar el alma del santo biografiado y la médula de su espiritualidad y carisma. Algunos libros de santos, hay que reconocerlo, son superficiales y aburridos y causan, por esta razón, efectos contrarios a los buscados. De todos modos no hay que reducir toda la lectura espiritual a vidas ejemplares, hay que saber mechar y alternar con libros que apunten más a la formación.

En tercer lugar, los escritos de los clásicos de la espiritualidad, aunque versen sobre temas muy específicos. Por ejemplo, los sermones y tratados de los Santos Padres, obras ascéticas y místicas como San Francisco de Sales, San Alfonso María de Ligorio, San Juan de la Cruz, Santa Teresa, San Juan de Ávila, etc. O de autores clásicos como Fray Luis de Granada, Lallemant, La Puente, La Palma, Tomás de Kempis, etc.

En cuarto lugar, libros de formación más académica y teológica, como los diversos manuales de teología espiritual, moral, dogmática, etc.

Finalmente, libros de cultura general que también ayudan a la formación, como es la historia de la Iglesia, clásicos de la lengua, etc.

Estas cosas han de regularse, evidentemente, según la capacidad del dirigido.

En cuanto al modo de leer, hay que tener en cuenta que algunos de estos libros sólo se encuadran en la lectura espiritual (por ejemplo, las vidas de santos), mientras que con otros se puede hacer también una lectura más seria, rayana con el estudio. De suyo, la lectura espiritual propiamente dicha es sólo un ejercicio de piedad que apunta a nutrir el alma. No hace falta pasar de allí. El director verá si en algún caso, y con alguna obra concreta, conviene sugerir al dirigido que la lea con particular atención tomando anotaciones útiles para su vida espiritual. Conviene evitar el vicio de la curiosidad, la superficialidad y la gula intelectual que hacen que el lector picotee muchas cosas al mismo tiempo sin terminar ni profundizar ninguna. Hay que leer buscando sacar provecho; "parándote –dice San Juan Eudes– a considerar, rumiar, pensar y saborear las verdades que te tocan más de cerca, para grabarlas más hondamente en el alma, y sacar de ellas actos y afectos"[289]. De este modo la lectura se convierte también en oración. Además hay que comenzar a poner en obra lo bueno y practicable que leemos. San Pablo decía a los Romanos: "No se justifican ante Dios los que escuchan la Ley, sino los que la cumplen" (Rm 2,13). De San Efrén se decía: *"pingebat actibus paginam quam legerat"*, pintaba con sus actos cada página que leía. Y Santiago amonesta: "Sed hacedores de la palabra y no tan sólo oyentes de ella" (St 1,22).

También, en cuanto al tiempo, conviene tener presente dos cosas. Primero, es necesario hacerse el hábito regular de lectura, es decir, leer con cierta periodicidad: tanto tiempo cada día, en tal o cual momento ya predeterminado. En segundo lugar, si por lo general conviene terminar un libro antes de comenzar otro, esto puede admitir excepciones cuando se trata de momentos fuertes en el año litúrgico, especialmente durante la Cuaresma, Navidad, Pentecostés, etc., en donde a veces es muy recomendable una lectura que acompañe la espiritualidad litúrgica del tiempo.

---

[289] San Juan Eudes, *Royaume de Jésus*, II, 15.

TERCERA PARTE

LAS DIVERSAS FUNCIONES DEL DIRECTOR ESPIRITUAL

CAPÍTULO PRIMERO

EL DIRECTOR COMO PEDAGOGO DE LA VIDA DEL ALMA

La función principal del Director, como ya lo hemos hecho notar, es conducir el alma por el camino de la vida espiritual hacia la santidad. Esa santidad consiste en la unión con Dios ya en esta vida. Esto plantea dos cuestiones: la del llamamiento a la vida mística y la del itinerario espiritual que se transita en este desarrollo.

I. LLAMAMIENTO A LA VIDA MÍSTICA

Vida mística no es lo mismo que vida contemplativa sino algo más amplio. La vida contemplativa infusa es la vida de oración que se caracteriza por la intervención "habitual" de Dios mediante los dones contemplativos de ciencia, inteligencia y sabiduría. Vida mística, en cambio, es la vida espiritual caracterizada por la intervención habitual de Dios mediante los dones del Espíritu Santo en general; puede tratarse, pues, de los dones activos de consejo o de fortaleza. Digamos que la vida contemplativa infusa es una forma, la más excelente, de la vida mística.

1. QUIÉNES ESTÁN LLAMADOS A LA VIDA MÍSTICA Y A LA CONTEMPLACIÓN

Para responder hay que distinguir un llamamiento general y otro particular o próximo.

1) Llamamiento general

¿Están todas las almas llamadas en general? Hay que responder que sí y sin ninguna duda. Porque la vida mística y la contemplación no exigen otras potencias que las que se nos dan en el bautismo: la gracia, las virtudes infusas y los dones del Espíritu Santo. Sobre estas potencias viene luego la acción de Dios que lleva de hecho a las almas a tal vida. Al recibir tales dones debe hacernos suponer que Dios quiere esa perfección. Dios es el Sembrador, dice Jesús, y siembra una semilla capaz de dar el fruto de la santidad perfecta; por tanto, hemos de suponer que Él quiere que dé tal fruto.

Por eso decía Santa Teresa: "Mirad que convida el Señor a todos; pues es la misma verdad, no hay que dudar. Si no fuera general este convite, no nos llamara el Señor a todos, y aunque los llamara, no dijera: Yo os daré de beber. Pudiera decir: venid todos, que, en fin, no perderéis nada; y los que a mí me pareciere, yo los daré de beber. Mas como dijo, sin esta condición, a todos, tengo por cierto que todos los que no se quedaren en el camino, no les faltará esta agua viva"[290]. Y San Juan de la Cruz dice, hablando de los pocos que llegan: "no es porque Dios quiera que haya pocos de estos espíritus levantados; que antes querría que todos fuesen perfectos"[291].

2) Llamamiento próximo

Ahora bien, ¿todos cuantos se salvan llegan a este término? Aquí hay que responder que no. De hecho algunos se salvan sin llegar a la vida mística. Por ejemplo, quienes reciben la absolución en el lecho de muerte o los niños que mueren después de recibir el bautismo. El motivo sólo lo sabe la misericordia de Dios que adorna su jardín con infinita clase de flores diversas. Pero hechas estas salvedades, los que de hecho son llamados con un llamamiento próximo no son unos pocos privilegiados, sino que son muchos. ¿De dónde se deduce esto? Los testimonios bíblicos parecen así decirlo. El libro de los Proverbios nos dice que la Sabiduría convoca por las plazas públicas a su festín de luz y de amor a todos los pequeños y humildes (cf. Prov 8,1-4; 9,4-5). Lo mismo las parábolas de los invitados al banquete (cf. Lc 14,21ss). Hay que decir, pues, con Santa Teresa y San Juan de la Cruz, que Dios llama, con llamamiento próximo, a la generalidad de los cristianos, aunque por caminos muy diversos unos de los otros. Incluso esto puede conocerse por experiencia propia: todos cuantos han sentido el hambre y la sed de Dios deben dar por indiscutible para sí mismos el llamamiento próximo a esta vida.

2. ¿POR QUÉ FRACASAN, ENTONCES, LAS ALMAS QUE NO LLEGAN?

Podemos encontrar una respuesta en la descripción que hace Santa Teresa de la vida espiritual. Ella la describe como un castillo con muchas

---

[290] Santa Teresa, *Camino de Perfección*, 19, 15.
[291] San Juan de la Cruz, *Llama*, 2, 27.

moradas. Pero las almas no sólo transitan de perfección en perfección, sino que muchas están como estacionadas en algunas estancias sin pasar jamás adelante. Podemos preguntarnos cuáles de esas almas llegan a la vida mística y por qué no llegan las que no llegan.

1) Las almas fuera del castillo

Muchas almas están fuera del castillo, dice Santa Teresa. Son las almas que no están en gracia. ¿Hay vida mística en esas almas? Ciertamente que no hay vida mística auténtica, entendiendo por vida mística, como hemos dicho, la acción habitual del Espíritu Santo a través de sus dones. Los dones suponen el estado de gracia. Esto no quiere decir que el Espíritu Santo no obre en ellos. Dios obra con intervenciones extraordinarias en algunos que no están en gracia, a veces para invitarlos a la conversión (pensemos en Dios derribando del caballo a Saulo: cf. Act 9,1-9). O incluso puede darles algún carisma que beneficie a otros, como le dio el carisma de profecía a Balaam que era sacerdote de ídolos para que profetizase a favor de Israel (cf. Num 24,1-25), o a Caifás poco antes de la Pasión del Señor (cf. Jn 11,50-51). Jesús, cuando habla del juicio final dice que muchos taumaturgos vendrán a decirle que han hecho milagros y profetizado en su nombre, pero Él declarará que no los conoce (cf. Mt 7,21-23). Estas gracias carismáticas, no se ordenan a la santificación del que las recibe sino a la edificación de la Iglesia.

2) Las almas de las tres primeras moradas

Las tres primeras moradas del castillo son las almas que se encuentran en la primera fase de la vida espiritual, en la cual predomina la actividad de las facultades humanas, ayudadas por el auxilio general de Dios. ¿Tienen estas almas vida mística? Aunque están en gracia, hay que decir que no existe en estas almas una vida mística "habitual". ¿Pero no actúa el Espíritu Santo en sus almas? Claro que sí, y de muchas maneras.

Actúa en ellos mediante las gracias carismáticas, pero éstas, como acabamos de decir, no se ordenan a la vida mística del que las recibe sino al bien de la Iglesia.

Actúa también conduciendo de modo genérico al alma, pues no nos bastan las solas virtudes para ir hacia Dios (por la infinita desproporción entre nuestros actos y el Fin Sobrenatural).

Y actúa, ciertamente, para hacernos practicar actos muy difíciles, para vencer ciertas tentaciones, y para conservar el estado de gracia.

Pero todas estas intervenciones no dan lugar a una vida mística propiamente dicha, pues ésta no es sólo la intervención del Espíritu Santo sino el predominio de su intervención sobre la actividad de las virtudes.

Sin embargo, aunque no se dé una vida mística "habitual", pueden darse ciertas incoaciones pasajeras. Nunca debemos olvidar que la vida mística está en germen en la gracia más pequeña y que el alma no crece de modo continuo sino que oscila (crece y decrece) en la vida espiritual. Por eso el alma puede tener como "incursiones" en la vida mística, elevaciones transitorias. Por ejemplo, cuando tenemos estados pasajeros de quietud (a veces después de la comunión), recogimientos sobrenaturales, y muchos otros fenómenos de los que apenas se percata el alma en medio de las luchas y sequedades. Son invitaciones e insinuaciones para ir más allá, para que sigamos adelantando en la vida espiritual.

3) *Las últimas moradas*

De la cuarta a la séptima morada Santa Teresa coloca la segunda fase de la vida espiritual y la vida propiamente mística. ¿Son muchas las almas que llegan? Hay que decir que la inmensa mayoría de los cristianos no penetra la vida mística, aunque esto no quiere decir que el número sea escaso: "Hay muchas, muchas almas que llegan a este estado", dice Santa Teresa[292]. Pero son minoría si se las compara con el total de los llamados por Dios. Santa Teresa y San Juan de la Cruz distinguen como dos grupos:

El primero es el más numeroso y el que permanece en la cuarta morada con una contemplación intermitente e imperfecta y una purificación no muy intensa y prolongada del sentido.

El segundo corresponde a los seres privilegiados que por la purificación del espíritu se encumbran a una elevada vida espiritual.

---

[292] Santa Teresa, *Vida*, 15, 2.

¿Cuál es la causa? La falta de generosidad. Escribe San Juan de la Cruz: "Y aquí nos conviene notar la causa por que hay tan pocos que lleguen a tan alto estado de perfección de unión de Dios. En lo cual es de saber que no es porque Dios quiera que haya pocos de estos espíritus levantados, que antes querría que todos fuesen perfectos, sino que halla pocos vasos que sufran tan alta y subida obra; que, como los prueba en lo menos y los halla flacos (de suerte que luego huyen de la labor, no queriendo sujetarse al menor desconsuelo y mortificación) de aquí es que, no hallándolos fuertes y fieles en aquello poco que les hacía merced de comenzarlos a desbastar y labrar, echa de ver lo serán mucho más en lo más, y mucho no va ya adelante en purificarlos y levantarlos del polvo de la tierra por la labor de la mortificación, para la cual era menester mayor constancia y fortaleza que ellos muestran"[293].

Por tanto, lo importante es que los cristianos todos (empezando por los directores espirituales) tomen conciencia de las actitudes que han de tenerse en la vida espiritual: si no se alcanza la vida mística "habitual", es decir, el predominio habitual de los dones del Espíritu Santo en la propia vida espiritual no es porque falten los medios ni el llamamiento divino sino la suficiente generosidad por parte del alma, lo cual se manifiesta en la inconstancia en las cosas pequeñas que Dios pide. Por tanto, hay que tratar de emplear todos los medios que están al alcance de cada uno para aumentar la disponibilidad y la entrega, por ejemplo, mediante:

- La generosidad en la mortificación y en la práctica de la caridad exquisita.
- La constancia en la oración.
- La magnanimidad en todas las obras.
- La docilidad al Espíritu Santo, no negándole nada de cuanto pide diariamente.

II. LA TRADICIÓN DE LAS ETAPAS DE LA VIDA INTERIOR

---

[293] San Juan de la Cruz, *Llama*, 2, 27.

El progreso en la santidad es verdaderamente un itinerario, es decir, un camino. Y como todo camino tiene diversas etapas. Las tradiciones espirituales son muchas, y jalonan de modo diverso el proceso de la santidad[294].

San Bernardo, por ejemplo, distinguía cuatro grados que denominaba: servil, mercenario, filial y celestial o deífico[295].

Ricardo de San Víctor consideraba cuatro grados progresivos nombrados según los cuatro efectos que va produciendo la caridad: hiere, liga, hace enfermar y deshace. "En el amor ardiente existen cuatro grados de violencia... El primero es cuando el alma no puede resistir a su deseo. El segundo, cuando no puede olvidarlo. El tercero, cuando en ninguna otra cosa puede hallar gusto. El cuarto y último, cuando ni eso mismo puede satisfacerla. En el primer grado es el amor insuperable; en el segundo, inseparable; en el tercero, singular; en el cuarto insaciable"[296].

San Buenaventura, por su parte, señaló seis grados: suavidad o dulzura, avidez; hartura; embriaguez; seguridad; verdadera y perfecta tranquilidad[297].

Juan Ruysbroeck, ejerció gran influencia en la mística posterior describiendo siete grados: no tener más que un mismo pensamiento y una misma voluntad con Dios; pobreza voluntaria; pureza del alma y castidad del cuerpo; humildad verdadera; desear el honor de Dios por encima de todas las cosas; clara contemplación, pureza de espíritu y de memoria; la contemplación eterna[298].

San Juan de la Cruz habla de diez grados del amor a Dios según los efectos que la caridad va produciendo en el alma. Son los siguientes:

- el primer grado de amor hace enfermar al alma provechosamente;
- el segundo la hace buscar a Dios sin cesar;
- el tercero, hace al alma obrar y le pone calor para no faltar;

---

[294] Cf. Royo Marín, *Teología de la Caridad*, 243ss.
[295] San Bernardo, *De diligendo Deo*, 15, n. 39. Obras Completas, B.A.C., t.2, 774-775.
[296] Ricardo de San Víctor, *De quattuor gradibus violentae charitatis*, ML 196,1207-1224.
[297] San Buenaventura, *De triplici via, alias incendium amoris*, cf. B.A.C., Madrid 1947, t. 4, 114-163; esp. 137-139.
[298] Ruysbroeck, *El Admirable*; cf. Oeuvres de Ruysbroeck, Bruselas 1919, t.1, 211ss.

- el cuarto causa en el alma, por razón del Amado, un ordinario sufrir sin fatigarse;
- el quinto, hace al alma apetecer y codiciar a Dios impacientemente;
- el sexto, hace correr al alma ligeramente a Dios y dar muchos toques en él, y sin desfallecer corre por la esperanza;
- el séptimo hace atrever al alma con vehemencia;
- el octavo hace al alma asir y apretar sin soltar a su Amado;
- el noveno hace arder al alma con suavidad;
- el décimo hace al alma asimilarse totalmente a Dios por razón de la clara visión de su divina esencia[299].

Sin embargo, la tradición de mayor peso (que tiene incluso precedentes anteriores al cristianismo) ha distinguido tres etapas fundamentales: "el tardo clasicismo no cristiano distinguía tres estadios en la vida de perfección: la vía de la purificación, de la iluminación y de la unión. Esta doctrina ha servido de modelo para muchas escuelas de espiritualidad cristiana"[300].

El Magisterio de la Iglesia se hace eco de esta división: "La búsqueda de Dios mediante la oración debe ser precedida y acompañada por la ascesis y por la purificación de los pecados y errores propios, porque según la palabra de Jesús, sólo «los puros de corazón verán a Dios» (Mt 5,8). El Evangelio mira sobre todo a una purificación moral de la falta de verdad y de amor y, en un plano más profundo, de todos los instintos egoístas que impiden al hombre reconocer y aceptar la voluntad de Dios en su pureza. No son las pasiones, en cuanto tales, negativas (como pensaban los estoicos y neoplatónicos) sino su tendencia egoísta. De esta última debe librarse el cristiano: para llegar a aquel estado de libertad que el clasicismo cristiano llamaba «apatheia», el Medio Evo «impassibilitas», y los Ejercicios espirituales ignacianos «indiferencia». Esto es imposible sin una radical abnegación, como se ve también en San Pablo quien usa abiertamente la palabra «mortificación» (de las tendencias pecaminosas). Sólo esta abnegación torna al hombre

---

[299] San Juan de la Cruz, *Noche oscura*, 2, 19-20.
[300] Sagrada Congregación para la Doctrina de la Fe, *Algunos aspectos de la meditación cristiana*, n. 17.

libre para realizar la voluntad de Dios y para participar de la libertad del Espíritu Santo"[301]. Más adelante sigue: "En el camino de la vida cristiana a la purificación sigue la iluminación mediante el amor que el Padre nos da en el Hijo y la unción que recibimos de él en el Espíritu Santo... Los fieles, con la gracia del bautismo, están llamados a progresar en el conocimiento y en el testimonio de los misterios de la fe mediante «la profunda inteligencia que ellos experimentan de las cosas espirituales»"[302]. Finalmente: "El cristiano orante, en fin, puede llegar, si Dios lo quiere, a una experiencia particular de unión..."[303].

El testimonio de estos diversos grados se puede encontrar en la misma Escritura, al menos bajo la forma de camino de perfección. San Pablo escribe a los Corintios: "Hablamos de sabiduría entre los perfectos... una sabiduría de Dios, misteriosa, escondida, destinada por Dios desde antes de los siglos para gloria nuestra... Anunciamos: lo que ni el ojo vio, ni el oído oyó, ni al corazón del hombre llegó, lo que Dios preparó para los que le aman" (1Co 2,6-9). En otro lugar: "Hermanos, no seáis niños en juicio. Sed niños en malicia, pero hombres maduros en juicio" (1Co 14,20). Y también: "Yo, hermanos, no pude hablaros como a espirituales, sino como a carnales, como a niños en Cristo. Os di a beber leche y no alimento sólido, pues todavía no lo podíais soportar" (1Co 3,1-2).

La misma realidad se encuentra plasmada en la vida espiritual de los Apóstoles. Si nos fijamos en los relatos de los Evangelios y de los Hechos Apostólicos podremos percibir tres etapas. La primera va de la vocación y primera conversión hasta la Pasión y tiene la característica de la edad de los principiantes; en la Pasión atraviesan una dura crisis llegando incluso, como en el caso de Pedro, a negar al Maestro; inmediatamente se arrepiente y en esa noche oscura de la Pasión tiene lugar la segunda conversión o purificación pasiva. La segunda fase va de la Pasión hasta Pentecostés y tiene los rasgos de la vida de los proficientes. Los Apóstoles todavía se notan temerosos, su fe necesita ser iluminada, su caridad no alcanza el celo suficiente que exige la difusión del Evangelio. Esta segunda fase se realiza con la gran privación de la presencia sensible de Nuestro Señor (ya subido al cielo); deben, pues,

---

[301] Ibídem, n. 18.
[302] Ibídem, n. 21.
[303] Ibídem, n. 22.

continuar su camino en la fe desnuda, con la perspectiva de las persecuciones anunciadas por Cristo. La última fase comienza en Pentecostés, que fue para ellos como una tercera conversión, una verdadera purificación pasiva del espíritu y una transformación espiritual que los introdujo en la perfección[304].

También los Padres de la Iglesia se hacen eco de esta tradición espiritual. Encontramos expresiones de esta verdad en Ignacio de Antioquía, Ireneo de Lyon, Clemente de Alejandría, Dídimo el Ciego, Basilio, Gregorio Nacianceno, Efrén, Diádoco, Dionisio el Místico, Máximo, Agustín y Gregorio Magno. Especial mención merece Orígenes al describir el itinerario espiritual del alma como el viaje de Israel desde Egipto hasta la Tierra Prometida, pasando a través del desierto, de la iluminación divina, de la purificación del Mar Rojo, etc.; y San Gregorio de Nissa quien, en su *De Vita Moysis*, presenta la vida espiritual como la ascensión de Moisés al Sinaí. En general, todos estos autores coinciden en señalar tres elementos principales: primero, hay una evolución espiritual del alma; segundo, lo que principalmente evoluciona es la caridad; tercero, junto con la caridad se da un crecimiento en el conocimiento profundo del Misterio de Cristo y esto tiene como causa el don de la sabiduría infundido por el Espíritu Santo.

Santo Tomás, se hace eco de toda esta tradición, especialmente siguiendo la escuela de San Agustín, el cual decía: "Cuando la caridad ha nacido, se nutre; nutrida, se robustece; y robusta, se perfecciona"[305]. La fundamentación psicológica y teológica del Aquinate está tomada de la analogía con el crecimiento corporal del hombre:

> "El crecimiento espiritual de la caridad puede considerarse como semejante al crecimiento corporal del hombre; en el cual, aunque puedan distinguirse muchos grados, se presentan determinados períodos que se caracterizan por las actividades o aficiones conformes al desarrollo alcanzado. Así, existe la infancia, antes de tener uso de razón; después se distingue un segundo estado, cuando ya se empieza a hablar y a razonar; el tercero es el de la pubertad; y así hasta que se llega al hombre perfecto.
>
> De modo semejante, la caridad tiene también diversos grados conforme a la diferente ocupación que impone al hombre su aumento.

---

[304] Cf. Garrigou-Lagrange, *Las conversiones del alma*.
[305] Citado por Santo Tomás en: *Suma Teológica*, II-II, 24, 9, sed contra.

Primeramente, incumbe al hombre el cuidado principal de apartarse del pecado y resistir sus concupiscencias, que mueven contra la caridad; es ocupación de principiantes, en quienes se ha de nutrir y fomentar la caridad, para que no se pierda.

En segundo lugar viene el cuidado de trabajar principalmente en adelantar en el bien: ocupación de aprovechados en robustecer la caridad por crecimiento.

Por fin, el cuidado de unirse y gozar de Dios, que pertenece a los perfectos, quienes desean «morir y estar con Cristo» (Fil 1,23).

Eso mismo vemos en el movimiento corporal, pues primero es el arrancar del principio, después el acercamiento al término, y por último, su descanso en él"[306].

III. EL CAMINO DE LAS TRES ETAPAS

El director espiritual las debe tener presentes para saber discernir el estado y las necesidades del alma del dirigido. Con este fin quiero trazar un corte transversal de las tres edades de la vida interior según las han presentado los grandes autores de espiritualidad; sistematizando los principales rasgos que se manifiestan en cada una de sus fases en grado diverso, y que resumidamente son: la intensidad de la caridad, las virtudes que se practican, la oración y el influjo de los dones del Espíritu Santo. Señalamos también el paralelismo entre las distintas escuelas que más influjo han tenido en la espiritualidad occidental: Santo Tomás de Aquino, San Juan de la Cruz, Santa Teresa de Jesús y Lallemant.

1. EDAD DE LOS PRINCIPIANTES, O VIDA PURGATIVA O VIDA ASCÉTICA

1. GRADO DE LA CARIDAD: es el primer grado que tiende a alejarse del pecado evitando el pecado mortal y a resistir a las concupiscencias.

2. VIRTUDES QUE SE MANIFIESTAN: se ven principalmente los primeros grados de templanza, castidad, paciencia y los primeros grados de la humildad. Aparece la mortificación interior que nos hace evitar o busca evitar los pecados veniales. Para adelantar trabaja en la purificación de los sentidos.

---

[306] Santo Tomás, *Suma Teológica*, II-II, 24,9, corpus.

3. ORACIÓN PROPIA DE ESTA ETAPA: es la oración vocal y la oración discursiva que tiende a convertirse en oración de recogimiento activo.

4. ACCIÓN DEL ESPÍRITU SANTO: sus dones son todavía más bien latentes. El alma sobre todo tiene conciencia de la propia actividad espiritual.

5. EN LA VIDA DE LOS APÓSTOLES corresponde a la llamada y vida pública de Nuestro Señor.

6. EN LA DESCRIPCIÓN TERESIANA nos encontramos en la Primera y Segunda Mansión del alma.

CRISIS DE TRANSICIÓN: tiene lugar aquí la crisis denominada por San Juan de la Cruz "purificación pasiva de los sentidos". Lallemant la denomina "segunda conversión". En la vida de los Apóstoles corresponde este momento al tiempo de la Pasión. San Juan de la Cruz indica tres señales principales de este paso (las cuales deben darse juntas):

–Primera: el alma está en gran aridez sensible, no encuentra consuelo alguno ni en las cosas divinas ni en las creadas.

–Segunda: a pesar de esto el alma conserva un vivo recuerdo de Dios, un vivo deseo de la perfección y un gran temor de retroceder en el servicio de Dios.

–Tercera: el alma no es capaz de hacer la meditación discursiva, sino que se inclina por una simple mirada afectiva hacia Dios.

2. EDAD DE LOS PROFICIENTES, O VIDA ILUMINATIVA O UMBRAL DE LA VIDA MÍSTICA.

1. GRADO DE CARIDAD: es el segundo grado, en el cual la caridad tiende a hacerse más fuerte y a crecer en el bien.

2. VIRTUDES QUE SE MANIFIESTAN: las virtudes en general se hacen más sólidas; la humildad se hace más profunda, aparece el espíritu de consejo. Para adelantar el alma trabaja por medio de la purificación activa del espíritu.

3. ORACIÓN PROPIA DE ESTA ETAPA: aparecen actos aislados

de contemplación infusa durante el curso de la oración de recogimiento adquirido; luego aparece la oración de recogimiento sobrenatural y de quietud árida o consolada. Hay mucho influjo del don de piedad.

4. ACCIÓN DEL ESPÍRITU SANTO: comienzan a manifestarse particularmente los tres dones menos elevados: temor, ciencia y piedad. El alma se va haciendo más dócil a sus mociones.

5. EN LA VIDA DE LOS APÓSTOLES esta etapa coincide con el período que va desde Pascua hasta antes de Pentecostés.

6. SEGÚN LA DESCRIPCIÓN DE SANTA TERESA el alma está en este período en la Tercera y Cuarta Morada.

CRISIS DE TRANSICIÓN: al término de esta etapa tiene lugar la crisis de transición llamada por San Juan de Cruz "purificación pasiva del espíritu"[307]. Lallemant la denomina "tercera conversión". En la Vida de los Apóstoles la encontramos expresada en la transformación purificadora de Pentecostés. También esta purificación puede identificarse por algunas señales indicadas por San Juan de la Cruz:

–Primera: el alma no tiene conciencia de haber cometido nuevas culpas, pero no sabe si es digna de amor o de odio; siente suma aflicción porque no experimenta en modo alguno la ayuda divina.

–Segunda: el alma combate desde hace tiempo los pecados veniales deliberados, aun los más insignificantes; tampoco tiene inclinaciones a las cosas externas. Esto es un signo de gran caridad, habitual al menos.

–Tercera: la contemplación continua y amor sumo de Dios, a pesar de la aridez de espíritu. Esto es índice de gran caridad actual. El alma se está disponiendo para una unión muy íntima con Dios.

3. EDAD DE LOS PERFECTOS, O VIDA UNITIVA O VIDA

---

[307] Al menos es la opinión de Garrigou-Lagrange y del P. Crisógono (*Compendio de ascética y mística*, p. 3ª, c.2, a.7). No la comparte Royo Marín, quien afirma que una interpretación más acertada de San Juan de la Cruz muestra que esta purificación tiene lugar muy avanzada la vía unitiva y precede inmediatamente a la unión transformativa. De todos modos el mismo Royo Marín, aclara que esta discusión "tiene cierto interés especulativo", pero "carece de importancia en la práctica" (cf. *Teología de la perfección cristiana*, n. 280).

MÍSTICA.

1. **GRADO DE CARIDAD:** es el tercero en el cual la caridad tiende a la unión íntima con Dios.

2. **VIRTUDES QUE SE MANIFIESTAN:** aparecen las virtudes en grado eminente y heroico. Sobre todo la humildad perfecta, gran espíritu de fe, abandono en las manos de Dios, paciencia casi inalterable.

3. **ORACIÓN PROPIA:** es la oración infusa de unión simple, de unión completa, de unión transformante (pueden aparecer algunos favores extraordinarios).

4. **ACCIÓN DEL ESPÍRITU SANTO:** se manifiestan los dones más notables y con más frecuencia. El alma está como dominada por el Espíritu Santo; es docilísima y sumamente pasiva a todo lo que el Espíritu quiere hacer en ella. Particularmente trabaja el don de sabiduría que es el don que permite la contemplación infusa.

5. **EN LA VIDA DE LOS APÓSTOLES** corresponde a la vida perfecta posterior a Pentecostés.

6. **EN LA DESCRIPCIÓN DE SANTA TERESA** corresponde a las Quinta, Sexta y Séptima Mansiones del alma.

IV. LA DIRECCIÓN EN LAS DISTINTAS ETAPAS DE LA VIDA ESPIRITUAL

Estos que enumeramos aquí son, como es evidente, principios muy generales. No hay que olvidar que el Director principal del alma es el mismo Dios y que, por eso, no hay error más funesto que querer llevar a todos por el mismo camino que uno lleva. No hay que ir adelante sino detrás de Dios; por tanto, fundamentalmente hay que estar atentos a lo que Dios quiere y pide a cada alma en particular, para facilitarlo con nuestra ayuda[308].

1. LA DIRECCIÓN DE LOS INCIPIENTES O PRINCIPIANTES

Los principiantes son aquellos que, viviendo habitualmente en estado de gracia, tienen algún deseo de perfección, pero aún conservan afecto al pecado venial deliberado, y están expuestos a caer a veces en algunas faltas graves. Aquí se ubican:

- Las almas inocentes que desean ir adelante en la vida espiritual: niños, jóvenes, adultos que, no contentándose con evitar el pecado mortal, quisieran hacer algo más por Dios, y desean ser santos. Habría muchos más de cuantos hay si los sacerdotes se preocuparan –desde el catecismo y la predicación– en despertar el deseo de santidad.

- Los convertidos, que después de abandonar el pecado quieren abrazar sinceramente la perfección. Se caracterizan, generalmente, por un gran fervor inicial.

- Los tibios que, habiéndose dado primeramente a la piedad, y aún adelantado en ella, cayeron en la relajación y en la tibieza.

Entre estos principiantes unos se encuentran muy decididos y generosos, y otros menos.

Para dirigirlos hay que comenzar por exigirles poca cosa; y conforme vayan aprovechando, pedir más y más. Con ellos el director ha de insistir en la mortificación, en el modo de recibir los sacramentos y en la manera de evitar la negligencia o pereza espiritual en la oración.

En cuanto a la mortificación de las pasiones desordenadas conviene evitar dos extremos: la carencia casi absoluta de mortificación, que llevaría a la tibieza, a la relajación de ánimo; y la indiscreta mortificación externa de algunos. "Hay directores, según observa San Alfonso, que consideran el progreso espiritual en proporción con las mortificaciones externas. Otros, por el contrario, reprueban toda mortificación externa como inútil para el progreso espiritual, poniendo toda la perfección en la mortificación

---

[308] Cf. Garrigou-Lagrange, R., *Las tres edades de la vida interior*, I, 259-282; Idem., *La unión del sacerdote con Cristo, Sacerdote y Víctima*, 253-272; Tanquerey, *Compendio de teología ascética y mística*, nn. 635ss.

interior. Pero también estos yerran al igual que los primeros, ya que las mortificaciones corporales favorecen las internas, siendo de algún modo necesarias –si pueden practicarse– para frenar los sentidos, por eso vemos que todos los santos las practicaron, aunque en muy diverso grado"[309].

De ahí que en la práctica debe exigirse a los penitentes, como lo más principal, la mortificación interna de las pasiones desordenadas (por ejemplo, no responder a las injurias, no comentar a los demás lo que puede redundar en propia gloria, ceder en las discusiones para evitar la vanidad o el rencor, etc.). Pero también la mortificación exterior es útil. A quien rechaza las penitencias, decía San Juan de la Cruz, no se le ha de prestar fe alguna, por más que haga milagros[310].

Las mejores mortificaciones son aquéllas de carácter negativo: privarse, por ejemplo, de ver u oír cosas curiosas, hablar poco, contentarse con comidas menos gratas al gusto, etc. Y lo que se ha de mortificar principalmente es el defecto predominante, que es para el alma como un gusano roedor.

En cuanto a los sacramentos, las personas que quieren llevar una vida espiritual seria deberían confesarse una vez por semana. En cuanto a la comunión, hay que tratar de acercarse cada vez con disposiciones más perfectas, ya que normalmente cada comunión aumenta en nosotros la caridad, y por tanto, si no cayéramos en negligencia venialmente culpable, nos dispone para hacer más devotamente la comunión del día siguiente. Procure también el director inculcar en sus dirigidos la práctica de permanecer en "acción de gracias" un "tiempo notable" después de comulgar.

El director de incipientes deberá vigilar para suprimir la negligencia en la oración mental. Debe enseñar al alma incipiente la meditación de las verdades eternas y de la bondad de Dios como cosa muy necesaria para conservarse en gracia. El pecado mortal, en efecto, y la oración mental son incompatibles; o se deja la oración mental o se abandona el pecado, decía San Alfonso. El director debe llevar a la oración. San Alfonso indicaba que

---

[309] San Alfonso, *Práctica del confesor*, n. 123.

[310] "Si en algún tiempo alguno le persuadiere, sea prelado u otro cualquiera, alguna doctrina de anchura, aunque la confirme con milagros, no la crea ni abrace; sino más penitencia y más desasimiento de todas las cosas; y no busque a Cristo sin Cruz" (San Juan de la Cruz, Carta 24, al P. Luis de S. Angelo).

no ha de señalarse al comienzo más de media hora, que podrá prolongar más tarde a medida que el espíritu se desarrolle. En cuanto a la materia, hay que sugerir la meditación de los novísimos y la pasión de Cristo; ha de procurar que el incipiente elija la materia en la que experimente mayor devoción, debiendo detenerse más en aquellos puntos en que el alma siente el influjo divino, a fin de hacer actos de fe viva. Indicaba Tanquerey como advertencia para los directores espirituales que deben insistir con los principiantes, junto con la necesidad de la oración, en la verdad fundamental de la absoluta preeminencia de la acción divina: "harto tocados, sin saberlo, de pelagianismo o semipelagianismo, piensan que con voluntad y energía pueden conseguirlo todo"[311]. Hay que ayudarlos a que comprendan que "Dios es el que obra en nosotros el querer y el obrar" (Fil 2,13).

¿Cuándo debe el director inculcar de un modo especial la oración mental? Cuando los incipientes padecen la desolación de espíritu en el tiempo de sequedad espiritual. Después de los gustos iniciales acostumbra Dios a cerrar la fuente de los consuelos sensibles para probar la fidelidad de estas almas y llevarlas al amor puro. No es raro que permita en este momento las tentaciones contra las virtudes cuyo asiento es la sensibilidad (castidad, paciencia) para que el alma que resistiere generosamente conquiste nuevos méritos. Cuando esto dura mucho y hay verdadero progreso espiritual es señal de que se está atravesando por la purificación pasiva de los sentidos. En ese momento el director debe vigilar con sumo cuidado confortando a estas almas para que no omitan la oración o las comuniones que tenían por costumbre. Debe recordarles lo que decía San Francisco de Sales: "Más vale ante Dios una sola onza de oración en medio de desolaciones que cien libras en medio de consuelos".

Tratando de incipientes conviene insistir en la santificación de las acciones ordinarias. Debe ofrecer al comienzo del día su vida, acciones y contrariedades.

El problema de las almas retardadas. Sucede a veces que muchos de estos incipientes se retardan y jamás llegan a la vía iluminativa. Esto ocurre por tres razones principales. La primera es porque desprecian las cosas pequeñas en el servicio de Dios y no meditan las palabras del Señor: "El que

---

[311] Tanquerey, *Compendio de teología ascética y mística*, n. 647.

es fiel en lo poco también es fiel en lo mucho" (Lc 16,10). A lo grande se llega por lo pequeño. El alma negligente termina por no buscar a Dios, sino a sí misma en todo lo que hace; no conservará ya la presencia de Dios, etc.

La segunda razón es por no querer ofrecer a Dios los sacrificios que le pide: "Si oyereis la voz de Dios no endurezcáis vuestros corazones" (Sal 95,7-8). A veces se frenan cuando empiezan a vislumbrar las cosas que Dios les pide.

La tercera causa es su inclinación a la "sonrisa burlona": se ríen del virtuoso porque no pueden tolerar la superioridad de la virtud. Y así poco a poco pervierten su juicio sobre las cosas espirituales. Es lo que dice la Escritura: "Se ríen de la sencillez del justo" (Job 12,4).

2. *LA DIRECCIÓN DE LOS PROFICIENTES*

Los proficientes son las almas que van adelante en la perfección. Santa Teresa las describe: "Son muy deseosas de no ofender a su Majestad, aun de los pecados veniales se guardan, y de hacer penitencia amigas, tienen sus horas de recogimiento, gastan bien el tiempo, ejercítanse en obras de caridad con los prójimos, muy concertadas en su hablar y vestir y gobierno de casa los que la tienen"[312]. Son las que:

- Han adquirido ya cierta pureza de corazón con horror al pecado venial deliberado.
- Tienen mortificadas sus pasiones y pecados capitales.
- Han adquirido, por la oración, un hondo convencimiento de las verdades fundamentales.

Se distinguen entre los proficientes dos categorías: las almas piadosas y las fervorosas:

- Las almas piadosas tienen buena voluntad, muchos deseos del bien y ponen mucho de su parte para evitar las faltas deliberadas. Pero aún tienen vanidad y presunción; a veces les falta constancia, especialmente en tiempos de prueba.
- Las almas fervorosas son más generosas y humildes; desconfían de

---
[312] Santa Teresa, *Moradas*, 3,1,80.

sí mismas y confían en Dios; son constantes. De todos modos, su virtud todavía no ha sido confirmada por la prueba; se complacen mucho en las consolaciones y su amor a la cruz no es total y raigal.

Sobre todo, el director debe estar atento a las señales que ya hemos mencionado y que indican el paso de un estado al otro. ¿Cuál es la dirección apropiada a las almas que atraviesan por la purificación pasiva de los sentidos?

En primer lugar, no deben querer sentir o tener nuevamente consuelos sensibles de los que ya fueron privadas; por el contrario, han de ser purificadas de la gula espiritual, del excesivo apego a tales consolaciones. Tampoco deben querer reanudar la meditación metódica discursiva, cuando ésta ya se hace casi imposible.

En segundo lugar, el alma debe confiar en Dios, no perder el ánimo ni abandonar la oración como una cosa inútil. La oración, al contrario, es ahora más fructuosa, siempre que el alma persevere en la humildad, abnegación y confianza en Dios. Esta purificación pasiva se ha de atravesar en la tierra con mérito, o en el purgatorio sin él. Está en la vía normal hacia la santidad.

Tercero, en medio de tal aridez debe el alma descansar en una noticia general y confusa de Dios y de su amor afectivo, practicando actos de confianza y amor de Dios. Es el término del discurrir y el comienzo de la contemplación; sin embargo, si llegare a faltarle esta noticia confusa y general de Dios deberá volver al pasado ejercicio de meditación sobre la vida y pasión de Cristo.

Cuarto, los proficientes deben soportar pacientemente las pruebas que acompañan este estado: tentaciones contra la castidad y otras contrariedades, como fracasos en sus intervenciones, pérdidas de la salud, oposición de los hombres.

El director debe vigilar también los defectos propios de este estado. Algunos son habituales, otros actuales.

Entre los defectos habituales por parte del entendimiento cabe señalar: distracción, vagar de Dios a las criaturas, adhesión exagerada al propio juicio, autoritarismo en la dirección de los demás, o el defecto contrario, excesiva indulgencia con los que oprimen a los débiles. Por parte del afecto se verifica especialmente: el innato amor propio y una adhesión exagerada a los gustos espirituales.

Los defectos actuales son, en el entendimiento: error en materia de espiritualidad sobre visiones o revelaciones; y en el afecto: presunción, ambición, soberbia, arrogancia.

Estos defectos son tanto peores cuanto menos se conocen o tal vez se confunden con actos virtuosos, como por ejemplo, una santa ira. Para eliminarlos es necesaria la purificación pasiva del espíritu.

3. LA DIRECCIÓN DE LOS PERFECTOS

Los que la teología espiritual llama "perfectos" son quienes llegan y transitan la vía unitiva. Estas almas se caracterizan por varias cosas:

- Viven casi de continuo en la presencia de Dios; gustan de contemplarle viviendo dentro del corazón, y para eso ponen todo su cuidado en desasirse de las criaturas. Aman la soledad y el silencio.
- En ellos el amor de Dios llega a ser no sólo virtud principal sino casi su única virtud, en el sentido de que las otras virtudes en que se ejercita son actos que emanan de su intensa caridad.
- Han alcanzado una simplificación de la vida entera: su vida es una oración continua conformando en todo su voluntad con la divina.
- Juntan en sí tres cosas: una gran pureza de corazón buscando evitar cualquier resistencia voluntaria a la gracia; gran dominio de sí mismos, adquirido en la mortificación de las pasiones y el ejercicio de las virtudes morales y teologales; una habitual necesidad de pensar en Dios, de hablar con él, de hacer todo para agradarle.

¿Cómo ha de ser la dirección de un alma que pasa por la purificación pasiva del espíritu?

Supuesta la conformidad de la voluntad humana con la voluntad divina, deben estas almas pedir a Dios humilde y confiadamente la perseverancia en esta dolorosa noche. No deben atacar de frente las tentaciones, sino trascenderlas, volar más alto y pedir la gracia actual para superarlas. Deben pensar que esta lucha da mucha gloria a Dios y es, a la vez, muy provechosa para el alma. Deben amar a Dios por pura amistad, adorando su divino beneplácito, diciendo con Job: "Yo espero la luz después de las tinieblas". Así el alma llegará a un amor purísimo de Dios, privada de todos los consuelos, incluso los espirituales. Se asocian a la vida dolorosa de Cristo.

¿Cómo se ha de ayudar a estas almas, después de pasada esta purificación, especialmente cuando Dios las llama a una vida de reparación por los pecadores? Las almas reparadoras deben ser dirigidas de tal modo que lleguen a una perfecta conformidad con Cristo-Víctima. Estas almas deberán volver muchas veces a la contemplación de la Pasión de Cristo y considerar los grandes pecados que hoy apartan las almas de Dios y llevan los pueblos a la apostasía y al paganismo. Estas almas tienen, por lo común, contemplación infusa, procedente de los dones del Espíritu Santo; de otro modo no perseverarían en un camino tan difícil y doloroso.

San Alfonso indica algunas normas principales que los directores han de inculcar en la dirección de las almas perfectas[313]:

a) Confianza en Dios y desconfianza de sí mismo.

b) Precaverse contra todo defecto deliberado, por mínimo que sea.

c) No entristecerse demasiado a causa de los propios defectos. Conviene humillarse al punto, acudir a Dios con un breve acto de contrición y procurar la paz.

d) Huir la familiaridad con personas de otro sexo, aunque fueren religiosas.

e) Renunciar a la propia estima: alegrarse en las humillaciones, alegrarse de corazón, en espíritu, al verse despreciado y burlado.

f) Obedecer siempre a los superiores con docilidad y prontitud.

g) Procurar continuamente la presencia de Dios.

h) Amar mucho la oración, desear ardientemente el reino celestial que Jesús nos mereció con su sangre.

---

[313] San Alfonso, *La práctica del confesor*, n. 138.

III - Las diversas funciones del director espiritual

CAPÍTULO SEGUNDO

EL DIRECTOR ESPIRITUAL EN SU FUNCIÓN DE DISCERNIMIENTO

I. EL CONOCIMIENTO DE LOS DIVERSOS ESPÍRITUS

Para poder comprender y seguir las mociones divinas el primer requisito es saber reconocerlas y distinguirlas de las otras mociones que se dan en el alma humana[314]. La tradición llama a esto "discernimiento de espíritus" y lo ha considerado siempre como una de las funciones más importantes del verdadero director de almas. El discernimiento sobrenatural es obra de la virtud de la prudencia iluminada y elevada por la fe y también de un carisma que a veces Dios infunde en algunas personas[315]. Sólo sabiendo practicar el auténtico discernimiento puede uno ser "enseñado por Dios", es decir, llegar a ser lo que San Juan y San Pablo llamaban *theodídacta* (cf. 1Ts 4,9; 1Jn 2,27). Escribía a este respecto Balduino de Cantorbery: "Está escrito: «Cree uno que su camino es recto y va a parar a la muerte». Para evitar este peligro nos advierte San Juan: «Examinad los espíritus si provienen de Dios». Pero, ¿quién será capaz de examinar si los espíritus provienen de Dios, si Dios no le da el discernimiento de espíritus, con el que pueda examinar con agudeza y rectitud sus pensamientos, afectos e intenciones? Este discernimiento es la madre de todas las virtudes, y a todos es necesario, ya sea para la dirección espiritual de los demás, ya sea para corregir y ordenar la propia vida"[316].

1. NATURALEZA

---

[314] Cf. Chollet, A., *Discernement des esprits*, col. 1375-1415; Garrigou-Lagrange, *Las tres edades de la vida interior* II, 807-814; Mendizábal, *Dirección espiritual*, 190 y ss.; San Atanasio, *Vida de San Antonio Abad*, PG 26; Arintero, *Cuestiones místicas*, 581-585; Ruíz Jurado, M., *El discernimiento espiritual*; Casanovas, Ignacio, *Comentario y explanación de los Ejercicios Espirituales de San Ignacio de Loyola*, II, 149-193.

[315] Cf. Chollet, *Discernement des sprits*, col. 1412-1415.

[316] Balduino de Cantorbery, *Tratado 6*: PL 204, 467.

En 1549 escribía San Ignacio al todavía Duque de Gandía, que sería luego San Francisco de Borja: "Así que es muy conveniente y mucho necesario discernir y examinar semejantes espíritus; para lo cual Dios nuestro Señor (como para cosa importante) da especial gracia, *gratis data*, de discreción de espíritus a siervos suyos según el Apóstol (cf. 1Co 12,10). La cual se ayuda y ejercita con la industria humana; en especial, con prudencia y doctrina"[317]. Por tanto, el "discernimiento" es fundamentalmente un acto de dos realidades: un acto de la virtud de la prudencia y un carisma del Espíritu Santo.

1) El discernimiento como acto de la prudencia

Uno de los nombres con los que antiguamente se indicaba la virtud de la prudencia era "*diákrisis*", discreción o discernimiento; en el sentido de que la prudencia tiene como acto propio el distinguir las cosas buenas de las malas. La Carta a los Hebreos se refiere a esto cuando habla del "discernir lo bueno y lo malo" (Hb 5,14). Santo Tomás recuerda las palabras de San Agustín quien afirmaba que "la prudencia es un amor que discierne bien aquellas cosas que ayudan a tender a Dios de aquellas que nos impiden ir a Él", es decir, comenta el Aquinate, "amor que mueve a discernir"[318].

Como parte de la prudencia es un acto del entendimiento práctico que juzga de las cosas particulares según los principios de la razón y la luz divina. Este juicio discretivo no es un acto puramente intelectual y especulativo sino un juicio eminentemente práctico que se realiza en gran medida por connaturalidad, es decir, por cierta comparación con la propia naturaleza perfeccionada por la gracia. De aquí la necesidad de tener en uno mismo los hábitos virtuosos que nos connaturalizan con el bien (natural y sobrenatural). En este sentido explica Santo Tomás aquellas palabras de San Pablo: "El hombre animal no percibe las cosas del Espíritu de Dios; son para él locura y no puede entenderlas, porque hay que juzgarlas espiritualmente. Al contrario, el espiritual juzga de todo, pero a él nadie puede juzgarlo" (1Co 2,14-15). En cada orden de cosas el único que puede juzgar de todo lo que pertenece a ese orden es aquel que está "bien dispuesto", es decir, "en estado de perfección" según lo que es propio a tal orden de cosas; los demás no pueden juzgar sin

---

[317] San Ignacio de Loyola, *Carta 844*, julio de 1549.
[318] Santo Tomás, *Suma Teológica*, II-II, 47, 1 ad 1.

riesgo de equivocarse: así, por ejemplo, en un puesto de guardia sólo puede juzgar rectamente de la situación el que está totalmente despierto, mientras que los demás confunden las sombras y las realidades con sus sueños y vigilias; de los sabores sólo puede juzgar quien tiene la lengua (el órgano del gusto) sana, en cambio quien se la quemó no puede distinguir los gustos; del mismo modo, por analogía, en el plano espiritual sólo puede discernir quien tiene la voluntad ordenada por el Espíritu Santo[319].

En cuanto parte de la prudencia el discernimiento es un "arte" difícil de adquirir, especialmente por el origen sobrehumano de algunas mociones que agitan el alma. Aun cuando se juzgue a partir de reglas infalibles (por estar, por ejemplo, inspiradas en la Sagrada Escritura), el juicio siempre es falible, pues es un juicio sobre circunstancias concretas, variables, sujetas a error por parte nuestra. De aquí la obligación grave para todo director espiritual de poner los medios necesarios para adquirir este discernimiento y luego para llevarlo a madurez. Los medios son:

El primero, la oración ante cualquier juicio y dictamen que se deba realizar.

El segundo, el estudio de la Sagrada Escritura, de los Padres y teólogos, de la teología moral, ascética y mística. Estudio significa también la permanente preocupación por mantener en acto los conocimientos y por profundizarlos.

El tercero, la experiencia que, si no es totalmente personal, al menos debe apoyarse en la ajena, es decir, en los escritos de los grandes maestros de la vida espiritual (como San Juan de la Cruz, San Ignacio, Santa Teresa, etc.).

El cuarto, la práctica de las virtudes, pues el juicio discrecional es un juicio por connaturalidad. El que no es virtuoso no tiene connaturalidad con la virtud ni con el bien, y se engaña en los intrincados caminos del Espíritu Santo.

El quinto, evitar los obstáculos que impiden el verdadero discernimiento: la falsa confianza en sí mismo, el juicio propio, la falta de humildad por la que no se consulta a los demás, la necedad.

---

[319] Cf. Santo Tomás, *Ad I Cor.*, II, 14.

El sexto, gran prudencia al emitir cualquier juicio, evitando tanto la fácil credulidad cuanto la terca incredulidad.

2) El carisma de discernimiento

San Pablo enumera entre los carismas que distribuye el Espíritu Santo en su Iglesia, el "discernimiento de espíritus" (1Co 12,10). Este carisma es ordinariamente reservado a los santos y excepcionalmente puede ser acordado a algunos pecadores. Es una gracia *gratis data*, y como tal se da, según Santo Tomás y el Magisterio de la Iglesia, para la utilidad común de la Iglesia[320]. Este carisma específico nos da el "poder distinguir de qué espíritu es movido alguien al hablar o actuar; si, por ejemplo, se mueve por la caridad o por la envidia"[321]. Da al que discierne una luz, una "manifestación cognoscitiva" de lo que se refiere a los espíritus por los que somos inducidos al bien o al mal.

La conveniencia de que exista este carisma se deriva del hecho evidente de que, a pesar de todos los recursos del "arte de discernir" adquirido, quedan siempre circunstancias dudosas e inciertas de las que no se puede saber con certeza si son buenas o malas. El carisma de discernimiento se relaciona con el de profecía y lo completa. Por el de profecía se revela la existencia de los secretos del corazón; por el de discernimiento se descubre la fuente última de cada uno de esos secretos o movimientos del alma (es decir, si vienen de Dios, de la carne o del diablo).

2. FENOMENOLOGÍA DE LAS MOCIONES INTERIORES[322]

1) Dos realidades psicológicas distintas

En primer lugar hay que tomar conciencia de dos realidades psicológicas interiores diversas que se dan en todo ser humano. No son simplemente ideas interiores sino verdaderas mociones, fuerzas internas de acción, impulsos espirituales. Es lo que suele llamarse "espíritus" y se definen como: "un

---

[320] Cf. *Catecismo de la Iglesia Católica,* n. 799.
[321] Santo Tomás, *Ad I Cor.,* XII,II, n. 728.
[322] Cf. Mendizábal, *Dirección espiritual,* 195-200; López Tejada, D., *Los Ejercicios Espirituales de San Ignacio de Loyola,* 825-920; Casanovas, *Comentario y explanación de los Ejercicios Espirituales de San Ignacio de Loyola,* II, 525-568..

impulso, un movimiento o una inclinación interior de nuestra alma hacia alguna cosa que, en cuanto a la inteligencia es verdadera o falsa, y en cuanto a la voluntad es buena o mala". Se perciben fenomenológicamente en dos grados:

a) Un grado común: como tendencias o impulsos de la naturaleza. Fenomenológicamente aparece constituida por un apetito natural que actúa con la presentación del objeto apto para que se actualice, es decir, como una tendencia connatural. Puede ser connatural con la naturaleza humana caída o connatural con la gracia.

b) Un grado intenso: como tendencias o impulsos particularmente penetrantes. Fenomenológicamente se designa como algo que viene de fuera. Se percibe como una realidad que no entra en el juego normal de las tendencias o impulsos connaturales. Tiene un carácter de solicitación, que parece recibirse de manera personal aguda, como efecto de la acción explícita y pretendida de un agente exterior personal. A veces lo expresan diciendo: "me viene esta idea", "no me deja en paz este pensamiento", "es como si me repitieran continuamente en el corazón tal o cual cosa"...

2) *Dos modos de actuar*

Según que el hombre secunde cada uno de estos grados actúa de un modo diverso:

a) Cuando el hombre sigue las tendencias de grado común actúa como dueño de su comportamiento; nota que el proceso interior comienza en él, se desarrolla y acaba según las fuerzas naturales, según sus hábitos, temperamento, carácter, virtudes, y disposiciones naturales. Estos actos empiezan suave y espontáneamente y van creciendo de modo gradual con la fuerza que normalmente corresponde al objeto, a la disposición personal y a los hábitos del sujeto. Al tomar conciencia de ellos la persona los gobierna con normalidad según las leyes psicológicas naturales.

b) Cuando actúa impulsado por las tendencias intensas lo hace como intervenido, como forzado, como condicionado por impulsos en grado intenso; se dan en la conciencia elementos que no encajan de lleno dentro del proceder natural psicológico. Estos brotan con más fuerza, crecen con más vigor y rapidez de lo que suelen las causas naturales; con una fuerza desproporcionada al objeto, disposición y hábitos personales del sujeto. Al tomar conciencia de ellos, la persona tiene dificultad en gobernarlos; en ocasiones puede cortarlos, pero con trabajo muy grande; a veces no puede cortarlos y no le queda más que tener paciencia y aguardar que cesen por sí mismos. No se someten a leyes psicológicas naturales.

3) Contenido

Podemos distinguir los siguientes contenidos posibles:

a) En la imaginación e inteligencia fantasías y pensamientos:

Fantasías: presentación vívida de placeres, pecados, satisfacciones de las pasiones, hambre de venganza, odios vivaces; o, por el contrario: visión de la grandeza del fin del hombre, atractiva presentación de la virtud heroica, belleza del seguimiento de Cristo.

Pensamientos: criterios persistentes y obsesivos de la inutilidad del esfuerzo ascético, de la necesidad de prudencia para no estropearse la salud con la mortificación; o bien: necesidad del sacrificio de la cruz, de gastar la vida por los demás. El monacato primitivo llamó esto: "logismos"[323].

b) En los sentidos interiores: voces, palabras, locuciones, visiones, manifestaciones de tipo diverso.

c) En el apetito: coloco aquí lo que se denominan consolaciones y desolaciones, que merecen una atención especial porque es uno de los tópicos fundamentales sobre los que se ejerce la discreción de espíritus.

La consolación espiritual: es una moción interior que la persona siente como venida de fuera y que se percibe vitalmente en el campo de la conciencia inflamando al hombre en amor a Dios y haciéndolo incapaz de amar nada creado en sí mismo; en su experiencia interior el consolado siente que sólo en Dios puede amar lo creado. No es consolación, por tanto, la simple euforia humana o el gozo de vivir y de buscar honestas satisfacciones humanas y terrestres; la impresión de felicidad, el ensanchamiento o dilatación del alma pueden ser efectos de la consolación. Puede ser espiritual-sensible, o puramente espiritual, o espiritual con redundancia en lo sensible.

---

[323] Cf. Colombás, *El monacato primitivo*, II, 259-263.

La desolación espiritual: es una moción interior que también se siente como venida de fuera, con sensación fuerte de opresión, de oscuridad del espíritu, de ennegrecimiento del horizonte y de la vida; con turbación, inclinación pasional a lo terreno y carnal; con impresión de necesitar poner la confianza en lo creado y gozar de ello. Puede ennegrecer el horizonte hasta persuadir al desolado de que ha perdido la fe y la salvación. Puede ser espiritual-sensible o puramente espiritual.

4) Estados posteriores

A las consolaciones y desolaciones suele seguir un "estado": estado de consuelo o de depresión, de paz o de inquietud, de serenidad o de turbación. No se deben confundir. Las mociones son transeúntes; los estados son efectos de aquéllas y tienen un carácter más duradero.

3. ORÍGENES POSIBLES.

San Bernardo en su sermón *De discretione spirituum*[324] habla de seis espíritus que pueden mover las operaciones del hombre: el espíritu divino, el angélico, el diabólico, el carnal, el mundano y el humano. Es fácil darse cuenta que al ser los ángeles instrumentos de Dios se reducen a una misma causa las mociones del espíritu divino y las del angélico; de la misma manera, el espíritu mundano y el carnal son formas del diabólico. De este modo, todas las mociones pueden reducirse a tres: la diabólica, la natural y la divina.

1) La naturaleza

La naturaleza humana tiene tendencias connaturales al bien propio de cada una de las potencias del hombre: la verdad, el bien espiritual, el bien concupiscible y el bien arduo. Pero la naturaleza del hombre se encuentra herida por el pecado; por eso experimenta tendencias desordenadas hacia el bien, especialmente al bien sensible. Tengamos en cuenta que todo lo que forma parte del fondo natural del hombre, al llegar de alguna manera y grado al campo de la conciencia, se reviste de racionalidad[325]. San Pablo afirma,

---

[324] Cf. San Bernardo, PL, 183,600.
[325] Santo Tomás ha analizado la influencia que pueden ejercer la imaginación y las pasiones sobre la voluntad a través de la inteligencia en *Suma Teológica*, I-II, 77.

por eso: "la carne tiene deseos contrarios al espíritu; el espíritu los tiene contrarios a la carne" (Gál 5,17).

Estas tendencias desordenadas –cuando no son combatidas– constituyen los "vicios capitales" que los antiguos padres del desierto designaron como "espíritus malos", a veces personificándolos en demonios; por eso, por ejemplo, hablan indistintamente de "demonio de la gula" o "pensamiento malo de la gula"[326].

2) El diablo

La acción tentadora tiene grados y formas diversas. Hay que sostener siempre la substancial libertad de cada acto plenamente humano. Pero al mismo tiempo es indudable la posibilidad de hablar de algún modo de moción externa de la voluntad; influencia que se ejerce mediante el objeto al que la voluntad tiende como fin, y así puede decirse que nos mueve al pecado el objeto pecaminoso que atrae nuestra sensibilidad y voluntad, la persona que nos ofrece el objeto de pecado, y quien nos persuade de que algo pecaminoso es bueno, es decir, de que tiene razón de apetecible.

La instigación del demonio puede realizarse tanto de un modo exterior cuanto interiormente[327]. La naturaleza corporal obedece a los espíritus angélicos en cuanto al movimiento local, afirma el Aquinate[328]; y en tal sentido el espíritu diabólico puede actuar sobre nuestros sentidos materiales, ya sea sobre nuestra imaginación, ya sea sobre el apetito suscitando algunos movimientos pasionales. Es también a través de su influencia sobre los sentidos que puede llegar –indirectamente– al entendimiento.

3) Dios

Es evidente que Dios puede –y tiene de hecho– influencia sobre la voluntad. Su acción es directa y lo afirma la misma Escritura: "Es Dios quien opera en vosotros el querer y el obrar según su beneplácito" (Fl 2,13); "El corazón del rey es un curso de agua en la mano de Yahveh, Él lo inclina hacia donde quiere" (Pr 21,1). Dios obra directamente por sí o bien mediante

---

[326] Cf. Evagrio Póntico, *De octo spiritibus malitiae*, PG 34, 519-520.
[327] Cf. Santo Tomás, *Suma Teológica*, I-II, 80, 2.
[328] Cf. Santo Tomás, *Suma Teológica*, I, 110, 3.

sus ángeles.

En definitiva, como el diablo usa o potencia las tendencias desordenadas de la naturaleza los autores espirituales sintetizan sus reglas hablando tan sólo de dos espíritus, el bueno y el malo o el angélico y el diabólico. También nosotros usaremos la misma terminología.

4. MODO HABITUAL DE PROCEDER DE LOS DIVERSOS ESPÍRITUS

Los modos de proceder del buen y del mal espíritu son en algunas cosas totalmente diversos y en otras guardan cierta semejanza, lo que dificulta, precisamente, su discernimiento.

1) El mal espíritu

Siguiendo las Reglas de San Ignacio podemos indicar los siguientes elementos:

a) En las personas que viven en pecado mortal: el mal espíritu trata de conservarlos en tal estado; para ello propone placeres aparentes, haciendo imaginar delectaciones y placeres sensuales[329].

b) En las personas que van adelantando en la vida espiritual: el mal espíritu trata de disuadirlos de la vida espiritual emprendida; para esto causa desolación: muerde con escrúpulos, entristece, turba, pone obstáculos, inquieta con falsas razones (como, por ejemplo, el miedo a las dificultades de la perseverancia)[330]. Si la persona va aprovechando en la vida espiritual usará de "razones aparentes" (razones destituidas de todo fundamento, como los miedos al futuro, a las dificultades que podrán surgir si se intenta vivir la gracia), "sutilezas" (razones traídas de los pelos, como, por ejemplo, los escrúpulos sobre confesiones pasadas), "falacias" (razones a las que se le da un sentido que no viene al caso, como por ejemplo, negarse a misionar en tierras lejanas amparándose en que "la caridad empieza por casa")[331].

c) Para ambos tipos de personas el mal espíritu se emplea en las siguientes acciones:

---

[329] Cf. San Ignacio, *Ejercicios Espirituales*, n. 314.
[330] Cf. San Ignacio, *Ejercicios Espirituales*, n. 315.317.
[331] Cf. San Ignacio, *Ejercicios Espirituales*, n. 329.

III - Las diversas funciones del director espiritual

Trabaja siempre en el secreto, es decir, que tiene éxito en la medida en que las dudas, escrúpulos y temores no se consultan con el director espiritual o con un confesor. Su triunfo depende de que el alma se quede a solas con sus tentaciones[332].

Ataca siempre por el lado más débil: el defecto dominante, los vicios principales[333].

Aumenta su fuerza cuando la persona tentada se achica y empieza a ceder a la tentación. Su fuerza disminuye si la persona se agranda o se pone firme[334].

Sus toques y mociones suelen ser estrepitosos, sensibles y perceptibles[335].

De modo extraordinario puede causar consolación (lo ordinario es que cause desolación): esta "consolación" apunta a distraer al alma y tiene como objeto un bien aparente ; pero esta consolación es siempre "con causa", es decir, responde a una causa, estímulo u objeto que explica "naturalmente" por qué se ha originado[336].

2) El buen espíritu

a) En las personas que viven en pecado mortal: el buen espíritu trata de apartarlos de la mala vida; para esto los punza con remordimientos[337].

b) En quienes van progresando en la vida espiritual: da ánimo, consolaciones, inspiración, quietud. En general puede reconocérselo en que[338]:

Empuja a la mortificación exterior, pero regulada por la discreción y la obediencia. Y hace comprender que la principal es la mortificación del corazón y del juicio.

Inspira una humildad verdadera, que conserva en silencio los favores divinos, los cuales no niega ni rechaza sino que por ellos da toda la gloria a

---

[332] Cf. San Ignacio, *Ejercicios Espirituales*, n. 326.
[333] Cf. San Ignacio, *Ejercicios Espirituales*, n. 327.
[334] Cf. San Ignacio, *Ejercicios Espirituales*, n. 325.
[335] Cf. San Ignacio, *Ejercicios Espirituales*, n. 335.
[336] Cf. San Ignacio, *Ejercicios Espirituales*, n. 331.
[337] Cf. San Ignacio, *Ejercicios Espirituales*, n. 314.
[338] Cf. Garrigou-Lagrange, *Las tres edades de la vida interior*, II, 812-813.

Dios.

Nutre la fe con lo más simple y elevado del Evangelio y da una gran sumisión al Magisterio de la Iglesia.

Reaviva la esperanza haciendo desear las aguas vivas de la oración, pero recordando que allí se llega pasando por los sucesivos pasos de la humildad y la cruz.

Acrecienta el fervor de la caridad infundiendo celo por la gloria de Dios y el olvido total de uno mismo. Hace desear que el Nombre de Dios sea santificado, que venga su Reino, que se haga su Voluntad.

Finalmente, da la paz y el gozo interior y fructifica en lo que San Pablo llama los frutos del Espíritu Santo: "El fruto del Espíritu es amor, alegría, paz, paciencia, afabilidad, bondad, fidelidad, mansedumbre" (Gal 5,22-23).

En cuanto a las consolaciones, el buen espíritu puede consolar con causa o sin causa. "Con causa" quiere decir que consuela sirviéndose como medio de causas humanas (con ocasión de una buena lectura, en medio de la meditación o contemplación o presenciando una solemne y emotiva ceremonia litúrgica, etc.); en esto hay que estar atentos pues también el mal espíritu puede "consolar con causa" aunque se trata de consolaciones aparentes[339]. En cambio "sin causa" sólo Dios puede consolar porque Él es dueño del alma y por tanto puede entrar, salir, tocarla y llevarla a un enorme grado de amor de Dios, sin que haya habido ejercicio alguno preparatorio para ello; se trata de toques de la gracia divina[340].

5. *INDICACIONES PARA DISCERNIR LAS DISTINTAS MOCIONES CONCRETAS*[341]

Para discernir el origen de los impulsos, mociones y consolaciones que una persona percibe en su alma hay que atender al modo, la materia, las circunstancias, el desarrollo y los efectos de tales fenómenos

---

[339] Cf. San Ignacio, *Ejercicios Espirituales*, n. 331.
[340] Cf. San Ignacio, *Ejercicios Espirituales*, n. 330.
[341] Cf. San Ignacio, *Ejercicios Espirituales*, 313 ss.; sigo en parte el esquema de Mendizábal, 212-214, aunque con mucha libertad.

1) El modo

Primero hay que atender al modo como se producen; aunque esta norma no tiene valor absoluto es ya un importante indicativo. Así, por ejemplo[342]:

El buen espíritu: actúa suavemente, sin ruido, ni choque, sin estridencia, porque Dios entra en el alma en gracia como en casa propia. Es claro y fácilmente entendible.

El mal espíritu actúa generalmente de modo estrepitoso, sensible y perceptible, como forastero en el alma en gracia.

2) La materia

En segundo lugar, hay que atender a lo que se propone. Cuando lo que se propone es algo malo no hay dificultad alguna en identificarlo como proveniente del mal espíritu. El problema es cuando lo que se propone **es** algo bueno: esto puede ser propuesto por el buen espíritu o por el malo para conseguir sus propios fines. El mal espíritu puede, perfectamente engañar incluso con razonamientos "teológicos". *Theologizat aliquando daemon*, dice Gersón: el demonio a veces hace teología. Testimonio de esto son las tentaciones de Cristo en el desierto, para las cuales el diablo usa e interpreta de modo sofístico la Sagrada Escritura. Es necesario, por eso, hacerse cargo de su "teología" que si no empieza, al menos termina siendo contraria al verdadero sentido de la Revelación. ¿Qué observar para hacer un juicio?

- Cuando mueve a algo substancialmente menos bueno de lo que ya tenía determinado hacer el alma ante Dios, aunque sea bueno no viene del espíritu bueno.
- Si mueve a algo igualmente bueno o mejor y no perjudica los propósitos de vida ya tomados bajo la luz de Dios, sino que por el contrario los completa y eleva, entonces puede ser del espíritu bueno, si las circunstancias son buenas.

3) Las circunstancias

En tercer lugar, hay que examinar atentamente las circunstancias del bien que se propone. Hay que ver si lo que se propone es algo consonante

---
[342] Cf. San Ignacio, *Ejercicios Espirituales*, n. 335.

con las obligaciones de estado de la persona, con las tendencias de la gracia tal como ya se han mostrado en la vida de esa persona, con la vocación que Dios le ha mostrado. Así, rara vez es de Dios:

- El impulso a cambiar un estado de vida ya elegido ante Dios.
- El impulso a realizar cosas extraordinarias y singulares o desproporcionadas al estado, edad, fuerzas, dotes y formación.
- El impulso a puestos u ocupaciones que traen riqueza, honores, poder, independencia.

Para estos casos habría que pedir una evidencia basada en la confluencia de signos no ya ordinarios sino extraordinarios. Indica, por eso, San Juan de la Cruz, que la resistencia a estos impulsos es agradable a Dios.

4) El desarrollo

En cuarto lugar, y especialmente para las consolaciones, hay que atender al desarrollo:

a) En las consolaciones con causa San Ignacio recomienda examinar todo el proceso de nuestros pensamientos[343]:

- Los que vienen de Dios son buenos en su principio, su medio y su fin.
- Los que vienen del mal espíritu, en algún momento del proceso no son buenos: ya sea en su comienzo, en su medio o en su fin. San Ignacio advierte que es propio del demonio entrar con la "nuestra" para salir con "la suya", es decir, sacar provecho incluso con cosas aparentemente buenas.

b) En las consolaciones sin causa hay que examinar el "segundo momento" de la consolación. Porque Dios puede tocar el alma y dejarla inflamada, pero en un segundo momento puede también mezclarse la influencia del mal espíritu, ya sea:

- Haciéndonos ver dificultades e inconvenientes en cumplir lo que Dios nos ha mostrado como voluntad suya en la consolación.
- O haciéndonos perder todo el fervor recibido inclinándonos a hablar

---

[343] Cf. San Ignacio, *Ejercicios Espirituales*, n. 322-323.

y a manifestar a los demás, sin pudor espiritual, la gracia recibida.
- O bien poniéndonos respetos humanos de obrar en consonancia con las gracias recibidas durante la consolación[344].

5) *Los efectos y los fines*

Por último, hay que atender a los efectos, es decir, al estado espiritual que sigue a la determinación tomada. En general hay que decir que:
- A la obediencia al buen espíritu sigue serenidad y paz.
- Al prestar oído al mal espíritu sigue un estado interior de inquietud, oscuridad, turbación. Escribía Dom Columba Marmion a un dirigido: "En general debe considerar como obra del enemigo todo pensamiento que la agite, que arroje perplejidad en su espíritu, que disminuya la confianza o que le encoja el corazón"[345].

Todo esto puede resumirse con la comparación de los diversos espíritus o señales que indicaba De Guibert de modo esquemático[346]:

A. Signos de uno y otro en el entendimiento

El Espíritu divino:	*El Espíritu diabólico:*
Enseña cosas verdaderas	Enseña falsedades
Enseña cosas útiles	Enseña cosas inútiles, vanas, ligeras
Da luz y discreción	Da oscuridad, indiscreción
Da flexibilidad	Siembra obstinación
Da pensamientos de humildad	Da pensamientos de soberbia o vanidad

B. Signos de uno y otro en la voluntad

---

[344] Cf. San Ignacio, *Ejercicios Espirituales*, n. 336; también la carta de San Ignacio a Sor Teresa Rajadell.
[345] Thibaut, *La unión con Dios según... Dom Columba Marmion*, 212.
[346] Cf. De Guibert, J., *Theologia spiritualis*, 153-154.

El Espíritu divino se caracteriza por:	*El espíritu diabólico se caracteriza por:*
Paz	Inquietud, turbación
Humildad	Soberbia
Firme confianza en Dios	Desesperación, desconfianza
Temor de sí mismo	Presunción
Docilidad y obediencia	Desobediencia, dureza y fijación
Rectitud, pureza de intención	Torcida intención
Paciencia y deseo de cruz	Impaciencia y quejas
Abnegación voluntaria	Excitación de las pasiones
Sinceridad y sencillez	Ocultamiento y doblez
Libertad de espíritu	Apegos y esclavitud
Deseo de imitar a Cristo	Desafección hacia Cristo
Caridad benigna y desinteresada	Falso celo, amargo e impaciente

C. Señales que hacen dudar y poner en guardia
(son ordinariamente signos de mal espíritu o disposiciones naturales que predisponen a la intervención del mal espíritu):

- Después de haber elegido un estado, querer pasar a otro.
- Tendencia a singularidades o cosas impropias de su estado.
- Afición a cosas extraordinarias o a grandes penitencias exteriores.
- Apego a las consolaciones sensibles.
- Estado perpetuo de consolación y deleite espiritual.
- Las lágrimas.
- Los deseos de visiones y revelaciones.

6. *MODO DE COMPORTARSE ANTE UNO Y OTRO ESPÍRITU*

Finalmente hay que ver los modos de comportarse una vez identificado el espíritu del que provienen las mociones o consolaciones del alma.

1) *Las mociones del mal espíritu.*

Las mociones del mal espíritu son para nuestro mal; consecuentemente hay que resistirse a ellas. El alma conseguirá esto:

a) En las mociones que empujan al pecado (tentaciones): el alma tiene que resistir con los medios ordinarios: huir de las ocasiones de pecado, recurrir a la oración y a la mortificación, desviar la atención psicológica del alma hacia objetos diversos de los que el mal espíritu usa para tentar, etc.

b) En las desolaciones del mal espíritu:

- Nunca hacer cambio; hay que mantener firmes los propósitos tomados con anterioridad a la desolación[347].
- Obrar contra la misma desolación (*agere contra*), por ejemplo instar más en la oración, meditación, examinar la conciencia y alargarse en la penitencia[348].
- Considerar que son pruebas y confiar que el auxilio divino nunca

---

[347] Cf. San Ignacio, *Ejercicios Espirituales*, n. 318.
[348] Cf. San Ignacio, *Ejercicios Espirituales*, n. 319.

faltará³⁴⁹.

- Trabajar con paciencia sabiendo que la desolación pasará presto y será consolado³⁵⁰.

- Examinar las causas posibles de la desolación para poner remedio si de nosotros depende. Las causas de la desolación pueden ser tres: la tibieza y pereza en la vida espiritual; la prueba divina para ver cuánto somos y podemos; el hacernos ver, puesto que no podemos causarla cuando queremos, que la consolación no viene de nosotros sino que es don de Dios. Por tanto: si proviene de nuestra tibieza debemos reaccionar con fervor; si proviene del habernos atribuido las consolaciones, debemos humillarnos ante Dios³⁵¹.

c) Cuando se constata que el mal espíritu ha conseguido infiltrarse en nuestros pensamientos: examinar cómo y cuándo ha conseguido meterse en el discurso de nuestra mente, para sacar experiencia y guardarse en adelante³⁵².

2) Las mociones del buen espíritu.

a) Ante las consolaciones del alma:

- Pensar que no duran siempre sino que a la consolación sucede la desolación; fortalecerse para ese momento³⁵³.

- Procurar humillarse y abajarse pensando cuán poco vale y puede uno en tiempo de desolación³⁵⁴.

b) Ante las inspiraciones o inclinaciones del alma: secundarlas con toda docilidad y prontitud. ¿Cómo?³⁵⁵:

- Sometiéndonos plenamente a la voluntad de Dios que conocemos ya por los preceptos y consejos conformes con nuestra vocación.

---

³⁴⁹ Cf. San Ignacio, *Ejercicios Espirituales*, n. 320.324.
³⁵⁰ Cf. San Ignacio, *Ejercicios Espirituales*, n. 321.
³⁵¹ Cf. San Ignacio, *Ejercicios Espirituales*, n. 322.
³⁵² Cf. San Ignacio, *Ejercicios Espirituales*, n. 334.
³⁵³ Cf. San Ignacio, *Ejercicios Espirituales*, n. 323.
³⁵⁴ Cf. San Ignacio, *Ejercicios Espirituales*, n. 324.
³⁵⁵ Cf. Garrigou-Lagrange, *Las tres edades de la vida interior*, II, 798-780; Royo Marín, *El gran desconocido*, 219 ss.

Haciendo buen uso de las cosas que ya conocemos, el Señor irá haciendo conocer otras nuevas.
- Renovando con frecuencia la resolución de seguir en todo la voluntad de Dios.
- Pidiendo sin cesar al Espíritu Santo luz y fuerza para cumplir la voluntad de Dios.
- Siguiendo la inspiración de la gracia en el mismo instante en que se produzca, sin hacer esperar un segundo al Espíritu Santo, no cayendo en las tentaciones más comunes contra la docilidad: la tentación de la dilación (dejar las cosas para más adelante), la tentación de dar menos de lo que Dios nos pide y la tentación de recuperar lo que ya le hemos dado.

II. EL DISCERNIMIENTO APLICADO

Las aplicaciones del discernimiento son muchas; nosotros vamos a detenernos en dos de ellas que nos parecen las más importantes para la dirección espiritual: la que se refiere a la vocación consagrada y la de los fenómenos carismáticos y diabólicos.

1. EL DISCERNIMIENTO DE LA VOCACIÓN CONSAGRADA

"Se puede afirmar, dice un documento magisterial, que esta atención a la vida espiritual de los fieles, guiándolos en el camino de la contemplación y de la santidad, también como ayuda en el discernimiento vocacional, es una prioridad pastoral: «En esta perspectiva, la atención a las vocaciones al sacerdocio se debe concretar también en una propuesta decidida y convincente de dirección espiritual […]. Por su parte, los sacerdotes sean los primeros en dedicar tiempo y energías a esta labor de educación y de ayuda espiritual personal. No se arrepentirán jamás de haber descuidado o relegado a segundo plano otras muchas actividades también buenas y útiles, si esto lo exigía la fidelidad a su ministerio de colaboradores del Espíritu en la orientación y guía de los llamados» (Juan Pablo II)"[356].

---

[356] Congregación para el Clero, *El sacerdote confesor y director espiritual*, 71.

El discernimiento vocacional tiene un lugar eminente en la dirección espiritual pues el descubrimiento de la vocación es una de las tareas fundamentales que debe enfrentar todo ser humano y también donde suele necesitar más ayuda[357]. El Papa Juan Pablo II habla de "una metódica pastoral vocacional basada especialmente en la dirección espiritual"[358]; y recordando palabras de la *Presbiterorum ordinis* afirma que la dirección espiritual bien empleada "constituirá un factor determinante en la solución del problema de las vocaciones, como dice la experiencia de tantas generaciones de sacerdotes y de religiosos"[359].

Por "vocación" en general, se entiende el "llamado de Dios a un estado de vida", que puede ser el estado matrimonial o el estado de vida consagrada (la cual, a su vez, conoce distintas vocaciones: al sacerdocio, al diaconado permanente, a la vida religiosa, a la vida misionera y a la secularidad consagrada). Por derivación, se suele designar vulgarmente con el término "vocación", de un modo restrictivo, la vocación consagrada.

1) Presupuestos teológicos sobre la vocación

El punto de partida para el discernimiento vocacional es la convicción de fe de que la vocación es un llamado de Dios. Por tanto, el trabajo que hay que hacer sobre ella se limita a descubrir el específico llamado divino para cada persona. No es una "decisión" del interesado; el término "elección de la vocación" que suele ser usado como sinónimo de "discernimiento vocacional", debe ser entendido en sentido amplio. La vocación, es decir, el "plan de Dios sobre una persona concreta" hay que descubrirlo, no decidirlo independientemente de la Voluntad divina.

El llamado de Dios es un llamado interior (extraordinariamente, puede ser también exterior, a través de diversas circunstancias muy concretas, como le ocurrió a San Pablo camino a Damasco, a San Ambrosio al ser proclamado obispo por boca de un niño, etc.). Este llamado se percibe a veces como un interior "deseo" o "anhelo" de dedicar su vida a Dios (el

---

[357] Cf. Ruíz Jurado, *El discernimiento espiritual*, 279-289; Instituto del Verbo Encarnado, *Directorio de vocaciones*, 181-217.

[358] Juan Pablo II, *Encuentro con el clero y los religiosos en la Catedral de Aosta*, 7 de setiembre de 1986.

[359] Juan Pablo II, *Audiencia general*, 2 de junio de 1986.

I - La Dirección Espiritual - Conceptos generales

fin de toda vocación), a través de algún modo concreto de vida (el estado de vida es siempre un medio para servir a Dios y sólo un medio); también puede uno conjeturarlo por las circunstancias que Dios le coloca en la vida o por las cualidades naturales o sobrenaturales con que se ve adornado.

2) El trabajo por parte del interesado

Es evidente que, tratándose de un llamado interior, es el interesado el que debe percibirlo principalmente: la voluntad de Dios no puede conocerse –salvo revelación explícita– sino por el ejercicio de la prudencia sobrenatural. Tendrá que aplicar un auténtico discernimiento para ver si las mociones interiores de entregarse a Dios en éste o en aquél modo de vida provienen efectivamente de Dios o de sus gustos personales. El director espiritual prestará su ayuda cuando le sea requerida. El modo de descubrir este llamado divino puede ser muy diverso según las personas y según los tiempos de las personas. San Ignacio, en el libro de los Ejercicios, indica tres modos diversos que él denomina "Tres tiempos para hacer elección". A decir verdad, la aplicación de este método sobrepasa la materia de la elección de estado y San Ignacio lo indica, por eso, para todo tipo de elección; sin embargo, su aplicación más importante tiene lugar en este asunto. El director ayudará mucho al dirigido, o a quien lo consulta, exponiéndole los diversos modos de hacer el análisis de la vocación, indicando con claridad en qué circunstancias espirituales el dirigido deberá apelar a uno u otro "tiempo". De modo muy sintético, el método de San Ignacio se puede resumir en lo que sigue[360].

a) Presupuestos esenciales. Ante todo, como preámbulo de toda elección se deben tener en cuenta algunos principios fundamentales:

a. Toda elección recae sobre "medios", y para elegir con imparcialidad entre diversos medios, es necesario que el fin al que se ordenan sea indiscutido. En este caso el fin último es para todo hombre la santidad, mientras que el estado de vida (vida consagrada, matrimonio) tiene razón de medio ordenado al fin. Por tanto, es la consecución de ese fin lo que tendrá razón determinante en la elección que cada uno haga: cuál es el medio que más directamente me puede hacer a mí alcanzar el fin último para el que he

---

[360] San Ignacio de Loyola, *Ejercicios Espirituales*, n. 169ss.

sido creado; o dicho de otra manera: ¿en qué modo de vida daré más gloria a Dios?

b. Para hacer una buena elección es necesario poseer ciertas disposiciones: no estar condicionado por afectos desordenados; y mirar lo que se hace a la luz de la eternidad y del fin para el que somos creados. Ésta es la clave para una recta elección, es decir, para ver con objetividad lo que Dios quiere para mí: el hacerla después de haber alcanzado la "indiferencia" respecto de las cosas creadas, es decir la ausencia de afectos desordenados, apegos, inclinaciones torcidas, etc. San Ignacio coloca el momento de la "elección" después de haber realizado las meditaciones "Del Reino", "Dos Banderas", "Tres binarios" y "Tres maneras de humildad", es decir (dentro de la lógica de sus Ejercicios), en el momento en que el alma está totalmente dispuesta a elegir y hacer sólo lo que Dios quiere para ella.

c. Materia de elección. ¿Sobre qué se puede o debe hacer elección?

Ante todo, sólo se puede hacer elección entre cosas buenas o indiferentes en sí mismas y aceptadas por la Iglesia; no se puede elegir una cosa que sea pecaminosa.

En segundo lugar, no se puede elegir o volver a deliberar sobre temas o cosas de las que ya se ha hecho rectamente elección (como quien ya ha asumido el estado del sacerdocio o del matrimonio). Esto quiere decir que se puede elegir: primero, en aquellas cosas que aún no se ha hecho o planteado elección; segundo, en aquellas cosas que, habiendo sido elegidas (si aún no se ha tomado el compromiso definitivo de vida) consta con certeza que la elección previa ha sido desordenada, puramente humana o carnal, o bien han cambiado esencialmente las circunstancias que nos determinaron a hacer la elección precedente.

b) Tres tiempos para hacer una buena elección. San Ignacio llama "tiempos" para hacer elección, a diversos estados o modos en que la voluntad divina puede manifestarse al alma. Estos son tres:

a. El primero es cuando el alma, por especial gracia de Dios, sin dudar ni poder dudar, tiene la plena seguridad de lo que Dios le pide. Es el caso de vocaciones muy singulares, como los llamados explícitos de San Mateo o San Pablo y también de personas que tienen la plena certeza (no pueden dudar de ello) del llamado de Dios (como San Antonio Abad al escuchar las palabras del Evangelio) y también de muchas otras personas a quienes se plantea la vocación de un modo totalmente indubitable. Los comentaristas de San Ignacio han discutido si se trata de una elección fruto de gracias extraordinarias, como revelaciones, visiones, etc. (así parecieron entenderlo en Directorio, el Padre Gil González y Aquiles Gagliardi[361]). Otros, en cambio, lo entendieron también del caso en que, sin ninguna locución divina, tuviéramos tal abundancia de luz interior que no pudiéramos prácticamente llegar a dudar de que, para nosotros, aquel camino es el mejor; así, por ejemplo, Casanovas: "Claro es que Dios puede llamar de esta manera sensible, como vemos que lo hizo con San Mateo y con San Pablo; pero puede hacerlo también sin valerse de ningún medio externo y con la sola luz y fuerza espiritual comunicada interiormente al alma, dándole por ella tanta o mayor certeza de ser ésta la voluntad de Dios, que si lo viera con los ojos, lo oyera con los oídos y lo tocara con sus mismas manos"[362].

b. El segundo es a través de la experiencia personal de consolación y desolación, aplicando a estos estados las reglas de discernimiento de espíritus[363]. Es decir, cuando el alma siente internas inspiraciones y mociones tan eficaces que sin discurso del entendimiento, o con muy poco, la voluntad se siente llamada al servicio de Dios y a la perfección. Según Oraá, San Ignacio considera ordinario este tiempo en los Ejercicios Espirituales. Se trata de determinar a qué extremo de la elección se inclina la voluntad cuando el alma está en consolación y tranquilidad y a cuál cuando está en desolación. Si se siente movida a contrarios afectos, señal que es movida por principios contrarios, ya que propio del mal espíritu es invadir el alma en la desolación y oprimirla con la pusilanimidad, tristeza y flojedad; y al contrario, propio es del buen espíritu causar en el alma alegría y tratar de influir en ella. Ejemplifica el Padre Polanco (quien fue secretario de San Ignacio) en su Directorio: "... cuando hace la meditación... ponga ante los ojos de su mente el camino de los consejos (es decir, vida religiosa)

---

[361] Cf. Directorio, c. 26, *Monumenta Historica Societatis Iesu; Monumenta Ignatiana*; Ser. 2ª, Madrid 1919, 1157; Gil González, *ibid.*, 7b, 924; Gagliardi, A., *Commetarii, seu explanationes in execitia spiritualia S. Patris Ignatii de Loyola*, Brugis 1882, 93.

[362] Casanovas, *Comentario y explanación de los Ejercicios de San Ignacio de Loyola*, II, 469.

[363] Cf. Oraá, *Ejercicios Espirituales*, 1222-1224.

y observe si siente en su alma algunos movimientos de consolación o de desolación hacia él, y observe lo mismo cuando se propone el camino de los mandamientos (vida secular)...".

También habrá que observar si tales consolaciones, cuando se dan, llevan siempre a buen fin o, por el contrario, terminan distrayendo al alma de sus deberes propios.

"Quien profunda y constantemente sienta en su alma esos santísimos efectos cada vez que piensa elegir una cosa por Dios, y los contrarios cuando piensa elegir lo contrario, acertadamente puede tomar aquella consolación substancial como voz de Dios que le está llamando"[364].

Para este modo de elección hay que aplicar rigurosamente las reglas de discreción de espíritus, para asegurar que se trata de toques divinos y no consolaciones del mal espíritu disfrazado de ángel de luz, intentando llevar al alma a un engañoso iluminismo. Este modo de hacer elección no está, sin embargo, exento de dificultades. Por eso, algunos de los grandes comentaristas de San Ignacio recomendaban corroborar la elección hecha según este modo con la del tercer tiempo para hacer elección. Así, por ejemplo, el Padre Polanco: "Aunque es más excelente el segundo tiempo de hacer elección que el tercero, si el ejercitante o el Director, o ambos, dudan de si realmente son de Dios aquellas mociones, consolaciones, desolaciones, o del demonio que se transfigura en ángel de luz, al menos en parte, puede examinarse por los dos modos del tercer tiempo"[365]. Y el Directorio de Granada: "Aunque la tuviera hecha [la elección] por el segundo tiempo, si quiere, puede examinarse por el tercer tiempo para mayor certidumbre"[366].

c. El tercer tiempo consiste en usar las potencias del alma (inteligencia y voluntad) en momentos de serenidad. San Ignacio insiste en la necesidad de que el alma se halle en tiempo "tranquilo", es decir, no turbada por ansiedades, tentaciones o agitaciones; es necesario que su mente esté despejada y su libertad no influenciada por pasiones, vicios, influencias extrínsecas, etc. Esta tranquilidad no es otra cosa que "un estado de espíritu indiferente a todos los

---

[364] Casanovas, *Comentario y explanación de los Ejercicios de San Ignacio de Loyola*, II, 475.

[365] Polanco, *Monumenta Historica Societatis Iesu; Monumenta Ignatiana*, 820, n. 85.

[366] Directorio de Granada, cap. 8, *Monumenta Historica Societatis Iesu; Monumenta Ignatiana*, 968.

III - Las diversas funciones del director espiritual

medios; y para mayor seguridad una mayor y más fuerte inclinación a lo más perfecto, conforme a las máximas de Jesucristo"[367]. Por el contrario, cuando el alma está en desasosiego no debe elegir o no debe mudar las decisiones ya tomadas. Cuando se cumplen las condiciones, San Ignacio indica dos modos posibles que guardan cierta similitud entre sí:

El primer modo tiene seis pasos:

1º Poner delante la materia sobre la que se pretende hacer elección.

2º Considerar el fin último para el que uno ha sido creado (y de este modo tomar conciencia de que cuanto se va a elegir tiene razón de medio respecto del fin último). Esta es la disposición habitual fundamental para hacer recta elección: sólo tender con esta elección a "seguir aquello que sintiere ser más en gloria y alabanza de Dios nuestro Señor y salvación de mi ánima"[368].

3º Pedir la gracia divina para hacer rectamente la elección.

4º Considerar "razonando" todos los beneficios y provechos que se siguen del elegir uno de los extremos de la elección: tal oficio, tal estado, etc. (por ejemplo, estado religioso). Y asimismo todos los males y peligros que me ocasionará determinarme por este oficio, estado, etc. Y por otro lado hacer lo mismo con el extremo opuesto (por ejemplo, matrimonio), es decir, mirar todos los beneficios y provechos en tomar tal oficio y todos los males y peligros que se siguen de eso. Suele decirse: ver todos los pro y contra de cada caso. No se trata de ver las ventajas o desventajas que encierra un camino u otro considerados en sí mismos (en absoluto o en abstracto), sino las ventajas y desventajas que se siguen para mí en orden a conseguir mejor el fin para el que he sido creado: "considerar cuántos cómodos o provechos se me siguen..., para sola alabanza de Dios nuestro Señor y salud de mi alma"[369]. Se trata, pues, no de un juicio especulativo (juicio sobre la cosa en sí) sino de un juicio práctico (juicio de elección o conveniencia): "esta o aquella vocación, vistas como medio para que **yo** alcance mi fin".

Cuando sean decisiones importantes, conviene que se piensen con

---

[367] Casanovas, *Comentario y explanación de los Ejercicios de San Ignacio de Loyola*, II, 478.

[368] San Ignacio, *Ejercicios Espirituales*, n. 179.

[369] San Ignacio, *Ejercicios Espirituales*, n. 181.

detenimiento, y que todas las razones que se encuentren en uno y otro caso, sean escritas con toda claridad y amplitud incluso tomándose el tiempo para ello. Conviene escribir las razones en pro y en contra y luego dejar "reposar" las cosas un tiempo para volver más tarde a mirar y sopesar las razones anotadas. De este modo suelen decantarse muchas falsas razones que en un primer momento parecían ser de especial importancia pero que luego se revelan de poca monta.

5º El punto más importante es el juicio racional que debe hacerse sobre el antedicho análisis, es decir: examinando lo antes escrito o pensado, juzgar qué razones tienen mayor peso y dónde se siguen mayores bienes para "mi" alma, siempre teniendo en cuenta el fin para el cual Dios nos ha creado. Debe ser un juicio racional y no sentimental; deben dejarse de lado las apreciaciones sensibles, los gustos y comodidades. Es la razón práctica la que debe dominar la elección.

6º Hecha la elección debemos, delante de Dios, en la oración, "ofrecerla, para que su divina majestad la quiera recibir y confirmar, siendo su mayor servicio y alabanza". Es decir, ofrecer a Dios la elección realizada, para que Él "la quiera recibir y confirmar"[370], mostrando que le agrada por el consuelo del espíritu. Cuenta San Ignacio en su Diario Espiritual que después de una elección rezaba mientras se preparaba para la Misa: "Padre eterno, confírmame. Hijo eterno, confírmame. Espíritu Santo, confírmame. Santa Trinidad, confírmame. Un solo Dios, confírmame... Y Padre eterno, ¿no me confirmaréis?... etc."[371].

El segundo modo consta de los mismos pasos que el anterior, variando solamente el número cuatro. Respecto de ese cuarto punto, para darnos mayor objetividad, en lugar de los "pro y contra", San Ignacio nos presenta cuatro reglas:

1ª regla: considerar la cosa que voy a elegir y ver la relación que ella tiene con Dios, mi fin último, "de forma que el que elige sienta primero en sí que aquel amor más o menos que tiene a la cosa que elige es sólo por su Criador y Señor".

---

[370] San Ignacio, *Ejercicios Espirituales*, n. 180.
[371] San Ignacio, *Diario espiritual*, n. 48 ss.

2ª regla: mirar a un hombre que nunca se ha visto ni conocido, y deseando toda su perfección, pensar qué le diría sobre la materia que se ha propuesto elegir, viendo la mayor gloria de Dios y la salvación de su alma. Y aplicar a mí mismo tal decisión.

3ª regla: imaginarme *in articulo mortis*, es decir, en el momento en que voy a dejar este mundo para presentarme ante Dios, e imaginando esa situación, considerar cuál sería el pensamiento que en ese momento hubiese querido tener respecto a la elección. Y por esa determinación moverme ahora.

4ª regla: poner al alma delante del juicio de Dios, en el momento más decisivo de mi vida, delante del Supremo Juez y de toda la corte celestial, y considerar qué quisiera haber elegido para mostrarlo delante de Dios, y la forma de proceder que entonces querría haber tenido, tomarla ahora, para que entonces me halle con entero placer y gozo.

3) *La función del director ante la vocación consagrada*

Aunque parezca una verdad evidente hay que insistir en que "no es el Director quien hace la elección sino el dirigido". La responsabilidad de la elección la asume el dirigido. Por eso nunca puede imponer un camino determinado (distinto es, en cambio, "proponer", "poner en consideración"). En las "Anotaciones" de San Ignacio se lee del director de ejercicios: "... No debe mover más a pobreza ni a promesa, que a sus contrarios, ni a un estado o modo de vivir, que a otro...; más conveniente y mucho mejor es, buscando la divina voluntad, que el mismo Criador y Señor se comunique a su ánima devota, abrazándola en su amor y alabanza, y disponiéndole por la vía que mejor podrá servirle adelante. De manera que el que los da no se decante ni se incline a la una parte ni a la otra; mas estando en medio, como un peso, deje inmediatamente obrar al Criador con la criatura, y a la criatura con su Criador y Señor"[372].

Me parece útil transcribir, por su mesura y prudencia, los consejos de San Alfonso ante la posible vocación: "Si hay algún joven que quiera elegir estado, no se atreva el confesor a determinársele, sino sólo por los indicios que descubra procure persuadirle que abrace aquel para el cual

---

[372] San Ignacio, *Ejercicios Espirituales*, n. 15.

puede juzgar prudentemente que le llama Dios. Y señaladamente, hablando de los que quieren entrar en Religión [vida religiosa], cuide ante todo el confesor de pesar bien en su conciencia la Orden a que desean pertenecer: porque si tal vez se encuentra relajado aquel Instituto, mas cuenta le tendrá (ordinariamente hablando) quedarse en el siglo; porque agregándose a él se producirá del propio modo que los otros, y aquello poco bueno que antes practicaba lo olvidará fácilmente en aquella Religión, como sucede a muchos por desgracia. Y en especial ándese con tiento el confesor si aquel joven a instancias de sus parientes pretende entrar en alguna de estas Comunidades donde falta observancia. Empero si es una Religión donde esta se halla en su vigor, examine bien el confesor la vocación de su penitente, inquiriendo si para entrar en ella tiene algún impedimento de inhabilidad, si es enfermizo, y si sus padres se hallan en la miseria; y sobre todo explore si es recto el fin, por ejemplo, si lo hace por unirse más a Dios, enmendar los yerros de la vida pasada, o evitar los peligros del siglo. Porque si su fin principal es mundano, por ejemplo, el tener una vida más cómoda, o librarse de sus parientes de dura condición, o por complacer a sus padres que le obligan a ello, guárdese de permitírselo en este caso; porque entonces no hay una verdadera vocación, sin la cual tendrá un fatal resultado su ingreso en el Monasterio. Pero siendo bueno el fin, y no habiendo impedimento, ni debe ni puede el confesor, ni otro alguno, como enseña Santo Tomás, sin culpa grave, impedirle o disuadirle de aquella vocación; si bien a la veces obrará con prudencia en diferirle la ejecución para experimentar mejor si es firme y perseverante su resolución; especialmente si conoce que el joven es voluble, o si aquella determinación la tomó en tiempo de Misiones o Ejercicios Espirituales: porque en tales ocasiones se conciben ciertos propósitos, que se desvanecen luego que pasa el primer fervor"[373].

Las funciones del director espiritual respecto de la posible vocación de un dirigido (o de quien lo consulta eventualmente) son tres: verificar la idoneidad, incitar a una auténtica respuesta y, eventualmente, solucionar las diversas objeciones que le surgirán al candidato. Se trata de una tarea muy importante, pues el documento *Orientaciones para la educación en el celibato sacerdotal*, de la Congregación para la Educación Católica, reconoce que "los errores de discernimiento de las vocaciones no son raros, y demasiadas

---

[373] San Alfonso, *El hombre* apostólico, III, 127-128.

ineptitudes psíquicas, más o menos patológicas, resultan patentes solamente después de la ordenación sacerdotal. Discernirlas a tiempo permitirá evitar muchos dramas"[374].

a) Constatar la idoneidad. La idoneidad es el efecto del llamado divino y condición previa indispensable para el legítimo llamamiento eclesiástico; por tanto, la falta de idoneidad es signo cierto de falta de vocación divina. Dice Santo Tomás: "Aquellos a quienes Dios elige para una misión los prepara y dispone de tal suerte que sean idóneos para desempeñarla convenientemente"[375]. Pío XI habla de tres tipos de dotes requeridas: "La vocación más que un sentimiento del corazón o atractivo sensible, que a veces puede faltar o dejar de sentirse, se revela en la rectitud de intención del aspirante al sacerdocio unida a aquel conjunto de dotes físicas, intelectuales y morales que le hacen idóneo para tal estado"[376]. También la *Optatam totius* hace referencia a estos elementos: "Investíguese con mucho cuidado, según la edad y progreso en la formación de cada uno, acerca de la rectitud de intención y libertad de los candidatos, la idoneidad espiritual, moral e intelectual, la conveniente salud física y psíquica, teniendo también en cuenta las condiciones hereditarias"[377]. Pablo VI, por su parte, hablando de la vocación al sacerdocio afirmaba de modo categórico: "Los sujetos que se descubran física, psíquica o moralmente ineptos, deben ser inmediatamente apartados del camino del sacerdocio: sepan los educadores que éste es para ellos un gravísimo deber; no se abandonen a falaces esperanzas ni a peligrosas ilusiones y no permitan en modo alguno que el candidato las nutra, con resultados dañosos para él y para la Iglesia. Una vida tan total y delicadamente comprometida interna y externamente, como es la del sacerdocio célibe, excluye, de hecho, a los sujetos de insuficiente equilibrio psicofísico y moral, **y** no se debe pretender que la gracia supla en esto a la naturaleza"[378].

a. Idoneidad física y psíquica. Ordinariamente la salud precaria es un

---

[374] Congregación para la Educación Católica, *Orientaciones para la educación en el celibato sacerdotal*, n. 38.

[375] Santo Tomás, *Suma Teológica*, III, 27,4.

[376] Pío XI, *Ad Catholici Sacerdotii*, n. 55.

[377] *Optatam totius*, n. 6.

[378] Pablo VI, *Sacerdotatis coelibatus*, n. 64.

elemento contrario a la vocación si llegase a convertirse en impedimento para realizar las actividades fundamentales de la vida consagrada; evidentemente, esto es muy relativo, pues religiosos con muy poca salud física han llegado a ser extraordinarios apóstoles y misioneros.

Más delicado es el caso del equilibrio psíquico. El consagrado ha de poseer una suficiente madurez humana que la *Optatam totius* resume en una "cierta estabilidad de ánimo, recto modo de juzgar y en la capacidad de tomar resoluciones ponderadas"[379]. Un documento magisterial más reciente, aludiendo a las cualidades que componen esta madurez psíquica necesaria en el candidato a la vida sacerdotal dice: "Algunas de estas cualidades merecen una particular atención: el sentido positivo y estable de la propia identidad viril y la capacidad de relacionarse de forma madura con otras personas o grupos de personas; un sólido sentido de pertenencia, fundamento de la futura comunión con el presbiterio y de una responsable colaboración con el ministerio del Obispo; la libertad de entusiasmarse por grandes ideales y la coherencia para realizarlos en la acción diaria; el valor de tomar decisiones y de permanecer fieles; el conocimiento de sí mismo, de las propias capacidades y límites, integrándolos en una buena estima de sí mismo ante Dios; la capacidad de corregirse; el gusto por la belleza, entendida como «esplendor de la verdad», y el arte de reconocerla; la confianza que nace de la estima por el otro y que lleva a la acogida; la capacidad del candidato de integrar, según la visión cristiana, la propia sexualidad, también en consideración de la obligación del celibato"[380].

Hay, por tanto, enfermedades psíquicas constitucionales que indican clara falta de idoneidad; algunas perturbaciones constituyen un impedimento absoluto (como, por ejemplo, la paranoia, mitomanía, esquizofrenia, perversiones del instinto sexual, etc.); otras, en cambio, sólo constituyen impedimentos relativos, es decir, no son absolutos pero revisten tal gravedad que imponen esperas, tratamientos y pruebas antes de ser aceptados en la vida religiosa o sacerdotal (como, por ejemplo, hiperemotividad,

---

[379] *Optatam totius*, n. 11.
[380] Congregación para la Educación Católica, *Orientaciones para el uso de las competencias de la psicología en la admisión y en la formación de los candidatos al sacerdocio*, n. 2. El texto alude a párrafos de Juan Pablo II en: *Pastores dabo vobis*, n. 17 y 44, y Pablo VI, en: *Sacerdotalis cœlibatus*, nn. 63-64.

III - Las diversas funciones del director espiritual

constitución psicasténica, etc.). Hay que tener en cuenta también que mayor es la exigencia de idoneidad psíquica, por las graves responsabilidades que conlleva, para quien quiere abrazar el estado sacerdotal –religioso o secular– que para quien aspira sólo a la vida religiosa no sacerdotal[381]. Las necesarias dotes psíquicas naturales han de ir acompañadas por una gran firmeza y constancia, pues "hay quienes pueden impresionarse momentáneamente por el conjunto de dotes naturales, pero si les falta la constancia serían incapaces de superar después las grandes dificultades de la vida"[382]. Por este motivo hay que enumerar la inconstancia constitucional entre las faltas de idoneidad psíquica, puesto que hace de algunas personas "adolescentes perpetuos", dedicados a muchas cosas sin aplicarse en serio a ninguna, excesivamente inestables, siempre indecisos y vacilantes; esto hace pensar en un fundamental desequilibrio nervioso.

En algunos casos "para una valoración más segura de la situación psíquica del candidato, de sus aptitudes humanas para responder a la llamada divina, y para una ulterior ayuda en su crecimiento humano, en algunos casos puede ser útil el recurso al psicólogo. Este puede proporcionar a los formadores no sólo un parecer sobre el diagnóstico y la eventual terapia de los disturbios psicológicos, sino también una aportación a favor del apoyo en el desarrollo de las cualidades humanas y, sobre todo, relacionales necesarias para el ejercicio del ministerio, sugiriendo itinerarios útiles a seguir para favorecer una respuesta vocacional más libre"[383].

En efecto, si bien la ayuda del director espiritual y del confesor es suficiente para superar ciertas dificultades de la vida del candidato, "en algunos casos, sin embargo, el desarrollo de estas cualidades morales puede venir obstaculizado por particulares heridas del pasado, aún no resueltas". De ahí que "«si casus ferat» –es decir, en los casos excepcionales que presentan particulares dificultades–, el recurso a los psicólogos, ya sea antes de la admisión al Seminario, como durante el camino formativo, puede ayudar al candidato en la superación de aquellas heridas en vista siempre

---

[381] Cf. Biot-Gallimard, *Guía médica de las vocaciones sacerdotales y religiosas*, especialmente 129-134.

[382] Sagrada Congregación para los Seminarios, *Carta* del 27 de setiembre de 1960, I, 2.

[383] Congregación para la Educación Católica, *Orientaciones para el uso de las competencias de la psicología en la admisión y en la formación de los candidatos al sacerdocio*, n. 5.

a una cada vez más estable y profunda interiorización del estilo de vida de Jesús Buen Pastor, Cabeza y Esposo de la Iglesia"[384]. En tal caso, "para una correcta valoración de la personalidad del candidato, el psicólogo podrá recurrir tanto a entrevistas, como a tests, que se han de realizar siempre con el previo, explícito, informado y libre consentimiento del candidato"[385]. Es decir, esta ayuda psicológica no puede ser impuesta de modo obligatorio a ningún candidato, el cual tiene derecho a rechazarla; pero no es menos cierto que, en este último caso, los superiores también son libres para juzgar que un determinado candidato, del que sospechan con fundamento que no goza del suficiente equilibrio psíquico o afectivo, no puede continuar ya su formación[386].

Este tipo de técnicas psicológicas o psicoterapéuticas, de todos modos, no deben ser ejercidas por los mismos formadores, incluido, por supuesto, el director espiritual, manteniendo claramente la distinción entre la dirección espiritual y la ayuda profesional psicológica[387]. Por otra parte, "la dirección espiritual no puede en ningún modo ser sustituida por formas de análisis o de ayuda psicológica"[388].

b. Idoneidad intelectual. Es necesario también un grado suficiente de inteligencia proporcional a la tarea que se ha de realizar. Esta idoneidad es imprescindible para la vocación sacerdotal (religiosa y secular); cuando se trata de vocación religiosa no sacerdotal, en cambio, no es necesario que la capacidad intelectual sea particularmente profunda, pero sí digna y decorosa, especialmente si se trata de religiosos dedicados a la educación. La dignidad sacerdotal, en cambio, exige una formación sólida y amplísima, particularmente en las disciplinas eclesiásticas pero también en las filosóficas y humanísticas, pues el sacerdote debe ser fiel "dispensador de los misterios

---

[384] Ibídem, n. 5. El texto alude a la *Ratio fundamentalis institutionis sacerdotalis*, n. 39; y a *Pastores dabo vobis*, n. 29.

[385] Ibídem. Cf. Congregación para los religiosos y los Institutos Seculares, *Instrucción sobre la actualización de la formación para la vida religiosa*, n. 11.

[386] Cf. Ibídem, n. 12.

[387] Cf. Ibídem, n. 5: "Considerado el carácter particularmente delicado del asunto, se deberá evitar el uso de técnicas psicológicas o psicoterapéuticas especializadas por parte de los formadores".

[388] Ibídem, n. 14.

de Dios" (1Co 4,1), capaz de preservarse inmune de todo error y novedad extravagante.

c. Idoneidad moral (recta intención). Es el principal aspecto de la idoneidad para la vocación consagrada. Escribía Pablo VI: "He aquí una pregunta de suma importancia: ¿cuál es la señal más característica, indispensable, de la vocación sacerdotal, sobre la que por lo tanto tendrá que fijarse con preferencia la atención de cuantos atienden en el Seminario a la instrucción y a la formación de los jóvenes alumnos y, sobre todo, la del Director espiritual? Indudablemente la recta intención, es decir, la voluntad clara y decidida de consagrarse por entero al servicio del Señor, como salta a la vista en el decreto tridentino que prescribe que no se debe admitir en el Seminario sino a los adolescentes «cuya índole y carácter ofrezcan garantías de que han de desempeñar siempre los ministerios eclesiásticos»"[389]. El Código de Derecho Canónico dice del clérigo: "están obligados a buscar la santidad por una razón peculiar, ya que, consagrados a Dios por un nuevo título en la recepción del Orden, son administradores de los misterios del Señor en servicio del pueblo"[390]. El papel que el sacerdote desempeña en la Iglesia exige de él un impulso hacia la santidad siempre renovado; lo mismo se diga del religioso no sacerdote. Esto no quiere decir que las vocaciones al sacerdocio o a la vida religiosa exijan la santidad como requisito previo; puede tratarse incluso de grandes pecadores recién convertidos; lo que sí es esencial es que deseen seriamente la santidad y posean ciertas disposiciones y cualidades morales que hagan presumir que algún día alcanzarán la perfección cristiana. Deben poseer un gran deseo y propósito de consagrarse totalmente a Dios pues su vocación consiste precisamente en una donación total e incondicional.

Cuando el director espiritual observa en un dirigido esta triple idoneidad no debería temer plantearle la cuestión vocacional, invitándolo a considerar el posible llamado divino. Sin embargo, debe hacerlo siempre con discreción y respetando absolutamente su libertad. Hay que evitar dos errores: el primero es presionar la libertad del dirigido; el segundo es ser tímidos en proponer el seguimiento de Cristo. El Papa Juan Pablo II ha insistido mucho en la

---

[389] Pablo VI, Carta Apostólica *Summi Dei Verbum*, 23.
[390] CIC, c. 276.

magnitud y extensión del llamado divino: "la vocación está en germen en la mayoría de los cristianos"[391]; Dios "siembra a manos llenas por la gracia los gérmenes de vocación"[392]. Hay que buscar activamente las vocaciones: "Dios llama a quien quiere por libre iniciativa de su amor. Pero quiere llamar mediante nuestras personas... No debe existir ningún temor en proponer directamente a una persona joven, o menos joven, las llamadas del Señor"[393].

b) Incitar a la auténtica respuesta. Es tarea del director, una vez discernido el llamado divino, el alentar a la respuesta auténtica. La respuesta adecuada tiene tres características fundamentales: prontitud, generosidad y heroísmo.

Primero, debe ser pronta, es decir, ejecutando con rapidez lo que Dios quiere, sin aplazar la realización: "los cálculos lentos son extraños a la gracia del Espíritu Santo"[394]. Hay que recordar a los dirigidos el ejemplo de los santos, especialmente, los santos bíblicos:

–Abraham (cf. Gn 12,4). De él dice la Carta a los Hebreos: "Por la fe, Abraham, al ser llamado, obedeció y salió hacia la tierra que había de recibir en herencia, pero sin saber dónde iba" (Hb 11,8).

–Samuel: "Habla Señor que tu siervo escucha" (1Sam 3,10).

–Pedro y Andrés, quienes, al ser llamados por el Señor, "al instante dejando las redes le siguieron" (Mt 4,20). En su alabanza dice San Juan Crisóstomo: "estaban en pleno trabajo; pero al oír al que les mandaba, no se demoraron, no dijeron: Volvamos a casa y consultémoslo con nuestros amigos, sino que dejando todo lo siguieron... Cristo quiere de nosotros una obediencia semejante, de modo que no nos demoremos un instante".

–Santiago y Juan: dejando al instante las redes y a su padre en la barca fueron tras de Cristo (cf. Mt 4,21).

–San Mateo, quien al escuchar el llamado del Señor "se levantó y le

---

[391] Juan Pablo II, *Discurso a las religiosas*, L'Osservatore Romano, 20/04/80, 12.

[392] Juan Pablo II, *Mensaje a la XXIX Jornada Mundial de Oración por las Vocaciones*, L'Osservatore Romano, 2/12/91, 2.

[393] Juan Pablo II, *Mensaje a la XX Jornada Mundial de Oración por las Vocaciones*, L'Osservatore Romano, 17/04/83, 20.

[394] San Ambrosio, *Tratado sobre el Evangelio de San Lucas*, l. 2, n. 19; B.A.C., Madrid 1966, 96.

siguió" (Mt 9,9).

–San Pablo quien siguió el llamado de Cristo... "al instante, sin pedir consejo a hombre alguno" (Gal 1,17).

–La Santísima Virgen, quien al conocer la voluntad de Dios dijo inmediatamente al ángel: "Hágase en mí según tu palabra" (Lc 1,38), y luego se dirigió "rápidamente" (Lc 1,39) a casa de Isabel.

En el tema de la vocación hay que seguir el consejo de San Jerónimo "te ruego que te des prisa, antes bien cortes que desates la cuerda que detiene la nave en la playa"[395].

Segundo, debe ser generosa, es decir, dejando con decisión todo cuanto haya que abandonar; como dice la Escritura: "Dejadas todas las cosas" (Lc 5,11); "Ninguno que, después de haber puesto la mano en el arado, vuelve los ojos atrás, es apto para el Reino de Dios" (Lc 9,62). Algunos dicen querer servir al Señor, pero ponen condiciones: "Señor, permíteme que antes vaya a dar sepultura a mi padre. Más Jesús le respondió: Sígueme tú, y deja que los muertos entierren a sus muertos" (Mt 8,21-22). Dios quiere la entrega total. Quiere nuestro corazón irrestricto e indiviso.

Tercero, debe ser heroica, es decir, dispuesta a seguir a Cristo hasta las últimas consecuencias, pida lo que pida, exija lo que exija. Para esto habrá que hacer trabajar al dirigido en la virtud de la magnanimidad.

c) Solucionar las dificultades y obstáculos. Finalmente, el último trabajo que tiene que realizar el director espiritual es el ayudar a discernir y superar las falsas objeciones y dificultades que suelen amenazar toda decisión auténtica de seguir la voluntad de Dios. Las dificultades pueden provenir de fuentes muy diversas; me contentaré simplemente con enumerarlas.

a. Algunas provienen de los hombres mundanos en general, y son

---

[395] Citado por Santo Tomás, *Suma Teológica*, II-II, 189, 10.

fundamentalmente las siguientes:

La primera es la tentación de dilatar el concretar la vocación (la entrada en el seminario o en una determinada congregación religiosa) como si el dejar pasar el tiempo solucionase algún problema relativo a la vocación. Es una excusa y muy perniciosa para las vocaciones.

La segunda es pensar que es un engaño del demonio. Es verdad que el diablo sugiere muchas veces "bienes" inferiores con intención de engañar y distraer la atención de cosas más fundamentales para el alma. Pero esto no tiene aplicación al caso de la vocación consagrada, pues, como dice San Juan Bosco: "La vocación religiosa debería abrazarse aunque viniese del demonio, porque siempre debe seguirse un buen consejo aunque nos venga de un enemigo"[396]. Sólo habría que resistirse en caso de que nos incite a soberbia o a otros vicios. Además, tal incitación por parte del demonio no tiene ninguna efectividad, pues si el diablo o cualquier hombre sugieren a alguien entrar en religión, "tal sugestión no tiene eficacia alguna si no es atraído interiormente por Dios"[397]. De tal manera que "sea quien fuese el que sugiere el propósito de entrar en religión, siempre este propósito viene de Dios"[398].

La tercera es el miedo a fracasar. Quienes esgrimen tales dudas, normalmente quieren tener una seguridad que no es humana; es más, según Santo Tomás es "irracional". Implica una falta de confianza en la asistencia de Dios.

b. Otros obstáculos pueden llegar a provenir de los mismos familiares, especialmente los más cercanos, como el temor a quedarse solos sin el hijo o la hija, especialmente cuando son únicos; o el miedo a que pueda fracasar en la tarea emprendida. También la oposición directa de los padres o familiares a la vocación por rechazo de la fe o de la Iglesia. Igualmente los problemas económicos, etc.

Todas estas objeciones y muchas otras que se presentan por el estilo, tienen una única respuesta en las palabras de Cristo: "Quien ama a su padre

---

[396] San Juan Bosco, *Obras Fundamentales*, 644. Lo mismo dice Santo Tomás: cf. *Contra retrahentium*, cap. 9.

[397] Santo Tomás, *Contra retrahentium*, cap. 9.

[398] Santo Tomás, *Contra retrahentium*, cap. 9.

y a su madre más que a Mí, no es digno de Mí" (Mt 10,37).

c. Finalmente, la mayoría de las objeciones provienen del mismo sujeto y pueden afectar a la inteligencia, a la voluntad o a la sensibilidad:

A la inteligencia afectan diversos sofismas como pensar en la propia indignidad, encontrarse sin cualidades, considerar los muchos pecados pasados, ver los fracasos de otros que han emprendido la misma vocación, contraponer gustos personales a los que tendría que renunciar, pensar que puede hacer lo mismo en otro estado (como el laical), etc.

A la voluntad afectan las ataduras familiares o de amistad (por ejemplo, el noviazgo a pesar de ver que Dios lo está llamando a consagrarle su vida), el desear esperar para más adelante, el buscar certeza y seguridad total, el miedo al desprendimiento total.

A la sensibilidad, finalmente, afecta la pretensión de "sentir" la vocación. A esto hay que decir con San Francisco de Sales: "para tener una señal de verdadera vocación, no necesitáis experimentar una constancia sensible; basta que persevere la parte superior del espíritu; por esto no debe creerse falta de verdadera vocación la persona llamada que, antes de realizarla, no siente aquellos afectos sensibles que sentía en un principio; sino que, por el contrario, siente repugnancias y desmayos que acaso le hagan vacilar, pareciéndole que todo está perdido. No; basta que la voluntad siga constante en no querer abandonar el divino llamamiento, y que tenga algún afecto hacia él"[399].

El director también debe indicar al dirigido los medios para perseverar en la decisión tomada hasta poder concretarla (ya que a veces circunstancias legítimas impiden que puedan llevarse a cabo de modo inmediato las determinaciones). San Alfonso indicaba tres medios esenciales[400]:

El primero es el secreto: "Ante todo, hablando en general, es necesario que la vocación se tenga secreta a todos, excepto al director espiritual, porque los demás, ordinariamente, no sienten escrúpulo de decir a los jóvenes llamados al estado religioso que en todas partes, y aún en el mundo, se puede servir a Dios".

---

[399] San Francisco de Sales, citado por San Juan Bosco, *Obras Fundamentales,* 645.
[400] San Alfonso María de Ligorio, citado por San Juan Bosco, *Obras Fundamentales,* 646.

La segunda es la oración: "el que deja la oración dejará ciertamente la vocación... Medite a menudo sobre la vocación, considerando cuán grande es el favor que Dios ha hecho llamándole a Sí".

La tercera es el recogimiento: es decir, el apartarse, cuanto sea posible, del trato del mundo, al menos del trato mundano, y de las cosas que pueden poner en peligro su vida de gracia y su rectitud de intención.

2. EL DISCERNIMIENTO DE LOS FENÓMENOS EXTRAORDINARIOS

Por fenómenos extraordinarios entendemos tanto las gracias singulares como profecías, gracias místicas extraordinarias, hechos milagrosos, etc., cuanto las manifestaciones presuntamente diabólicas[401].

Dice la Congregación para el Clero: "Cuando se verifican casos o fenómenos extraordinarios es necesario referirse a los autores espirituales y a los místicos de la historia eclesial. Es necesario tener presente que estos fenómenos, que pueden ser fruto de la naturaleza, o también en el caso que provengan de una gracia, pueden expresarse de forma imperfecta por motivos psicológicos, culturales, de formación, de ambiente social. Los criterios que la Iglesia ha seguido para constatar su autenticidad se basan en contenidos doctrinales (a la luz de la Sagrada Escritura, de la Tradición y del Magisterio), la honestidad de las personas (sobre todo la sinceridad, la humildad, la caridad, además de la salud mental) y los frutos permanentes de santidad"[402].

En todo tiempo es necesario ejercer este tipo de discernimiento pues a lo largo de toda la historia de la Iglesia ha habido manifestaciones de esta índole y tenemos advertencias del Espíritu Santo y de Jesucristo al respecto: por un lado se nos dice "guardaos de los falsos profetas" (Mt 7,15-16), por otro "no apaguéis el Espíritu. No despreciéis las profecías. Examinadlo todo; retened lo bueno" (1Ts 5,20-21) y "no creáis a cualquier espíritu, sino examinadlos,

---

[401] Hemos dedicado una obra explícitamente al tema (Fuentes, Miguel, *Santidad, Superchería y Acción Diabólica*), por lo que aquí solamente aludimos someramente al argumento. Cf. también: Ruíz Jurado, *El discernimiento espiritual*, 195-206; San Juan de Avila, *Audi, filia*, 51-52.

[402] Congregación para el Clero, *El sacerdote confesor y director espiritual*, nn. 95; 98-100.

para ver si son de Dios" (1Jn 4,1). De todos modos, podemos decir sin temor a equivocarnos que esta necesidad es más urgente en nuestro tiempo, pues el desconcierto cultural, por un lado, y la insatisfacción espiritual, por otro, son causas detonantes que hacen pulular y bullir en una época como la nuestra las manifestaciones de orden pseudo carismático, falsas místicas, e incluso todo género de fenomenología ocultista; y esto entre los mismos fieles católicos.

Dilucidar si una persona es movida por el espíritu divino o por el espíritu diabólico o por el espíritu puramente natural es una de las tareas más difíciles y delicadas del director, pues debe tener en cuenta muchos factores y a menudo no podrá forjarse más que conjeturas. Por eso es muy importante que esté muy bien preparado con el estudio de los clásicos espirituales (en particular san Juan de la Cruz, san Juan de Ávila, san Ignacio de Loyola...). También debe conocer bien la teología espiritual y mística; y debe estar bien preparado en cuanto a la demonología y conocer cuál es la auténtica teoría y praxis de las oraciones de liberación y exorcismo con que la Iglesia ayuda a quienes son atormentados por el demonio (aunque no le toque a él realizar estas oraciones).

1) *Criterios para el discernimiento*

Resumo en algunos principios, aquellas cosas que todo director espiritual debería manejar con profesionalidad.

1° Ante todo, debe saber distinguir entre el fraude y la verdad de los hechos que se le presentan. Para esto:

- Hay que tener presente que ciertas personas inventan por afán de lucro, otras buscando notoriedad, o por simple malicia, o por desprestigiar a la Iglesia o a algún sacerdote en particular (e incluso para burlarse). Pero tampoco hay que ser excesivamente suspicaces y desconfiados, partiendo de la base de que todo es fraude o engaño. Por tanto, hay que guardar la justa proporción y estar atentos a todo lo que pueda resultar extraño o sospechoso.
- En todo lo que pretenda presentarse como "maravilloso", mejor guardar un paso de distancia y probarlo a fuego antes de aceptarlo.
- También hay que tener en cuenta que muchas personas no intentan engañar al prójimo, sino que se engañan a sí mismas.

2° El director debe saber distinguir lo *patológico* de lo preter y de lo sobrenatural.

- Estos campos no se excluyen necesariamente: una persona psíquicamente enferma puede ser también víctima del demonio o favorecida por Dios.

- Pero el discernimiento se torna muy difícil cuando hay fenómenos patológicos. Estos pueden tener ser causados o por una patología propiamente dicha, o bien por una acción diabólica, o bien por una acción sobrenatural de Dios (como ocurre con muchos místicos durante la noche oscura que produce en ellos un descalabro de la misma psiquis, como indican los estudiosos del tema).

- De ahí que haya que prestar particular atención a todo el conjunto de los hechos y de la persona, según los criterios que indicaremos más adelante.

3º El director espiritual debe saber distinguir lo *paranormal* de lo preter y de lo sobrenatural.

- Muchos autores serios aceptan la existencia de fenómenos "paranormales", aunque ninguna teoría explicativa se haya mostrado hasta ahora plenamente satisfactoria para dar razón de este campo. Fenómenos como telepatía, telequinesis, clarividencia..., parecen estar suficientemente comprobados, aunque no se los pueda explicar sin controversias, ni se los pueda reproducir a voluntad en un laboratorio.

- Lo primero que se debe intentar es comprobar la verdad de los hechos aducidos; al menos se debe buscar una certeza moral de su autenticidad, descartando el engaño humano o todo error involuntario.

- No debe olvidarse, además, que el demonio puede causar cualquier fenómeno paranormal porque esta fenomenología se mantiene dentro del campo natural, que es su campo de acción.

- También Dios puede producir estos fenómenos, ya que en sí mismos no repugnan con la santidad de Dios.

- Por tanto, los criterios para discernir las causas que los producen deberán ser tomados principalmente del examen del objeto, del fin y de las circunstancias que rodean el hecho, como indicaremos más adelante.

4° El director también debe saber distinguir lo *diabólico* de lo auténticamente sobrenatural.

- El demonio puede intentar simular los fenómenos sobrenaturales para engañar, ya sea a la misma persona que los padece, ya sea a los circunstantes (y especialmente al director espiritual).

- Pero hay fenómenos sobrenaturales que son *infalsificables*, como el milagro estrictamente dicho o intrínsecamente sobrenatural (el que implica la creación a partir de la nada, la resurrección de un muerto, la presencia simultánea de dos cuerpos en el mismo lugar, etc.); lo mismo se diga de la profecía estrictamente dicha (que implica acciones libres humanamente no conjeturables).

- En cambio, otros fenómenos pueden ser falsificados por la acción diabólica, especialmente los ligados a la fenomenología física (estigmas, sudor de sangre, locuciones, visiones físicas o imaginarias, etc.).

- En estos últimos casos pesa mucho el examen del objeto, del fin y de las circunstancias del hecho.

- Hay que tener en cuenta los auténticos signos de una verdadera intervención diabólica:
    - Primero hay que observar si existen antecedentes que puedan inclinarnos a pensar en una acción perternatural: si la persona implicada o alguien cercano a ella ha practicado magia o ha invocado al demonio; si se han realizado juegos diabólicos (como, por ejemplo, el tablero Ouija u otros similares) o se ha asistido a sectas satánicas; si se escucha asiduamente música satánica, o se practica el ocultismo; si alguien ha sido víctima de alguna maldición, especialmente de parte de familiares directos; o si algunos familiares están involucrados con la brujería o el satanismo, etc.
    - Luego hay que constatar la veracidad de los hechos relatados, por medio de testigos equilibrados, o de la misma persona si es seria y si no es proclive a creer apresuradamente en lo que le está

sucediendo.

- Cuando se trata de problemas físicos o psíquicos anormales hay que ver si pueden encontrar explicaciones satisfactorias de parte de médicos y otros profesionales,.

- También hay que tener en cuenta si es posible o imposible explicar alguna fenomenología extraña apelando a los fenómenos paranormales (tema, de suyo, muy complicado).

- En fin, en los casos más graves, hay que considerar si existe alguno de los criterios señalados por la Iglesia: que la persona involucrada hable con muchas palabras lenguas desconocidas o entienda a quienes las hablan, si es capaz de movilizar cosas distantes u ocultas, si manifiesta fuerzas por encima de su edad y condición. Y como criterio clave para los casos de presunta posesión: si se observa en la persona en cuestión una personalidad demoníaca.

5º En todos los casos, el director espiritual, debe ser capaz de juzgar sobre el objeto, el fin y las circunstancias del hecho consultado. En este sentido hay que tener cuenta:

- Los criterios ligados al objeto del fenómeno: se debe examinar qué clase de fenómeno es. En tal sentido, hay que tener en cuenta que todo cuanto sea ridículo, deforme, todo lo que suponga errores dogmáticos, defectos morales, etc., no puede venir de Dios y debe ser atribuido a causas humanas o diabólicas.

- Los criterios ligados a la finalidad del fenómeno: se debe examinar qué puede pretender Dios, o los hombres o el diablo con estos hechos. En tal sentido, todo cuanto lleve a desviar la atención de lo verdaderamente importante (la salvación de las almas, la predicación de la fe, la conversión moral), lo que lleve a algo menos bueno de cuanto ya se estaba viviendo, lo que claramente se prevea que va a terminar mal, lo que sencillamente haga perder el tiempo o distraiga... no puede venir de Dios y debe ser atribuido o a causas humanas o a causas diabólicas.

- Los criterios ligados a las circunstancias. Finalmente deben examinarse los accidentes que rodean física e históricamente los hechos, distinguiendo las circunstancias:

- Antecedentes (especialmente en los fenómenos presuntamente diabólicos): si hubo hechos que puedan ayudar a comprender los fenómenos actuales como, por ejemplo, práctica de brujería, magia, satanismo, etc.

- Concomitantes (especialmente en los fenómenos presuntamente sobrenaturales): si hay verdadera virtud en la persona que se dice favorecida, si tiene prudencia, si es sinceramente humilde y obediente y oculta sus hechos a quien no tiene por qué saberlos, si es curiosa, imprudente o impertinente, etc.

- Consiguientes: qué gana o pierde la persona favorecida o golpeada con estos fenómenos (fama, bienes, cuidados, atención...) o quienes están relacionados con ella.

6º En fin, el director debe saber probar con prudencia y firmeza a la persona que se dice favorecida con fenómenos sobrenaturales. Todos los santos y directores prudentes no han temido obrar de este modo; particularmente:

- Debe probarla en la obediencia y en la humildad, exigiéndole absoluto silencio sobre estos fenómenos y verdadera humildad; debe mostrarle poca y nula credulidad respecto de cuanto dice sucederle, llevando su atención a la práctica heroica de las virtudes (y examinando atentamente sus reacciones).

- Debe mirar si la persona quiere ser creída (mala señal) o ella misma desconfía de la autenticidad o del origen sobrenatural de cuanto le sucede (buena señal); si teme que estos sean indicios de un desequilibrio mental (buena señal) o si se entristece porque nadie le cree y desea imponer sus criterios a los demás, especialmente al confesor o director (mala señal), etc.

- Finalmente debe incitar a la persona presuntamente favorecida al ocultamiento de sí misma, a la fidelidad a la gracia y al amor a la cruz.

2) Aplicación de remedios

Por último, el director debe saber cuáles son los remedios específicos que se usan en cada acción comprobadamente diabólica (aunque no le toque a él ejecutarlos). A saber:

En los casos de infestación local y de persecución contra la Iglesia, el nuevo Ritual de los exorcismos prevé algunas oraciones y exorcismos menores (en el *Apéndice I*, que trae en sustancia el llamado *Exorcismo de León XIII*, aunque no en su versión completa); también se puede hacer (únicamente el sacerdote y no lo fieles) el *Exorcismo de León XIII* según su versión completa, tal como se encuentra en el Ritual Romano de 1614. Pueden emplearse igualmente los exorcismos menores que se encuentran en el Ritual Romano de los Sacramentos, en el rito de la *Iniciación cristiana de los adultos* (nn. 113-118), y con mayor razón algunas de las llamadas "oraciones de liberación", que si bien no se encuentran, por el momento, en ningún ritual ni devocionario oficial, corren editadas en algunos libros de conocidos exorcistas serios.

En los casos de vejaciones externas y obsesión diabólica, se pueden realizar las llamadas oraciones de liberación, que acabamos de mencionar, y los exorcismos menores. En cuanto al uso del exorcismo mayor o solemne, los pareceres están divididos, inclinándose algunos por la afirmativa (por ejemplo, Francisco Bamonte, Agostino Montan, G. Amorth) y otros por la negativa (por ejemplo, Moreno Fiori, la Conferencia Episcopal Toscana, Mateo LaGrua, Pellegrino Ernetti, Antonio Royo Marín).

En los casos de verdadera posesión diabólica, además de todas las oraciones antedichas, que puede hacerse indudablemente, corresponde, con el permiso puntual del Ordinario, el exorcismo mayor, según figura en el Nuevo Ritual, o en el Ritual Romano de 1614 (para usar este último, se debe obtener el permiso —a través del propio Ordinario— de la Congregación para el Culto divino, la cual lo otorga *gustosamente* a quien lo solicita).

En los casos en que pueda acertarse moralmente la existencia de un verdadero maleficio se deben emplear los medios propios según el alcance del daño: según si produce daños locales o infestación, si vejación externa, si posesión.

Señalo finalmente un punto importante del Documento de la

Congregación para el Clero, *El sacerdote confesor y director espiritual*: "No se puede discernir bien una situación espiritual sin la paz en el corazón, que se manifiesta, como don del Espíritu Santo, cuando no se busca el propio interés o el prevalecer sobre los demás, sino el modo mejor de servir a Dios y a los hermanos". Por tanto, para discernir hay que tener ciertas *disposiciones* interiores que pueden resumirse en esa "paz" interior de la que habla el documento, pero que engloba algunas más como señala a continuación: "Para realizar bien el discernimiento es necesario: oración, humildad, desapego de las preferencias, escucha, estudio de la vida y doctrina de los santos, conocimiento de los criterios de la Iglesia, examen atento de las propias inclinaciones interiores, disponibilidad a cambiar, libertad de corazón"[403].

---

[403] Congregación para el Clero, *El sacerdote confesor y director espiritual*, n. 100.

CAPÍTULO TERCERO

EL DIRECTOR COMO MÉDICO DEL ALMA

El director espiritual no sólo debe guiar al alma por el camino espiritual sino también poner los medios para sanarla de las distintas afecciones que pueden dañarla, tanto en el orden propiamente espiritual, cuanto en el psicológico. Vamos a ver tres tipos de "afecciones" del alma.

I. ENFERMEDADES MORALES DEL ALMA

Tocamos aquí el oficio del director espiritual como *médico del alma* en su lucha contra el pecado.

1. LAS "ENFERMEDADES" DEL ALMA

Usamos la expresión "enfermedad" en sentido análogo al de la enfermedad física y la psíquica.

"Existen también enfermedades o debilidades psíquicas vinculadas a la vida espiritual. A veces son de carácter más espiritual, como la tibieza (aceptación habitual del pecado venial o de las imperfecciones, sin interés en corregirlas) y la mediocridad (superficialidad, fatiga para el trabajo sin un sostén en la vida interior). Estas debilidades pueden estar relacionadas también con el temperamento: ansia de perfeccionismo, falso temor de Dios, escrúpulos sin fundamento, rigorismo, laxismo, etc."[404]

Enferman el alma todos los vicios y pecados, especialmente los vicios capitales que debilitan, paralizan y deforman el espíritu. Pero indudablemente hay algunos problemas espirituales que pueden presentarse con mayor frecuencia y que, por tanto, exigen del director espiritual una preparación más actual. Entre otros, los indicados en el párrafo anterior, a los que hay que sumar, particularmente, la acedia, el espíritu mundano, los problemas relacionados con la lujuria, el pecado mortal, el estado permanente y consentido en el pecado venial...

---

[404] Congregación para el Clero, *El sacerdote confesor y director espiritual*, 96.

Indiquemos algunos principios generales.

1º Con algunos dirigidos el director espiritual, aun esforzándose mucho, no podrá conseguir más que desempeñar una función de "andamio", dándole la solidez y la estructura necesaria para que no se tuerza ni se desplome. Hay almas que, lamentablemente, nunca aprenden a caminar solas; pero, a pesar de este límite, no se las puede privar de la dirección espiritual, aunque no la hagan del todo bien. De otros, afectados seriamente por problemas morales, se puede esperar, en cambio, una conversión sincera, profunda y duradera.

2º La fuente principal de los pecados y de las desviaciones morales de una persona es lo que hemos denominado "defecto dominante", ligado, como explicamos más arriba al *sustrato temperamental* más que a los vicios que se han adquirido a lo largo de la vida. Todo trabajo serio deberá, pues, tomar en consideración esta habitual labilidad moral o tendencia a deslizarse en el terreno moral, y se habrá de centrar, por lo general en la corrección de este punto concreto.

3º Para que un dirigido pueda trabajar eficazmente en un defecto particular, tanto él como el director deben volverse, de algún modo, "especialistas" en el tema. Es decir, tendrán que conocerlo lo mejor posible. Para esto hay que sugerir al dirigido una buena bibliografía sobre el tema en cuestión. Lamentablemente no siempre se consigue buena literatura sobre lo que uno busca, por lo cual existen límites objetivos en este punto. Pueden servir de primera orientación los artículos que se encuentran en los libros clásicos de espiritualidad, muchos de los cuales se hallan indicados en la bibliografía citada al final de nuestro manual. Pienso que un buen director espiritual no debería excluir de su tarea específica el preparar él mismo algunas notas para sus dirigidos cuando no le sea posible hallar escritos mejores y doctrinalmente seguros. Así han hecho muchos grandes directores de la historia, incluso teniendo más ocupaciones que las que podemos tener los más ocupados pastores de nuestro tiempo. Cada uno verá hasta donde lo espolea el celo por las almas que Dios le ha confiado.

Además de leer, el dirigido debería *meditar* los textos bíblicos o de autores espirituales que traten del tema, en orden a profundizarlo en la oración.

Finalmente debería tomarlo como materia de su examen de conciencia

III - Las diversas funciones del director espiritual

particular y usar con la mayor seriedad este instrumento indispensable para el verdadero progreso espiritual.

4º La raíz esencial de toda enfermedad moral consiste en una indebida actitud ante el pecado mortal. Cuando un dirigido vive en pecado mortal, o peca con frecuencia, o juega con el pecado mortal o coquetea con las ocasiones próximas de pecado mortal, todo el trabajo de la dirección espiritual tendría que encaminarse a lograr la *primera conversión* del alma. Quizá una persona se encuentre en esta situación por haber retrocedido notablemente en la vida espiritual o por no haber pasado nunca del umbral de la misma. En tal caso es un serio error apuntar a edificar una casa cuando el terreno todavía no ha sido siquiera desmalezado. La persona que debe convertirse tiene que hacer, sea por vez primera, o por enésima vez, meditación de las postrimerías: muerte, juicio, condenación y cielo. También debe meditar en la realidad del pecado y considerar aquellas verdades que san Ignacio señala al comienzo de sus Ejercicios Espirituales. Debe trabajar sobre todo el sentido de Dios y apuntar a realizar una *confesión general* y lograr un profundo y sincero dolor de sus pecados.

Por tanto, el director debe invitar al dirigido que se encuentra en esta situación a descubrir el valor de la penitencia y a entender la relación entre nuestros pecados y la pasión y muerte del Redentor.

Quizá sea el temor de muchos directores a ser tachados de oscurantistas, lo que impide que ayuden adecuadamente a sus dirigidos, o los alientan a prácticas muy buenas pero que *suponen* una conversión de la que algunos están todavía muy lejos.

La prudencia es una virtud fundamental en el director, pero prudencia no equivale a *no asustar o preocupar jamás a sus dirigidos o penitentes*, sino a hacerlo cuando corresponda, como Jesús cuando advirtió sin ningún atenuante: "si no os convertís, todos pereceréis" (Lc 13,3); por algo su primera predicación se resumió en una palabra: "convertíos" (Mt 4,17).

5º Pero más todavía, la estabilidad en la conversión y la verdadera vida espiritual, no se logrará sino cuando la persona decida combatir *seriamente* el pecado venial deliberado. Los que limitan su lucha al pecado mortal, suelen terminar por volver a hundirse en el pecado mortal: primero cayendo esporádicamente, luego con más frecuencia, y en algunos casos pasando a vivir en estado permanente de pecado mortal e incluso con sacrilegios y una doble vida (incluidos religiosos, religiosas y sacerdotes). Y todo por no atreverse a enderezar su lucha contra toda falta deliberada *aun leve*. Cuando se peca venialmente de modo deliberado y habitual, la caridad se paraliza, se verifica una hipotermia espiritual, la cual siempre es antesala de un infarto masivo del espíritu.

Las personas que no tienden a la santidad verdadera y que pactan con cierta "áurea mediocridad" espiritual, no dan el paso hacia la *segunda conversión* del alma, y pueden volverse atrás.

A continuación vamos a considerar en particular cuatro vicios que tienen graves consecuencias en la vida espiritual: la acedia, la tibieza, la mediocridad y el espíritu mundano.

2. EL VICIO DE LA ACEDIA

La acedia es el vicio que más personas buenas golpea, siendo considerada por los grandes autores espirituales como uno de los principales problemas de la vida espiritual. Muchísimas personas que no aciertan con su defecto dominante encontrarían una rica veta para descubrir su propio corazón estudiando más este punto[405].

1) Naturaleza de la acedia

La palabra acidia o acedia (en griego *akedia* o *akedeia*) aparece tres veces en la versión de la Biblia de los LXX (Sal 118,28; Sir 29,5; Is 61,3), y fue traducida por San Jerónimo en la Vulgata por *taedium* (tedio) y *maeror* (tristeza profunda). Santo Tomás de Aquino la define como *tristitia de bono spirituali*, tristeza del bien espiritual; poniéndola en diametral oposición al gozo de la caridad.

Dos tradiciones patrísticas se complementan al respecto. Una se remonta a Casiano y a una parte del monaquismo oriental, y prácticamente equipara la acedia con la pereza, definiéndola como una *pereza espiritual*; y tiene

---

[405] Cf. Fuentes, Miguel, *La acedia. Apuntes psicológicos y espirituales del "mal del desencanto"* (2013). Resumo aquí lo principal de este escrito.

eminentes seguidores, como San Isidoro de Sevilla y muchos escritores ascéticos. Otra tiene por fuente principal a San Gregorio Magno, quien la considera un modo de tristeza. Santo Tomás conoce ambas tradiciones pero se inclina por la gregoriana: "San Isidoro, en el libro *De Summa Bono*, [dice que]... acidia es entregarse a la quietud indebida (...) También Casiano, en el libro *De coenobium institutionibus*, distingue la tristeza de la acidia, pero de modo más conveniente San Gregorio llama a la acidia tristeza. En efecto, (...) la tristeza no es vicio distinto de los demás por el hecho de abandonar la tarea pesada y laboriosa, o por cualquier otra causa que produzca tristeza, sino sólo por entristecerse del bien divino. Y esto entra en la definición de la acidia, que se entrega a una inacción culpable en la medida en que desprecia el bien divino"[406].

Se trata, por tanto, de la desazón por las cosas espirituales que prueban a veces las personas que tienen vida de oración, incluidas las adentradas en los caminos de la perfección. Como consecuencia se manifiesta a modo de pereza, es decir como una flaccidez que empuja a abandonar toda actividad de la vida espiritual, a causa de la dificultad que conlleva. En este sentido la describe Garrigou-Lagrange como "cierto disgusto de las cosas espirituales, que hace que las cumplamos con negligencia, las abreviemos o las omitamos por fútiles razones. La acedia es el principio de la tibieza"[407]. De modo semejante, algunos siglos más tarde, La Puente diría que es "una tristeza o tedio de todas las obras de la vida espiritual, así de la vida activa como de la contemplativa, de donde procede que a todo lo bueno resiste y para todo inhabilita, y es lastimoso el estrago que hace"[408].

Los Padres del desierto la llamaron "terrible demonio del mediodía, torpor, modorra y aburrimiento". Guigues el Cartujo la describió asediando al solitario: "Cuando estás solo en tu celda, a menudo eres atrapado por una suerte de inercia, de flojedad de espíritu, de fastidio del corazón, y entonces sientes en ti un disgusto pesado: llevas la carga de ti mismo; aquellas gracias interiores de las que habitualmente usabas gozosamente, no tienen ya para ti ninguna suavidad; la dulzura que ayer y antes de ayer sentías en ti, se ha

---

[406] Santo Tomás, *Suma Teológica*, II-II, 35, 4 obj. 3 y ad 3.
[407] Garrigou Lagrange, *Las tres edades de la vida interior*, I, 450.
[408] La Puente, *Guía espiritual*, trat. IV, c. XVII, Ed. Apostolado de la Prensa, Madrid 1926, 957.

cambiado ya en grande amargura"[409].

Muchos escritores eclesiásticos han dejado retratos detallados, como los célebres de Evagrio Póntico y San Juan Clímaco. El primero describía al acedioso diciendo: "El flujo de la acedia arroja al monje de su morada, mientras que aquel que es perseverante está siempre tranquilo. El acedioso aduce como pretexto la visita a los enfermos, cosa que garantiza su propio objetivo. El monje acedioso es rápido en terminar su oficio y considera un precepto su propia satisfacción; la planta débil es doblada por una leve brisa e imaginar la salida distrae al acedioso (...) El monje giróvago, como seca brizna de la soledad, está poco tranquilo, y sin quererlo, es suspendido acá y allá cada cierto tiempo (...) El ojo del acedioso se fija en las ventanas continuamente y su mente imagina que llegan visitas: la puerta gira y éste salta fuera, escucha una voz y se asoma por la ventana y no se aleja de allí hasta que, sentado, se entumece. Cuando lee, el acedioso bosteza mucho, se deja llevar fácilmente por el sueño, se refriega los ojos, se estira y, quitando la mirada del libro, la fija en la pared y, vuelto de nuevo a leer un poco, repitiendo el final de la palabra se fatiga inútilmente, cuenta las páginas, calcula los párrafos, desprecia las letras y los ornamentos y finalmente, cerrando el libro, lo pone debajo de la cabeza y cae en un sueño no muy profundo, y luego, poco después, el hambre le despierta el alma con sus preocupaciones..."[410].

2) *Psicología de la acedia*

Psicológicamente la acedia entraña: a) una percepción errónea del bien (para él es bueno lo que produce deleite, al menos el deleite espiritual; y es malo lo que produce dolor o desolación); b) un desplazamiento en el objeto del amor: ama el consuelo del bien o de la virtud, y no el bien y la virtud por sí mismos (en esto la acedia, como la pereza en general, entraña un movimiento de sensualidad); c) consecuentemente se produce una parálisis, o incluso una huida, en la ascética de la virtud a causa de la cruz que ésta comporta (en esto la acedia entraña un movimiento de temor y de fuga).

---

[409] Citado por A. Vansteenberghe, *Paresse*, Dictionaire de Théologie Catholique, XI, col. 2026.

[410] Evagrio Póntico, *De octo vitiosis cogitationibus*, cap. XIII-XIV.

Hay que tener en cuenta que la acedia, en cuanto tristeza del bien divino, no siempre es plenamente voluntaria. Ocurre a veces que afecta sólo la sensibilidad, como una manifestación de la resistencia de la carne contra el espíritu. Santo Tomás reconoce que "en los hombres perfectos pueden darse movimientos imperfectos de acedia al menos en la sensualidad, porque nadie es tan perfecto que no permanezca en él alguna contrariedad de la carne hacia el espíritu"[411].

En el origen de una crisis de acedia pueden hallarse diversas causas: la fatiga corporal, el sueño, el hambre, tentaciones muy frecuentes o muy violentas, una prolongada ausencia de consuelos sensibles, un despecho resultado de fracasos reales o aparentes en la lucha contra el mal o represiones más o menos merecidas, o bien la simple monotonía de los ejercicios regulares del espíritu, e incluso la necesidad del cambio que nos es natural. También puede ser causada por el pecado no combatido, como se lee en Santa Teresa: "Como crecieron los pecados, comenzóme a faltar el gusto y el regalo en las cosas de virtud. Veía yo muy claro, Señor mío, que me faltaba esto a mí por faltaros yo a Vos"[412]. Y San Juan de la Cruz la explica como consecuencia de varios defectos del alma, principalmente: el buscar sabor o consuelo en las cosas espirituales, el buscar la propia voluntad, el no buscar fundamentalmente la voluntad divina, el huir de la cruz; por eso es muy propia de los principiantes: "También acerca de la acidia espiritual, suelen tener tedio en las cosas que son más espirituales y huyen de ellas, como son aquellas que contradicen al gusto sensible; porque, como ellos están tan saboreados en las cosas espirituales, en no hallando sabor en ellas las fastidian. Porque, si una vez no hallaron en la oración la satisfacción que pedía su gusto (porque en fin conviene que se le quite Dios para probarlos), no querrían volver a ella, o a veces, la dejan o van de mala gana. Y así, por esta acidia, posponen el camino de perfección, que es el de la negación de su voluntad y gusto por Dios, al gusto y sabor de su voluntad, a la cual en esta manera andan ellos por satisfacer más que a la de Dios. Y muchos de éstos querrían que quisiese Dios lo que ellos quieren, y se entristecen de querer lo que quiere Dios, con repugnancia de acomodar su voluntad a la de Dios. De donde les nace que, muchas veces, en lo que ellos no hallan su voluntad

---

[411] *De malo*, 11,3 ad 1.
[412] Santa Teresa de Jesús, *Vida*, 7,1.

y gusto, piensen que no es voluntad de Dios; y que, por el contrario, cuando ellos se satisfacen, crean que Dios se satisface, midiendo a Dios consigo, y no a sí mismos con Dios, siendo muy al contrario lo que él mismo enseñó en el Evangelio (cf. Mt 16,25), diciendo que el que perdiese su voluntad por Él, ése la ganaría, el que la quisiese ganar, ése la perdería. Estos también tienen tedio cuando les mandan lo que no tiene gusto para ellos. Estos, porque se andan al regalo y sabor del espíritu, son muy flojos para la fortaleza y trabajo de perfección, hechos semejantes a los que se crían en regalo, que huyen con tristeza de toda cosa áspera, y oféndense de la cruz, en que están los deleites del espíritu; y en las cosas más espirituales más tedio tienen, porque, como ellos pretenden andar en las cosas espirituales a sus anchuras y gusto de su voluntad, háceles gran tristeza y repugnancia entrar por el camino estrecho, que dice Cristo (cf. Mt 7,14), de la vida"[413].

3) El pecado de acedia

La acedia, como "tristeza mundana" (*tristitia saeculi*)[414], es siempre algo malo; ya sea por sí misma o por sus efectos. Es mala en sí misma cuando el acidioso se entristece por algo que es un bien verdadero, puesto que el bien espiritual debería alegrar el alma.

En cambio, es mala únicamente por sus efectos, cuando la tristeza es causada por algo que verdaderamente es un mal (y por tanto, tiene razón de consternar) pero lo hace con tal intensidad que llega a abatir el ánimo alejándolo de toda obra buena. En este sentido San Pablo considera mala aquella tristeza que nace del dolor por el pecado cometido (connatural al verdadero arrepentimiento) pero que llega a absorber totalmente el alma; de ahí que, hablando de un cierto pecador, aconseja a los corintios: "perdonadlo y animadlo, no sea que se vea hundido en una excesiva tristeza" (2Cor 2,7).

Sin embargo, no siempre la acedia es pecado, pudiendo quedarse únicamente en un movimiento puramente afectivo. Santo Tomás explica: "El pecado propiamente y en sí está en la voluntad, como dice Agustín. Por tanto, si la acidia designa un acto de la voluntad que huye del bien interno y espiritual, puede tener perfecta razón de pecado; si en cambio designa sólo

---

[413] San Juan de la Cruz, *Noche oscura*, I, c. 7, 2-4.
[414] Cf. Santo Tomás, *De malo*, 11, 3 sed contra 1°.

un acto del apetito sensitivo, no tiene razón de pecado sino por razón de la voluntad, o sea, en cuanto la voluntad podría impedirlo; por tanto, si no lo impide, pudiendo, tiene razón de pecado, aunque imperfectamente"[415].

La acedia es vicio especial cuando se opone al gozo que debería procurar el bien espiritual en cuanto bien divino. Este gozo es un efecto propio de la caridad; por eso, entristecerse del bien divino es un pecado contra la virtud teologal de la caridad: "entristecerse del bien divino, del cual goza la caridad, pertenece al vicio especial que es llamado acedia"[416]. Este "entristecerse" ha de entenderse como: descontentar, sentir hastío, pereza, aburrimiento, desgana, apatía, displicencia. Propiamente consiste en la repugnancia a la virtud cuando ésta no va acompañada de consuelo; antipatía a la "virtud crucificada". "Este bien divino es capaz de entristecer al hombre por la contrariedad que hay entre el espíritu y la carne, pues como dice el Apóstol, «la carne desea contra el espíritu» (Gál 5,17); y por tanto, cuando domina en el hombre el afecto carnal, el bien espiritual le causa fastidio como algo contrario a sí; del mismo modo que al hombre que tiene el sentido del gusto contaminado, le resulta fastidioso el alimento saludable, y le entristece tener que comerlo. Tal tristeza y abominación o tedio del bien espiritual y divino, es la acidia"[417].

La acedia, por tanto, tiene su raíz en el desorden de la carne y domina cuando domina en el hombre el afecto carnal.

4) *La acedia, pecado capital*

La acedia es un pecado capital que engendra otros pecados. Santo Tomás armonizando las tradiciones de San Gregorio Magno y de San Isidoro de Sevilla señaló como vicios derivados:

a) La desesperación, entendida como la natural repugnancia y consecuente huida de aquella obra difícil que produce tristeza. El fastidio y el aburrimiento no combatidos (al menos mediante la perseverancia y firmeza en no abandonar la obra comenzada o el deber contraído) pueden terminar en el abandono, en la desesperación de no poder llevar adelante

---

[415] Santo Tomás, De malo, 11,1.
[416] Santo Tomás, *Suma Teológica*, II-II, 35, 2.
[417] Santo Tomás, *De malo*, 11,2.

tales obligaciones. En esto más de perder llevan quienes más atados a los gustos están, como dice San Juan de la Cruz[418].

b) En segundo lugar, la acedia engendra la "pusilanimidad y cobardía de corazón para acometer cosas grandes y arduas empresas"[419], es decir, miedo al trabajo y a la perseverancia en las buenas obras; como consecuencia el ánimo se apoca.

c) El incumplimiento de los preceptos. Primero voluntariamente (ociosidad y soñolencia voluntarias ante los deberes de estado o simplemente ante los mandamientos divinos), y a la postre como una imposibilidad de obrar el deber, fruto de la abulia adquirida.

d) El rencor o amargura; expresión que Santo Tomás entiende como "indignación contra las personas que nos obligan contra nuestra voluntad a los bienes espirituales que nos contristan"[420]. Es decir, los superiores en la vida religiosa y, para los perezosos en general, los virtuosos. Los primeros porque tienen autoridad para exigirnos el cumplimiento de la virtud. Los segundos porque los virtuosos, como los santos, "acusan" con su virtud eminente la desidia de los flojos.

e) La malicia. Con este término Santo Tomás designa "la indignación y odio contra los mismos bienes espirituales"[421]: se empieza por "amar menos", se sigue por "preferir" otra cosa a los bienes espirituales; y puede terminar por odiarse aquello que ya desistimos de conseguir o buscar.

f) La divagación por las cosas prohibidas (inestabilidad del alma, curiosidad, verbosidad, inquietud corporal, inestabilidad local). Esta divagación puede verificarse en todos los órdenes: en el hablar (verbosidad), en el conocer (convertido en curiosidad), en los propósitos (inestabilidad del alma), en el reposo (permanente desplazamiento de un lugar para otro, e incluso agitación física).

---

[418] San Juan de la Cruz, *Noche oscura*, I, VII, 4.
[419] La Puente, *Guía espiritual*, trat. IV, c. XVII.
[420] Cf. Santo Tomás, *De malo*, 11,4.
[421] Santo Tomás, *De malo*, 11,4.

5) Los remedios contra la acedia

Los principales remedios que podemos indicar son:

a) Ante todo, meditar y valorar como bienes reales para nosotros los dones sobrenaturales con que Dios nos agracia. Dice Santo Tomás: "Cuando pensamos más en los bienes espirituales, más nos agradan, y más de prisa desaparece el tedio que el conocerlos superficialmente provocaba"[422]. Y el mismo en otro lugar: "Cuanto más pensamos en los bienes espirituales, tanto más placenteros se nos vuelven, y con esto cesa la acedia"[423]. Condición fundamental para el amor es que la voluntad perciba como "bien para ella" aquello que debe amar. En este sentido también es esencial el ejercicio de la fe iluminando con criterios sobrenaturales las realidades que han de ser amadas: Dios, el cielo, la gracia, la santidad; y los medios para alcanzar este "Bien Sobrenatural": la cruz, el renunciamiento, el ejercicio de la virtud, la práctica de la misericordia, las bienaventuranzas evangélicas.

b) Como se trata de encender el amor sobrenatural, todos los medios para acrecentar la caridad son también remedios para vencer la acedia: la vida fraterna vivida con alegría, la misericordia, el trato asiduo con la Eucaristía, la oración perseverante, la lectura sabrosa de la Sagrada Escritura, etc.

c) Como la tentación de la acedia puede ser parte de las desolaciones con que Dios purifica el alma[424], conviene también considerar todos los motivos por los cuales la desolación nos es provechosa: como purificación de nuestros pecados, para que experimentemos realmente lo que es de Dios en nosotros y los límites que tiene nuestra acción sin la ayuda y consuelo de Dios, para reparar nuestras negligencias y lentitudes, y para hacernos crecer en la humildad.

d) En cuarto lugar, como la acedia se alimenta del ánimo perezoso, valen para ella los remedios generales contra la pereza: la firmeza de propósitos; el combate decidido contra el ocio obrando por medio de la lectura espiritual, la Salmodia, el trabajo manual, la oración y las obras buenas de todo género. Dice Alcuino que el diablo tienta más difícilmente a quien nunca está

---

[422] Santo Tomás, *Suma Teológica*, II-II, 31,1 ad 4.
[423] Santo Tomás, *Suma Teológica*, II-II, 35,1 ad 4.
[424] Cf. San Ignacio, Ejercicios Espirituales, n. 322.

ocioso[425].

e) Siendo también una forma de sensualidad se la combate con la mortificación de lo que es más propio de la acedia: la constante movilidad, la curiosidad, la verbosidad, etc.

f) Pero fundamentalmente la acedia se purifica en la "noche pasiva del sentido". Explica San Juan de la Cruz: "Acerca de las imperfecciones de los otros tres vicios espirituales que allí dijimos que son ira, envidia y acidia, también en esta sequedad del apetito se purga el alma y adquiere las virtudes a ellas contrarias; porque, ablandada y humillada por estas sequedades y dificultades y otras tentaciones y trabajos en que a vueltas de esta noche Dios la ejercita, se hace mansa para con Dios y para consigo y también para con el prójimo; de manera que ya no se enoja con alteración sobre las faltas propias contra sí, ni sobre las ajenas contra el prójimo, ni acerca de Dios trae disgusto y querellas descomedidas porque no le hace presto bueno... Las acidias y tedios que aquí tiene de las cosas espirituales tampoco son viciosas como antes; porque aquéllos procedían de los gustos espirituales que a veces tenía y pretendía tener cuando no los hallaba; pero estos tedios no proceden de esta flaqueza del gusto, porque se le tiene Dios quitado acerca de todas las cosas en esta purgación del apetito"[426].

3. LA TIBIEZA ESPIRITUAL

La tibieza es una "aceptación habitual del pecado venial o de las imperfecciones, sin interés en corregirlas"[427].

Es, pues, cierta especie de relajamiento espiritual. Es el fruto de no haber combatido enérgicamente contra la tentación de la acedia. Como esta última, también ella se opone a la virtud de la caridad; más concretamente al "fervor de la caridad". Con mucho realismo distingue San Alfonso dos especies de tibieza, una inevitable, otra que se puede evitar: "De la primera

---

[425] Cf. Alcuino, *De virt et vitiis*, c. XXXII-XXXIII; PL 101,635.
[426] San Juan de la Cruz, *Noche oscura*, I, c. 13, 7 y 9.
[427] Congregación para el Clero, *El sacerdote confesor y director espiritual*, 96. Al respecto de este tema, cf. Mendizábal, *Dirección espiritual*, 274-279; Tanquerey, *op.cit.*, nn. 1270-1280; Pourrat, P. *Tiédeur*, Dictionaire de Théologie Catholique, t. XV, col. 1026-1029; San Alfonso, *Práctica de amor a Jesucristo*, cap. VIII.

–dice– ni siquiera los santos se hallan libres; y abraza cuantos defectos y faltas cometemos sin plena voluntad y que traen su origen de nuestra flaqueza natural, tales como las distracciones en la oración, las inquietudes interiores, las palabras inútiles, la curiosidad vana, los deseos de bien parecer, alguna sensualidad en el comer y en el beber, ciertos movimientos de la concupiscencia no reprimidos al punto, y cosas semejantes". Esta, sin embargo, no nos impide llegar a la perfección; en cambio sí "aquella que está en nuestras manos evitar, como acontece en aquellos que caen en pecados veniales deliberados porque todos estos pecados cometidos a cara descubierta, bien pudieran no cometerlos ayudados de la gracia de Dios, aun en la presente vida. Por esto decía Santa Teresa: «Mas pecado por chico que sea, que se entiende muy de advertencia que se hace, Dios nos libre de él». Tales son, por ejemplo, las mentiras voluntarias, las murmuraciones leves, las imprecaciones, los resentimientos manifestados con la lengua, el burlarse del prójimo con chistes y donaires, las palabras picantes, el alabarse y buscar la propia estima, los rencores y malquerencias abrigados en el corazón, la afición desordenada a personas de diverso sexo. «¡Oh! –decía Santa Teresa–, que quedan unos gusanos, que no se dan a entender hasta que... nos han roído las virtudes». Y en otro lugar decía: «Miren que por muy pequeñas cosas va el demonio barrenando agujeros por donde entren las muy grandes»"[428].

1) *Síntomas y signos*

No hay que identificar la tibieza con la simple aridez. La tibieza lleva consigo aridez pero con el afán consentido de desahogo en disfrutes del orden de los sentidos; es una aridez culpable, dependiente originariamente de la voluntad, consecuencia de actos responsables. No es la falta de fervor de quien aún no ha entrado en la vía del espíritu sino de quien ya entró y se vuelve atrás; tiene un matiz de "envejecimiento", de "relajación", de "comenzarse a hundir".

Lleva consigo la pesadez y el desgano para las cosas espirituales, especialmente para la oración y la soledad espiritual, con aburrimiento en el cumplimiento del deber cotidiano, dejándose invadir por el activismo y el utilitarismo. Por eso al tibio le basta el menor pretexto para suprimir la

---

[428] San Alfonso, *Práctica de amor a Jesucristo*, c. VIII.

oración; Dios pasa a un segundo lugar vital y se cumple con él cuando no hay otra cosa que hacer. En la oración, cuando la hace, falta la preparación, se nota irreverencia, languidece con aburrimiento y voluntarias distracciones.

En la víctima de este mal se advierte una disipación continua, ligereza de corazón y de sentidos, horror a estar dentro de sí mismo. El sacrificio queda casi completamente descartado; tiene miedo a la mortificación. Actúa sin reflexión, por pasión y por respetos humanos, según su gusto, dando preferencia a la vanidad, sensualidad y amor propio.

Pero todo esto puede ser pasajero, como un período de abandono; en tal caso puede tratarse no de tibieza sino de tentación o incluso de cierto cansancio. Tampoco debe confundirse la tibieza con la sequedad; como dice San Juan de la Cruz: "entre la sequedad y tibieza hay mucha diferencia; porque la que es tibieza tiene mucha flojedad y remisión en la voluntad y en el ánimo, sin solicitud de servir a Dios; la que sólo es sequedad purgativa tiene consigo ordinaria solicitud con cuidado y pena, como digo, de que no sirve a Dios"[429]. Para la tibieza tiene que darse como un estado crónico con aceptación habitual del pecado venial deliberado.

Tibio es aquel que, asustado por la dificultad que siente en el camino de la virtud y cediendo a las tentaciones, esfumado el primer fervor del espíritu, deliberadamente determina o consiente en pasar a una vida cómoda y libre, sin molestias, contento con cierta apariencia exterior, con horror a todo progreso en las virtudes. A veces tiene una aparente calma del alma debido a que no siente muchas tentaciones y agitaciones.

2) Naturaleza

Hemos dicho que la tibieza se relaciona con la acedia. Es un estado de acedia voluntario y arraigado fuertemente en el alma. A su vez, la misma tibieza será luego ocasión de mayores tentaciones de acedia. Se opone, pues, por naturaleza, al fervor de la caridad. La tibieza neutraliza la dinámica de la caridad, volviéndola lánguida, sin actividad, sin ilusión de progresar, resignada a su estado y fácil en admitir el pecado venial, con pérdida del sentido de la generosidad. La gravedad de este estado se ve en aquello que el Espíritu Santo dice en Ap 3,16: "Puesto que eres tibio, y no frío ni caliente,

---

[429] San Juan de la Cruz, *Noche*, Prol., cap. 9.

voy a vomitarte de mi boca".

San Juan de la Cruz la señala como uno –y el más grave– de los daños del apego natural a las creaturas: "Y de aquí nace y se sigue la tibieza y flojedad de espíritu, que es el sexto daño, también general, que suele llegar a tanto, que tenga tedio grande y tristeza en las cosas de Dios, hasta venirlas a aborrecer"[430].

3) Génesis y medicina preventiva

Generalmente suele aparecer la tibieza tras un período de fervor, por falta de constancia. Complaciéndose en lo que se ha gozado y vivido, quizá se lo atribuye a sí mismo. Queda en sequedad, con inclinación al goce de los sentidos y, contentándose en ese nivel, se va dejando dominar por una progresiva negligencia.

Desde este punto de vista puede prevenirse vigilando con atención la fidelidad a los ejercicios espirituales (meditación, visitas al Santísimo Sacramento, y especialmente la dirección espiritual, la lectura espiritual, la mortificación y el examen de conciencia diario), no consintiendo omisiones reiteradas y sin motivo.

También ocasiona tibieza, al menos incipiente, la fatiga física y moral que ocasiona cierta monotonía de los ejercicios ordinarios de estado o piedad. El medio de prevenirla es renovar diariamente el propósito de generosidad y la rectitud de la voluntad en las acciones (hacer todo sólo para la mayor gloria de Dios).

4) Remedios contra la tibieza ya establecida.

Cuando el director se encuentra ante una persona hundida en la tibieza, debe tomar conciencia de que se trata de una enfermedad muy seria, que puede arruinar todas las posibilidades espirituales del alma que dirige. La curación es obra de la gracia y de la misericordia divina, que ha de comenzar por invocar él mismo con una continuada y ferviente oración. Junto a esto ha de tratar de suscitar, con firmeza y confianza, ciertas actitudes espirituales y luego aplicar algunos medios prácticos:

---

[430] San Juan de la Cruz, *Subida*, 3, 22.

a) Las actitudes espirituales que debe sugerir al tibio, con prudencia pero firmeza, son: ante todo que la misma persona tome conciencia de la gravedad y estado preocupante de su situación (es decir, lograr que se dé cuenta que su vida está paralizada y con riesgo de frustrarse); lo segundo, que no se resigne a su estado; tercero, que se convenza de que, si no pone los medios para salir, puede estar acumulando pecados de temeridad, ceguera, error culpable; cuarto, que arriesga la vida de gracia –si es que la vive. Escribe San Alfonso: "Dice San Gregorio que «desesperado está aquel que de fervor cayó en tibieza». Muchas son las faltas que he cometido –decía el P. Luis de la Puente–, pero el testimonio de mi conciencia me dice que no he hecho paces con ninguna. Hay personas, al contrario, que capitulan con sus faltas, y por aquí les viene su perdición, especialmente cuando se trata del amor propio, de honras vanas, del deseo de allegar riquezas, de rencor o faltas de caridad con los prójimos, o de aficiones menos honestas con personas de diverso sexo"[431].

Este convencimiento debe lograrse, sin embargo, con suma prudencia, sabiendo que debe evitar el empujar al dirigido a la desesperación o al desaliento. Hay que incentivarlo a la lucha, a la reacción contra su estado; no a que baje los brazos. Por tanto, deberá alentar en él la confianza en el poder de la gracia.

b) Los remedios prácticos son según San Alfonso: por un lado la oración renovada, profunda, con gran contacto con la Sagrada Escritura, y especialmente la meditación viva de la Pasión de Cristo; luego, el deseo de la perfección, la firme resolución de alcanzarla y la comunión frecuente; resumiendo: la actividad interior, es decir, comenzar una vida nueva, tomar decididamente el camino de la santidad y generosidad, fomentar la caridad, renovar el empuje ascético, fidelidad a los ejercicios de espiritualidad y los sacramentos.

4. LA MEDIOCRIDAD ESPIRITUAL

---
[431] San Alfonso, *Práctica de amor a Jesucristo*, c. VIII.

III - Las diversas funciones del director espiritual

A diferencia de la tibieza (aceptación habitual del pecado venial o de las imperfecciones, sin interés en corregirlas), la mediocridad consiste en la "superficialidad, [la] fatiga para el trabajo sin un sostén en la vida interior"[432].

Es un estado lamentable que afecta a muchos y que consiste en renunciar a lo mejor, a lo notable, a lo que supera las medias medidas en la vida espiritual[433]. Suele causar daños muy graves.

1) Síntomas

No afecta de suyo a los incipientes sino a los que llevan un tiempo relativamente largo de vida espiritual seria. Tiene, pues, el carácter de cierto retroceso, empapado de un cierto cansancio y desilusión.

El mediocre no se confunde con el tibio porque: no predomina en él la aridez, el aburrimiento y la desgana espiritual; ni admite habitualmente el pecado venial deliberado.

Los mediocres viven la vida espiritual; pero su vida tiene algo de superficial, de ficticia, de falta de encarnación real. Hay una renuncia práctica a la santidad total, aunque quizá de palabra siga hablando de ella. Suele unirse un cierto sentido de complacencia personal, a manera de persuasión de ser sensato, que mantiene al mediocre paralizado en el progreso espiritual años enteros.

No es que no haga esfuerzos: tiene momentos de arranque interior; pero luego se cansa y se vuelve a parar. El resultado es que no progresa en la vida espiritual.

Este mismo esfuerzo relativo le sirve de justificativo ("yo intento") y le persuade más de su sensatez. También favorece este estado el que la persona mediocre suele mantener actitudes de bondad, piedad y delicadeza en el trato.

Con todo, la persona mediocre mantiene y fomenta vicios notables como la vanidad, gula, susceptibilidad, curiosidad, impresionabilidad. Trabaja en este campo, pero su esfuerzo es mínimo y se reduce a no pecar, frenando

---

[432] Congregación para el Clero, *El sacerdote confesor y director espiritual*, 96. Puede ser útil al respecto lo que hemos escrito en: Fuentes, Miguel, *La superficialidad* (2011).

[433] Cf. Mendizábal, *Dirección Espiritual*, 279-284.

estas tendencias cuando llegan a pecado deliberado. Otras veces las fomentan positivamente con justificaciones aparentemente sensatas, llegando hasta el límite (juega, por tanto, con las fronteras del pecado).

2) *Naturaleza*

¿Qué es lo que constituye este estado de mediocridad? Un doble elemento estrechamente entrelazado: la incomprensión de la abnegación evangélica y el debilitamiento de la vida interior:

a) Incomprensión de la abnegación evangélica. El mediocre no comprende ya en toda su exigencia la renuncia evangélica ni se esfuerza por conseguirla. Puede tratar de ella en forma abstracta y teórica, pero no la asume de manera personal y vital, o al menos no tiene valor y constancia para vivir según sus criterios. De este modo cierra paso a la dilatación de la caridad. Sólo entiende como renuncia evangélica la renuncia a lo que es malo; pero no entiende que se pueda renunciar a algo bueno, no entiende el sacrificio de lo bueno con el fin de conseguir lo mejor.

b) Debilitamiento de la vida interior. Estas personas tienen vida interior; pero ésta es superficial. Le falta totalidad en su penetración de los principios sobrenaturales; tampoco entiende el primado de la vida interior en la santidad y en el mismo apostolado. Puede admitirlo teóricamente, pero no empapa su vida con estas convicciones. Para ellos la fe no es su "modo de vida".

3) *Génesis*

Este estado puede entrar en el espíritu de modos diversos:

a) En las personas activas puede entrar por el agobio de trabajo y de ocupaciones exteriores, aun en el servicio de Dios. La vida interior se debilita por la actividad; se deja invadir por puntos de vista humanos y pierde lentamente la inteligencia de los medios sobrenaturales. No pierde la fe, pero cesa el avance espiritual.

b) En las personas contemplativas el peligro está en dejarse llevar por una aplicación superficial a las cosas de Dios sin verdadera profundidad ni vigor.

4) Remedios

La superación del estado de mediocridad es particularmente obra de la gracia que actúa de modos diversos: a veces por impulso irresistible a cambiar de vida, otras por medio de humillaciones y dolores, otras por medio de éxitos apostólicos inesperados, o por el contacto con una persona especialmente poseída por el Espíritu de Dios.

Es una gracia que hay que pedir. El director espiritual debe ser consciente de ello y pedirla él e inducir al dirigido a que la pida fervientemente.

Junto a la petición hay que preparar el corazón para la acción de la gracia. ¿Cómo lo logra el director? Suscitando deseos de fervor, nostalgia por el estado de generosidad ilimitada. Tendrá que inducir a esfuerzos parciales en el campo de la abnegación y de la vida interior: mortificaciones, recogimiento, momentos intensos de oración. Actuando durante meses con estos pequeños esfuerzos, se puede ir cultivando la docilidad a la gracia que impulsará a salir de la mediocridad.

5. EL ESPÍRITU DEL MUNDO Y EL RELIGIOSO

Otra enfermedad moral que puede afectar al alma es el espíritu mundano[434]. Quiero subrayar principalmente los daños de esta afección en las almas consagradas. Tomamos el término "mundo" en sentido peyorativo, como lo usa San Juan relacionándolo con el demonio (cf. 1Jn 5,19; Jn 12,31). De él Jesús ha dicho: "no rezo por el mundo". A este mundo es al que se nos exige renunciar como acto previo a nuestro bautismo; este mundo es uno de los principales enemigos del cristiano, del espíritu sobrenatural y de la perfección. Es el engendrador de los "hombres mundanos". Por tanto, es tarea fundamental de la dirección espiritual perfilar un dirigido "antimundano", de lo contrario, la dirección espiritual no tiene sentido. Además, hay que convencerse de una cosa: la actitud contra el espíritu mundano debe ser "activa" (es decir, luchar positivamente contra él), de lo contrario, con actitudes puramente negativas, el mundo tarde o temprano termina por ganar terreno en el alma, pues sus recursos son muchos y plurifacéticos.

---

[434] Cf. Faber, G.F., *El Criador y la criatura*, 369-404; Sáenz, A., *El espíritu del mundo*, 7-42; Royo Marín, A., *El mundo de hoy*.

1) Naturaleza del mundo

El mundo es difícil de definir precisamente por ser un "espíritu", una "atmósfera", una forma de pensar. Por eso las definiciones que algunos autores proponen son más bien descripciones. Scaramelli lo define como "una propensión interna a la ambición, a las honras, a los puestos, a las dignidades, a las riquezas, al poder". Royo Marín dice que "es el conjunto organizado de placeres y diversiones a que se entregan con desenfreno las gentes que viven completamente olvidadas de Dios".

Se puede decir que el término "mundo" encierra todas las seducciones, todos los engaños y tentaciones que intentan ahogar nuestra alma y no nos dejan pensar en Dios. Y los "mundanos", es decir, los "amadores del mundo", son los que viven de acuerdo con estas seducciones, cediendo a estas tentaciones; los que piensan y juzgan según esta mentalidad, esta forma de ver la realidad.

Sin embargo, hay una buena definición, y es la que nos da el Apóstol San Juan: "todo lo que hay en el mundo es concupiscencia de la carne, concupiscencia de los ojos y orgullo de la vida" (1Jn 2,16). Estos tres elementos encierran todo lo que el mundo ofrece a los hombres, incluso a los religiosos. Indica también el orden habitual en que procede su infiltración:

1° Concupiscencia de la carne: designa la tendencia al placer, la comodidad, la molicie. Es el desorden del apetito concupiscible; la afectividad desordenada.

2° Concupiscencia de los ojos: consiste en la tendencia y afán de lujo, de vanidad, de vivir volcados hacia la exterioridad, la superficialidad, el activismo, el afán de ver (curiosidad) y el afán de tener; el miedo al silencio; el ruido. Es el desorden total del apetito irascible.

3° La soberbia de la vida: consiste en la ambición del poder, la fama, el honor, el orgullo hasta el desprecio de Dios, el despotismo; de aquí nace la crueldad, el odio, la dureza de corazón, la falta de misericordia, el rencor, el no saber perdonar. Es el desorden total del apetito racional o voluntad.

Santo Tomás dice que estas tres son las causas de todos los pecados[435].

---

[435] Cf. Santo Tomás, *Suma Teológica*, I-II, 77, 6.

2) Elementos o dimensiones

El mundo es un modo de ver las cosas que puede describirse por su actitud respecto de Dios y su posición respecto de las creaturas:

a) Respecto de Dios y de las cosas sobrenaturales el espíritu del mundo inicialmente prescinde de Dios; vive sin pensar en Dios, sin pensar en el fin de la vida, vive sin tener en cuenta lo que vendrá después de la muerte y a lo que tendremos que enfrentarnos después de ella. El espíritu del mundo es una vida sin oración, una vida sin deseo del cielo, una vida sin temor del infierno, una vida sin amor de Dios, una vida sin gracia y sin virtudes, una vida sin fe, una vida sin temor al pecado, una vida sin cruz.

Pero sólo prescinde de Dios inicialmente; en un segundo momento persigue y odia a Dios y, consecuentemente, a los que son de Dios:

- "Si el mundo os odia, sabed que a Mí me ha odiado antes que a vosotros. Si fuerais del mundo, el mundo amaría lo suyo; pero, como no sois del mundo, porque Yo al elegiros os he sacado del mundo, por eso os odia el mundo" (Jn 15,18-19).
- "Me han odiado sin motivo" (Jn 15,25).
- "El siervo no es más que su señor. Si a Mí me han perseguido, también os perseguirán a vosotros" (Jn 15,20).

b) Respecto de las creaturas, el espíritu del mundo nos presenta como nuestro fin, como el motivo para el cual existimos, cosas puramente terrenas y perecederas. El mundo enarbola una serie de "bienaventuranzas" que contradicen totalmente el Evangelio:

Alaba y felicita a los ricos, los que nadan en la abundancia, a los que ríen y se divierten, a los que se dan todos los placeres de la lujuria y la gula, a los violentos, a los que imponen su voluntad a los demás, a los que alcanzan el poder, a los desvergonzados, a los que son "vivos", a los que de todo sacan partido y tajada, a los que pasan una vida tranquila, sin sobresaltos.

Siente fastidio de los pobres, de los que lloran por sus pecados, de los que sufren dolor corporal y espiritual, de los que viven castamente, de los que pasan hambre, de los que mantienen puros sus corazones, de los mansos, de los desinteresados, de los que viven la pobreza, de los perseguidos por mantenerse en el bien y en la verdad.

3) Infiltración del espíritu del mundo en el religioso

"El mundo puede entrar hasta en los conventos que parecen más aislados. El mundo tiene dos formas de manifestarse: una descarada, escandalosa, y la otra disimulada y sutil. La primera es casi imposible que entre en un convento; pero la otra forma, más sutil y peligrosa, es muy posible que entre. Y digo más: que realmente la decadencia de las órdenes religiosas viene de allí; de que, en vez de vivir con verdadero espíritu evangélico, entra en las comunidades un hálito del mundo... A veces, al entrar en un convento, y desde la puerta misma, se siente un desolador ambiente de mundo"[436].

a) Se infiltra imperceptiblemente. No es fácil apercibirse de su presencia, porque empieza por "amortiguar" la vida espiritual. Despunta en forma de la mediocridad o tibieza; termina luego asumiendo el espíritu mundano.

b) Se afianza cuando uno deja de tomar conciencia de que hay que combatirlo junto a los otros enemigos del alma, el demonio y la carne. Aunque no tientan todos juntos, están asociados y por eso, si se deja de combatir uno el otro se mantiene. Decía San Juan de la Cruz: "El mundo es el enemigo menos dificultoso: el demonio es más oscuro de entender; pero la carne es más tenaz que todos, y duran sus acometimientos mientras dura el hombre viejo. Para vencer a uno de estos enemigos es menester vencerlos a todos tres; y enflaquecido uno, se enflaquecen los otros dos, y vencidos todos tres, no le queda al alma más guerra"[437].

c) Crece cuando se empieza a actuar contra lo que es propio de la vida religiosa o cuando ésta es vivida tibiamente. Es mundano el "laicizado" (el de costumbres, vida y espiritualidad laicales); se lo conoce por el modo laico de vestir, por el trato, por la cantidad de horas que pasa viendo televisión, por los criterios mundanos con que juzga y decida en su vida.

En este sentido un religioso se mundaniza cuando se amortigua o se suaviza en él el ideal de la obediencia (haciéndola más "racional", no viviéndola plenamente porque no se "convence" del mandato del superior), el ideal de la pobreza (haciéndola más cómoda, con compensaciones personales), el ideal de la pureza y de la castidad, no faltando contra la pureza, pero aflojando en los afectos del corazón, en los sentimientos.

---

[436] Torres, Alfonso, *Ejercicios Espirituales*, 440-441.
[437] San Juan de la Cruz, *Cautelas*, Prol., 2-3.

d) Se arraiga cuando termina dando cabida en el corazón a la ambición, al deseo de puestos, de cargos; cuando ese religioso se entristece porque no sube en el escalafón del mundo (aunque sea el "mundillo" eclesiástico y religioso).

4) Efectos sobre el alma

El efecto del espíritu mundano sobre el alma está descrito por San Juan de la Cruz en la Subida al Monte[438]. Sólo recuerdo sus títulos:

a) Cansa y fatiga al alma: siempre pide y exige más y más, pero nunca se contenta ni se satisface. Obliga a un trabajo constante, como el avaro que siempre busca más riqueza o el lujurioso que necesita siempre placeres más intensos.

b) Atormenta y aflige: nunca puede acallar totalmente la conciencia y por eso, al mismo tiempo que produce un placer pasajero y sensible, conlleva un dolor estable y espiritual y un tormento psicológico del alma que se sabe lejos de Dios. En el Cántico Espiritual dice: "los tratos del mundo... cuando hallan al alma que busca a Dios, hácenle muchas llagas, penas, dolores y disgustos, porque no solamente en ellos no halla lo que quiere, sino antes se lo impiden; y... los demonios y negociaciones del mundo, quitan el manto de la paz y quietud de la amorosa contemplación"[439].

c) Ciega y oscurece: porque ata y subordina la inteligencia, que es el ojo del alma, la luz del corazón, a la concupiscencia y a los deseos de nuestros instintos animales, embruteciendo y animalizándonos.

d) Ensucia y mancha: el amor hace iguales, produce semejanza entre el que ama y lo que ama: "¿Amas el cielo? Eres cielo. ¿Amas la tierra? Eres tierra", dice San Agustín.

e) Debilita la voluntad: desgasta las fuerzas del alma, de modo que no deja fuerza para tender a Dios.

5) Remedios para combatirlo

a) Mortificación y negación personal. El espíritu mundano, una vez metido en la vida religiosa, no puede arrancárselo sino con la negación

---

[438] San Juan de la Cruz, *Subida*, 1, 6ss.
[439] San Juan de la Cruz, *Cántico*, 10,3.

personal. Se trata de la mortificación, pero no sólo del sentido sino del alma: la humillación personal; el abatirse profundamente; el buscar lo más ínfimo, el desprecio. San Juan de la Cruz lo dice de modo insuperable:

"Diremos otra manera de ejercicio que enseña a mortificar la concupiscencia de la carne, y la concupiscencia de los ojos, y la soberbia de la vida, que son las cosas que dice san Juan (cf. 1Jn 2,16) reinan en el mundo, de las cuales proceden todos los demás apetitos.

Lo primero, procurar obrar en su desprecio y desear que todos lo hagan (y esto es contra la concupiscencia de la carne).

Lo segundo, procurar hablar en su desprecio y desear que todos lo hagan (y esto es contra la concupiscencia de los ojos).

Lo tercero, procurar pensar bajamente de sí en su desprecio y desear que todos lo hagan (también contra sí, y esto es contra la soberbia de la vida)"[440].

San Juan de la Cruz, en "Llama de Amor viva", denomina esta tarea "oficio de desbastar", es decir, lo que hace el escultor cuando quiere hacer una imagen de madera: lo primero es sacar lo grueso. En un tronco no se puede empezar tallando las siluetas si primero no se sacó todo lo que está de más. Eso es la mortificación y el desprecio del mundo. Sólo después puede empezarse a tallar, es decir, a progresar en la santidad: "No cualquiera que sabe desbastar el madero, sabe entallar la imagen, ni cualquiera que sabe entallarla, sabe perfilarla y pulirla, y no cualquiera que sabe pulirla, sabrá pintarla, ni cualquiera que sabe pintarla, sabrá poner la última mano y perfección. Porque cada uno de éstos no pueden en la imagen hacer más de lo que sabe y, si quisiese pasar adelante, sería echarla a perder. Pues veamos si tú, siendo solamente desbastador, que es poner el alma en el desprecio del mundo y mortificación de sus apetitos, o, cuando mucho, entallador, que será ponerla en santas meditaciones, y no sabes más, ¿cómo llegarás esa alma hasta la última perfección de delicada pintura, que ya no consiste en desbastar, ni entallar, ni aun en perfilar, sino en la obra que Dios en ella ha de ir haciendo?"[441].

También dice que el remedio consiste en desnudar al alma de los apegos: "No se le atreverá ni mundo, ni carne, ni el demonio; porque, estando el

---

[440] San Juan de la Cruz, *Subida* 1, 13, 8-11.
[441] San Juan de la Cruz, *Llama*, 3, 58.

alma libre y purgada de todas estas cosas y unida con Dios, ninguna de ellas le puede enojar"[442].

b) El ejercicio de la vida teologal. Lo primero es el aspecto negativo. Pero lo segundo es el ejercicio de la vida teologal. Toda nuestra vida ha de ser vivida en medio y por medio de actos de fe, esperanza y profunda caridad. "El alma... sale disfrazada con aquel disfraz... que más segura vaya de los adversarios suyos y enemigos, que son: demonio, mundo y carne. Y así, la librea que lleva es de... las tres virtudes teologales, que son: fe, esperanza y caridad, con las cuales no solamente ganará la gracia y voluntad de su Amado, pero irá muy amparada y segura de sus tres enemigos"[443].

c) El ejercicio de las bienaventuranzas. Por último, el gran remedio consiste en vivir en la heroicidad de la caridad y de las bienaventuranzas. Vivir la caridad a medias es incentivo para el mundo. Hay que practicarla heroicamente: cuando más cansados estamos, con quienes menos nos gusta. Vivir las bienaventuranzas es vivir la cruz como locura, la locura de la mansedumbre heroica, de la pureza de corazón heroica, del llorar los pecados, de la pobreza extrema, de la misericordia heroica, del perdón de todas las ofensas, etc.

II. ENFERMEDADES AFECTIVAS Y PSÍQUICAS

"Existen también enfermedades o debilidades psíquicas vinculadas a la vida espiritual (...) Las debilidades o enfermedades de tipo neurótico, más vinculadas a la vida espiritual, necesitan de la atención de expertos (en espiritualidad y psicología). Habitualmente se manifiestan con una excesiva riqueza de atención o una profunda insatisfacción de sí («hysterein») que trata de atraer el interés y la compasión de todos, produciendo con frecuencia un clima de agitación eufórica en el que puede quedar involucrado el mismo director espiritual (creyendo proteger una víctima o una persona privilegiada). Estas manifestaciones no tienen nada que ver con la verdadera contemplación y mística cristiana, la cual, admitiendo la propia debilidad, no trata de cautivar la atención de los otros, pero se expresa en la humildad,

---

[442] San Juan de la Cruz, *Cántico*, 24, 5.
[443] San Juan de la Cruz, *Noche*, 2, 21, 3

en la confianza, en el olvido de sí para servir a los otros según la voluntad de Dios"[444].

1. ALGUNOS PRINCIPIOS GENERALES

La enfermedad es una realidad humana que afecta a muchísimas personas de modo permanente y tarde o temprano a todas, llevándolas a la muerte[445]. Es una de las consecuencias del pecado original y puede afectar cualquier órgano corporal y el funcionamiento psíquico, pudiendo presentarse como simple debilidad o como disturbio más o menos profundo. Todos debemos prepararnos para enfrentar la enfermedad, sea, esta, propia o de personas allegadas.

Entre las clases de dirigidos también se cuentan los enfermos psíquicos a quienes no puede negarse el consuelo de la guía espiritual. Si bien los casos más profundos no son capaces de ninguna dirección espiritual porque carecen de razón o su morbo los aísla de la realidad, otros pueden recibir una considerable ayuda siempre y cuando encuentren un director espiritual lleno de caridad y paciencia; pensemos, por ejemplo, a muchos depresivos, neuróticos, perfeccionistas, escrupulosos.

Sentemos algunos principios generales que pueden orientarnos en la dirección de estas personas.

---

[444] Congregación para el Clero, *El sacerdote confesor y director espiritual*, 96-97. Cf. sobre este tema: Bless, H., *Pastoral psiquiátrica*, cap. VI, 223-245; Mendizábal, *Dirección espiritual...* 335-360; Derisi, O., *La psicastenia*, cap. IV, "La terapéutica de los escrúpulos", 54-72; Cabanyes – Monge, *La salud mental y sus cuidados*, especialmente el cap. 17 de Miguel Ángel Monge Sánchez, *Vida espiritual y enfermedad psiquiátrica*, 201-212; y el cap. 18 de Ramiro Pellitero Iglesias, *Manifestaciones sobrenaturales y salud mental*, 213-223.

[445] Según datos de la *Organización Mundial de la Salud*, aportados en una Intervención del cardenal Javier Lozano Barragán, presidente del Consejo Pontificio para la Pastoral de la Salud, pronunciada en Adelaida (Australia) el 9 de febrero de 2006, en el congreso que inauguró la Jornada Mundial del Enfermo (11 de febrero de 2006), 450 millones de personas en el mundo son afectadas por problemas mentales neurológicos o de comportamiento. Otros autores dan datos más dramáticos, sosteniendo que "una de cada tres personas sufre o ha sufrido algún tipo de trastorno psiquiátrico en el último año" (cf. Jerónimo Sáiz Ruiz y Manuel Martín Carrasco, presidente y secretario, respectivamente, de la Sociedad Española de Psiquiatría; en: Cabanyes – Monge, *La salud mental y sus cuidados*, 15).

III - Las diversas funciones del director espiritual

1º En todos los casos en que una enfermedad comprometa seriamente a una persona, el director espiritual debe exigirle a su dirigido que se atienda con un profesional (serio y bien ubicado respecto de los principios morales católicos) y que obedezca sus prescripciones. Algunos enfermos, por el hecho de hacer dirección espiritual, se consideran exceptuados de atenderse médicamente o no obedecen las prescripciones terapéuticas. Esto es un falso espiritualismo que puede tener como consecuencia el agravamiento del estado morboso. Por tanto, al buscar el bien de su dirigido, el director debe comenzar por exigirle que cumpla con las obligaciones del quinto mandamiento respecto de su propia salud. Además de que, en la mayoría de los enfermos psíquicos, la enfermedad de estos afecta notablemente a quienes los rodean, sobre todo si no tienen contención médica, por lo que también el respeto por el prójimo impone estas obligaciones en razón de la justicia y la caridad.

2º La mayoría de las enfermedades psíquicas afectan a la persona produciéndole un estado obsesivo, es decir, enfocándola sobre una idea enfermiza obsesiva (enojo, miedo, suspicacia, desconfianza...) y, consecuentemente, sobre sí misma. Esto hace que cualquier otra actividad quede comprometida por causa de esta idea parasitaria. Estas personas necesitan:

- Aprender a luchar contra las ideas parásitas.
- Poder dirigir su atención fuera de sí mismas.
- Aumentar y dirigir la energía volitiva a otras actividades distintas de su foco de obsesión.

Para este trabajo podemos servirnos adecuadamente de métodos serios y naturales para controlar el desorden de nuestros sentidos internos (particularmente la fantasía y la memoria) y los afectos que nacen de ellos[446].

3º Debemos tener en cuenta que algunos problemas psíquicos tienen como causa, no una lesión originariamente psíquica, sino un drama espiritual

---

[446] En concreto me estoy refiriendo al método propuesto por el célebre médico Roger Vittoz, divulgado en los libros del P. Narciso Irala (*Control cerebral y emocional* y *Eficiencia sin fatiga*, citados en la bibliografía). El no menos prestigioso Dr. Paul Chauchard, hablando de la importancia de este tipo de trabajo para el consagrado célibe, decía que tales principios "deberían ser el breviario de toda autoeducación" (Chauchard Paul, *Celibato y equilibrio psicológico*, en: Coppens, *Sacerdocio y celibato*, Madrid (1972), 499-518).

que ha terminado repercutiendo en la vida psíquica. En particular podemos destacar:

- Algunos pecados singularmente graves relacionados con derramamiento de sangre, sobre todo cuando median lazos sanguíneos con la persona asesinada (aborto, parricidio, fratricidio, uxoricidio, filicidio) o particulares razones de inocencia y santidad (crímenes contra menores o contra personas consagradas). Lo mismo puede decirse cuando hay violencia física, violación, satanismo, etc.
- Sufrimientos intensos padecidos involuntariamente en la infancia o adolescencia, especialmente: abandono paterno, violación carnal, violencia, escándalo sexual de parte de personas muy queridas o de mucha autoridad (sacerdotes, parientes, superiores...).
- Una visión deformada o insuficiente de la paternidad divina y/o de la paternidad humana, con la consiguiente dificultad para entender el amor, el sentido de la existencia, la providencia, la redención, la filiación divina, la propia responsabilidad en la paternidad espiritual o biológica.
- Una visión deformada o insuficiente del perdón y de la misericordia (divina y/o humana), con la consiguiente dificultad para perdonar y perdonarse (tanto las culpas como los errores, los fracasos y los sufrimientos, sean voluntarios o no).
- Una visión deformada o insuficiente del dolor y del sufrimiento, con la consecuente tendencia a la desesperación y a la angustia y preocupación obsesiva.

En todos estos casos, aun si estos problemas han dejado secuelas psíquicas, la raíz sigue siendo espiritual, y por tanto, se debe procurar la solución espiritual al mismo tiempo que la psíquica (cada una a cargo de aquel a quien le competa: lo suyo al director espiritual, y lo propio de su profesión al psicólogo). El trabajo espiritual, a través de la meditación del evangelio, de la oración, del diálogo espiritual, de la lectura espiritual y bíblica, del ejercicio de la fe..., si no alcanza a solucionar los problemas psíquicos, al menos ayuda a completar la tarea de los profesionales (psiquiatras o psicólogos).

4º A su vez, muchos problemas psíquicos tienen notables repercusiones en el plano afectivo-sexual que a menudo hace de caja de resonancia de conflictos de otro orden (depresiones, melancolías, tristezas, angustias, problemas espirituales con la vocación o crisis de fe). En tales casos no hay que confundir las consecuencias (dificultades en el plano de la sexualidad) con la causa. A veces estos problemas se presentan como compulsiones que aparecen en momentos de crisis o de intensa ansiedad; y aumentan en la medida en que la persona lucha de modo angustioso. Aun cuando nos conste que estamos ante casos de responsabilidad atenuada por algún problema agudo (por ejemplo, una depresión), debemos ayudar a estas personas exigiéndoles con suavidad que haga cuanto está de su parte por comportarse con firmeza en las tentaciones, especialmente huyendo de las ocasiones y, sobre todo, poniendo en práctica todos los medios de distracción para aliviar las tensiones causadas por la obsesión (particularmente con los instrumentos de dominio de la afectividad y de la fantasía a que hemos aludido más arriba).

En muchos casos el trabajo espiritual debe estar acompañado por una medicación que permita a la persona disminuir sus estados obsesivos.

5° Los directores espirituales deben conocer de manera adecuada al menos algunas perturbaciones más comunes que afectan a muchas personas que frecuentan la dirección espiritual (incluidos consagrados y sacerdotes). Señalo en particular:

- La depresión, la tristeza y melancolía.
- Los miedos y las fobias.
- Los escrúpulos agudos.
- El cansancio mental crónico.
- La abulia y otros problemas serios de voluntad.
- Desórdenes de la sexualidad (masturbación más o menos compulsiva, inclinaciones homosexuales).

Sin necesidad de estudiar propiamente psicología, cierta cultura al respecto no viene nada mal al director de almas.

6° La santidad es posible para muchos de estos enfermos, no solo la santidad debida a la gracia bautismal, que no puede perder quien es incapaz de cometer un pecado mortal (como ocurre en los niños que no han llegado al uso de razón y en los locos que nunca llegan a él o los que lo pierden completamente mientras están en gracia de Dios), sino la santidad del adulto que exige siempre la colaboración de nuestra libertad. Porque muchas de estas enfermedades solo comprometen parcialmente la libertad y estas personas pueden y deben luchar contra sus tendencias desordenadas que, aunque se enraícen en su trastorno patológico admiten un trabajo ascético sobre ellas (al menos reclaman el esfuerzo por contenerlas y no dejarse arrastrar al desorden o al pecado).

2. LOS ESCRÚPULOS

1) Elementos generales

Escrúpulo viene del latín *scrúpulus* o *scripulus*, palabra que designaba, entre otras cosas, la piedrecita que metiéndose en el zapato molesta al caminar. Por analogía pasó a designar esa "molestia de conciencia" que conduce al estado de turbación constante.

En realidad es un "reparo no bien fundado", o, como lo define San Alfonso, "un miedo no fundado de pecar, apoyado en nociones falsas". Es un estado del alma que hace temer, por razones fútiles e irracionales, que hay pecado donde realmente no lo hay. Este estado del alma da lugar a ansiedades y se caracteriza como "una especie de sentimiento de temor habitual y de inseguridad moral, que les hace ver el mal donde no está, dudar antes que obrar, embrollarse y turbarse en sus acusaciones, nunca bastante minuciosas, volviendo una y otra vez al pasado, persuadido de que ha habido faltas que no han sido bien contadas, olvidadas, etc.".

Como tal implica un juicio falso: el temor irracional impide al escrupuloso juzgar normal y naturalmente de sus actos; mira las cosas a través de cristales negros y opacos.

El verdadero escrúpulo es una enfermedad de la afectividad y no tanto del entendimiento. San Ignacio caracteriza ese estado como "en cuanto duda y no duda"[447]. Es una ansiedad que no proviene de un objeto concreto, sino de un principio subjetivo, y que, por tanto, hay que resolver desde el

---

[447] San Ignacio, *Ejercicios Espirituales*, n. 347: "Después que he pensado, o dicho, o hecho alguna cosa, me viene un pensamiento de fuera que he pecado; y, por otra parte, me parece que no he pecado; tamen siento en esto turbación, es a saber, en cuanto dudo y en cuanto no dudo".

ángulo subjetivo; éste es el motivo por el que, resuelta por el director una duda, el escrupuloso (a veces tras un momento de tranquilidad) pasa a tener otra diversa (o vuelve más tarde sobre la misma). Por eso el escrupuloso reconoce que tiene escrúpulos; incluso los resuelve en el caso de otros pero no en el suyo.

Los fenómenos que lo caracterizan son de dos órdenes, fisiológicos y psíquicos. Hay que enumerar como fenómenos fisiológicos, la debilidad general de los nervios, perturbaciones en la digestión (dolores de estómago y estreñimiento) y en la circulación sanguínea (palpitaciones, pulso irregular, especialmente en los momentos de angustia). Entre los fenómenos psíquicos podemos indicar las obsesiones propiamente dichas, temores y una impotencia psíquica con necesidad de protección y certeza (se manifiesta en ciertas sensaciones de irrealidad, de incapacidad y de impotencia).

En cuanto a las causas, se pueden distinguir en interiores y exteriores.

Entre las causas interiores podemos poner la constitución física y psíquica de la persona. Se puede tratar de una constitución melancólica, de cierta debilidad mental, de falta de juicio, de cierta pertinacia en aferrarse a las opiniones personales, que hace que el escrupuloso no quiera o no ose obedecer a los consejos de personas inteligentes y prudentes. Puede haber también perturbaciones del sistema vegetativo y sensitivo, actividad demasiado reducida o demasiado grande de las glándulas endocrinas, etc.

Entre las causas exteriores hay que indicar tres causas posibles: Dios, el diablo y los mismos hombres.

a) Dios puede ser considerado causa de los escrúpulos sólo en cuanto permite algunas veces que el alma tenga que luchar con ellos en orden a adelantar en la perfección. Esto suele ocurrir especialmente cuando se trata de los escrúpulos al principio de la conversión y a la entrada en la contemplación. De esa manera, la lucha debidamente llevada, purifica al alma, le imprime más horror al pecado, le da ocasión para ejercitarse en la paciencia y en la obediencia humilde al guía espiritual. De todos modos, hay que señalar que este efecto purificador no se debe al escrúpulo en sí mismo sino a la manera en que el paciente ha sabido obedecer y someterse a la dirección espiritual. Por eso, señala Bless, hay que sostener que en los más de los casos los escrúpulos son dañosos y hay que esforzarse en luchar contra ellos. Decía San Alfonso: "nada hay tan dañoso al alma que aspira a Dios o le está consagrada como los escrúpulos".

b) El demonio puede a veces provocar cierto género de escrúpulos. Especialmente habría que atribuir a él aquellos en los que el enfermo no oye los consejos autorizados, porque es el mismo espíritu maligno el que los provoca y el que incita la actitud de autosuficiencia, desobediencia y pertinacia de juicio.

c) Los mismos hombres son causa de escrúpulos y esto la mayor parte de las veces. Especialmente cuando se combinan una constitución psíquica débil y un ambiente defectuoso dominado por una severidad imprudente, falsos principios de moral, cierta misantropía, cultivo sentimientos de inferioridad, incomprensión espiritual en momentos de dificultad, etc.

2) *Los diversos tipos de escrúpulos*
a) Escrúpulos en momentos particulares de la vida espiritual.

Se señalan dos momentos especiales de la vida espiritual donde se verifica muchas veces el fenómeno de los escrúpulos, estos son el tiempo de la primera conversión y al entrar en la contemplación[448].

1º La primera conversión. Después de la primera conversión del pecado (y confesión) puede quedar una especie de "sentido de la culpabilidad", causado por la diversa naturaleza que toma el alejamiento del pecado en el alma y en las potencias donde radicaban los vicios pecaminosos. En efecto, el arrepentimiento y la confesión del pecado borran inmediatamente la culpa del alma y conllevan la infusión de la gracia y del organismo sobrenatural de las virtudes que emanan de ella, pero los hábitos pecaminosos adquiridos mantienen la huella "física" que todo hábito causa en la potencia sobre la que inhiere, aunque no de modo culpable porque ha sido retractado y confesado. Para que también esto desaparezca, el sujeto deberá adquirir, con la repetición de actos, los hábitos naturales contrarios al vicio que antes tuvo. Esto explica por qué un sujeto, después de una confesión sincera, sigue experimentando la atracción del pecado ya confesado. Evidentemente esto dependerá mucho de la intensidad de su conversión. Esta duplicidad, puede originar, especialmente en momentos de depresión o tentación un estado

---

[448] Cf. Mendizábal, *Dirección espiritual*, 338-340.

afectivo de sensación de culpabilidad (como si la culpabilidad anterior aún persistiera y el pecado que la originaba no estuviese borrado).

El remedio en este caso es relativamente fácil y consiste en reconocer el carácter de tentación de este escrúpulo y su transitoriedad. Para superarlo, la voluntad ha de obrar contra las sugerencias del escrúpulo y no dejarse llevar por los temores que infunde. Con una voluntad firme y serena tales escrúpulos son fácilmente superados.

2° La entrada en la contemplación[449]. Al llegar el momento de la entrada en la contemplación suelen volver a aparecer los escrúpulos (a veces en forma aguda) como parte de las purificaciones que caracterizan las etapas pasivas de purgación (la noche del sentido y la noche del espíritu). Lo señala San Juan de la Cruz hablando, por ejemplo, de la noche del sentido: "los llena del mil escrúpulos y perplejidades"[450].

Estos escrúpulos no desaparecen por obra humana sino cuando Dios lo determina, y esto sucede cuando la purgación termina su trabajo. Por tanto, lo único que hay que hacer en tales casos es confortar al alma y ejercitarla en la paciencia, en la confianza en Dios y en la fe.

b) Escrúpulos en el transcurso normal de la vida espiritual.

Junto a esos momentos especiales en los que algunas almas suelen ser afectadas por los escrúpulos, éstos pueden aparecer en otros momentos del desarrollo normal de la vida espiritual. A veces se presentan con ciertas características intelectuales, otras (las más de las veces) bajo formas volitivas.

Los de tipo intelectual son aquellos juicios que en el fondo se reconocen como absurdos, pero que asaltan al paciente incluso obsesivamente (por ejemplo, "si piso las baldosas donde forman una cruz peco mortalmente"). San Ignacio lo define más propiamente como "juicio erróneo y no propio escrúpulo"[451]. El juicio es reconocido como falso, pero algo impulsa a

---

[449] Mendizábal, *Dirección espiritual*, 340; Eugenio del Niño Jesús, *Quiero ver a Dios...*, 700-703; 964 ss.

[450] San Juan de la Cruz, *Noche*, 1, 14, 4.

[451] San Ignacio, *Ejercicios Espirituales*, n. 346: "Llaman vulgarmente escrúpulo, el que procede de nuestro propio juicio y libertad, es a saber, cuando yo libremente formo ser pecado lo que no es pecado; así como acaece que alguno después que ha pisado una cruz de paja incidenter, forma con su propio juicio que ha pecado; y éste es propiamente erróneo y no propio escrúpulo".

seguirlo. Estos escrúpulos se superan con facilidad, haciéndole ver al dirigido que en su interior hay dos juicios; uno que parece mandar hacer tal acción y otro por el que juzga que esa acción es ridícula. Hay que insistir que obre como obran normalmente los hombres honestos y religiosos que consideran ridícula dicha acción.

Los de tipo volitivo son los que versan sobre el consentimiento y tienen forma de dudas sobre el haber consentido o no a determinados actos, generalmente internos, como ser, por ejemplo, pensamientos impuros, juicios temerarios, blasfemias, dudas de fe, etc. A su vez estos pueden afectar a determinados sectores de la vida moral del sujeto dejando intactos los demás (por ejemplo, escrúpulos sólo sobre la castidad o sobre la justicia compatibles con grandes y multiplicadas faltas de caridad), o bien puede tratarse de escrúpulos generales (que afectan a todo el campo del obrar).

3) *Terapia de los escrúpulos*

Los escrúpulos constituyen una enfermedad seria y exigen un tratamiento recio y apropiado.

a) Conducta general del director espiritual

La conducta del director (o del confesor) es el factor fundamental en la curación de los escrúpulos. La regla principal es que el dirigido escrupuloso tenga un director o confesor fijo; esto es muy útil para una persona sana, y absolutamente necesario para el escrupuloso, porque la tendencia normal es consultar a muchos para corroborar la autoridad de uno con lo que dice otro, lo cual alimenta la escrupulosidad.

El director a su vez, deberá asentar su autoridad moral sobre el fundamento de su sabiduría, santidad y prudencia. Por tanto, lo primero que tiene que hacer, si quiere curar a un escrupuloso, es procurar ser santo y formar su ciencia moral.

En cuanto a las actitudes que debe tomar respecto de su dirigido escrupuloso se resumen en la norma indicada por San Alfonso de Ligorio. "Con esta clase de penitentes, el confesor sea paciente, benigno y firme". La falta de una de estas condiciones (como la excesiva bondad sin firmeza, o la firmeza sin bondad) sería fatal.

a. Paciente y benigno. Ante la exposición interminable, intrincada y casi ininteligible de los casos de conciencia del enfermo (sobre todo al comienzo, hasta formarse una idea clara de su situación), no ha de mostrarse enfadado; tampoco ante la insistencia sobre asuntos ya resueltos ni con sus frecuentes e intempestivas visitas y consultas. El enfermo lleva una cruz muy pesada; una muestra de fastidio sólo deprimiría más su ánimo. La paciencia servirá para que el director se forme un juicio cabal del estado real de su dirigido: qué tipo de escrúpulos tiene, a que campo afectan, qué nivel de incidencia tienen en la vida del enfermo, cuál es su posible causa. Aquí vale el dicho "no existen enfermedades sino enfermos"; cada uno es un mundo. Además, las personas escrupulosas suelen ser inteligentes y, por eso mismo, sensibles; por tal motivo la dureza puede zaherirlo, derrumbarlo moralmente y desesperarlo; en cambio, la afabilidad le dará más confianza en su director, le hará comprender mejor la norma de conducta impuesta por éste, y lo animará a practicarla con fidelidad.

b. Firme. Junto a la suavidad, el enfermo necesita la firmeza de su confesor. El director deberá dar normas precisas que no permitirá discutir. En este tipo de casos es mejor ahorrarse toda explicación y ser categórico en las respuestas; no debe titubear o dudar cuando expone al dirigido el modo de obrar que debe seguir, porque la duda que atormenta constantemente al escrupuloso se situaría fácilmente en la competencia y sabiduría del director y anularía los remedios para su curación. Por tanto, una vez dada la norma precisa de su vida y repetida varias veces cuando el enfermo vuelva a consultarlo sobre su extensión y valor, el director deberá exigir a su penitente que resuelva por sí mismo su duda, que pase por encima de ella y de sus angustias sin consultarle en cada caso. Con más razón deberá ser firme en cuanto a no admitirlo a la confesión, fuera de la semanal y del caso en que el enfermo esté realmente cierto de haber cometido un pecado mortal. Cualquier otra actitud puede ser caridad mal entendida.

b) Conducta que se ha de exigir del escrupuloso

Al escrupuloso hay que exigirle total y absoluta obediencia al director. Sobre esto transcribo lo que dice Grazioli respecto de San José Cafasso:

> "El primer remedio, que podemos llamar fundamental –decía el Santo– es la obediencia... El escrupuloso encontrará siempre algo que decir y dudará siempre de que las cosas sean como se las presentan. A una penitente que le preguntaba si había para ella esperanza de sanar de su enfermedad de escrúpulos respondía: «Sí, pero con una condición, que se haga cortar la

cabeza y venga después a confesarse sin ella». Respuesta que atribuyen también a San Felipe.

El director podrá, en cambio, obtener más fácilmente la obediencia ciega y total del pobre penitente si se sabe ofrecer franca y claramente como garantizador de cuanto dice ante Dios. «¿Sabe que es el Señor quien habla aquí? –decía en la confesión a una penitente–. ¿No sabe que quien obedece al confesor obedece al mismo Dios? ¿Quiere, pues, ofender al Señor negándole la obediencia? Piense que si obedece, aunque se equivocase, la culpa es mía y usted tendrá el mérito de la obediencia. Si en cambio, desobedece, la culpa será siempre suya como el perjuicio». A otro penitente decía: «Obedezca y recuerde que la obediencia no conoce ni Infierno, ni Purgatorio, sino sólo Paraíso. Fíese de ella como del carruaje más seguro, que la ha de conducir a la patria suspirada»"[452].

San Alfonso ha escrito al respecto:

"El confesor debe inculcar ante todo a esta clase de penitentes estas dos máximas fundamentales. Primera, que ante los ojos de Dios camina con toda seguridad obedeciendo a su padre espiritual, cuando evidentemente no se descubre pecado: porque entonces obedece, no ya a un hombre, sino al mismo Dios, que dijo: «Quien os escucha, a Mí me escucha». Así lo enseñan todos los doctores y maestros espirituales con San Bernardo, San Antonino, San Francisco de Sales y San Felipe Neri, Santa Teresa, el Beato Dionisio el Cartujano, el Beato Humberto, el Venerable P. maestro Ávila, Gerson, etc. Segundo, que el mayor escrúpulo que debe inquietarle es la inobediencia, por la cual no sólo se expone al peligro de perder la paz del alma, la devoción y el progreso en las virtudes, sino que arriesga además el juicio, la salud y, lo que es peor de todo, su alma; porque pudieran llegar a tal extremo sus escrúpulos, que o le redujeran a una desesperación tan grande que se suicidase, como a no pocos sucedió, o le hicieran precipitar en todo género de vicios. Asimismo: insinúe el confesor al penitente escrupuloso, como dice muy bien un docto escritor, que con Dios, como suele decirse, no sirve ajustar cuentas con la pluma: pues Dios, por nuestro bien, quiere que vivamos inciertos de nuestra salvación. Por lo cual, empleando una diligencia moral de no ofenderle, debemos procurarnos su misericordia, y confesando que sin auxilio de la gracia no podemos obrar nuestra salvación, debemos pedirla con perseverancia, confianza y paz. «Lo mejor de todo, decía San Francisco de Sales, es caminar a ciegas confiados en la divina Providencia en medio de las tinieblas y perplejidades de esta vida. Es necesario estar tranquilos cuando nuestro padre espiritual nos dice que caminamos bien, sin querer

---

[452] Gazioli, *Modelo de Confesores...*, Tercera parte, capítulo 2.

indagar la causa de esto. Nunca perece el que obedece». San Felipe Neri aseguraba que estaba cierto que el que obedecía a su confesor no daría cuenta a Dios de sus acciones. Por el contrario, decía San Juan de la Cruz que no quedar satisfecho con lo que dice el confesor, es soberbia y falta de fe"[453].

Y más adelante: "A los escrupulosos debe tratárselos con humanidad, pero cuando pecan por inobedientes, deben experimentar el mayor rigor: pues si abandonan esta áncora de la obediencia, perecen sin remedio y, o vienen a dar en un frenesí o a una total depravación de las costumbres"[454].

c) Método

Cada caso exige un tratamiento individualizado pero se pueden dar principios generales; estos consisten en dos remedios: primero, simplificar la situación moral del escrupuloso; segundo, elevar la tensión psíquica.

a. Simplificar la situación moral del escrupuloso. Hay que enseñar al escrupuloso a combatir sus escrúpulos indirectamente. El problema principal para él es analizar con objetividad sus actos y juzgarlos moralmente sin perturbarse; esto es algo superior a sus fuerzas. El exigirle que no piense en sus pecados o en lo que le causa escrúpulos es una orden irrealizable para él. Hay que reducirle las dificultades dándole un solo principio moral de fácil aplicación que le sirva para "pasar por alto" la causa de sus escrúpulos. Este principio puede tener diversas formulaciones y habrá que ver en cada caso cual corresponde más adecuadamente. Puede ser, por ejemplo, una de éstas:

- "Mientras no vea claramente y sin examinarse, como dos y dos son cuatro, que una cosa es pecado, para usted no lo es; y si duda si es pecado grave o leve, para usted es leve".

- "En todas las dudas morales, obrar en favor propio (es decir, juzgando que no hay pecado) y eso sin pensar ni examinarse".

- "Sólo considerará pecado mortal aquello de lo que pueda jurar que es pecado como si se jugase en el juramento la salvación eterna,".

Al principio el enfermo creerá haber entendido el principio, pero ante situaciones concretas, vacilará si debe aplicar o no ese principio, si se extiende también a ese caso o no, y comenzará a dudar del alcance y sentido

---

[453] San Alfonso, *El hombre apostólico*, I, tratado I, n. 8, 4-5.
[454] Ibídem, n. 10, 6.

de la norma. El director ha de saber que eso ocurrirá y que deberá repetírsela de nuevo en toda su simplicidad y universalidad, hasta que la asimile; pero después de un tiempo el director no debe ya admitir dudas sobre ella, sino responder: "usted ya sabe cómo debe obrar"; porque de lo contrario se corre el riesgo de que el escrúpulo se localice en la regla misma.

La aplicación de esta regla es más necesaria aun cuando los escrúpulos afectan al campo de la castidad; en estos casos hay que evitar los exámenes de conciencia que sólo multiplican las tentaciones y, consecuentemente, los escrúpulos.

Igualmente se debe simplificar el resto de la vida espiritual del escrupuloso: ligeros exámenes de conciencia, breves actos de contrición y pasar por encima el terreno que ocasiona escrúpulos.

b. Elevar la tensión psíquica. Junto a lo primero hay que recurrir a todos los medios posibles para excitar y reforzar la voluntad debilitada. Esto se debe hacer sobre una base física y psíquica y una base espiritual.

Desde el punto de vista físico y psíquico hay que lograr que el escrupuloso lleve un ritmo de vida sano y tranquilo. No se trata de que realice actividades que lo distraen pero cansan (como puede ser viajes y excursiones), sino de un trabajo en ambiente sano y equilibrado. Necesita que se le proyecte cierto ejercicio físico, sueño suficiente, alimentación adecuada; distracciones sanas (virtud de la eutrapelia). Junto a esto, habrá que ver si el dirigido tiene dotes y cualidades naturales artísticas o científicas y buscar que las desarrolle según sus posibilidades animándolo a valorar sus obras. Es decir, en definitiva, una idea más humana de la vida.

Desde el punto de vista espiritual hay que suscitar mayor confianza en Dios y alegría en la vida cristiana. Esto se logrará indicando los temas de lectura espiritual y meditación, encauzando su apostolado a las obras de caridad (excelente medio terapéutico para los escrupulosos) y buscándole el apoyo de un buen amigo (más útil que largas pláticas del director)[455].

c. Aspectos particulares. Oración y sacramentos. A los escrupulosos hay algunos focos de la vida espiritual que causan particulares dificultades;

---

[455] Cf. Ibídem, n. 9, 6.

sobre estos la conducta del director (más aún si también es confesor suyo) ha de ser muy clara. Estos se relacionan con la confesión, la comunión y las devociones.

Confesión sacramental. Hay que tener sobre este aspecto mucha paciencia. Cuando los escrúpulos versan sobre el pasado (confesiones anteriores, actos de la vida pasada) habrá que prohibirle que piense o se examine sobre ello. Ordinariamente son algunos pocos los puntos que causan dificultad al enfermo; en estos casos podrá prohibirse al escrupuloso sólo el examinarse sobre ellos. Hay que insistir en el principio fundamental para este tipo de personas: en materia de obligación de conciencia sólo vale la evidencia; si duda sobre la misma evidencia (no sabe si hay o no hay) que aplique el segundo principio: "en la duda hay que suponer que el escrupuloso no tiene pecado" (*in dubium standum est pro statu scrupuloso*). El escrupuloso, dice Bless, no se examinará nunca, ni siquiera por un segundo, sobre los puntos que le son fuente de inquietud, y se guardará firmemente de hablar sobre ellos en la confesión; se habrá de contentar con examinarse sobre los otros puntos que no provocan en él ansiedad alguna. Esto es fundamental para que los escrúpulos no se eternicen. San Alfonso sostenía que era preferible exponerse al peligro de confesiones incompletas antes que dejar al escrupuloso salirse con la suya en este punto. Cuando las dudas y la inquietud sean tan fuertes que el escrupuloso no pueda evitar la acusación, el sacerdote le permitirá hacerlo sólo de manera general, diciendo, por ejemplo: "me acuso de lo que pueda haber faltado contra el sexto mandamiento, contra la fe o contra el amor del prójimo, etc.".

Recepción de la comunión y celebración de la Santa Misa. Hay que exigir al escrupuloso que no se abstenga de recibir la comunión o, si es sacerdote, de celebrar la Misa, cuando está acosado por sus escrúpulos.

Los ejercicios de piedad. Muchas veces éstos son causa de escrúpulos (si dice bien o mal las oraciones, las prácticas piadosas, etc.). No hay que prohibírselos de manera absoluta porque se lo despojaría de las gracias sobrenaturales que van unidas a estos actos de piedad y además porque esto no remedia sus ansiedades. Lo que hay que hacer es enseñarle a hacerlos sin temores ni espantos y que evite, eso sí, todos los actos devocionales que salen de lo ordinario o que representan un sobrecargo a la piedad normal.

Es importante tomar en cuenta que para el escrupuloso (y aquel que acaba de pasar por una crisis de escrúpulos) no es recomendable, por el momento, hacer Ejercicios Espirituales ni Retiros.

3. LA DEPRESIÓN

Por la enorme expansión que este fenómeno ha tomado en nuestro tiempo creo necesario hacer algunas observaciones al respecto, útiles para la dirección espiritual[456].

1) Naturaleza y división

La depresión es una especial situación psíquica morbosa en la que se altera, disminuyéndose notablemente, el estado de ánimo. La característica fundamental es el estado de ánimo disfórico: depresión, tristeza, melancolía, pesimismo, abatimiento; el enfermo pierde el entusiasmo por todo lo que hasta entonces le atraía y producía satisfacción: ocupaciones habituales, diversiones, etc. Admite diferentes formas, como la depresión melancólica, la ansiosa y la estuporosa.

La *depresión melancólica* (melancolía consciente): es la forma más ligera; el enfermo se siente deprimido y triste, no encuentra gusto en nada y está descontento sin razón; se aísla en su habitación y no quiere recibir a nadie. Como el trabajo intelectual es lento, si es que no se ha parado del todo, ya no es capaz de juzgar y por eso se hace indeciso: es indiferente a todo y no se preocupa de los que le rodean; sus manifestaciones exteriores se hacen parsimoniosas y en ciertos casos está como atacado de estupor. Ordinariamente se pierde en pensamientos de pequeñez, de pobreza, de indignidad y de pecado.

La *melancolía ansiosa*: se caracteriza por una angustia cada vez más viva; a la melancolía se juntan a veces alucinaciones hipocondríacas en que la víctima se persuade que está afligida por alguna enfermedad vergonzosa,

---

[456] Cf. Pontificio Consejo para la Pastoral de la Salud, *La depresión*, 1-477; Willibald Demal, *Psicología pastoral práctica*; Barcia Salorio, *Depresión*, 405-407; Bless, *Pastoral psiquiátrica*, 178-182; Viktor Frankl, *Ante el vacío existencial*; Ibídem, *La voluntad de sentido*; Cervera Enguix, Salvador, *Trastornos depresivos*, en: Cabanyes – Monge, *La salud mental y sus cuidados*, 333-343.

poseída por el demonio, etc.; de ahí una gran congoja. Pueden agudizarse entonces las crisis de angustia, frecuentemente acompañadas de obsesiones, y dar lugar al *raptus melancholicus*, que en un momento puede empujar al enfermo al suicidio.

La *melancolía estuporosa*: se caracteriza por la supresión de toda actividad exterior; los enfermos están absolutamente inertes, inmóviles, sin hablar ni comer ni hacer el menor gesto o movimiento. Así permanecen durante un tiempo más o menos largo.

Las fuentes de las depresiones pueden ser distintas: disposiciones hereditarias, golpes emocionales (como la muerte de un ser querido, discusiones familiares, fracasos económicos o laborales), problemas físicos (como determinadas enfermedades que producen un debilitamiento tal que favorecen la aparición de la depresión), y también fracasos en la vida moral.

El depresivo se reconoce por su exterior; tiene un aspecto reflexivo y cariacontecido; se encierra en sí y huye, cuanto puede, la compañía de los demás; se deja llevar, descuida su exterior, es indiferente y apático frente a los sucesos externos. En el interior domina una tristeza y un desconsuelo ilimitados. No se trata de una tristeza común sino de algo que también puede ser descrito como pesadumbre, congoja o sensación de soledad: "En ocasiones el enfermo no se encuentra triste, pero advierte una ausencia total de resonancia afectiva que da lugar a que la vida resulte insoportable. Parece ser que lo que se afecta en el deprimido es la vitalidad, la cual se expresa tanto en el ánimo como en lo corporal"[457]. El depresivo no lucha, se abandona sin voluntad; no pocas veces alimenta pensamientos suicidas. Es usual que aparezcan también entre los síntomas "ideas deliroides, las cuales suelen referirse a los grandes temas que preocupan al hombre. Así, suelen centrarse sobre la salud y sobre la moralidad, pero mucho más típicamente sobre la situación económica (ideas de ruina). En su aspecto moral, por ejemplo, creen estar en pecado, o bien se atosigan con autorreproches y piensan que deben ser castigados"[458].

En su misantropía tienen grande necesidad de apoyo físico y psíquico y, por su desconsuelo, una necesidad de cariño semejante a la de los niños. Con

---

[457] Barcia Salorio, *Depresión*, 406.
[458] Ibídem.

frecuencia son cerrados, suspicaces y desconfiados; sin embargo anhelan una persona que sepa encontrar la llave de sus almas. La mayoría de las veces dan vuelta dentro de sí a los sucesos externos, pero exteriormente apenas reaccionan ante ellos. Se estancan en su interior los sentimientos hasta que reaccionan y descargan en un estallido rápido y fuerte. Esta "explosión" es para el depresivo un alivio y para quienes lo rodean una prueba enorme de paciencia y de nervios.

Aunque tenga semejanza con los escrúpulos más agudos (que llegan a neurosis obsesivas), se distinguen de ellos. En la obsesión (que caracteriza al escrúpulo) la causa es el miedo, en la depresión o melancolía, es la tristeza. La obsesión psíquica se quita cuando desaparece el miedo; en la depresión sucede lo contrario: la depresión hay que combatirla, mientras que el miedo desaparece por sí mismo.

2) *Posibles causas*

La causa psíquica de la depresión es la falta de voluntad, motivada por una perturbación emotiva. Sin embargo, es importante distinguir la debilidad de la voluntad en el depresivo y en el abúlico. En los abúlicos falta la voluntad pero no tienen ningún obstáculo o inhibición; en los depresivos falta la voluntad a consecuencia de obstáculos que el enfermo no puede superar por falta de energía.

El problema de la depresión a menudo tiene estrecha relación con la "falta de sentido" o "pérdida de sentido"; es lo que Viktor Frankl ha denominado "vacío existencial", "sentimiento de una abismal falta de sentido de la existencia"[459]; "nuestra época –dice el psiquiatra vienés– es la de la frustración existencial"[460], es decir, "un sentimiento de falta de sentido de la propia existencia"[461]. Esta relación puede ser doble, según mi entender: por una parte, la falta de sentido de la existencia puede ser el detonante de una profunda depresión (en este caso, de una depresión con causa espiritual o intelectual); y por otro lado, un estado depresivo (causado por otros motivos, como enfermedades, disturbios psicológicos, etc.) puede hacer dudar del

---

[459] Frankl, *La voluntad de sentido*, 85.
[460] Ibídem, 84.
[461] Ibídem, 87.

sentido de la vida.

En todo caso, el vacío existencial se manifiesta de muchas maneras y en muy diversas ocasiones. Frankl señala, por ejemplo, la crisis "de la jubilación", cuando de pronto cambian los hábitos laborales; una neurosis pasajera es lo que él llama "la neurosis dominguera": una depresión que acomete a aquellas personas que se hacen conscientes del vacío de contenido de sus vidas cuando, al llegar el domingo y hacer un alto en el trabajo cotidiano, las personas se enfrentan con el vacío existencial. Este vacío puede estar larvado en los "hombres de negocios" que, llevados de su afán de trabajo, se arrojan a una intensa actividad, de modo que la voluntad de poder reprime la voluntad de sentido[462]. La hiperactividad que caracteriza a muchos hombres y mujeres de nuestro tiempo puede esconder el *horror vacui*, la angustia del vacío que sospechan que puede asaltarlos ni bien cesen sus actividades para tomarse un descanso. Del mismo tenor son, siempre para Frankl, la inmersión en el ruido y en la velocidad vertiginosa: "considero el ritmo acelerado de la vida actual como un intento de automedicación –aunque inútil– de la frustración existencial"[463]. "La frustración existencial –señala equilibradamente– no es obligatoriamente, pero sí facultativamente, de tipo patógeno: puede desembocar en neurosis"[464]. A veces empieza siendo un problema espiritual mal resuelto y termina por convertirse en un drama psicológico de difícil solución.

3) *Terapia de la depresión*

"Es de sobra conocido que la presencia de creencias religiosas en el individuo tiene un efecto beneficioso para la salud, ya que pueden ayudar al enfermo a vivir una vida más plena a pesar de sus síntomas. Pero conviene considerar que la espiritualidad hay que entenderla en este caso como una fuerza que ayuda a la curación, y no como un sustituto de los cuidados médicos (...) Con los datos aportados por el médico, se podrá perfilar mejor cómo actuar. La dirección espiritual no busca la salud psíquica del enfermo, que es un objetivo de la medicina; pero como es evidente que influye también en la salud, conviene que se actúe de acuerdo con el médico y en la

---

[462] Cf. Ibídem, 89.
[463] Ibídem, 90.
[464] Ibídem, 103.

misma dirección. El intercambio de opiniones e ideas evitará dar consejos contradictorios, que perjudican al enfermo"[465].

La mejor –y única– ayuda espiritual y psicológica, en estos casos, es darle sentido y cargar de sentido la existencia. Comparto la valiosa apreciación de Frankl: "lo que importa no es tanto que la vida de una persona esté llena de dolor o de placer, sino que esté llena de sentido"[466]. En el plano más especulativo, desde nuestro punto de vista cristiano y con la luz de la fe, la consideración del misterio de la cruz, la redención, el destino eterno de la visión beatífica, constituye la luz esplendorosa que da sentido e ilumina toda existencia y, si bien por sí sola no constituye un remedio de las depresiones de índole patológica, sí al menos ayuda a que los enfermos no se hundan en sus depresiones, mientras que permite que la sana acción del terapeuta obre con paso firme. Es lo que dice San Pablo: "estimo que los sufrimientos del tiempo presente no son comparables con la gloria que se ha de manifestar en nosotros" (Rm 8,18).

En el plano práctico, el llevar a las personas depresivas o privadas de sentido existencial, a practicar la caridad concreta en la forma de obras de misericordia (por ejemplo, ayudando en obras asistenciales con niños huérfanos, personas discapacitadas, ancianos, enfermos, presos, etc.) constituye muchas veces el punto de partida de una auténtica recuperación. Esta actividad aporta, ante todo, un elemento fundamental: el olvido de sí mismo (lo señala el mismo Frankl hablando del que es falto de voluntad existencial: "propiamente hablando sólo puede realizarse a sí mismo en la medida en que se olvida de sí mismo"[467]); para estas personas que todo el tiempo giran sobre sí mismas, este olvido de sí para salir al encuentro misericordioso del prójimo puede constituir (al menos en algunos casos) una auténtica curación. Junto con esto, otra cosa importante es el hecho de que brindar afecto es una actividad terapéutica (espiritualmente hablando).

Como ya hemos dicho, en los casos graves el director espiritual tiene que remitirse a un médico especialista; sin embargo, hay cosas muy importantes que puede hacer él mismo. Lo primero que debe alcanzar el

---

[465] Cervera Enguix, Salvador, *Trastornos depresivos*, 342.
[466] Frankl, *La voluntad de sentido*, 107.
[467] Ibídem, 17.

director espiritual de un depresivo es la confianza. Esto lo conseguirá tanto más fácilmente cuanto mejor sepa consolar y animar. No se trata sólo de consuelo sobrenatural, sino también de consuelo humano lo que a veces se concreta en forma de paciencia, acompañamiento, saber escuchar, dejar que el enfermo se desahogue en su presencia; para esto es necesario revestirse de bondad humana. "El sacerdote procurará ganarse la confianza del enfermo, sin caer por ello en la sentimentalidad. Evitará discutir con él a propósito del carácter erróneo de sus alucinaciones. El razonamiento no le impresionará lo más mínimo y lo único que consigue es volver a abrir inútilmente llagas dolorosas... Se evitará también el alegrar de una manera fingida a la víctima de la melancolía. Sobre que este esfuerzo está ordenado a un fracaso cierto, lo único que se sacará será perder la confianza y hacer su estado todavía más molesto. Nada como dejar seguir su curso a la melancolía. En este período tampoco son sensibles a una influencia religiosa. Por eso no hay que importunarlos y, sobre todo, no forzarlos a rezar, a ir a la iglesia, a recibir los sacramentos, etc. Hay como si dijésemos que «consentirles» su enfermedad. Cuando tras el tratamiento médico se da una mejoría, entonces los medios sobrenaturales pueden influir favorablemente en que se curen. Cuando hayan aplacado un poco la crisis de melancolía y de depresión, simultáneamente con una buena cura médica se podrá llevar poco a poco al enfermo a la confianza en Dios, al convencimiento de que hay que contentarse con la vida presente tal como es y de que lo mejor es aceptar lo inevitable con paciencia"[468].

Muy importante es también la desviación y distracción, suscitando nuevos pensamientos. Estos enfermos necesitan descanso (aunque no inactividad total). Se consigue mucho cuando el enfermo se acostumbra a un trabajo metódico y distractivo. Según algunos el mejor método para hacer desaparecer los estados depresivos es casi siempre el cambio de lugar a un ambiente nuevo, por una temporada corta o larga. En ciertos casos, según Bless, una "cura de sueño" puede conseguir efectos notablemente terapéuticos[469]. En los casos en que la depresión se ha producido por acontecimientos externos, hay que alejar a los enfermos de tales lugares o situaciones cuanto sea posible.

---

[468] Bless, *Pastoral psiquiátrica* 181-182.
[469] Cf. Bless, *Pastoral psiquiátrica*, 181.

Una cosa en que insisten los clásicos espirituales –y que es fundamental para vencer cuanto está de parte nuestra este mal– es el rechazar con todas las fuerzas los pensamientos melancólicos y deprimentes. "Se ha de advertir, dice por ejemplo Alonso Rodríguez, que ese humor melancólico se engendra y aumenta con los pensamientos melancólicos que uno tiene. Y así dice Casiano que no menor cuidado habemos de poner en que no entren ni nos lleven tras sí estos pensamientos tristes y melancólicos, que en los pensamientos que nos vienen contra la castidad o contra la fe, por los daños grandes que dijimos nos pueden de eso venir"[470].

El deprimido melancólico lleva la más pesada cruz que pueda venir a un individuo; es más torturadora que el sufrimiento físico; y lo que ante todo necesita es que nazca en su interior la alegría. Para esto es particularmente eficaz el trabajo sacerdotal, pues los consuelos más importantes son los que pueden brindar los auxilios sobrenaturales. El deprimido siente el deseo natural de vida religiosa; por tanto, apenas si se da en él el peligro de perder la fe, por pensativo que sea y por más que las disposiciones psíquicas lo expongan a ello. El depresivo es todo lo contrario de un espíritu superficial, inconsiderado o ligero en su obrar; pero en épocas de gran depresión morbosa no admite influencia alguna, ni aún religiosa. Por eso es necesario aprovechar los intervalos más lúcidos para combatir su enfermedad. Hay que estar persuadidos de que ni el enfermo ni el sacerdote pueden combatir violentamente la depresión. El enfermo deberá conformarse. Con frecuencia hay que prohibirles que examinen su conciencia, pues siempre ven el lado oscuro de las cosas, tropiezan con hebras de hilo y con granos de arena (en esto se asemejan al escrupuloso).

Hay que educarlos en el sentido de una gran confianza en la providencia y misericordia de Dios.

Ordinariamente los depresivos no deben ingresar en la vida religiosa ni en el estado eclesiástico –menos en órdenes contemplativas–, pues de lo contrario puede desarrollarse en ellos fácilmente una depresión morbosa.

En la dirección espiritual del depresivo no hay que olvidar esto: los parientes del enfermo necesitan también consuelo y ánimo para no desfallecer

---

[470] Rodríguez, Alonso, *Ejercicio de perfección y virtudes cristianas.*, tomo II, tratado sexto, c. 6.

con la pesada carga que llevan, por tener que cuidar al enfermo.

III. PROBLEMAS ESPIRITUALES CON BASE PSICOLÓGICA

No tratamos aquí de las enfermedades psicológicas propiamente dichas sino algunos problemas que guardan cierta semejanza con éstas; es decir, aquellos problemas que producen ansiedad, preocupación o turbación espiritual por una mala perspectiva (o interpretación) de la propia vida física o psicológica[471]. En algunos casos estas deficiencias se deben a dificultades de educación (de maduración afectiva) que los padres del sujeto no han sabido llevar adelante como corresponde; otras veces surgen con las crisis propias de cada edad evolutiva del sujeto.

La dirección espiritual no es un trabajo propiamente hablando de "psicología" y menos aún de "psiquiatría"; sin embargo, a veces el director tendrá que dar al dirigido los elementos psicológicos necesarios para rearmonizar o simplemente "bien entender" su vida afectiva.

1. *PERTURBACIONES QUE AFECTAN A LA VISIÓN ESPIRITUAL*

A veces la dirección espiritual pone al director en contacto con personas que tienen una distorsionada visión de la vida espiritual. Puede tratarse de disposiciones innatas (como por ejemplo, un temperamento más o menos angustioso), o bien (es lo más común) de disposiciones adquiridas (a través de la educación familiar, los influjos sociales, direcciones espirituales mal encaradas). Estos defectos de visión estorban una sana expansión de la caridad y hacen vivir al alma en un estado de trauma constante, de obsesión o de dependencia angustiosa respecto de cosas que carecen –en definitiva–

---

[471] Cf. Mendizábal, *Dirección espiritual...*, 285-335.

de importancia. Entre estas malformaciones, por otra parte corregibles con una buena dirección espiritual, notemos:

1) *El perfeccionismo angustioso*

Es el caso del individuo que se siente siempre obligado a hacer lo que en teoría es más perfecto, y que identifica normalmente con lo que más cuesta. Está preocupado por la necesidad de hacer siempre más; tiene miedo de aflojar o abandonarse si busca alguna satisfacción. Para evitar esto quiere obrar siempre lo que menos le gusta.

No confundamos esta tendencia de orden psicológico con la voluntaria, equilibrada y serena decisión de abrazar la cruz con todas las fuerzas. En el caso que contemplamos estamos ante una obsesión psicológica que tortura al alma. Se manifiesta en cierto miedo: miedo a expresar su sana afectividad por temor a estar cediendo ante su amor propio; miedo a dejarse llevar por cualquier manifestación de afecto por temor a caer en sensualidad; miedo a cualquier manifestación de alegría por temor a caer en un espíritu mundano o en la exteriorización; miedo al espíritu "eutrapélico" (recreativo) por temor a perder la "taciturnidad" propia de la santidad como él la malentiende.

Su ideal de la santidad es concebido a la manera de los estoicos. El director debe darse cuenta que no se trata de cuestiones puramente especulativas (un problema de concepción de la vida espiritual) sino de un bloqueo afectivo. Por eso no lo ayudará con sólo recordarle los auténticos principios espirituales; esto puede originar (normalmente así sucede) una lucha interior en el sujeto. Deberá prestar atención a dos aspectos, para ayudarlo verdaderamente.

Ante todo, iluminar la inteligencia con los criterios evangélicos. Deberá enseñarle las auténticas normas de la abnegación cristiana y la compatibilidad de la más rigurosa vida de cruz con la alegría cristiana, con la eutrapelia como virtud. Debe recordar a su dirigido que lo más perfecto no es siempre lo que más cuesta sino "lo que Dios quiere que haga aquí y ahora, en estas circunstancias concretas". Tiene que enseñarle que la renuncia total a las alegrías sanas (como las que se derivan de la vida común, de la recreación, del juego, del deporte, etc.) puede llevar al desencadenamiento de instintos peligrosos y al replegamiento egoísta sobre sí mismo.

Además no es lo que han enseñado los santos, ni siquiera quiénes más han hablado de la mortificación y de la cruz. Así Santa Teresa escribía a la Madre María de San José: "Mucho me huelgo procure que se alegren las hermanas, que lo han menester"[472]; y a la Madre María Bautista: "Acabe ya de curarse, por amor de Dios, y procure comer bien y no estar sola ni pensando en nada. Entreténgase lo que pudiere y como pudiere. Yo quisiera estar allá, que había bien que parlar para entretenerla"[473]; los testimonios podrían multiplicarse.

2) *Una falsa imagen de Dios*

Muchos maestros espirituales que tratan con personas que aspiran a ser buenos cristianos e incluso santos, tienen comprobada la pobrísima imagen de Dios, y en particular, la ausencia del sentido de la paternidad divina, que afecta a gran parte de ellos[474].

Estas almas se caracterizan por la falta de confianza en Dios; por el olvido práctico de la divina Providencia, por los juicios negativos sobre sí mismos y sobre Dios. En definitiva tienen fe pero no juzgan, ni piensan, ni obran según los criterios de su fe teologal.

La primera distorsión que podemos encontrarnos con cierta frecuencia, es la de un *Dios ausente o lejano*. Quienes tienen esta idea de Dios, piensan —o lo *sienten* aunque no lo piensen conscientemente— que Dios no se ocupa de ellos; o, incluso, que no se ocupa de los hombres en general. No debe extrañarnos que tengan una idea así quienes han sufrido en su infancia

---

[472] Santa Teresa, *Carta* 387, 19.
[473] Santa Teresa, *Carta* 139, 15.
[474] Este es un tema sumamente extenso y delicado que he tratado en otros lugares con más amplitud, proponiendo, incluso, el modo de trabajar el problema: Fuentes Miguel, *La trampa rota*, 217-230; Idem, *Crisis de paternidad*, San Rafael (2008); Idem., *El Padre revelado por Jesucristo*, San Rafael (2008); Idem., *Meditaciones sobre Dios Padre*, San Rafael (2011); Idem., *Confiad siempre en Dios*, San Rafael (2012).

el abandono de alguno de sus progenitores o de quienes estuvieron a su cargo, o padecieron la muerte de alguien muy querido.

Otros se forjan una idea de un *Dios rigorista y cruel*, o arbitrario e indiferente ante el dolor de los hombres. Esta percepción equivocada se observa, a menudo, entre aquellas personas que han sufrido mucho sin encontrar sentido a su dolor. Los que acusan a Dios de ser el responsable de sus padecimientos físicos o morales o los de algún ser querido, fácilmente tienden a ver en Dios una severidad sin misericordia. También se observa entre quienes tienen una concepción *mágica* de Dios o de la religión (por ejemplo, cuando están contaminados con supersticiones). La idea de Dios que subyace a las prácticas supersticiosas es una noción determinista y, en cierto modo, inmisericorde; razón por la cual ese Dios debe ser *aplacado* o *congraciado* mediante acciones mágicas y serviles (es decir, movidas por el temor). Aun colocados en el extremo opuesto, también comparten una visión semejante algunas personas que padecen escrúpulos agudos y viven atormentados por los posibles pecados que puedan haber cometido "sin darse cuenta", o "indeliberadamente hayan olvidado confesar alguna falta", o habiendo confesado sus pecados temen que "el confesor no los haya entendido", etc. Sin tener plena conciencia de su óptica patológica, estas personas tienen la idea de un Dios que pone zancadillas y trampas, o espía los descuidos de la conciencia del hombre para poder acusarlo y condenarlo. Detrás de estas ideas puede haber, quizás, una mala experiencia paterna que proyectan ahora sobre Dios.

Otra imagen distorsionada es la *idea débil* de Dios. No ya la idea de un Dios ausente, sino la misma *ausencia de la idea* de Dios, o dicho de otro modo, la falta de presencia de Dios en la propia vida. Sin profesar un ateísmo teórico, muchas personas viven al margen de Dios, sin dar a Dios un lugar importante en sus vidas. Vida sin oración, sin religión, volcada muchas veces sobre los placeres y los valores exclusivamente mundanos. Cuando Dios no ocupa el lugar que debe tener en la vida humana, la persona queda encerrada en la inmanencia de sus sentidos, lo cual puede significar tanto la prisión de los vicios o incluso de las adicciones.

Las consecuencias negativas de estas malas ideas de Dios son numerosas.

La primera es el descalabro moral. En efecto, como hace decir el escritor ruso Dostoievski a uno de sus personajes: "si Dios no existe, todo está permitido". Si no hay Dios, y ésta puede ser la primera idea equivocada sobre Dios, ninguna ley moral tiene un fundamento último. El bien y el mal queda determinado por los propios gustos o intereses; y "el hombre se convierte en el lobo del hombre", como dijo Tomás Hobbes.

Otra consecuencia es la falta de sentido de la vida humana. Si no hay Dios, o si Dios es totalmente ajeno al hombre, o no se interesa por él, entonces la vida no tiene sentido, es decir, "dirección". Si hay Dios, y ese Dios es mi fin, mi vida tiene una profunda dirección, un sentido. Estoy metafísicamente orientado hacia algo, o mejor, hacia Alguien. Y para el hombre es capital tener una orientación. Cuando no es así, está desorientado, perdido, mareado. Como están de hecho la inmensa mayoría de los hombres de nuestro tiempo, quienes repiten una y otra vez que no saben qué hacer con sus vidas, y terminan, consecuentemente, gastándolas inútilmente sin ningún fruto.

Otro efecto de un concepto negativo de Dios, de un Dios lejano, desinteresado del hombre, es el sentimiento de orfandad, de soledad, de abandono. Si a Dios le da lo mismo mi felicidad que mi miseria, ¿a quién confiarle mis dramas, en particular aquellos que sobreexceden las fuerzas humanas?

Si tenemos una idea empobrecida de Dios, es imposible que podamos confiar, que nos sintamos protegidos, que tengamos esperanza de que nuestros pecados sean perdonados, que conservemos la ilusión de que nuestros sufrimientos tengan un día un premio que les dé sentido... Y sobre todo que tengamos la certeza de que ese anhelo profundo de eternidad y de infinito que experimentamos en lo más íntimo de nuestro corazón no es un absurdo, sino la expresión de que hay en nosotros algo que no está destinado a la muerte.

No todos los males que aquejan al hombre tienen por causa única una idea tergiversada o decadente de Dios, pero también es cierto que casi siempre que se debe ayudar a una persona con serios problemas afectivos o existenciales se debe corregir o profundizar, tarde o temprano, su idea de Dios.

No es este el lugar para analizar las raíces de esta empobrecida imagen de Dios, pero digamos, aunque sea al pasar, que un gran peso tiene, en muchos casos, las malas experiencias de la paternidad humana que aquejan a tantas personas de nuestro tiempo (sobre todo, aunque no exclusivamente, cuando se ha sido víctima del divorcio o de la separación de los padres, del abandono del padre o de la madre, de la sobreprotección, o de la violencia y del abuso...).

Esta falsa imagen de Dios suele acarrear consecuencias en el orden afectivo e intelectivo de una persona. Entre las más notables: una equivocada idea de la vida, una falsa idea de sí mismo; inseguridades, miedos y fobias, confusiones sobre la propia identidad y sexualidad, la incomprensión de la propia paternidad, del amor, del matrimonio, de los compromisos, de la fidelidad, de la responsabilidad; dificultades religiosas y de fe; problemas de conducta, de adaptación, de violencia; angustia ante el dolor, y hasta una concepción absurda de la vida o del placer.

A las almas aquejadas por estos males hay que incentivarles el cultivo de la entrega confiada en las manos de Dios y la misericordia operosa. A veces el mejor remedio puede resultar del contacto con las personas que sufren verdaderamente (minusválidos, enfermos, ancianos) alentando su trabajo caritativo.

Nuestro señor Jesucristo nos ha abierto un camino extraordinario al enseñarnos a llamar a Dios con el nombre de "Padre". La elección de este nombre tiene una importancia capital para nuestra espiritualidad. Los nombres de Dios son innumerables porque él es inagotable en su misterio. Pero muchos de esos nombres, que expresan sus atributos, ponen en relieve la separación que existe entre él y nosotros; por ejemplo, cuando lo llamamos: principio sin principio, eterno, absolutamente santo, purísimo, omnipotente, señor de los señores, Dios de los ejércitos, creador, ser por esencia...

Los judíos del Antiguo Testamento ni se atrevían a pronunciar siquiera el nombre propio de Dios, sino que recurrían a circunloquios. Pero Jesús usa, y nos enseña a usar, el nombre que entre los hombres expresa la cercanía absoluta, el que da confianza por excelencia, el que produce por sí solo, lo que los antiguos padres de la Iglesia llamaban "parresía". La parresía, como ha dicho un autor, consiste en decirlo todo, es esa libertad de lenguaje y franqueza en el hablar que dice todo lo que tiene que decir y lo dice abiertamente, a la cara. Una libertad tal supone en quien la posee una resuelta osadía, una seguridad que no sufre desorientación, y la confianza de quien está seguro de aquello que dice y de que nadie será capaz de hacerle callar.

Al enseñarnos a relacionarnos con Dios como un hijo con su padre, Nuestro Señor Jesucristo lleva nuestra relación con Dios a su mayor cercanía posible y abre las puertas de nuestra relación a la confianza sin límites.

3) *Inmadurez psicológica*

Otros se caracterizan por un bloqueo en la maduración quedándose en una especie de infantilismo espiritual[475]. Entiendo madurez, en el sentido psicológico y espiritual, como el estado de perfección que *corresponde* a una persona en un determinado momento de su vida; es decir, de desarrollo conveniente de sus facultades (la inteligencia, la voluntad y la afectividad), y de armonía entre todas sus dimensiones. Téngase en cuenta que la madurez es un concepto dinámico, diverso en cada etapa de la vida y relativo a los dones que Dios ha puesto en cada persona. En general, como rasgos propios de la persona madura podemos aceptar sustancialmente los que señala Allport: 1) una amplia extensión del sentido de sí mismo; 2) capacidad de establecer relaciones emocionales con otras personas, en la esfera íntima y en la esfera no íntima; 3) seguridad emocional fundamental y aceptación de sí misma; 4) percepción y actuación concorde con la realidad exterior; 5) capacidad de verse objetivamente a sí mismo y sentido del humor; 6) el vivir en armonía con una filosofía unificadora de la vida[476].

Las personas inmaduras son incapaces de tomar resoluciones firmes, determinadas y estables, o lo hacen con mucha dificultad. Por lo general tienen el defecto de la superficialidad. Cuando hacen dirección espiritual siempre giran sobre cosas sin trascendencia y no suelen entender las insinuaciones que el director espiritual les hace respecto de puntos esenciales de la vida espiritual. Son como niños. A veces se caracterizan por una gran extroversión y simpatía (al principio solamente, pues el trato con

---

[475] Cf. Fuentes, Miguel, *Maduración de la personalidad*; Idem., *La madurez según Jesucristo*.

[476] Cf. Allport, G. W., *La personalidad. Su configuración y su desarrollo*, Herder, Barcelona (1966), 366-367.

las personas superficiales, que siempre están volcadas hacia afuera, termina indefectiblemente por ser insufrible para quienes los rodean).

Estas personas, en general, se meten en todo, pero en casi ninguna cosa tienen perseverancia. Encaran muchas actividades, son imprevisoras, prometen sin plantearse la necesidad de cumplir lo prometido, no asumen sus responsabilidades.

La inmadurez puede manifestarse en distintas esferas de la personalidad: en el plano intelectual, en la imagen y percepción que tienen de sí mismos, en la relación con los demás, en la esfera afectiva y sexual, en la vida volitiva, en el sentido moral y en el ámbito de las concepciones religiosas.

El trabajo espiritual debe planearse según el modo y el grado de inmadurez; pero en general se les debe inculcar con fuerza el sentido de la responsabilidad; también es necesario explicarles con firmeza el gran daño que su carácter les acarreará en el plano personal y en el social o comunitario. Y hay que exigirles que prometan pocas cosas y no encaren otras nuevas sin haber rendido cuenta del acabamiento de las anteriores.

2. PROBLEMAS DE CONCIENCIA EN MATERIA DE CASTIDAD

1) La auténtica lucha por la castidad

La castidad serena es un presupuesto necesario para una vida espiritual seria, porque no se puede tener docilidad habitual al Espíritu Santo sin pureza positiva del corazón[477].

La dirección espiritual debe ayudar a alcanzar la victoria total de la castidad. Esta victoria puede darse en diversos grados: primero, eliminar el pecado grave (castidad sustancial); segundo, eliminar los pecados menores (castidad perfecta); tercero, alcanzar la máxima delicadeza en la eliminación del pecado (castidad triunfal). Este último grado se alcanza, ya sea en cuanto a la prontitud (eliminando toda discusión o compromiso con la tentación), ya sea en cuanto a la totalidad (inmolando el corazón incluso en sus aspectos

---

[477] Sobre este punto envío a nuestras obras: Fuentes, Miguel, *La castidad, ¿posible?*; Idem., *Educar los afectos*; Idem., *La trampa rota*. También las obras de Cencini, Amedeo, *Por amor, con amor, en el amor*; y: *Virginidad y celibato, hoy*.

indirectos –vana belleza, amor natural, etc.– relacionados con los sentidos y el sexo, pero no estrictamente pecaminosos de por sí). Esta superioridad de delicadeza, de prontitud y sobre todo de totalidad es la característica propia del modo religioso de vivir la castidad.

El cuidado que se debe tener en el campo de la castidad no consiste tan sólo en evitar los pecados carnales sino en atender al aspecto positivo de la formación del corazón. El señorío de la sexualidad implica de hecho un doble dominio: el primero, que se ejercita en el plano de la genitalidad y es el dominio carnal; el segundo es el dominio sentimental que tiene enorme importancia. En efecto, al mirar en perspectiva los problemas sexuales (la dificultad para perseverar en la castidad virginal en el caso de los consagrados, o de vivir la fidelidad conyugal en el de los esposos) se puede constatar que, un buen número de casos se presentaron, inicialmente como problemas afectivos (el sentimiento de soledad afectiva, por ejemplo) que mal combatidos abrieron las puertas a las dificultades de orden carnal. De aquí que tenga capital trascendencia para la madurez de toda persona humana el trabajo de perfección en la vida sentimental o afectiva, especialmente en el plano de la castidad. De esta educación –que se lleva a cabo por medio de las virtudes morales– ya hemos hablado anteriormente.

"La castidad –dice el Catecismo– implica un aprendizaje del dominio de sí, que es una pedagogía de la libertad humana. La alternativa es clara: o el hombre controla sus pasiones y obtiene la paz, o se deja dominar por ellas y se hace desgraciado"[478].

El dominio de sí comporta tanto evitar las ocasiones de provocación e incentivos al pecado, cuanto superar los impulsos instintivos de la propia naturaleza. Creo que puede adaptarse a la dirección espiritual algunas normas del Magisterio respecto de la educación de los hijos a la castidad; según este documento, la tarea educativa mira a tres objetivos[479]:

a) a conservar un clima positivo de amor, de virtud y de respeto a los dones de Dios, particularmente al don de la vida;

---

[478] *Catecismo de la Iglesia Católica*, n. 2339.
[479] Cf. Pontificio Consejo para la Familia, *Sexualidad humana: Verdad y significado*, n. 22.

b) a ayudar a los [dirigidos] a comprender el valor de la sexualidad y de la castidad y a sostener su desarrollo con el consejo, el ejemplo y la oración;

c) a ayudarles a comprender y descubrir la propia vocación al matrimonio o a la virginidad consagrada.

En este contexto educativo es necesario tomar conciencia de que "la educación a la castidad es inseparable del compromiso de cultivar todas las otras virtudes y, en modo particular, el amor cristiano que se caracteriza por el respeto, por el altruismo y por el servicio que, en definitiva, es la caridad... Para educar la castidad, es necesario el dominio de sí, que presupone virtudes como el pudor, la templanza, el respeto propio y ajeno y la apertura al prójimo. Son también importantes aquellas virtudes que la tradición cristiana ha llamado las hermanas menores de la castidad (modestia, capacidad de sacrificio de los propios caprichos), alimentadas por la fe y por la vida de oración"[480].

Son fundamentales –para crear y mantener un clima que permita perseverar en la castidad y en la pureza– practicar y hacer practicar el pudor y la modestia tanto en el hablar como en el ver (especialmente hay que estar atentos a la televisión y a internet), en el obrar y en el vestir. También es elemental –como trabajo preventivo– encauzar a los dirigidos hacia la generosidad y la caridad, puesto que todo pecado de lujuria es expresión de una tendencia egoísta no combatida.

2) *La lucha contra el vicio de la impureza*

En alguna oportunidad, el director espiritual se verá en la necesidad de ayudar a algún eventual dirigido a luchar y vencer alguna forma de lujuria fuertemente arraigada (por ejemplo, el vicio solitario, los pensamientos impuros, afectuosidades ilícitas en el noviazgo, etc.).

La primera verdad de la que tendrá que convencer a su dirigido es que la castidad es posible. La segunda, que no puede adquirir, o conservar, o recuperar esta virtud sin una dura lucha ascética. Ya hemos señalado algunos principios. Enumeremos ahora otros medios necesarios:

a) La vigilancia. El que no está alerta cae. Por lo general, caen los que se creen fuertes; porque su falsa seguridad los hace imprudentes. Es necesario

---

[480] Ibídem, n. 55.

vigilar la propia concupiscencia, el espíritu mundano, etc.

b) La intransigencia. No hay que olvidar que el terreno de la lujuria se denomina "lúbrico", palabra que proviene del término latino *lúbricos*, es decir, "resbaladizo". El campo de la lujuria es naturalmente resbaladizo. Por eso, la única prudencia en este campo es la intransigencia; esto equivale a evitar las malas conversaciones, las amistades frívolas y peligrosas, las situaciones vidriosas (bailes atrevidos, películas, televisión y música de contenido erótico, etc.). Esto significa: cortar inmediatamente toda tentación claramente advertida y evitar las ocasiones de pecado, huir de las ocasiones que se presentan involuntariamente. Significa también hacer "remotas" las ocasiones de pecado que no podemos evitar libremente (por ejemplo, las que se presentan en la propia familia, en el ambiente de trabajo, las que están ligadas a una decente profesión); se hacen remotas por medio de la oración, la mortificación, etc.

c) Tomar conciencia de que la gravedad de la impureza no se limita a los actos externos sino también a los internos: imaginaciones, pensamientos, deseos.

d) Convencerse de que no hay victoria sin voluntad. La castidad es posible, pero esto no quiere decir que sea fácil. Es necesaria una voluntad fuerte, robustecida con medios naturales y sobrenaturales:

- La Confesión sacramental.
- La Comunión Eucarística.
- La dirección espiritual.
- La estima de la vida de gracia.
- La oración (especialmente la meditación de la Pasión de Cristo).
- La devoción a la Santísima Virgen.
- Tener "ideas-fuerza". Tener un ideal, un principio capital que dé fuerza en las tentaciones. Para algunos tal vez pueda servir el primer mandamiento: "Amarás al Señor tu Dios con toda tu fuerza, con todo tu corazón, con toda tu alma". Para otros podrá ser el pensamiento del juicio final; para otros servirán las palabras de Cristo: "Nada hay

encubierto que no se haya de descubrir, ni oculto que no se haya de saber" (Mt 10,26), etc.

- El examen particular de conciencia sobre este punto.
- La mortificación del cuerpo, para que se habitúe a seguir la razón.
- En algún caso patológico será necesario contar con la ayuda de profesionales.

Para los casos más difíciles, remitimos a las obras citadas en nota.

3) *Las perplejidades relacionadas con la evolución de la sexualidad y de la afectividad*

Algunas veces en la dirección espiritual se plantean problemas relacionados con la lucha por la castidad que causan perplejidades y pueden desorientar no sólo al dirigido que las sufre sino al mismo director que no atina a dar una solución o a formarse un juicio del problema. Puede tratarse de crisis propias de la evolución personal (fisiológica o psicológica) de todo individuo. Es oportuno que el director las conozca y sepa los modos más vulgares en que el dirigido puede interpretarlas para evitar confusiones y no hacer que de simples tentaciones terminen en determinaciones equivocadas. Aunque hablar de tiempos precisos puede prestarse a equívocos en los diversos sujetos, puede decirse, al menos en términos generales que los principales momentos críticos se presentan[481].

Ante todo, entre los 20-30 años suele darse un nuevo despertar de la sexualidad. Después de haber observado la castidad más bien materialmente, una persona puede encontrarse con que no tiene educados los frenos. En algunos jóvenes que tal vez no tuvieron tantos problemas en la adolescencia, estas dificultades se presentan en forma repentina y violenta. Esto lleva a esa persona a pensar que no tiene la castidad. Si es un religioso puede pensar erróneamente que no tenía vocación cuando decidió su entrega a Dios, o que no sabía lo que hacía.

La dirección oportuna en estos momentos es no manifestar sorpresa por

---

[481] Entresaco cuanto sigue de Mendizábal, *Dirección espiritual.*, 307-332. El autor cita otros trabajos al respecto: A. Miotto, *Le crisi dell'uomo e della donna*, Milano 1955; M. Solé, *Las crisis espirituales*, Manresa 30 (1958), 246ss; A. Roldán, *Las crisis de la vida en religión*, Madrid 1961.

lo que está sucediendo; hay que hacer ver que es normal que así ocurra. Lo que sucede es que esa persona ha vivido la castidad, pero no ha ejercitado en los años precedentes la continencia (en su sentido más material de "contener", frenar). Ahora se trata sencillamente de educar los frenos de la continencia, de arraigar la virtud "adquirida" de la castidad. Hay que incentivar a la lucha serena con los medios comunes que enseña la moral y la espiritualidad.

Más adelante, entre los 30-40 años, puede aparecer en la vida de muchas personas un sentido de frustración, de falta de complemento afectivo y de felicidad familiar. No en vano se ha aplicado a este momento la expresión del *demonio del mediodía*, o la *tentación meridiana*; es la tentación propia de la mitad de la vida humana. Es una crisis que se caracteriza por el sentimiento de soledad y de la carencia de compañía. Puede presentarse como tentación de pensar: "podría haber sido un buen marido y padre; o buena esposa y madre". En el religioso nace la tentación de creer que ha perdido la razón para vivir en plenitud la propia vocación. Suele malograrse el gusto por las actividades ordinarias del propio oficio, con un vacío afectivo hacia el mismo. Entonces se siente la propensión a entretejer novelas, por otra parte, inocentes, es decir, no pecaminosas de suyo, representando las posibles situaciones de una familia ideal que podrían haberse dado en caso de elegir la vocación conyugal. No se trata, por lo general, de tentaciones crudas contra la castidad pero ablandan el corazón y engendran tristeza y melancolía.

En estas circunstancias, el director debe trabajar para que el dirigido secunde la gracia que mueve a ratificar la obligación de la castidad asumida con el seguimiento perfecto de Cristo. Hay que ayudar a que haga un holocausto de su corazón con todas sus fuerzas. Si lo logra, habrá dado el paso de la adolescencia religiosa a la madurez y reasumirá la propia vocación con alegría sobrenatural.

Entre los 40-50 años es común que aparezcan tentaciones de "sentirse estériles". Algunos suelen experimentar la falta de hijos y una suerte de "viudez espiritual". Es un sentimiento invasor de que no se ha producido nada en la vida, de no haber hecho nada que mereciera la pena, a pesar de tantos esfuerzos e ilusiones. Normalmente, el sentimiento de esterilidad y viudez será tanto mayor cuanto más hayan sido los motivos humanos que se han ido mezclando en el servicio de Dios (o sea, la falta de rectitud de intención). Puede mezclarse también un cierto rechazo instintivo al "envejecimiento", la tendencia a no aceptar la edad que se tiene y, por eso, buscar por diversos medios aparecer joven. Esto es muy peligroso, porque uno de los medios para convencerse de que aún se es joven (y tal vez el principal) es la atracción del otro sexo, de lo cual quiere mostrarse capaz. Hay que tener en cuenta que, según la experiencia, a veces los que más expuestos están a esta crisis son quienes no tienen ministerio directo alguno con las almas (los que desempeñan su trabajo en oficinas, curias, despachos, etc.).

El trabajo del director es persuadir al dirigido de que lo propio de la vida religiosa no consiste, ante todo, en producir frutos tangibles, sino en morir plenamente a uno mismo para que crezca Jesucristo. El trabajo bien llevado ha de desembocar en vivir profundamente el propio sacrificio, renunciar plenamente a su propio yo.

Por último, entre los 50-60 años, se puede presentar una crisis de orden más fisiológico, porque en este momento comienza el hombre a introducirse en el período de la vejez, que se caracteriza por una cierta fragilidad orgánica. Esta crisis, si es que se produce, suele manifestarse como tendencia a la abulia, irritabilidad constante, avidez material desenfrenada y pretensión de que los demás hagan lo que uno quiere. También se siente la necesidad de descanso, de dejarlo todo, de retirarse. Las pasiones no combatidas en los años juveniles pueden aquí arraigarse y manifestarse con fuerza y tenacidad, especialmente la dureza de corazón, la avaricia, el desorden interior y exterior...

El director espiritual debe llevar a este tipo de dirigidos a que continúen su trabajo espiritual y profesional; que administren prudentemente sus propias fuerzas (es más aconsejable el economizar las fuerzas que el dejar el trabajo, porque de este modo se favorecería la impresión de ser un hombre acabado; impresión que sería un veneno altamente destructivo para la persona). Y sobre todo debe ayudar a sobrenaturalizar la vida espiritual practicando con toda generosidad las virtudes teologales.

Vuelvo a insistir: éstas son tentaciones posibles que pueden presentarse al alma como lo hace cualquier otro tipo de tentaciones, pero que, por su íntima relación con las fuerzas vitales del individuo (el instinto de sexualidad y conservación específica) la persona que las padece puede llegar a darles una errónea y nefasta interpretación. La luz que un buen director puede arrojar en estos momentos es capaz de salvar muchas almas que "solas" se descarriarían.

CUARTA PARTE

PRINCIPALES CLASES DE DIRIGIDOS ELEMENTOS PARA EL DIRECTOR

IV - Principales clases de dirigidos - Elementos para el director

CAPÍTULO ÚNICO

I. LA DIRECCIÓN ESPIRITUAL DE LOS NIÑOS

Puede sonar extraño hablar de "dirección espiritual" de los niños[482]. Es, sin embargo, una tarea muy importante que ningún sacerdote debería eludir, especialmente si tiene como apostolado la formación infantil (Escuelas, Internados, Seminarios Menores, etc.).

Dirigir a un niño consiste simplemente en iniciarlo, directa y personalmente, en la práctica de las virtudes y en la reforma de sus malos hábitos, si los tiene. Es enseñarle qué debe hacer él para llegar a ser un cristiano perfecto; enseñarle cómo debe obrar él para corregirse de tal o cual defecto, para adquirir tal o cual manera de pensar, tal regla de conducta, adecuadas a su situación actual. Es disponerlo a adquirir en su mentalidad, y aplicar en su conducta, los ejemplos y las enseñanzas de Jesucristo. Es habituarlo a concretar en su vida la imitación de Cristo.

En el plano de los Sacramentos, la dirección consiste en la adaptación individual de las gracias obtenidas, al temperamento y a la condición de cada alma. Mediante la dirección, el niño puede aprender a utilizar en su conducta personal y en sus relaciones con los demás, las gracias recibidas en la Comunión y en la Confesión.

Estas cosas no pueden lograrse ni en la enseñanza del Catecismo ni en los Sermones para niños (pues en estas actividades el catequista o el predicador deben adaptarse al conjunto de sus oyentes, dando principios más generales y universales), ni en la misma Confesión Sacramental (en la cual los consejos están relacionados con las faltas confesadas y donde no suele haber tiempo para hacer un seguimiento prolongado y periódico del alma). Para la educación cristiana de los niños hace falta un complemento más personalizado y continuado que es el que ofrece la Dirección Espiritual. Se ha dicho de la educación de los niños y jóvenes en general (y en particular sobre su formación en la castidad): "Los padres deben procurar que [sus hijos] frecuenten conscientemente los sacramentos... Una ayuda necesaria y

---

[482] Cf. Poppe, E., *La dirección espiritual de los niños*; Toth, Tihamer, *Formación religiosa de Jóvenes*, 75-113.

sobrenaturalmente eficaz es frecuentar el Sacramento de la Reconciliación, especialmente si se puede contar con un confesor fijo. La guía o Dirección Espiritual, aunque no coincide necesariamente con el papel del confesor, es ayuda preciosa para la iluminación progresiva de las etapas de maduración y para el apoyo moral"[483].

La Dirección Espiritual de los niños debe ser muy sencilla y atenerse a los puntos más fundamentales de la vida cristiana que desde pequeños deben practicar de modo tal que se formen los hábitos buenos, en cuanto a: la oración, la práctica sacramental, los deberes de estado, las buenas lecturas...

Ante todo, la oración, centrada en las oraciones diarias (de la noche, de la mañana, antes de las comidas, jaculatorias). Hay que cultivarles la devoción Eucarística y la confianza en la Virgen.

La vida sacramental, centrada en la Comunión Eucarística y la Confesión frecuente.

La mortificación; de modo especial aquella que consiste en la sencilla aceptación de las privaciones diarias, el no quejarse y el ser sufridos con las molestias ordinarias.

Los deberes de estado propios de los niños: la obediencia y respeto a sus padres y mayores; el trato con sus hermanos y amigos. Un punto muy importante que los directores espirituales de seminaristas menores o niños de colegios internados no deben obviar es el que respecta a sus deberes filiales: si escriben a sus padres, si los tienen informados, así como el modo en que se comportan con ellos cuando van a sus casas de visita. Hay que insistirles que sus padres y hermanos deben "notar" que son "mejores" desde que están en el Seminario o en el Internado, etc.

La educación de las virtudes y afectos: hay que ayudarlos a cultivar la sana alegría, el gusto por la naturaleza y el deporte, la sinceridad, la abnegación y generosidad en los trabajos y servicios. Para todo esto ayudan mucho las excursiones, campamentos, retiros infantiles, etc.

Hay que iniciar a los niños en la buena lectura, con versiones adaptadas para ellos de vidas de santos, historias bíblicas, clásicos infantiles.

El elemento fundamental en la dirección-educación de los niños (y lo

---

[483] Pontificio Consejo para la Familia, *Sexualidad humana: verdad y significado*, n. 74.

mismo vale para los adolescentes y los jóvenes) es el amor sobrenatural de quien está cargo de ellos. El director espiritual no es sólo un "maestro" o un "educador" sino un "padre", pues ejerce una auténtica paternidad sobre sus dirigidos. Pero lo que marca la diferencia entre un buen educador y un genuino padre es el amor: el amor de paternidad supera al interés del educador. Por eso San Pablo escribiendo a los corintios les recuerda: "Aunque tengáis millares de maestros, no tenéis muchos padres" (1Co 4,15). Nunca debe desestimarse el "alcance pedagógico del amor" porque:

- La educación es una tarea tan difícil que sólo el amor puede comprometerse a asumirla y cumplirla.
- El amor insta al director a hacer un examen de sus propios defectos y a corregirse si es necesario.
- El amor no sólo logra que el niño y el joven confíe en nosotros, sino también que nosotros confiemos en los niños y en los jóvenes, y esta confianza es requisito imprescindible para esta labor pastoral.

San Juan Bosco ha llamado a esta virtud *"amorevolezza"*. Lo escribía el Santo en su célebre *Carta sobre el espíritu de familia*, fruto de su madurez y experiencia[484]: "La familiaridad engendra afecto, y el afecto, confianza. Esto es lo que abre los corazones, y los jóvenes lo manifiestan todo sin temor a los maestros, a los asistentes y a los superiores. Son sinceros en la confesión y fuera de ella, y se prestan con facilidad a todo lo que les quiera mandar aquel que saben que los ama...". Pero esto no se consigue solamente amando a los niños y jóvenes; añade el Santo: "...Falta lo mejor... Que los jóvenes no sean solamente amados, sino que se den cuenta de que se les ama... Que, al ser amados en las cosas que les agradan, participando en sus inclinaciones infantiles, aprendan a ver el amor también en aquellas cosas que les agradan poco, como son la disciplina, el estudio, la mortificación de sí mismos y que aprendan a obrar con generosidad y amor... El que quiere ser amado es menester que demuestre que ama... El que sabe que es amado, ama, y el que es amado lo consigue todo, especialmente de los jóvenes".

Señalo también que San Juan Bosco recomendaba a los más jovencitos comenzar el trato de dirección espiritual exponiendo al director toda su

---

[484] San Juan Bosco, *Carta sobre el espíritu de familia*, en: *Obras Fundamentales*, 613-616.

vida. Se lee en las *Memorias Biográficas* un texto que ya hemos citado más arriba, aludiendo a la importancia de conocer completamente al dirigido, incluyendo su historia, familia y defectos; añadía a continuación:

"Pero quede bien entendido que debéis poner como fundamento una buena confesión... En cuanto al pasado, declarad todo el mal que habéis hecho, no sólo para que el confesor pueda conocer vuestra alma, sino sobre todo para asegurar las confesiones de la vida pasada y poder decir después: En cuanto al pasado estoy tranquilo; así podré en adelante vivir más alegre. De este modo tendréis la seguridad de la ayuda del Señor en todas las circunstancias de vuestra vida, siendo con vuestro amor y humildad sus verdaderos hijos y amigos"[485].

II. DIRECCIÓN ESPIRITUAL DE LOS JÓVENES

1. IMPORTANCIA

Decía el Papa Juan Pablo II: "Los jóvenes hoy tienen necesidad y sienten la necesidad de la dirección espiritual, seria, iluminada, constructiva: ¡esta es la responsabilidad suprema de todo sacerdote y éste es también el gozo supremo! Las familias esperan con ansia vuestra ayuda, vuestra colaboración, para «prevenir» el mal, para formar las conciencias cristianas, para realizar en cada «individuo» la obra de la redención"[486].

De todo joven debe decirse lo que Napoleón decían a sus guerreros: "cada soldado lleva en su mochila el bastón de mariscal". Cada joven es un santo y un héroe en potencia; en gran medida el arte del director es tallar esa materia potencial en el momento ideal que le ofrece la juventud de su dirigido. Las líneas fundamentales para la dirección de adolescentes y jóvenes han sido trazadas desde siempre por los grandes pedagogos de la juventud. Según San José Cafasso el trabajo de la dirección espiritual juvenil debe basarse sobre cuatro temas principales: las ocasiones de pecado, la oración del joven, los sacramentos y la devoción a la Virgen María. San Juan Bosco dejó admirablemente trazado el plan de trabajo espiritual en

---

[485] *Memorias Biográficas de San Juan Bosco*, vol. 7, 614.
[486] Juan Pablo II, *Al capítulo general de los salesianos*, 3 de abril de 1984.

un opúsculo escrito en 1847, que tituló *El joven cristiano*[487]. De las cinco secciones del libro, algunas son muy sugestivas para plantear el trabajo de dirección espiritual juvenil; por ejemplo:

1º Lo que necesita un joven para alcanzar la virtud. Don Bosco enumeraba:

- Conocimiento de Dios.
- Conciencia del amor de Dios sobre uno mismo.
- Conciencia del valor fundamental que tienen los años juveniles para la salvación: "El hombre sigue en la vejez el mismo camino que emprendió en la adolescencia".
- La obediencia a los padres y superiores; que incluye obediencia, respeto, asistencia y sinceridad.
- Respeto por los lugares santos y por los ministros de Dios.
- Lectura espiritual, especialmente de la Palabra de Dios.

2º De qué debe huir especialmente la juventud:

- Fuga del ocio. El ocio es el padre de todos los vicios.
- Fuga de los malos amigos: "El que se junta al hombre virtuoso, saldrá virtuoso; pero el amigo del vicioso se pervertirá".
- Evitar las malas conversaciones.
- Evitar el escándalo, o sea, aquello que puede apartarnos de la gracia.

3º Como corolario del punto segundo, Don Bosco añade algunas cosas fundamentales para la juventud:

- La conducta que se debe observar en las tentaciones: alejarse de toda ocasión de pecado, del ocio, mantenerse ocupado; implorar inmediatamente la ayuda de Dios, etc.
- Astucia de que se vale el demonio para engañar a la juventud: da el Santo las normas elementales de discernimiento espiritual que los directores espirituales deben enseñar a todo joven. Don Bosco las centra en el criterio de la "alegría": el que está en gracia está siempre

---

[487] San Juan Bosco, *El joven cristiano*, en: *Obras Fundamentales*, 508-544.

alegre, incluso en la aflicción; en cambio, el que está en pecado, aun cuando se esfuerza en hallar la paz, siempre es desgraciado pues, como dice la Escritura, "no hay paz para los malos".

- La pureza es la virtud más hermosa que la juventud debe buscar y conquistar... Para ello debe recurrir a la confesión sincera y a la comunión devota.
- La devoción a la Virgen Santísima.

4° Finalmente, Don Bosco coloca en este momento de la vida el tema de la elección de estado. La dirección espiritual debe ser aprovechada para trabajar este aspecto fundamental y decisivo para todo joven. El Papa Juan Pablo II ha repetido esta misma verdad numerosas veces, al decir, por ejemplo: "El Concilio recomienda: «tengan en gran estima la dirección espiritual». Esta será para ellos como la mano de un amigo y de un padre que los ayuda en el camino. Y haciendo experiencia de los beneficios de esta guía, ellos estarán tanto más dispuestos a ofrecer, a su vez, esta ayuda a aquellos que les son confiados a su ministerio pastoral. Esto será un gran recurso para muchos hombres de hoy, especialmente para los jóvenes, y constituirá un factor determinante en la solución del problema de las vocaciones, como dice la experiencia de tantas generaciones de sacerdotes y de religiosos"[488].

2. FORMACIÓN DE ACTITUDES

---

[488] Juan Pablo II, *Audiencia general: la catequesis de la fe*, 2 de junio de 1993. La cita del Concilio es de *PO*, 18. En muchos otros lugares vuelve sobre este tema, por ejemplo: "El ejemplo de San Carlos Borromeo me lleva a alentar las iniciativas emprendidas por vosotros para suscitar nuevas vocaciones a la vida consagrada y para radicarlas profundamente en todos aquellos piadosos ejercicios que la experiencia cristiana considera necesarios para un fuerte crecimiento espiritual. Hablo del recurso a la dirección espiritual..." (Juan Pablo II, *A los sacerdotes y obispos piamonteses*, 3 de noviembre de 1984). "El ideal de la vida consagrada a Dios y a los hermanos, la vocación sacerdotal y religiosa, forman parte también hoy del designio de la Providencia. Vosotros, queridos sacerdotes y religiosos, con vuestro ejemplo, vuestra oración y **una metódica pastoral vocacional, basada especialmente en la dirección espiritual**, sois los instrumentos ordinarios y cualificados de esta tarea" (Juan Pablo II, *Encuentro con el clero y los religiosos en la catedral de Aosta*, 7 de setiembre de 1986). "Sed maestros de oración y no descuidéis el precioso servicio de la dirección espiritual para ayudar a los llamados a discernir la voluntad de Dios sobre ellos" (Juan Pablo II, *Para la XXIII Jornada por las vocaciones*, 6 de enero de 1986).

La dirección espiritual de los jóvenes debe tener como objetivo la formación de actitudes en tres planos:

1º El intelectual. Hay que formar el amor a la verdad y al estudio; incentivar el deseo de saber, de conocer. Para esto la dirección espiritual debe cultivar en los jóvenes los buenos hábitos de lectura. Son clásicos juveniles los libros de Tihamer Toth, Fulton Sheen, San Juan Bosco, etc. Hay que tratar de que todo joven aproveche sus estudios en el colegio. Para ello también hay que enseñarles a distribuir y aprovechar bien el tiempo.

2º El estético. Decía Don Bosco: "Deber del educador es también ayudar al educando a perfeccionar el sentimiento de lo bello"[489]. El director espiritual, como buen educador, tiene que aprender a descubrir los talentos de su dirigido y no apagarlos sino, por el contrario, alentarlos y ayudar a que los desarrolle (ya sea en la pintura, la música, el teatro, etc.).

3º El volitivo. En definitiva éste es el plano más importante, porque una persona es moralmente buena si su voluntad es recta y virtuosa. A veces se da mucha importancia a los otros aspectos pero descuidándose éste. De estos casos, decía San Juan Bosco: "La inteligencia y la sensibilidad, sobreexcitadas por una cultura intensa, atraen todas las fuerzas del alma, absorben toda su vida y adquieren prematuramente una extrema vivacidad, unidas a la más exquisita delicadeza... Pero todas sus brillantes cualidades esconden la insuficiencia más vergonzosa, la debilidad más fatal. El niño, hoy, y, por desgracia, más tarde el joven, arrastrado por la prontitud de las concepciones, no sabe pensar ni obrar con criterio, le falta el buen sentido, el tacto, la medida; en una palabra el espíritu práctico... En vano caen las gracias más abundantes sobre su alma, porque no las sabe recoger; su conciencia es como un mar en borrasca... Esclavo de su propio humor...". Cuando se trata de decidir algo "interroga el oráculo de su propia y loca sensibilidad. La violencia y la terquedad serán las manifestaciones de una voluntad débil... Precipitación e inconstancia: he aquí los rasgos principales de ese carácter. Quería hacerse de él un hombre, y no se ha hecho otra cosa que un ser inteligente y sensible, pero débil e irrazonable, en breve, una especie de gracioso animalito"[490].

---

[489] San Juan Bosco, *Ideario pedagógico*, en: *Biografías y Escritos*, 407.
[490] San Juan Bosco, *Ideario pedagógico*, en: *Biografías y Escritos*, 414-415.

Educar la voluntad significa forjar en ella virtudes auténticas, arraigadas firmemente. Para ello hay que hacer que el joven descubra la belleza de la virtud, especialmente a través del ejemplo; hay que canalizar sus fuerzas hacia la emulación de los verdaderos héroes y santos y enseñarles a trabajar disciplinadamente, es decir, planteándose objetivos reales, concretos, arduos y, al mismo tiempo, asequibles; lo mejor es iniciarlo en el examen particular de conciencia. Entre las virtudes más importantes para ellos hay que destacar la caridad, la alegría, la pureza, la abnegación, la mortificación y la magnanimidad.

3. RASGOS DEL DIRECTOR

En la dirección espiritual de los adolescentes y jóvenes son muy importantes las características que asume hacia ellos el director. San Juan Bosco señalaba como rasgos fundamentales de todo director espiritual de jóvenes:

La amabilidad. Es necesario conquistar el corazón si se quiere conquistar la mente. Don Bosco decía a los Directores: "Procura hacerte conocer por los alumnos y de conocerlos pasando con ellos todo el tiempo posible, procurando decirles al oído alguna palabra afectuosa que tú también sabrás a medida que descubras la necesidad. Éste es el gran secreto que te hará dueño de sus corazones"[491]. A los confesores Don Bosco dio estas directivas: "Acoger con amabilidad, ayudar a los jóvenes, aconsejar la frecuencia del sacramento, corregir con bondad"[492]; "reciban con amabilidad a todo tipo de penitentes especialmente a los jóvenes"[493].

La confianza. La dirección de los jóvenes será más fructífera cuanto mayor confianza haya entre el Director y su dirigido. De su encuentro con Santo Domingo Savio, decía Don Bosco: "Hemos entrado en plena confianza: él conmigo y yo con él"[494]. Esta confianza debe ser recíproca y radical: la del padre que guía y del hijo que se deja guiar con docilidad y obediencia. A Miguel Magone dijo Don Bosco: "Cuanta más confianza, más oportunos serán los avisos que te diga el confesor... Sigue sus consejos, frecuéntalo

---

[491] San Juan Bosco, *Scriti spirituali*, II, 212.
[492] San Juan Bosco, *Scriti spirituali*, II, 177.
[493] Desramaut F., *Don Bosco e la vita spirituale*, 108.
[494] San Juan Bosco, *Scriti spirituali*, II, 136.

en forma estable con toda confianza, de otro modo te faltará el amigo de tu alma"[495]. A un joven salesiano le decía: "tengo necesidad de una confianza ilimitada"[496]. En su testamento dejó escrito: "el director debe... demostrar gran confianza"[497].

La paternidad. "El confesor es el padre, maestro y guía de las almas". Con igual razón o más debe decirse esto del director.

La estabilidad. El director debe ser estable. No es necesario que sea el mismo el director y el confesor; pero sí es indispensable la continuidad en el trabajo de dirección, especialmente en la etapa de la juventud.

La dirección espiritual llega de este modo a convertirse para todo joven, decía el Papa Juan Pablo II, en "escuela sistemática de vida interior"[498]. También la aconseja el mismo Papa a los jóvenes "para preservarlos del mal y para fortalecerlos en la virtud y en el coraje de la caridad y del testimonio"[499].

III. LA DIRECCIÓN ESPIRITUAL DE LOS LAICOS ADULTOS

La dirección espiritual de los laicos es uno de los instrumentos más eficaces para su santificación y formación: "La formación cristiana de los laicos tiene sus goznes en la vida de oración, en la dirección espiritual y sobre todo en la catequesis..."[500].

Muchas veces el ejercicio de la dirección espiritual de los laicos queda ligado al sacramento de la Penitencia, como señala el Papa Juan Pablo II: "El sacramento de la Penitencia... es no sólo instrumento dirigido a la destrucción del pecado –momento negativo– sino precioso ejercicio de la virtud, expiación, escuela insustituible de espiritualidad, lugar altamente positivo de regeneración en las almas del *vir perfectus* (el hombre perfecto),

---

[495] Desramaut, F., *Don Bosco e la vita spirituale*, 249.
[496] Desramaut, F., *Don Bosco e la vita spirituale*, 253.
[497] *Memorias Biográficas de San Juan Bosco*, vol. 10, 876.
[498] Juan Pablo II, *Carta apostólica por el Año Internacional de la Juventud*, 31 de marzo de 1985.
[499] Juan Pablo II, *A los jóvenes del Apostolado católico*, 12 de abril de 1985.
[500] Juan Pablo II, *Discurso a la Conferencia Episcopal de Slovaquia*, 1 de julio de 1995.

in mensuram aetatis plenitudinis Christi (a la medida de la plenitud de Cristo) (cf. Ef 4,13). En tal sentido, la confesión bien instituida es ya por sí misma una forma altísima de dirección espiritual"[501]. Sin embargo, es algo distinto de la confesión y debe tratar de cultivarse como algo separado.

La dirección espiritual de los seglares debe apuntar a una cuidadosa y capilar formación de las conciencias en los deberes de estado, principalmente las obligaciones familiares que es el campo donde la mayoría de los seglares debe santificarse y practicar su tarea de evangelización. Podemos indicar como líneas esenciales de la espiritualidad del seglar las siguientes:

En lo personal: una vida litúrgica centrada en la Santa Misa (no sólo dominical sino también, según las posibilidades de cada uno, diaria; al menos tratar de ir alguna que otra vez durante la semana); una espiritualidad sacramental (es decir, viviendo raigalmente las exigencias de su bautismo y acercándose asiduamente a la Confesión sacramental y sobre todo a la Eucaristía); una vida teologal (cultivando singularmente el espíritu de caridad a través de las obras de misericordia, el espíritu de esperanza y el espíritu de fe en sus juicios[502]); y un sólido y armonioso trabajo en la educación moral, psicológica y sexual.

En lo familiar: el trabajo debe apuntar a buscar la perfección en los deberes de estado (como esposo, esposa, padre, madre, hijo). Es fundamental para los padres de familia el trabajo de la educación de los hijos, que es su escuela de santidad.

En lo social: su espiritualidad debe caracterizarse por su responsabilidad profesional, la justicia social en su trabajo, la consagración del mundo (de su ambiente social) a Dios, y sobre todo el apostolado hecho dentro de su entorno social. Para esto hay que ayudar a los laicos a que disciernan los carismas que Dios les distribuye, a través de los cuales también pueden vislumbrar la voluntad particular de Dios sobre cada uno de ellos[503].

---

[501] Juan Pablo II, *A los Penitenciarios de las cuatro Basílicas patriarcales de Roma*, 30 de enero de 1981.

[502] "Hoy más que nunca, a través de... la dirección espiritual, el sacerdote está llamado a ser educador en la fe de cada uno de sus fieles, evitando toda posible «masificación» de las conciencias" (Juan Pablo II, *A 5000 sacerdotes de todo el mundo*, 9 de octubre de 1984).

[503] Hablando del Padre Pío de Pietrelcina señalaba el Papa Juan Pablo II que "él se

La dirección espiritual en los laicos tiene también la función de ayudarles a discernir la vocación concreta a la que Dios los llama: "para descubrir la concreta voluntad del Señor sobre nuestra vida, decía el Papa Juan Pablo II, son siempre indispensables la escucha pronta y dócil de la palabra de Dios y de la Iglesia, la oración filial y constante, la referencia a una sabia y amorosa dirección espiritual, la percepción en la fe de los dones y talentos recibidos y al mismo tiempo de las diversas situaciones sociales e históricas en las que se está inmerso"[504].

Para que puedan desarrollar auténticamente estas líneas de espiritualidad propia de los seglares, hay que ayudarlos a adquirir una formación integral. En la *Christifideles laici* el Papa Juan Pablo II resumía los aspectos fundamentales de esta formación laical en tres aspectos[505]:

Una formación espiritual: que ha de ocupar un puesto privilegiado en la vida de cada uno a través de la intimidad con Cristo, la conformidad con la voluntad del Padre, la entrega al prójimo en la caridad y la justicia. La principal formación es la de la vida interior, sin la cual toda acción seglar se vuelve infecunda e incluso mortífera. Por eso hay que insistir con los laicos en la importancia fundamental que tienen los ejercicios de piedad y la oración. Especialmente constituye para ellos una escuela de santidad y perseverancia en la gracia la práctica anual de los Ejercicios Espirituales (y de modo singular cuando son realizados según el método de San Ignacio de Loyola) y, según las posibilidades de cada uno, también los Retiros Mensuales, etc.

Una formación doctrinal: "que se revela hoy cada vez más urgente". Es necesaria una sistemática acción de catequesis, especialmente para los laicos comprometidos en diversos modos en el campo social y político, un conocimiento más exacto de la doctrina social de la Iglesia.

Una formación en los valores humanos: O sea, como señalaba la *Apostolicam actuositatem*, inculcarles que "aprecien también como es

---

empeñó particularmente en la dirección espiritual, prodigándose en el ayudar a las almas a descubrir y a valorizar los dones y carismas, que Dios concede como y cuando quiere en su misteriosa liberalidad" (Juan Pablo II, *A los religiosos en el Santuario de Santa María de las Gracias*, San Giovanni Rotondo, 23 de mayo de 1987).

[504] Juan Pablo II, *Christifideles laici*, 58.
[505] Juan Pablo II, *Christifideles laici*, 60.

debido la pericia profesional, el sentimiento familiar y cívico y esas virtudes que exigen las costumbres sociales, como la honradez, el espíritu de justicia, la sinceridad, la delicadeza, la fortaleza de alma, sin las que no puede darse verdadera vida cristiana"[506].

El tópico fundamental de la dirección espiritual de los laicos lo constituye su inserción en el mundo, es decir, su misión de cristianizar las realidades mundanas. En esto consiste su apostolado principal: apostolado dentro de la misma familia (entre los cónyuges y con los hijos); apostolado en los medios sociales, esforzándose por llenar con espíritu cristiano la mentalidad y las costumbres, el campo del trabajo y del estudio; apostolado en el orden nacional e internacional con la promoción del bien común; apostolado de la caridad con los más pobres y necesitados, etc.

Desde la dirección espiritual hay que alentar y dirigir tanto el apostolado individual como el apostolado asociado de los fieles. Y para esto hay que orientarlos para que adquieran, como ya hemos dicho, una sólida formación: "Como los laicos participan, a su modo, de la misión de la Iglesia, su formación apostólica recibe una característica especial por su misma índole secular y propia del laicado y por el carácter espiritual de su vida. La formación para el apostolado supone una cierta formación humana, íntegra, acomodada al ingenio y a las cualidades de cada uno. Porque el seglar, conociendo bien el mundo contemporáneo, debe ser un miembro acomodado a la sociedad de su tiempo y a la cultura de su condición. Ante todo, el seglar ha de aprender a cumplir la misión de Cristo y de la Iglesia, viviendo de la fe en el misterio divino de la creación y de la redención movido por el Espíritu Santo, que vivifica al Pueblo de Dios, que impulsa a todos los hombres a amar a Dios Padre, al mundo y a los hombres por Él. Esta formación debe considerarse como fundamento y condición de todo apostolado fructuoso. Además de la formación espiritual, se requiere una sólida instrucción doctrinal, incluso teológica, ético-social, filosófica, según la diversidad de edad, de condición y de ingenio. No se olvide tampoco la importancia de la cultura general, juntamente con la formación práctica y técnica. Para cultivar las relaciones humanas es necesario que se acrecienten los valores verdaderamente humanos; sobre todo, el arte de la convivencia fraterna, de la cooperación y del diálogo. Pero ya que la formación para el apostolado no puede consistir

---

[506] *Apostolicam Actuositatem*, 4.

en la mera instrucción teórica, aprendan poco a poco y con prudencia desde el principio de su formación, a verlo, juzgarlo y a hacerlo todo a la luz de la fe, a formarse y perfeccionarse a sí mismos por la acción con los otros y a entrar así en el servicio laborioso de la Iglesia. Esta formación, que hay que ir complementando constantemente, pide cada día un conocimiento más profundo y una acción más oportuna a causa de la madurez creciente de la persona humana y por la evolución de los problemas. En la satisfacción de todas las exigencias de la formación hay que tener siempre presente la unidad y la integridad de la persona humana, de forma que quede a salvo y se acreciente su armonía y su equilibrio"[507].

De este modo, los laicos estarán en condiciones de conquistar los "areópagos modernos", es decir, las actuales áreas culturales; como insiste el Papa Juan Pablo II: "El primer areópago del tiempo moderno es el mundo de la comunicación, que está unificando a la humanidad y transformándola –como suele decirse– en una «aldea global»... Existen otros muchos areópagos del mundo moderno hacia los cuales debe orientarse la actividad misionera de la Iglesia. Por ejemplo, el compromiso por la paz, el desarrollo y la liberación de los pueblos; los derechos del hombre y de los pueblos, sobre todo los de las minorías; la promoción de la mujer y del niño; la salvaguardia de la creación, son otros tantos sectores que han de ser iluminados con la luz del Evangelio. Hay que recordar, además, el vastísimo areópago de la cultura, de la investigación científica, de las relaciones internacionales que favorecen el diálogo y conducen a nuevos proyectos de vida. Conviene estar atentos y comprometidos con estas instancias modernas"[508].

En la dirección espiritual de los laicos hay que evitar dos extremos igualmente dañinos y falsos: por un lado la "clericalización" que tiende a asimilarlos de tal modo al carácter y a la fisonomía religiosa que terminan siendo ni una cosa ni otra, incapaces de emprender por cuenta propia la tareas que son de su particular incumbencia social; por otro lado, la "anticlericalización" que mira toda incumbencia de los sacerdotes y religiosos como una amenaza para su "autonomía seglar". Todos los extremos son malos.

---

[507] *Apostolicam Actuositatem*, 29.
[508] Juan Pablo II, *Redemptoris missio*, 37; cf. *Tertio millennio adveniente*, 57.

IV. LA DIRECCIÓN ESPIRITUAL DE LOS SACERDOTES

Los grandes formadores de sacerdotes dieron mucha importancia a la dirección espiritual de las almas sacerdotales, especialmente en los primeros años después de la ordenación presbiteral. Un autor que escribía sobre la castidad sacerdotal a mediados del siglo XX, P. Giorgis, decía: "Nuestra experiencia nos ha convencido de que la dirección espiritual si le es necesaria a un clérigo en el período de su formación, le es mucho más necesaria al sacerdote, especialmente en los primeros pasos de su ministerio y apostolado".

La dirección espiritual forma parte esencial e insustituible de la formación permanente del sacerdote. El mismo San Pablo, con ser quien era, fue enviado a Ananías el cual "le diría qué tendría que hacer" (cf. Act 9,6). Y luego, el mismo Apóstol, hace examinar su enseñanza y su apostolado por Pedro, para "no exponerse a correr en vano" (cf. Gál 2,2): "La práctica de la dirección espiritual contribuye no poco a favorecer la formación permanente de los sacerdotes –decía Juan Pablo II–. Es un medio clásico, que nada ha perdido de preciosidad no sólo para asegurar la formación espiritual, sino también para promover y sostener una continua fidelidad y generosidad en el ejercicio del ministerio sacerdotal. Como escribía Pablo VI: «la dirección espiritual tiene una función bellísima y se puede decir indispensable para la educación moral y espiritual de la juventud que quiera interpretar y seguir con absoluta lealtad la vocación, sea la que sea, de la propia vida; y conserva siempre importancia benéfica para toda edad de la vida, cuando a la luz y a la caridad de un consejo piadoso y prudente se pida la verificación de la propia rectitud y la confortación al cumplimiento generoso de los propios deberes. Es medio pedagógico muy delicado, pero de grandísimo valor; es un arte pedagógico y psicológico de grave responsabilidad en quien la ejercita; es un ejercicio espiritual de humildad y de confianza en quien lo recibe»"[509].

Todo sacerdote, según sus posibilidades, debe buscarse un guía espiritual. Sólo para poner un ejemplo de la importancia que tiene esto, quiero recordar el valor que tomó la dirección espiritual en la vida del Padre Pío de Pietrelcina; el volumen que contiene la correspondencia entre el gran capuchino y sus directores espirituales (publicado en 1971) contiene 632

---

[509] Juan Pablo II, *Pastores dabo vobis,* 81.

cartas: 334 del Padre Pío, 198 del Padre Agustín de San Marcos en Lamis, y 100 del Padre Benito de San Marcos en Lamis, sus dos directores.

El Magisterio recuerda la importancia capital de esta práctica: "Cuidad vuestra formación ascética mediante una sólida dirección espiritual", dice el Papa Juan Pablo II[510]. Y también: "Junto a estos (medios) ocupa un rol importante la práctica de la dirección espiritual, que ha ayudado a tantos cristianos a avanzar en su camino hacia Dios. Mi predecesor de feliz memoria, Pío XII, escribía a los sacerdotes: «En el camino de la vida espiritual no os fiéis de vosotros mismos, mas con simplicidad y docilidad pedid consejo y aceptad la ayuda de quien, con sabia moderación, podrá guiar vuestra alma, indicándoos los peligros, sugiriéndoos los remedios oportunos y, en todas las dificultades, internas y externas, os podrá guiar justamente sobre el camino para ser cada día más perfectos, según el ejemplo de los santos y las enseñanzas de la ascética cristiana. Sin esta prudente guía de la conciencia, generalmente es muy difícil secundar convenientemente los impulsos del Espíritu Santo y de la gracia divina»"[511].

J.B. Scaramelli resumía en tres las cualidades que un sacerdote debe buscar al elegir un director para su alma[512]:

- Que sea docto: es decir, que conozca la doctrina sagrada, la teología y la moral, que tenga discernimiento.

- Que sea piadoso: que tenga bondad de vida, que sea dócil al Espíritu Santo, que rece los consejos que da (es decir, que broten de su oración ante Dios).

- Que sea experimentado en lo que corresponde al espíritu y al buen gobierno. Experiencia que se adquiere con el ejercicio de la vida espiritual en sí mismo o bien con la dirección de las almas de los otros. Y la familiaridad con los grandes autores de la vida espiritual adquirida en la lectura y en el estudio serio de los mismos.

La conducta del sacerdote con su director se reduce a cuatro cosas

---

[510] Juan Pablo II, *Al seminario teológico pugliese "Pío XI"*, 20 de febrero de 1984.

[511] Juan Pablo II, *A los Obispos de Costra Rica en visita "ad limina"*, 21 de abril de 1989; la cita de Pío XII está tomada de la Encíclica "Menti Nostrae", AAS 42, 1950, 674.

[512] Cf. J. B. Scaramelli, *Directorio ascético y místico,* I, III, 3.

fundamentales[513]:

- Escogerlo con gran tino: "El amigo fiel es seguro refugio, el que le encuentra, ha encontrado un tesoro. El amigo fiel no tiene precio, no hay peso que mida su valor. El amigo fiel es remedio de vida, los que temen al Señor le encontrarán" (Eclo 6,14-16). Al respecto decía San Juan de Ávila: "Escoged un director entre mil"; y San Francisco de Sales añade estas palabras: "Y yo digo uno entre diez mil, porque se hallan muchos menos de los que se piensan capaces de ejercer este oficio"[514].

- Manifestarle enteramente la conciencia.

- Rogar por él.

- Obedecerlo, pues ¿qué importancia tiene el conseguir un director santo, sabio, experimentado, si raramente se lo consulta, o si al consultarlo no le descubre la conciencia, o si descubriéndosela, no sigue con docilidad sus consejos?

Decía Pío XII en la Encíclica *Menti Nostrae:* "Deseamos también que esta Nuestra exhortación paternal alcance, de modo especial, a los sacerdotes que con ánimo humilde, pero con caridad ardiente se dedican a procurar y aumentar la santidad de los demás sacerdotes, ya como consejeros suyos, ya como directores de sus conciencias, ya como ministros del sacramento de la penitencia. El bien inestimable que prestan a la Iglesia con frecuencia permanece oculto en el silencio, mientras viven; pero un día se manifestará espléndidamente en la gloria del Rey divino... No hace muchos años, con gran gozo del alma hemos decretado los supremos honores de los Santos para el sacerdote de Turín, José Cafasso, que, como sabéis, tan sabia y santamente dirigió en tiempos dificilísimos a muchos sacerdotes, no sólo haciéndoles progresar en virtud, sino también haciendo muy provechoso el ministerio sacerdotal de los mismos..."[515].

En estos casos la dirección espiritual debe tener en cuenta los principales medios de perfección del sacerdote. San José Cafasso recomendaba trabajar

---

[513] Cf. Mach-Ferreres, *Tesoro del sacerdote,* t.1, 644-644.
[514] San Francisco de Sales, *Introducción a la Vida devota,* 1,4.
[515] Pío XII, *Menti Nostrae,* 71-72.

durante la dirección espiritual los siguientes temas:
- La celebración de la Santa Misa. Trabajar, examinar, preparar, progresar en el modo de celebrar la Misa. Conocerla teológicamente cada vez más. Meditar mucho sobre esto.
- La devoción eucarística en general.
- El espíritu de oración, especialmente la liturgia de las horas.
- El examen de conciencia y confesión del sacerdote. San Ignacio llamaba al examen de conciencia "salvaguardia de la vida sacerdotal".
- La devoción a la Virgen.

A estos me tomo la libertad de añadir, especialmente en nuestros días:
- La fidelidad a los Ejercicios Espirituales anuales (seriamente realizados, reformando la vida, haciendo planes y propósitos firmes).
- El estudio teológico que no puede ser descuidado en ningún momento de la vida.
- El celo apostólico y misionero.
- La caridad concreta, especialmente con los más pobres y necesitados, tanto material como moralmente, por ejemplo, con la generosa disposición para confesarlos, dirigirlos, atenderlos cuando están enfermos, etc., (que es lo que salvaguarda al sacerdote de la "dureza de corazón").
- El trato afectivo con las personas de otro sexo, y todo cuanto puede ser ocasión tanto de pérdida de tiempo cuanto ocasión de pecado (televisión, diarios, revistas, etc.).

V. LA DIRECCIÓN ESPIRITUAL DE LOS SEMINARISTAS

El beato José Allamano decía a sus seminaristas: "Recodadlo: un óptimo seminarista será después un santo sacerdote; un santo seminarista será después un buen sacerdote; un buen seminarista será después un mediocre sacerdote; un mediocre seminarista será después un mal sacerdote; un mal seminarista será después la deshonra de la Iglesia, un asesino en casa, un traidor a Jesús". Puede deducirse de esto la importancia de la formación de los candidatos al sacerdocio.

1. LA IMPORTANCIA DE LA DIRECCIÓN DEL SEMINARISTA

La dirección espiritual personal es uno de los principales medios para ayudar a la formación de los candidatos al sacerdocio, pero también exige una labor de altísimo nivel pues se trata, por un lado, de forjar personalidades capaces de ejercer la paternidad espiritual y mostrar el rostro de Dios a los hombres, y, por otro, de discernir quiénes serán auténticamente capaces de esta misión.

Los textos del Magisterio sobre la importancia de la dirección espiritual de los seminaristas abundan; señalo algunos más sugestivos. Dice Juan Pablo II en la *Pastores dabo vobis:*

"En esta perspectiva, el cuidado de las vocaciones al sacerdocio sabrá expresarse también en una firme y persuasiva propuesta de dirección espiritual. Es necesario redescubrir la gran tradición del acompañamiento espiritual personal, que siempre ha dado tantos y preciosos frutos en la vida de la Iglesia: éste puede ser ayudado en determinados casos y en precisas condiciones, pero no sustituido, por formas de análisis o ayuda psicológica. Los niños, los adolescentes y los jóvenes sean invitados a descubrir y apreciar el don de la dirección espiritual, a buscarlo y experimentarlo, a pedirlo con confiada insistencia a sus educadores en la fe. Los sacerdotes, por su parte, sean los primeros en dedicar tiempo y energías a esta obra de educación y de ayuda espiritual personal: no se arrepentirán de haber descuidado o colocado en segundo plano tantas otras cosas, también bellas y útiles, si esto resultaba inevitable para mantenerse fieles a su ministerio de colaboradores del Espíritu en la iluminación y en la guía de los llamados"[516].

Y el mismo pontífice, hablando a los formadores de seminarios mayores italianos:

"En este campo resulta determinante e insustituible la obra del director espiritual, a quien toca la tarea de contribuir a la formación de auténticas personalidades sacerdotales. Su acción debe considerarse fundamental en

---

[516] Juan Pablo II, *Pastores dabo vobis,* 40. Para este punto sobre la dirección a los seminaristas me sirvo también de Boschi, Alfredo, *La castidad en los candidatos al sacerdocio;* Biot-Galimard, *Guía médica de las vocaciones sacerdotales y religiosas,* Cencini, Amedeo, *Por amor, con amor, en el amor;* y Barbariga, Rocco, *Castidad y Vocación.*

la obra educativa, ya que constituye un momento decisivo para crear en el ánimo del alumno la imagen de Cristo a la cual deberá referirse como a su supremo ideal durante toda la vida. Para ser tal, la dirección espiritual debe configurarse como una relación seria, clara, abierta, asidua y continua. Por tanto, ella no puede reducirse a una simple escucha, a un intercambio de ideas o de opiniones, ni puede confundirse con el diálogo de grupo, y tampoco concebirse como un diálogo personal, aunque sea espontáneo, que nazca de la intimidad de la amistad. La dirección espiritual debe ser un hecho de fe viva y profunda, vivida bajo la responsabilidad de un sacerdote bien preparado, explícitamente encargado por el obispo. Para conseguir sus finalidades, la dirección espiritual deberá ser llevada adelante a la luz de los contenidos bíblicos y teológicos, con específica referencia a los eclesiológicos, y deberá ser repensada también con una atención particular a las condiciones juveniles, a sus reacciones psico-sociológicas y al cambio cultural de la sociedad de nuestro tiempo"[517].

De todos modos, hay que tener en cuenta que "el argumento de la dirección privada [del seminarista] deberá adaptarse a las exigencias de cada uno. No deberá limitarse a la acusación de los pecados, sino que tendrá que ser eminentemente positivo como la santidad sacerdotal, a la cual el joven debe ser conducido a través del adiestramiento progresivo en las varias virtudes, y la vida sobrenatural según la tradición de la ascensión por la vía purgativa, iluminativa y unitiva. El director tendrá cuidado en suscitar y alimentar el amor sincero por el Señor, una intensa piedad eucarística y mariana, celo generoso por las almas"[518].

2. EL DIRECTOR Y LA IDONEIDAD DEL SEMINARISTA

El director espiritual, así como el confesor de seminaristas, tienen la obligación de velar por la idoneidad de los candidatos al sacerdocio y a la vida religiosa. El director debe buscar forjarse un juicio certero sobre la idoneidad de sus dirigidos; y el confesor debe estar atento por si percibe en los pecados o en las dificultades habituales que atraviesa su penitente, signos de falta de idoneidad.

---

[517] Juan Pablo II, *A los responsables de la formación sacerdotal de los jóvenes en los seminarios mayores de Italia*, 5 de enero de 1982.
[518] Sacra Congregazione dei Seminari e delle Università degli Studi, *Per i direttori spirituali dei Seminari*, n. 3.

El juicio sobre la idoneidad debe realizarse en varias etapas, como es lógico:
- Lo que debe asegurarse, inicialmente, es que el candidato carece de impedimentos absolutos (en el plano de la castidad: tendencias homosexuales arraigadas, aberraciones sexuales, hábitos casi imposibles de corregir...); además debe asegurarse los demás elementos de la idoneidad que mencionaré más abajo.
- Si tiene alguna debilidad moral, el director espiritual (o a quien competa acompañar al candidato en este trabajo) debe asegurarse de que se trata propiamente de un impedimento *relativo* (o sea, corregible con un trabajo serio) y que puede tenerse fundada esperanza de que solucionará sus problemas en el tiempo previsto para la formación sacerdotal.
- Luego debe verificar que a medida que se van cumpliendo las etapas de formación, el candidato que tuviera algún problema va dando los pasos adecuados que permiten forjarse un buen pronóstico formativo de su personalidad.

En síntesis, el director espiritual debe tender con el máximo empeño a dos objetivos principales:

1º Crear en el alma del seminarista el ideal sacerdotal. Si bien esta tarea corresponde a todos los formadores, no les corresponde por igual; al director espiritual le toca como tarea específica. Hay que enseñar a amar el ideal del sacerdocio. Para esto deberá presentarlo:
- Con todas sus responsabilidades; sin ocultarle una sola. El seminarista no debe ser inconsciente de la responsabilidad que asumirá con su ordenación.
- Con todas sus exigencias actuales y futuras.
- Con todas sus recompensas sobrenaturales y naturales (pues Nuestro Señor prometió el ciento por uno aquí en la tierra y la vida eterna en

el cielo).

2° Debe contribuir a la adquisición de las aptitudes necesarias. ¿Cuáles?

Ante todo, las cualidades morales: debe insistir en la vida de gracia, la buena conciencia, la vida de pureza.

Además, las aptitudes espirituales: habrá que enseñar el espíritu de oración; un autor ha dicho: "aun suponiendo que fuese puro, un joven que no sabe orar mentalmente ni tiene el hábito de la oración mental, no puede ordenarse. No es apto –*hic et nunc*– para el sacerdocio". Junto a la oración deberá inculcar todo el cortejo de las virtudes más eminentemente sacerdotales: caridad, generosidad, humildad, celo apostólico, mortificación, etc.

Finalmente, las aptitudes psicológicas: es el director espiritual el que está más interiorizado con el dirigido; él es el que está en condición de juzgar la aptitud psicológica del dirigido. Hay detalles psicológicos que el director espiritual no debe pasar por alto: tristezas crónicas, o cíclicas (por temporadas); obsesiones por la salud, temores infundados y ridículos; escrúpulos enfermizos; hábito instintivo de mentir o apropiarse de lo ajeno; inadaptaciones a las circunstancias, dureza de sentimientos; o pegajocidades afectivas o misticismos; etc. Todo esto es fuente de sospecha. Si se da en un seminarista alguno de estos fenómenos, el director espiritual debe ayudar a corregirlo inmediatamente; de no poder corregirlo habrá que plantearse la posible falta de idoneidad del candidato.

3. LA APERTURA DE CONCIENCIA DEL SEMINARISTA

Por su parte, el seminarista debe dar a su director espiritual todos los elementos para que pueda juzgar adecuadamente de su idoneidad, lo que incluye: datos sobre su familia y sus relaciones con cada uno de sus miembros (con su padre, su madre y sus hermanos); debe conocer todas sus cualidades y sus principales hechos presentes y pasados; también los pecados que puedan implicar datos importantes para juzgar la idoneidad. En este punto creo que vale el consejo del cardenal Elías Dalla Costa citado por Boschi:

> "Recordad, hijos míos, que especialmente en lo relativo a la pureza debéis abrir toda vuestra conciencia al confesor, *y tenéis obligación de manifestarle*

no solamente las caídas, sino también hasta las tendencias, los hábitos, las tentaciones, aun las culpas pasadas; porque no se trata aquí simplemente de recibir una absolución, sino decidir sobre la vocación. Y no os tiente el espíritu del mal a callar o a cambiar de confesor para burlar así a quien debe pronunciarse sobre la elección de que depende toda vuestra vida, y hasta vuestra eternidad. La primera desgraciada víctima de tamaña aberración seréis vosotros mismos".

Y añade Boschi en un escrito clásico sobre el tema particular de la castidad en los candidatos al sacerdocio:

"También cuando eventuales culpa *contra sextum* [pecados contra la castidad] hubiesen sido confesadas a un confesor diverso del habitual o del padre espiritual, lealtad y prudencia exigen que el culpable las refiera después a estos, pues son los verdaderos jueces, competentes en el fuero interno, de su mayor o menor idoneidad para el sacerdocio. El director espiritual mismo y el confesor ordinario, cuando tienen duda fundada de que haya habido por parte del joven que ellos dirigen, algún «incidente» de este género (por ejemplo, en vacaciones) que no le ha manifestado, tienen el derecho y hasta quizá el deber de interrogar".

En cambio, el mismo autor señala que el candidato no tiene obligación de manifestar su culpa o estado interior de su conciencia a los superiores del fuero externo, incluso si tuviese que comunicarles que (por consejo de su director espiritual) deja el seminario.

Por tanto, el seminarista debe dar a conocer a su director todo cuanto sea significativo para el juicio sobre la idoneidad en lo que respecta a sus períodos de vacaciones, que son *más reveladores* que su misma vida en el seminario. En efecto, hay virtudes que son "virtudes del ambiente" (es decir, fruto del entorno de contención que se vive en un seminario o en una casa de formación, lugares que son, a veces, campanas de cristal); pero no son fruto de la conquista de sí mismo y de convicciones profundas y arraigadas. La verdadera posesión o carencia de ciertas virtudes se pone en evidencia, en cambio, fuera del escenario ideal, es decir, un poco durante los momentos de apostolado y sobre todo en los tiempos de vacaciones, especialmente cuando estas son largas; también, en cierta medida, durante los viajes, incluso si se realizan en grupo. Es allí donde salta a la vista: la capacidad de autodominio del seminarista y sus convicciones sobre el uso de los medios de comunicación (especialmente, televisión, películas, internet, teléfono), el arraigo de su vida de oración, sus virtudes, su templanza, su orden, y sobre todo, su castidad y su espíritu (sobrenatural o, por el contrario, mundano).

4. EL TRABAJO SOBRE LA CASTIDAD

Puesto que hemos mencionado el tema de la castidad en el seminarista hagamos al respecto algunas observaciones importantes para el director espiritual.

Ante todo, y teniendo en cuenta lo que hemos dicho sobre la diafanidad de conciencia del seminarista respecto de su director, debemos subrayar que el hecho, que puede acontecer en algunos casos, de que un seminarista caiga en pecados contra la castidad, solo o acompañado, durante sus *vacaciones* y se confiese antes de volver al seminario, no diciendo, luego, nada sobre el tema a su director espiritual, debe ser considerado muy mal signo y duplicidad de espíritu. De hecho, cuando después de ordenados algunos pretenden dejar el ministerio alegando que no son capaces de vivir la castidad plenamente, suelen aducir este argumento: "yo siempre tuve este problema pero no me animé a decírselo nunca a mi director". Hay que decir que esta confesión tardía de su falta de sinceridad es una triste realidad en algunos casos. A esto contribuye, también, el que algunos directores espirituales consideran, erróneamente, que no es necesario que sus dirigidos les comenten a ellos sus pecados, mientras se confiesen como corresponde con algún otro confesor. Esto, en el caso de candidato al sacerdocio, sobre el que el director debe hacer un juicio de idoneidad, es falso, porque el conocimiento de sus caídas, especialmente en lo que toca a la castidad y al espíritu mundano, es un elemento clave para juzgar si hay o no hay idoneidad.

Este problema, implica, dicho sea de paso, que quienes confiesan seminaristas que han cometido pecados contra la castidad deberían, ordinariamente, decirles que comenten estas caídas con sus directores espirituales. Y cuando un sacerdote o confesor es consultado por algún seminarista que ha recibido alguna exigencia grave de parte de su director espiritual o del confesor ordinario del seminario (por ejemplo, que deje el seminario si no puede poner remedio a este problema), debe tener mucho cuidado en aconsejar contra esta sentencia de quien mejor conoce al candidato (pensando, quizá, que es un director rigorista), porque podría merecer el título que da Santo Tomás de Villanueva a este tipo de confesores: *impie pii*, impíamente píos, porque dan pié a que siga en el seminario quien no debería estar allí. Ningún confesor "no ordinario" de un seminario puede y debe dar, en cuestiones relacionadas con la castidad, un juicio contrario al que ha dado el director espiritual del candidato o su confesor ordinario (quienes son los que mejor pueden apreciar el conjunto de la personalidad humana y sobrenatural de su dirigido), a menos que tenga elementos fundados y muy ciertos para dictaminar que el juicio de estas personas carece de fundamento. Pero esto último (que el juicio del director espiritual o del confesor ordinario del candidato no es adecuado) *tiene que probarlo*; y si no puede, mejor se abstenga de ir contra él, o podría pecar *gravemente* contra la prudencia.

Considero también una actitud oscura y dolosa la del seminarista que tiene caídas contra la castidad y busca confesarse con confesores que no pertenezcan al cuerpo de formadores *y mantiene estas caídas ocultas* a su director espiritual. No así, quien, aun confesándose con alguien ajeno al seminario, las comenta, luego, a su director.

Otro punto importante es que cuando los problemas contra la castidad se presentan principalmente en períodos de vacaciones, sólo pueden considerarse solucionados si en posteriores períodos de vacaciones (y no en uno solo sino en más de uno) se ha conseguido vencerlos adecuadamente. En cambio, no puede tomarse como signo de que se ha solucionado un problema que se presenta *en vacaciones*, el que el seminarista viva ordenada o virtuosamente *en el seminario*. La prueba del cambio y del éxito debe verificarse en el mismo campo y ambiente en que se dieron las derrotas.

5. *CASTIDAD MÁS POSITIVA QUE NEGATIVA*

Para el juicio *realista* sobre la idoneidad de un candidato al sacerdocio no basta con constatar que el candidato puede resistir a las tentaciones contra la castidad, sino que *posee una castidad positiva*. Porque puede haber circunstancias que puedan explicar que una persona *sin castidad positiva* no caiga por un período más o menos largo en pecados contra esta virtud (por ejemplo, porque quiere ordenarse sí o sí, o porque se encuentra casi siempre en un ambiente contenido y ordenado, o porque durante esos años las tentaciones no han sido tan intensas, o porque su desarrollo psíquico ha sido más lento...). Pero si no ha logrado una castidad *positiva* los fracasos afectivos y en la castidad pueden presentarse con mucha probabilidad después de ordenado.

Decimos "castidad positiva" porque Pío XII señalaba que hay que admitir al sacerdocio a los jóvenes que evidencien una castidad "firmemente poseída y largamente probada" (*Menti nostrae*), lo que no se aplica a una realidad puramente negativa.

Castidad positiva significa una castidad *no meramente resignada* (como el niño a quien la madre arranca a la fuerza de una vidriera de juguetes y que mientras camina arrastrado por aquella sigue volteando la cabeza hacia atrás con nostalgia). Una castidad resignada siempre conlleva ese peligro de mirar para atrás, de llorar lo que se dejó, y es terreno fértil para tentaciones y tristezas en los momentos de dificultad, fatiga, sufrimiento o incomprensiones. La castidad solo *resignada* representa un *equilibrio inestable*, y es difícil de sostener en algunos momentos, sobre todo si nacen afectos hacia alguna persona. Además, el alma, si se limita a un trabajo defensivo de la castidad, suele vivir agotada.

La castidad debe ser, en cambio, como la ha definido un viejo autor, *elegante*, es decir señoril, vivida como un ideal, entendiendo su belleza y queriéndola por sí misma; al estilo del amor idealizado de Don Quijote, que le empuja a ser fiel a su dama imaginaria (que en el caso del célibe es realísima, pues se trata de Dios, la Iglesia, las almas) a pesar de las Altisidoras que se le ofrezcan sin pudor: frente al ideal que representa su Dulcinea, todas las demás son feas y poco apetecibles. Si la castidad no es de este estilo, difícilmente se pueda llevar *con alegría auténtica*. "El problema de la castidad sacerdotal es, pues, un problema de amor" ha dicho acertadamente Boschi.

Para que la castidad sea positiva debe ser también *sobrenatural*, es decir, percibida como un modo privilegiado de relacionarse con Dios, como un vínculo de amor con Dios; como efecto de un amor tan grande que ocupa todo el corazón no dejando lugar para el egoísmo ni para otros afectos lícitos (como el matrimonio y los hijos) pero absorbentes y disgregadores (la distinción más importante entre el maridado y el célibe es la que señala san Pablo como *divisus – non divisus*: "el [corazón] del casado está dividido": 1Co 7,33).

Y debe ser, finalmente, *integral*, es decir, resultado del cultivo de toda la personalidad; porque se da solo dentro del conjunto sinfónico de las demás virtudes; nunca aisladamente. Es por este motivo que no puede darse en sentido pleno entre los que no renuncian a sus hábitos mundanos, los que no cultivan la fe, la esperanza y la caridad, o descuidan el cultivo de la justicia, la templanza general, la fortaleza y sobre todo la prudencia. *No existe una educación de la pureza aislada*. Más aun, en muchos momentos, la castidad se cultiva sin dirigir la atención *principalmente* a ella (lo que podría ser incluso contraproducente, volviendo la conciencia hipersensible, escrupulosa o temerosa... o incluso despertando la concupiscencia, pues se comienza a desear morbosamente lo que calificamos de *apetecible pero pecaminoso*). La castidad es fruto, a menudo, de una vida en que se ha cultivado la generosidad y la magnanimidad en los ideales. Y la lujuria o la debilidad de la castidad suele ser, por contraposición, fruto de una vida vivida mediocre o tibiamente.

Cuando la castidad tiene estos rasgos pasa a ser como se describe en el proceso de canonización la de Santo Domingo: "erat diffusiva", es decir, capaz de difundir el bien y hacer, por sí sola apostolado entre las almas (incluso atrayendo a que muchas se consagren a Dios) y posee valor apologético. O sea, es fecunda y transforma al virgen en padre o madre espiritual. Este mismo santo, en su lecho de muerte, atribuía el poderoso secreto de su éxito apostólico al haber cultivado constantemente su virginidad.

6. EN SÍNTESIS

Se entiende, por todo lo expuesto, que Juan Pablo II dijera a los seminaristas croatas: "Estimad, buscad y vivid seriamente la dirección espiritual tan necesaria e insustituible para un camino sereno, para la paz y la certeza interiores sobre el camino hacia el altar y en el curso de toda la vida sacerdotal"[519].

Y en uno de sus discursos a los seminaristas españoles añadía: "En la propia vida no faltan las oscuridades e incluso las debilidades. Es el momento de la dirección espiritual personal. Si se habla confiadamente, si se exponen con simplicidad las propias luchas interiores, se va siempre adelante, y no habrá obstáculo ni tentación que pueda separarnos de Cristo"[520].

Aquello que principalmente deben atender los Directores Espirituales de Seminarios es, como decía Pablo VI, la recta intención de sus dirigidos:

"He aquí una pregunta de suma importancia: ¿cuál es la señal más característica, indispensable, de la vocación sacerdotal, sobre la que por lo tanto tendrá que fijarse con preferencia la atención de cuantos atienden en el Seminario a la instrucción y a la formación de los jóvenes alumnos y, sobre todo, la del Director espiritual? Indudablemente la recta intención, es decir, la voluntad clara y decidida de consagrarse por entero al servicio del Señor, como salta a la vista en el decreto tridentino que prescribe que no se debe admitir en el Seminario sino a los adolescentes «cuya índole y carácter ofrezcan garantías de que han de desempeñar siempre los ministerios eclesiásticos»"[521].

VI. LA DIRECCIÓN ESPIRITUAL DE LOS RELIGIOSOS Y LAS RELIGIOSAS

1. VIDA RELIGIOSA Y DIRECCIÓN

El tenor de la vida religiosa depende en enorme medida del modo y de la frecuencia con que se haga dirección espiritual: "Una de las tareas principales de los responsables de la formación es la de cuidar que los novicios y jóvenes profesas y profesos sean efectivamente seguidos por un director espiritual"[522]. Los principios fundamentales de la dirección

---

[519] Juan Pablo II, *Misa para los seminaristas y jóvenes croatas*, 27 de abril de 1982.

[520] Juan Pablo II, *Mensaje escrito consignado por el Papa a los seminaristas de España*, Valencia, 8 de noviembre de 1982.

[521] Pablo VI, Carta Apostólica *Summi Dei Verbum*, 23.

[522] Congregación para los Institutos de Vida Consagrada y las Sociedades de Vida Apostólica, *Orientaciones sobre la formación en los Institutos Religiosos*, 30.

espiritual de religiosos se desprenden de lo dicho sobre la dirección relativa a los sacerdotes y seminaristas, haciendo algunas accidentales adaptaciones.

La dirección espiritual es fundamental para guiar a las almas a la experiencia contemplativa: "He aquí entonces la función propia e insustituible del sacerdote ministro de Cristo en el guiar las almas a la experiencia contemplativa, y esto de modo particular mediante el ejercicio de la dirección espiritual"[523]. Un documento con pautas muy importantes sobre este tema dice al respecto:

> "Aunque los superiores sean designados justamente como «maestros espirituales, según el proyecto evangélico de su instituto», los religiosos deben tener a su disposición para el fuero interno, incluso no sacramental, lo que se ha convenido en llamar un director o consejero espiritual. Siguiendo la tradición de los primeros padres del desierto y de todos los grandes fundadores, los institutos religiosos tienen miembros particularmente cualificados y designados para ayudar a sus hermanos en este campo. Su papel varía según la etapa alcanzada por el religioso, pero su responsabilidad esencial consiste en el discernimiento de la acción de Dios, la conducción del religioso en las vías divinas y la alimentación de la vida con una doctrina sólida y con la práctica de la oración. Especialmente en las primeras etapas, será necesario evaluar el camino ya recorrido. Esta dirección espiritual, que no podrá ser reemplazada por medios psico-pedagógicos, y para la cual el Concilio reclama una justa libertad, deberá pues ser favorecida por la disponibilidad de personas competentes y cualificadas. Estas disposiciones, indicadas especialmente para esta etapa de la formación de los religiosos, sirven para todo el resto de su vida. En las comunidades religiosas, sobre todo aquellas que reúnen un gran número de miembros y especialmente allí donde hay profesos temporales, es necesario que al menos un religioso sea designado oficialmente para el acompañamiento o consejo espiritual de sus hermanos"[524].

---

[523] Juan Pablo II, A los carmelitas descalzos, 4 de mayo de 1985.
[524] Congregación para los Institutos de Vida Consagrada y las Sociedades de Vida

La ayuda de la dirección espiritual dada por unos miembros a otros es una forma eminente de caridad; y la disponibilidad para desempeñar esta tarea puede representar una de las formas de vivir la misión de los religiosos ya ancianos[525].

"Para progresar en el camino evangélico, especialmente en el período de formación y en ciertos momentos de la vida, es de gran ayuda el recurso humilde y confiado a la *dirección espiritual*, merced a la cual la persona recibe ánimos para responder con generosidad a las mociones del Espíritu y orientarse decididamente hacia la santidad"[526].

La dirección espiritual de los religiosos debe hacer particular hincapié en aquellas cosas que son propias de ellos: la radicalidad y fidelidad a la profesión de los consejos evangélicos, el espíritu misionero, la oración.

En cuanto a las cualidades que debe revestir el director espiritual de religiosos, además de las generales ya señaladas en otros lugares, valen también para él las características relativas a todos los formadores religiosos: "Además de un conocimiento suficiente de la doctrina católica sobre la fe y las costumbres, se revela evidente la exigencia de cualidades apropiadas para aquellos que asumen responsabilidades formativas:

- capacidad humana de intuición y de acogida;
- experiencia madurada de Dios y de la oración;
- sabiduría que deriva de la escucha atenta y prolongada de la Palabra de Dios;
- amor a la liturgia y comprensión de su papel en la educación espiritual y eclesial;
- necesaria competencia cultural;
- disponibilidad de tiempo y de buena voluntad para consagrarse al cuidado personal de cada candidato y no solamente del grupo.

Esta tarea requiere por tanto serenidad interior, disponibilidad, paciencia, comprensión y un verdadero afecto hacia aquellos que han sido confiados a

---

Apostólica, *Orientaciones sobre la formación en los Institutos Religiosos*, 63.
[525] Cf. Juan Pablo II, *Vita consecrata*, 44 y 39.
[526] Juan Pablo II, *Vita consecrata*, 95.

la responsabilidad pastoral del educador"[527].

2. ACTITUD ANTE LOS CANDIDATOS CON PROBLEMAS PSÍQUICOS

El director espiritual también debe tener ideas muy claras respecto de las personas religiosas con problemas psíquicos. Concretamente el director espiritual debe tener ideas claras respecto de la diferencia entre trastornos relativos, graves y absolutos, y entre candidatos a la vida religiosa, personas en el proceso formativo y religiosos de votos perpetuos.

Entre las personas que creen tener vocación consagrada y piden ser admitidos en alguna congregación religiosa no faltan quienes padecen trastornos mentales *importantes*, entre otras cosas, porque la vida religiosa puede parecer a sus ojos una solución para sus problemas o una seguridad futura de vida, es decir, un lugar donde poder vivir y ser cuidados. De ahí que, con cierta frecuencia, se presenten personas con problemas mentales mayores o menores pidiendo ser recibidos en la vida comunitaria. En general conviene solicitar, al menos para quienes presentan algún tipo de problema psíquico, aunque sea menor, un parecer médico sobre la situación actual y un juicio que contemple la posible evolución ordinaria que ese tipo de problema suele tener en el futuro[528]. Solo así se verá si conviene recibir una persona con tales rasgos, o si es más prudente exigir primero un tratamiento profesional fuera de la vida religiosa, o, incluso, si no conviene directamente no aceptarla. Entre los diversos problemas, pues, hay que distinguir los que presentan impedimentos relativos, graves y absolutos[529]:

Son impedimentos absolutos los que "incapacitan totalmente al sujeto, por la pérdida de su autonomía psíquica y de la responsabilidad de su comportamiento". Se cuentan aquí: las psicosis maníacas y depresivas, las

---

[527] Congregación para los Institutos de Vida Consagrada y las Sociedades de Vida Apostólica, *Orientaciones sobre la formación en los Institutos Religiosos*, 31.

[528] Sobre este punto remitimos al documento que hemos citado más arriba, al hablar sobre el discernimiento vocacional de la Congregación para la Educación Católica, *Orientaciones para el uso de las competencias de la psicología en la admisión y en la formación de los candidatos al sacerdocio*.

[529] Di Silvestri, María del Rosario, *Equilibrio psíquico y madurez personal para la vida religiosa femenina*, Buenos Aires (1990), 175-186. Para la explicación de lo que se entiende por cada una de estos problemas véase, pp. 40-94.

esquizofrénicas y la paranoia y la debilidad o retardo mental.

Hay que contar, en cambio, entre las contraindicaciones graves o formales los casos en que "el sujeto conserva su capacidad de autocrítica, pero la gravedad de sus desequilibrios psicológicos no le permite responder satisfactoriamente a las exigencias de la vida religiosa, ya sea en lo referente a los votos, la convivencia normal en la vida comunitaria, o las obligaciones de la vida apostólica". Se cuentan entre estas algunas formas de neurosis como la histérica y la neurosis obsesiva grave; algunas formas de personalidades psicopáticas como la personalidad paranoica, histérica, mitomaníaca, narcisista, explosiva, borderline y perversa; la epilepsia; los trastornos psicosexuales (homosexualidad y otras alteraciones), la dependencia de las drogas y del alcohol.

Por último, son contraindicaciones relativas las que tienen carácter temporal y pueden ser superadas mediante un tratamiento apropiado. Entre estas se cuentan algunas formas de neurosis leves o no estructuradas: la psicastenia, la neurosis obsesiva-compulsiva no grave, la neurosis fóbica, las neurosis hipocondríacas y organoneurosis; algunas formas de personalidades psicopáticas como la personalidad maníaco-depresiva, esquizoide, hiperemotiva; formas benignas de epilepsia; desequilibrios temporarios de la esfera sexual (que pueden ser superados mediante la psicoterapia y la dirección espiritual seria, aunque lo más conveniente es la resolución de estos problemas *fuera* de la vida religiosa, antes de ingresar); algunos casos de inmadurez afectiva y psicosocial.

Cuando los problemas se plantean en personas que ya han sido admitidas de forma plena en la vida religiosa (votos perpetuos u ordenación presbiteral) hay que tener en cuenta la obligación contraída. Un noviazgo, si aparecen rasgos que aconsejan no seguir adelante, se deshace; pero no un matrimonio. Esto vale análogamente para la vida religiosa. De ahí la responsabilidad de quienes admiten a los votos perpetuos o a la ordenación sacerdotal. Sin pretender seguridades exageradas o imposibles, la Iglesia exige cautela y máxima prudencia. Cuando un consagrado se enferma, el instituto religioso o diócesis, debe hacerse cargo, como toda familia lo hace con sus miembros enfermos. Esto significa que, salvo los casos extremos en que la convivencia se hace imposible o peligrosa para la vida física o para la moral (trastornos que vuelven violentas o inmorales a las personas) hay que prever el modo de ayudarlas y de convivir en ellas. Y llegado el caso de que sea imposible, se debe ver dónde internarlas y asistirlas, y de ningún modo abandonarlas.

VII. LA DIRECCIÓN ESPIRITUAL DE LOS ENFERMOS MENTALES

El sacerdote como director, si sabe hacer uso inteligente de las fuentes de la gracia, puede ejercer una influencia bienhechora también en los enfermos nerviosos y psicópatas; no sólo para elevar el nivel de la vida religiosa en estos sujetos sino incluso, como afirma H. Bless, para mejorar y curar las enfermedades nerviosas y las afecciones psíquicas[530]. Esto es reconocido por muchos. Dice uno, por ejemplo: "Si el sacerdote es verdaderamente médico del alma y posee el don de leer en los corazones, con una palabra pacificadora podrá quitar todo el peso psíquico y resolver el conflicto"[531]. "Psiquiatras avisados, dice Salsmans, incluso irreligiosos, reconocen la influencia saludable que un confesor experimentado puede ejercer sobre anormales psíquicos"[532]. Esta posibilidad de ayudar a los enfermos con los recursos espirituales no desliga al sacerdote de la ayuda del psiquiatra; muchas veces el trabajo será conjunto. Sin embargo, es necesario prepararse de modo especial para este tipo de trabajo. Escribía Demal: "No es casualidad que algunos sacerdotes obtengan éxito en el tratamiento de los enfermos mentales, en tanto que otros fracasan... Sobre todo se necesita un debido conocimiento del modo de ser de los diversos tipos de enfermedad mental, de las notas por las que se distinguen unos de otros y de los medios que han de aplicarse en cada caso... Otra condición necesaria para obtener éxito es participar personalmente en la suerte del que se refugia en el director... En esta interna participación descansa la confianza del enfermo en su director; sin ella se fracasa. El abuso de esta confianza se da sólo prácticamente en el tratamiento de los histéricos, sobre todo si son mujeres. Con éstas hay que proceder con suma cautela. Es evidente que el director de psicópatas necesita una gran dosis de firmeza moral... El director que quiera tener éxito con los enfermos mentales necesita tener él mismo buenos nervios, una gran paciencia y una voluntad fuerte y consecuente, que disponga de buen

---

[530] Bless, H., *Pastoral psiquiátrica*, 321-366.
[531] Steckel, W., citado por Bless, *Pastoral psiquiátrica*, 322.
[532] Salsmans, P., citado por Bless, *Pastoral psiquiátrica*, 322.

poder sugestivo pues ha de curar con su voluntad sana la defectuosa del enfermo... Lo decisivo... es el espíritu que el Señor pone de relieve en su Oración Sacerdotal: el pedir constante y humildemente la gracia de Dios, la santidad sacerdotal y el esfuerzo sacerdotal por conseguir ese amor perfecto, que quiere ser todo para todos, que lo sobrelleva todo con desinterés, que lo cree todo, que lo espera todo y nunca desfallece"[533].

En general hay que decir que las dificultades que estos enfermos no llegan a superar son del tipo de los mismos problemas humanos generales que producen preocupaciones a las personas más sanas y equilibradas, como: el dominio de las pasiones, el desarrollo de la personalidad, la integración en la sociedad y las relaciones con Dios. Prácticamente todos los problemas giran sobre preocupaciones de la conciencia, más o menos obsesivas, en torno a estos temas; la mayoría de las enfermedades, o al menos muchas, son una búsqueda de la conciencia o un intento de liberar la conciencia en estos campos.

De todos modos, el director espiritual debe saber ubicarse ante el enfermo. Él como director del alma tiene como fin el llevar a las almas a Dios y, como medio, el hacerlas mejores y conducirlas a la perfección. Si gracias a la dirección espiritual también puede cooperar a la curación o apoyar una terapia de una determinada enfermedad, esto siendo un servicio inapreciable, no es el fin que debe prevalecer en su acción. Lo suyo, al menos lo principal y esencial, es la santidad.

La religión no constituye, en sí, un remedio para las enfermedades nerviosas y psíquicas. Hoy en día puede considerarse una "moda" los que quieren valerse de la religión como método curativo; así hacen, por ejemplo, todas las "sectas de sanación". En el fondo, cuando hay buena fe (muchas veces es fraude consciente), subyace un grueso error sobre la exacta relación entre lo natural y lo sobrenatural. ¿Qué ayuda puede prestar, entonces, la religiosidad en este orden de cosas? La ayuda, que es mucha, es indirecta y consiste en la saludable influencia que ejerce la vida del espíritu sobre la vida psíquica del hombre; especialmente en estos campos:
- El sentido de la vida. En gran parte de las enfermedades psíquicas que alteran la conciencia, la vida se hace insoportable y se pierde su mismo sentido. Esto que tendría que ser una **consecuencia** del

---
[533] Demal, *Psicología y pastoral práctica*, 242-243.

sufrimiento de la enfermedad psíquica hoy en día se agrava de modo alarmante pues la pérdida del sentido de la vida es también la **causa** de muchas de estas enfermedades. La sociedad y la cultura contemporáneas carecen del sentido (dirección).

- El problema del mal y el de la relación entre la enfermedad y el pecado es ocasión para muchos enfermos de introspecciones angustiosas. La fe tiene luz y serenidad para aliviar estos problemas.
- Le da la fuerza de la cruz (el sentido del dolor, la consolación de la Pasión de Cristo) para luchar contra las tendencias desviadas que pueden provenir de su enfermedad; o simplemente para llevar con paciencia sobrenatural su dolor.
- Le da la fuerza y motivación sobrenatural para afianzarse en las virtudes.

Por eso, desde la misma psiquiatría se ha reconocido que "la verdadera religión y la moral pura disminuyen considerablemente el peligro de locura, porque ennoblecen el espíritu y atraen las cosas elevadas y también porque consuelan en la adversidad"[534].

Desde el punto de vista del trato que hay que dar a los enfermos hay que decir, ante todo, que se debe tratar a los neuróticos y a los psicópatas como enfermos; es decir, hay que comprender que en ellos la misma vida espiritual está perturbada y grandemente influida por su enfermedad. Hay que entender que no les falta buena voluntad y por tanto no darle la misma importancia a sus acciones que a los actos de las personas normales. Sus trastornos en el terreno religioso (consistente a veces en una religiosidad excesiva, seguida luego de indiferencia e irreligiosidad) hay que considerarlos como manifestaciones morbosas ligadas a su enfermedad. No hay que atribuir la actitud del enfermo psíquico a mala voluntad, a imaginación pueril o a pecado. No hay que perder la paciencia y el dominio de sí ante pobres enfermos: cuando uno se enoja con ellos no se gana nada, sino que se pierde todo.

En segundo lugar, hay que juzgar y tratar cada caso por separado. Cada enfermo es un mundo distinto.

---

[534] Kraft-Ebing, cit. por Bless, *Pastoral psiquiátrica*, 327.

En tercer lugar, el director debe ser muy prudente. Debe tener un enorme tacto. Especialmente debe entender que no le corresponde a él, como sacerdote, diagnosticar, ya que esto no es tan sencillo como puede parecerle a simple vista. Tiene que ser especialmente circunspecto cuando se trate de hablar de pecado y de obligación bajo pena de pecado. También tiene que ser prudente al aconsejar la aplicación de los medios sobrenaturales, sobre todo la oración, el frecuentar la iglesia y el recibir los sacramentos; puesto que la vida de oración de los psicópatas se orienta en dos direcciones perfectamente opuestas: los hay que rezan enormemente y los hay que rezan poco o nada.

Por último, la actitud del director debe ser *fortiter in re, sed suaviter in modo*: debe ser firme en las decisiones (puesto que los enfermos necesitan de esta firmeza, especialmente cuando tienen signos de escrupulosidad), pero al mismo tiempo con dulzura y paciencia.

Apéndice

CONCLUSIÓN

"Te recomiendo que reavives el carisma de Dios que está en ti" (2Tm 1,6). "No descuides el carisma que hay en ti" (1Tm 4,14). "San Pablo pide a Timoteo que «reavive», que vuelva a encender el don divino, como se hace con el fuego bajo las cenizas, en el sentido de acogerlo y vivirlo sin perder ni olvidar jamás aquella «novedad permanente» que es propia de todo don de Dios, –que hace nuevas todas las cosas (cf. Ap 21,5)– y, consiguientemente vivirlo en su inmarcesible frescor y belleza originaria"[535].

Este carisma es el *munus*, el "oficio-don" del "pastoreo", ya que Timoteo como Pablo, y todos los sacerdotes al igual que ellos, están llamados a revivir, en la forma más radical posible, la caridad pastoral de Jesús, su amor de Buen Pastor que "da su vida por las ovejas" (Jn 10,11). Por eso es buen pastor el que se configura con el único Pastor. San Agustín, en un célebre sermón, le pregunta a Cristo: ¿por qué dices tú, Señor, "yo soy el buen pastor"? ¿Acaso no fue buen pastor Pedro, que dio la vida por las ovejas? ¿Acaso no fue también buen pastor Pablo, que entregó su vida por las ovejas? ¿Cómo dices tú "yo soy el buen pastor" como si fueras el único? Y contesta el mismo Obispo de Hipona: por supuesto que ellos fueron buenos pastores, pero en la medida en que fueron destellos del buen pastor y se configuraron al buen pastor que fue Jesucristo, quien dio la vida por las ovejas, y no sólo esto sino que cumplió con el oficio de pastor. ¿Cuál es este oficio? Cuidar el rebaño, y morir por él si es necesario. Y para cuidarlo, alimentarlo. Él lo alimentó con la palabra de verdad, que por eso es Pastor y Pasto, sigue San Agustín: se entregó para ser comido. Les enseñó la verdad, los santificó y con su cayado les mostró el camino de la vida eterna, que era Él mismo. Por eso nosotros podemos decir con el Salmo: "El Señor es mi Pastor, ¿qué me puede faltar? Me hace recostar en verdes praderas, me cuida en los cañadones oscuros y tenebrosos". Él es el que nos conduce. Así todos aquellos que a lo largo de la historia se configuraron con el Señor, el único pastor del rebaño, son llamados, con justicia, pastores buenos.

Por esto todo sacerdote tiene como su vocación más íntima la imitación

---

[535] Juan Pablo II, *Pastores dabo vobis*, 70.

de Cristo, no sólo al predicar la conversión (con la cual el Señor comenzó: "Vino Jesús... diciendo: arrepentíos y creed en el Evangelio": Mc 1,15), sino en la posterior conducción de las almas hasta la última perfección ("Santifícalos en la verdad... Y yo por ellos me santifico": Jn 17,17.19), para que, bajo el influjo del Espíritu Santo, lleguen a la "plena madurez de Cristo" (Ef 4,13).

Don precioso y exigente, inestimable y crucificante. Al término de estas páginas guardo, al menos, la esperanza de haber sembrado la inquietud por conocer más esta faz, muchas veces opacada, del sacerdocio, y la convicción de que es necesario pedir a Dios –el Director Espiritual con mayúsculas– que suscite hoy en su Iglesia grandes guías de almas que enciendan una luz de verdad y consuelo, de firmeza y esperanza, en ésta que, con justicia, ha sido llamada "noche ética" de la humanidad.

A pesar de los sacrificios que implica este oficio, hay que hacerlo con caridad y generosidad, convencidos de aquello que han dicho santos como San Alfonso: "Difícilmente muere mal el sacerdote que en la vida se sacrificó en bien de las almas"[536]; o San Agustín: "Si salvaste un alma, predestinaste la tuya"[537]. El mismo Espíritu divino, por boca de sus profetas lo ha prometido: "Los sabios brillarán como el resplandor del firmamento, y quienes enseñaron a muchos la justicia, lucirán como las estrellas por siempre, eternamente" (Dn 12,3).

---

[536] San Alfonso, *Selva de materias predicables*, en: *Obras ascéticas*, II, 155.
[537] San Agustín, citado por San Alfonso, ibídem.

BIBLIOGRAFÍA CITADA EN EL MANUAL

DOCUMENTOS MAGISTERIALES MÁS CITADOS

CONGREGACIÓN PARA LA DOCTRINA DE LA FE, *Carta sobre algunos aspectos de la meditación cristiana*, 15 de octubre de 1989.

CONGREGACIÓN PARA EL CLERO, *El sacerdote confesor y director espiritual, ministro de la Misericordia divina*, 9 de marzo de 2011.

CONGREGACIÓN PARA LA EDUCACIÓN CATÓLICA, *Orientaciones para el uso de las competencias de la psicología en la admisión y en la formación de los candidatos al sacerdocio*, 29 de junio de 2008.

JUAN PABLO II, *Exhortación postsinodal "Pastores dabo vobis"*, 25 de marzo de 1992.

PONTIFICIO CONSEJO PARA LA FAMILIA, Sexualidad humana: verdad y significado. Orientaciones educativas en familia, 8 de diciembre de 1995.

SACRA CONGREGAZIONE DEI SEMINARI E DELLE UNIVERSITÀ DEGLI STUDI, *Per i direttori spirituali dei Seminari*, Roma, 1º lulio 1955; Prot. 419/43-55.

PONTIFICIO CONSEJO PARA LA PASTORAL DE LA SALUD, *La depresión*, Madrid (2004). No es un documento sino un libro publicado con numerosos estudios sobre el problema.

OBRAS GENERALES

ALBERIONE, SANTIAGO (BEATO), *Formación humana*, en: *Alma y cuerpo para el Evangelio. Opúsculos (1953-1957)*, San Pablo, Roma (2005)

ALFONSO MARÍA DE LIGORIO, SAN, *La práctica del confesor*, Nebli, Madrid (1990).

ALFONSO MARÍA DE LIGORIO, SAN, *Obras ascéticas*, B.A.C., Madrid (1954), T.2.

ALFONSO MARÍA DE LIGORIO, SAN, *El hombre apostólico instruido para el*

confesionario, Librería Castellana, Paris (1849). Tomos I-III
ARINTERO, JUAN, O.P., *La evolución mística*, B.A.C., Madrid (1968).
ARINTERO, JUAN, O.P., *Cuestiones místicas*, B.A.C., Madrid (1956).
ARINTERO, JUAN, O.P., *La verdadera mística tradicional*, Salamanca (1980).
ATANASIO, SAN, *Vida de San Antonio Abad*, PG 26, Apostolado Mariano, Sevilla (1991).
BARBARIGA, ROCCO, *Castidad y Vocación*, Herder, Barcelona (1963).
BARCIA SALORIO, D., *Depresión*, G.E.R., tomo VII.
BEAUDENOM, *Práctica progresiva de la confesión y dirección*, Difusión, Buenos Aires (1943).
BEDNARSKI, FELICE ADALBERTO, O.P., *L'educazione dell'affettività alla luce della psicologia di San Tommaso d'Aquino*, Massimo, Milano (1986).
BEDNARSKI, FELICE ADALBERTO, O.P., *L'educazione dei giovani alla luce del Concilio Vaticano II*, San Sisto Vecchio, Roma (1970).
BENEDIT, MAGDALENA, *Apuntes para la comprensión del carácter*, UCALP, La Plata (2003).
BENEDIT, MAGDALENA, *Una mirada insustituible. Reconocer el carácter de los hijos*, Bs. As. (2010).
BERENGUERAS, ANTONIO, *La abnegación en los escritos del Beato Juan de Ávila*, Cisneros, Madrid (1959).
BIOT-GALIMARD, *Guía médica de las vocaciones sacerdotales y religiosas*, Desclée de Brouwer, Bs. As. (1948).
BLESS, H., *Pastoral psiquiatrica*, Razón y Fe, Madrid (1966).
BORDO, BERNARDINO NARCISO, *La direzione sprituale di S. Paolo della Croce*, Scala Santa, Roma (1995).
BOSCHI, ALFREDO, *La castidad en los candidatos al sacerdocio*, ELER, Barcelona (1958).
BOSCO, SAN JUAN, *Obras fundamentales*, B.A.C., Madrid (1978).
BOSCO, SAN JUAN, *Biografías y escritos*, B.A.C., Madrid (1967).
BOSCO, SAN JUAN, *Scriti spirituali*, ed. por J. Aubry, Roma (1976).
BOYLAN, EUGENE, *Dificultades en la oración mental*, Pathmos, Madrid (1951).
BRAIDO, PIETRO, *El sistema educativo de Don Bosco*, Publicaciones del Instituto Teológico Salesiano, Guatemala (1984).
CABANYES, JAVIER Y MONGE, MIGUEL ÁNGEL (Eds.), *La salud mental y sus cuidados*, Eunsa, Pamplona (2010).
CASANOVAS, IGNACIO, S.J., *Comentario y explanación de los Ejercicios Espirituales de San Ignacio de Loyola*, Balmes, Barcelona (1948).
CENCINI, AMEDEO, *Por amor, con amor, en el amor*, Salamanca (2007).
CENCINI, AMEDEO, *Virginidad y celibato hoy*, Sal Terrae, Santander (2006).

COLOMBÁS, GARCÍA M., *El monacato primitivo*, B.A.C., Madrid (1975) (2 vol.).
CHEVRIER, ANTONIO, BEATO, *El sacerdote según el Evangelio*, Desclée de Brouwer, Pamplona (1963).
CHOLLET, A., S.J., *Discernement des sprits*, en: Dictionaire de Théologie Catholique, T. VI, col. 1375-1415.
DEMAL, WILLIBALD, O.S.B. *Psicología pastoral práctica*, Ed. Religión y Cultura, Madrid (1953).
DERISI, OCTAVIO, *La psicastenia*, Adsum, Buenos Aires (1944).
DESRAMAUT, F., *Don Bosco e la vita spirituale*, LDC, Torino (1969).
EUGENIO DEL NIÑO JESÚS, *Quiero ver a Dios*, Ed. de Espiritualidad (1969).
EYMIEU, ANTONINO, *El gobierno de sí mismo*, Difusión, Buenos Aires (1951).
FABER, GUILLERMO FEDERICO, *El criador y la criatura*, Santa Catalina, Buenos Aires (1945).
FRANCISCO DE SALES, SAN, *Introducción a la Vida Devota*, en: *Obras selectas*, B.A.C., Madrid (1953).
FRANKL, VIKTOR, *Ante el vacío existencial. Hacia una humanización de la psicoterapia*, Herder, Barcelona (1990).
FRANKL, VIKTOR, *La voluntad de sentido*, Herder, Barcelona (1988).
FUENTES, MIGUEL Á., *La castidad ¿posible?*, Edive, San Rafael (2006).
FUENTES, MIGUEL Á., *Educar los afectos*, Edive, San Rafael (2007).
FUENTES, MIGUEL Á., *La trampa rota*, Edive, San Rafael (2008).
FUENTES, MIGUEL Á., *Santidad, Superchería y Acción diabólica*, Edive, San Rafael (2011).
FUENTES, MIGUEL Á., *El examen particular de conciencia y el defecto dominante de la personalidad*, Edive, San Rafael, (2011).
FUENTES, MIGUEL Á., *Cegó sus ojos. El juicio propio*, Edive, San Rafael (2008).
FUENTES, MIGUEL Á., *Duc in altum! Esencia y educación de la magnanimidad*, Edive, San Rafael (2008).
FUENTES, MIGUEL Á., *De lobos a corderos. Educación y gracia*, Edive, San Rafael (2008).
FUENTES, MIGUEL Á., *El camino del perdón*, Edive, San Rafael (2008).
FUENTES, MIGUEL Á., *La madurez según Jesucristo. El hombre a la luz del Sermón de la montaña*, Edive, San Rafael (2010).
FUENTES, MIGUEL Á., *La superficialidad*, Edive, San Rafael (2011).
FUENTES, MIGUEL Á., *¡Quiero! Educación de la voluntad*, Edive, San Rafael (2012).
FUENTES, MIGUEL Á., *Maduración de la personalidad*, Edive, San Rafael (2012).
FUENTES, MIGUEL Á., *La acedia. Apuntes psicológicos y espirituales del "mal*

del desencanto", Edive, San Rafael (2013).
GARCÍA HOZ, VÍCTOR, *Pedagogía de la lucha ascética*, Consejo Superior de Investigaciones Científicas, Madrid (1946).
GARRIGOU-LAGRANGE, R., *Las tres edades de la vida interior*, Palabra, Madrid (1977).
GARRIGOU-LAGRANGE, R., *La unión del sacerdote con Cristo, Sacerdote y Víctima*, Rialp, Madrid (1962).
GARRIGOU-LAGRANGE, R., *Perfezione cristiana e contemplazione secondo S. Tommaso d'Aquino e S. Giovanni della Croce*, Marietti, Torino-Roma (1933).
GARRIGOU-LAGRANGE, R., *Las conversiones del alma*, Palabra, Madrid (1981).
GERSON, JUAN, *De examinatione doctrinarum*, Opera, Anvers (1706), T.1, 7-19.
GERSON, JUAN, *De distinctione verarum revelationum a falsis*, Opera, Anvers (1706), T.1, 43-59.
GERSON, JUAN, *De probatione spirituum*, Opera, Anvers (1706), T.1, 38-43.
GRAZIOLI, *Modelo de confesores, San José Cafasso*, Sociedad editora Ibérica, Madrid s/f.
GROESCHEL, BENEDICT, *The Courage to be Chaste*, Paulist Press, New York (1985).
GUIBERT, JOSEPH, DE, *Theologia spiritualis Ascetica et Mystica*, Pontificia Univ. Gregoriana, Roma (1939).
HERNÁNDEZ GARGÍA, EUSEBIO, S.J., *Guiones para un cursillo práctico de dirección espiritual*, Publicaciones "Miscellanea Comillas", Vol. 5, Burgos (1954).
IBÁÑEZ GIL, J., *Pastoral Juvenil Diferencial: Tipología y Pastoral*, Bs. As. (1970).
IGNACIO DE LOYOLA, SAN, *Ejercicios Espirituales* (EE).
INSTITUTO DEL VERBO ENCARNADO, *Directorio de Dirección Espiritual*, en: *Directorios y Reglamentos*, San Rafael (1994), T. 5, pp. 101-122.
INSTITUTO DEL VERBO ENCARNADO, *Directorio de Vocaciones*, en: *Directorios y Reglamentos*, San Rafael (1994), T. 1, pp. 181-217.
IRALA, NARCISO, *Control cerebral y emocional*, Buenos Aires (1994), 112ª ed.
IRALA, NARCISO, *Eficiencia sin fatiga*, Buenos Aires (1994), 10ª ed.
JUAN DE LA CRUZ, SAN, *Obras Completas*, B.A.C., Madrid (1972).
JUAN DE AVILA, SAN, *Audi, filia*, en: *Obras Completas* (edición renovada), B.A.C., Madrid (1976). T. I
JUAN DE AVILA, SAN, *Obras completas* (vieja edición en dos tomos), B.A.C., Madrid (1953).
KLEPONIS, PETER – FITZGIBBONS, RICHARD, *The Distinction between*

Deep-Seated Homosexual Tendencies and Transitory Same-Sex Attractions in Candidates for Seminary and Religious Life, The Linacre Quarterly (3) (August 2011): 355-362.
LALLEMANT, LUIS, *Doctrina Espiritual*, Grupo de Ed. Católicas, Bs. As. (1945). T. I-II
LA PALMA, LUIS DE, *Historia de la Sagrada Pasión*, en Obras Completas, B.A.C., Madrid (1967).
LERSH, PHILIPP, *La estructura de la personalidad*, Barcelona (1974).
LE SENNE, *Tratado de Caracterología*, Buenos Aires (1953).
LUIS DE GRANADA, *Obra selecta* (esp. "Del Fin del hombre y de las virtudes necesarias para alcanzarla"), Ed. B.A.C., Madrid (1947).
LÓPEZ TEJADA, D., *Los Ejercicios Espirituales de San Ignacio de Loyola*, Comentario y textos afines, Madrid (2002),
LORDA, J.L. (editor), *El celibato sacerdotal. Espiritualidad, disciplina y formación de las vocaciones al sacerdocio*, Pamplona (2006).
MARCH-FERRERES, *Tesoro del sacerdote*, Barcelona (1927).
MENDIZÁBAL, LUIS, S.J., *Dirección Espiritual. Teoría y Práctica*, B.A.C., Madrid (1982).
MEMORIAS BIOGRÁFICAS DE SAN JUAN BOSCO, usamos el vol. 7 escrito por Juan Bautista Lemoyne, José Fernández; y el vol. 10, escrito por Angel Amadei.
MORTA FIGULS, ÁNGEL, *La dirección espiritual en la elección de estado*, La editorial Vizcaína, Bilbao (1951).
NIEREMBERG, JUAN EUSEBIO, *Lo temporal y lo eterno*, Poblet, Bs. As. (1945).
NIEREMBERG, JUAN EUSEBIO, *Aprecio y estima de la Divina Gracia*, Apostolado de la Prensa, Madrid (1947).
NIEREMBERG, JUAN EUSEBIO, *Vida Divina*, Grupo de Edit. Católicas, Bs. As. (1944).
ORAÁ, *Ejercicios Espirituales de San Ignacio de Loyola*, Razón y Fe, Madrid (1954).
PALADIO, *Historia lausíaca*, Ed. Apostolado Mariano, Sevilla (1991).
PHILIPON. M.M., *Los dones del Espíritu Santo*, Palabra, Madrid, 1983.
POLAINO LORENTE, AQUILINO, *Temperamento*, Gran Enciclopedia Rialp, Madrid (1989), tomo 22.
POVEDA ARIÑO, J.M., *Carácter*, Gran Enciclopedia Rialp, Madrid (1989), tomo 5.
POPPE, E., *La dirección espiritual de los niños*, Pax et Bonum, Buenos Aires (1947).
RODRÍGUEZ, ALONSO, *Ejercicio de perfección y virtudes cristianas*, Barcelona (1834). Hay numerosas reediciones.

RODRIGUEZ LUÑO, A., Ética general, Eunsa, Pamplona (1992).
ROYO MARÍN, A., Teología de la perfección cristiana, B.A.C., Madrid (1968).
ROYO MARÍN, A., Teología de la caridad, B.A.C., Madrid (1963).
ROYO MARÍN, A., El gran desconocido, B.A.C., Madrid (1977).
ROYO MARÍN, A., El mundo de hoy, Rialp, Madrid (1964).
RUÍZ JURADO, M., S.J., El discernimiento espiritual, B.A.C., Madrid (1994).
SÁENZ, ALFREDO, S.J., El espíritu del mundo, en: Rev. Gladius 1, pp. 7-42.
SCARAMELLI, JUAN BAUTISTA, Directorio Ascético y Místico, Madrid (1900), 5 tomos.
SCUPOLI, LORENZO, Combate espiritual, Cruzamante, Bs. As. (1980).
SELLMAIR, El sacerdote en el mundo, Madrid (1943).
SHEEN, FULTON, Eleva tu corazón, Buenos Aires (1966).
TANQUEREY, Compendio de teología ascética y mística, Desclée, París (1930).
TISSOT, JOSEPH, La vida interior, Herder, Barcelona (1977).
TERESA DEL NIÑO JESÚS, SANTA, Historia de un alma. Cartas. Poesías, Oraciones y Otros, en: Obras completas, Monte Carmelo, Burgos (1975).
TERESA DE JESÚS, Obras completas, B.A.C., Madrid (1972).
TORRES, ALFONSO, S.J., Ejercicios Espirituales, B.A.C., Madrid (1971).
TOTH, TIHAMER, Formación religiosa de los jóvenes, Poblet, Buenos Aires (1942).
THIBAUT, RAIMOND, La unión con Dios según las cartas de dirección espiritual de Dom Columba Marmion, Difusión, Buenos Aires (1931).
THIBAUT, RAIMOND, Un maestro de la vida espiritual. Dom Columba Marmion, Ed. Benedictina, Bueno Aires (1946).
VICENTE FERRER, SAN, Tratado de la vida espiritual, en: Biografía y Escritos, B.A.C., Madrid (1956).
VITTOZ, ROGER, Traitement des psychonévroses par Controle Cérébral, Baillière, Paris (1911); hay edición de 1981; y también una versión en italiano: Trattamento dolce delle psiconevrosi, Macro edizioni (2003).

APÉNDICE BIBLIOGRÁFICO

En este apéndice pretendo solamente indicar alguna bibliografía que los directores espirituales pueden sugerir a sus dirigidos, según las necesidades y los temas que estén trabajando. De la mole inmensa de escritos de la espiritualidad cristiana, sólo he seleccionado un pequeño número teniendo en cuenta especialmente los escritos clásicos y entre estos los más divulgados entre los cristianos de lengua hispana.

I. OBRAS GENERALES DE ESPIRITUALIDAD (MANUALES DE CONSULTA)

Tanquerey, *Compendio de teología ascética y mística*, Desclée, 1930 (hay ediciones nuevas).

Antonio Royo Marín, O.P., *Teología de la perfección cristiana*, B.A.C., Madrid, 1968.

Garrigou-Lagrange, *Las tres edades de la vida interior*, Ed. Palabra, Madrid, 1980.

Tissot, Joseph, *La vida interior*, Herder, Barcelona 1977.

Eugenio del Niño Jesús, *Quiero ver a Dios*, EDE, Madrid 1982 (espiritualidad según Santa Teresa).

San Vicente Ferrer, Tratado de la vida espiritual, en: Biografías y escritos, B.A.C., Madrid, 1956.

Nieremberg, Juan Eusebio, *Vida divina y camino real de perfección*, Grupo Editoriales Católicas, Buenos Aires, 1944.

San Juan de Ávila, *Audi filia*, en: *Obras completas*, B.A.C., Madrid, 1976, Tomo I.

Fray Luis de Granada, *Obra selecta*, B.A.C., Madrid 1947.

II. AUTORES CLÁSICOS DE ESPIRITUALIDAD

Obras de San Juan de la Cruz

Obras de Santa Teresa

Obras de San Francisco de Sales

Obras de San Luis María Grignion de Montfort

Obras de San Bernardo

Obras de Fray Luis de Granada

Obras de San Alfonso M. de Ligorio

III. TEMAS PARTICULARES DE ESPIRITUALIDAD

JESUCRISTO Y EL EVANGELIO

Sheen, Fulton, *Vida de Cristo*, Herder, Barcelona 1968.

Riccioti, Giuseppe, *Vida de Jesucristo*, Miracle, Barcelona, 1978.

Grandmaison, L. de, *Jesucristo*, Ed. Litúrgica Española, Barcelona, 1941.

Fillion, L. Cl., *Vida de Nuestro Señor Jesucristo*, Fax-Poblet, Madrid-Buenos Aires, 1949.

Guardini, Romano, *Realidad humana del Señor*, Guadarrama, Madrid, 1966.

Bichlmair, J., *Jesús, el varón ideal*, Ed. del Seminario Metropolitano, Buenos Aires, 1951.

Luis de León, Fray, *De los Nombres de Cristo* (hay varias ediciones).

Garrigou-Lagrange, R., *El Salvador y su amor por nosotros*, Rialp, Madrid, 1977

Shenn, Fulton, Del Calvario a la Misa.

Tuya, Manuel de, *Del Cenáculo al Calvario*, San Esteban, Salamanca, 1962.

La Palma, Luis, *Historia de la Pasión* (hay varias ediciones).

Gomá, Isidro, *El Evangelio explicado*, Acervo, Barcelona, 1967.

Marmion, Columba, *Jesucristo en sus misterios*, ELE, Barcelona, 1948.

Bossuet, *Meditaciones sobre el Evangelio*, Difusión, Buenos Aires, 1943.

Royo Marín, Antonio, *Jesucristo y la vida cristiana*, B.A.C., Madrid, 1961.

DEVOCIÓN AL SAGRADO CORAZÓN DE JESÚS

León XIII, Pío XI, Pío XII, *Encíclicas sobre el Sagrado Corazón*, Iction, Buenos Aires, 1980.

Ramière, Enrique, *El corazón de Jesús y la divinización del cristiano*, (dos tomos), Grupo de Editoriales Católicas, Buenos Aires, 1945.

Tortolo, Adolfo, *El corazón de Jesús y el mundo moderno*, Rev. Mikael 14, 9-19.

Urrutia, José L., Líneas de espiritualidad en la devoción al Sagrado Corazón, Rev. Mikael 14, 81-98.

EUCARISTÍA Y SANTA MISA

Vonier, Anscario, Doctrina y clave de la Eucaristía, Emecé, 1946.

Sauras, Emilio, Teología y Espiritualidad del Sacrificio de la Misa, Palabra, Madrid, 1981.

Balduino de Ford, *Sacramento del altar*, Ed. PP. Cistercienses, Azul, 1978.

San Pedro Julián Eymard, *Obras Eucarísticas*, Madrid, 1963.

San Leonardo de Porto Mauricio, *El Tesoro escondido de la Santa Misa*, Iction, Buenos Aires, 1980.

Tortolo, Adolfo, *La Santa Misa, fuente de santidad sacerdotal*, en: *La sed de Dios*. Escritos espirituales, Claretiana, Buenos Aires, 1977.

Sáenz, Alfredo, *La eucaristía, sacramento de unidad*, Rev. Mikael, Paraná.

Toth, Tihamer, *La Eucaristía*, Difusión, Buenos Aires 1945.

Bernadot, *De la Eucaristía a la Trinidad*, Ed. Luis Gili, Barcelona, 1940.

LITURGIA DE LAS HORAS

Instrucción General a la Liturgia de las Horas.

San Alfonso María de Ligorio, *Del oficio atropellado*, en: *Obras Ascéticas,* II, B.A.C., Madrid, 1954.

EXÁMEN DE CONCIENCIA

Casanovas, Ignacio, *Comentario y Explanación de los Ejercicios Espirituales de San Ignacio de Loyola*, Ed. Balmes, 1948: para el examen general: tomo I, pp. 377-390; para el examen particular: tomo II, pp. 360-376.

Rodríguez, Alonso, en: *Ejercicio de perfección y virtudes cristianas*, tratado séptimo (hay varias ediciones).

DISCERNIMIENTO DE ESPÍRITUS

Casanovas, Ignacio, Primeras Reglas de discernimiento de espíritus, y: Segundas Reglas de discernimiento de espíritus, en: Comentario y explanación de los Ejercicios Espirituales de San Ignacio de Loyola, Balmes 1954; Tomo II, documentos XII y XIII.

Ruíz Jurado, M., *El discernimiento espiritual*, B.A.C., Madrid, 1994.

VIRTUDES TEOLOGALES EN GENERAL Y PARTICULAR

San Bernardo, *Del amor de Dios*, en: Obras completas, B.A.C., Madrid, 1955, tomo II.

San Alfonso María de Ligorio, *Práctica de amor a Jesucristo*, (hay varias ediciones).

San Francisco de Sales, *Práctica del amor a Dios*, (hay varias ediciones).

Royo Marín, Antonio, *Teología de la Caridad*, B.A.C., Madrid, 1963.

Royo Marín, Antonio, *La fe de la Iglesia*, B.A.C., Madrid, 1970.

Royo Marín, Antonio, *Teología de la Salvación*, B.A.C., Madrid, 1965.

San Elredo de Rielval, *Caridad-Amistad*, Claretiana, Buenos Aires, 1982.

Guardini, Romano, *Vida de la fe*, Difusión, Buenos Aires, 1954.

San Agustín, *De la fe en lo que no se ve*, B.A.C., Obras completas, tomo 4.

VIRTUDES CARDINALES EN GENERAL

Pieper, Josef, *Las virtudes fundamentales*, Rialp, Madrid, 1980.

MAGNANIMIDAD

Sáenz, Alfredo, *La magnanimidad*, Rev. Mikael 19, 33-52.

EL CONOCIMIENTO DE SÍ MISMO

Tanquerey, *Del conocimiento de Dios y de sí mismo*, en: Compendio de ascética y mística, Primera parte, cap. V, II.

Sheen, Fulton, *Eleva tu corazón*, Difusión, Buenos Aires, 1953.

HUMILDAD Y ORGULLO

San Bernardo, *De los grados de la humildad y de la soberbia*, en: Obras completas, B.A.C., Madrid, 1955, tomo II.

Rodríguez, Alonso, *De la virtud de la humildad*, en: *Ejercicio de perfección y virtudes cristianas*, Parte segunda, tratado tercero (hay varias ediciones).

Beaudenom, *La formación de la humildad*, Ed. Pontificia Puertaferrisa, Barcelona, 1933.

Casanovas, Ignacio, Tres maneras de humildad, en: Comentario y explanación de los Ejercicios Espirituales de San Ignacio de Loyola, Balmes 1954; Tomo II, documento III.

García Vieyra, Alberto, *Sobre la humildad*, Rev. Mikael 28, 41-51.

García Vieyra, Alberto, *La soberbia*, Rev. Mikael 31, 63-81.

PUREZA Y CASTIDAD

Tihamer, Toth, *Pureza y juventud*, Gladius, Buenos Aires, 1989.

Fajardo, J., *El seminarista y la pureza*, Studium, Madrid, 1959.

Hoornaert, S., *El combate de la pureza*, Sal Terrae, Santander.

Juan Pablo II, *La redención del corazón*. Catequesis sobre la pureza cristiana, Palabra, Madrid, 1996.

San Ambrosio, *Tratado de las vírgenes,* y: *De la virginidad*; en: San Ambrosio, Biblioteca Mariana, Buenos Aires, 1945.

Soria, José Luis, *Amar y vivir la castidad*, Palabra, Madrid, 1976.

De la Huerta, René, *La palabra mágica (estrategia en la lucha por la continencia)*, Sal Terrae, s/f (especialmente dirigido a jóvenes y adolescentes).

RECTITUD DE INTENCIÓN

Rodríguez, Alonso, De la rectitud y puridad de intención, en: Ejercicio de perfección y virtudes cristianas, Parte primera, tratado tercero (hay varias ediciones).

FORMACIÓN DEL CARÁCTER

San Juan Bosco, *El joven cristiano*, en: *Obras fundamentales*, B.A.C., Madrid, 1978.

San Juan Bosco, *El sistema preventivo en la educación de la juventud*, en: Obras fundamentales, B.A.C., Madrid, 1978.

San Juan Bosco, *Carta circular sobre los castigos*, en: Obras fundamentales, B.A.C., Madrid, 1978.

San Juan Bosco, *Carta al Oratorio sobre el espíritu de familia*, en: Obras fundamentales, B.A.C., Madrid, 1978.

San José de Calasanz, La educación intelectual, sus métodos y medios; La educación moral y religiosa; La educación estética; El cuidado de la salud del educando. La educación física; en: Su obra. Escritos, B.A.C., Madrid, 1956 (partes III-VI).

Gacía Hoz, Víctor, *Pedagogía de la lucha ascética*, Consejo superior de Investigaciones Científicas, Madrid, 1946 (libro excelente).

Hook, Conrado, *Los cuatro temperamentos*, Difusión, Buenos Aires, 1968.

Toth, Tihamer, *El joven de carácter*, Difusión, Buenos Aires, 1938.

Toth, Tihamer, *Formación religiosa de los jóvenes*, Poblet, Buenos Aires, 1942.

David Isaacs, *La educación de las virtudes humanas*, Eunsa, Pamplona, 1984.

Fortini, Atilio, *La estructura psíquica del adolescente*, Rev. Mikael 24, 69-94.

Scupoli, Lorenzo, *Combate espiritual*, Cruzamante, Buenos Aires, 1980.

EJERCICIO DE LA PRESENCIA DE DIOS

Rodríguez, Alonso, *De la presencia de Dios*, en: *Ejercicio de perfección y virtudes cristianas*, Parte primera, tratado sexto (hay varias ediciones).

EL PECADO Y LOS VICIOS CAPITALES

Evagrio Póntico, *Tratado de los ocho vicios capitales*, (hay varias ediciones).

San Juan Clímaco, *Escala espiritual*, (hay varias ediciones).

TENTACIONES

San Vicente Ferrer, *Tratado consolador en la tentaciones contra la fe*, en: *San Vicente Ferrer*, Biografías y escritos, B.A.C., Madrid, 1956.

San Francisco de Sales, *Introducción a la vida devota*; cuarta parte: Avisos necesarios contra las tentaciones más ordinarias (hay varias ediciones).

Rodríguez, Alonso, *De las tentaciones*, en*: Ejercicio de perfección y virtudes cristianas*, Parte segunda, tratado cuarto (hay varias ediciones).

CONFIANZA EN LA PROVIDENCIA Y CONFORMIDAD CON LA VOLUNTAD DIVINA

Caussade, P. de, *Tratado del santo abandono a la Providencia divina,* Apostolado de la oración, Buenos Aires, 1983.

Rodríguez, Alonso, *De la conformidad con la Voluntad de Dios*, en: Ejercicio de perfección y virtudes cristianas, Parte primera, tratado octavo (hay varias ediciones).

Garrigou-Lagrange, R., *La Providencia y la confianza en Dios*, Palabra, Madrid, 1951.

Santa Catalina de Siena, *Diálogo*, cap. 135-153 (hay varias ediciones).

Jaegher, Paul, *Confianza*, Mensajero del Corazón de Jesús, Bilbao, 1956.

DOCILIDAD AL ESPÍRITU SANTO

Royo Marín, A., *El gran desconocido*, B.A.C. Madrid, 1977.

Philipon, M.M., *Los dones del Espíritu Santo,* Palabra, Madrid, 1983.

San Cirilo de Jerusalén, *El Espíritu Santo*, Ciudad Nueva, Madrid.

VIDA INTERIOR

Chautard, J. B., *El alma de todo apostolado*, Palabra, Madrid, 1985.

Grandmaison, L. de, *La vida interior del apóstol*, Apostolado de la Oración, Buenos Aires, 1982.

Ambrosio de Lombez, fray, *Práctica de la paz interior,* Apostolado de la Oración, Buenos Aires, 1987.

Ambrosio de Lombez, fray, *Tratado de la paz interior,* Apostolado de la Oración, Buenos Aires, 1962.

GRACIA

Sheeben M.J., *Las maravillas de la gracia divina*, Palabra, Madrid, 1978.

Nieremberg, Juan Eusebio, *Aprecio y estima de la divina gracia*, Apostolado de la Prensa, Madrid, 1947.

Journet, Charles, *Charlas acerca de la gracia*, Rialp, Madrid, 1979.

ORACIÓN

Boylan, Eugene, Dificultades en la oración mental, Rialp, Madrid.

San Pedro de Alcántara, *Tratado de la oración y meditación*, Rialp, Madrid, 1977.

San Alfonso María de Ligorio, *El gran medio de la oración*, Paulinas, Buenos Aires, 1953.

Royo Marín, *La oración del cristiano*, B.A.C., Madrid, 1975.

DEVOCIÓN A LA VIRGEN

Fulton Shenn, *La Señora*, Paulinas, Buenos Aires, 1963.

San Luis Mª Grignión de Montfort, *Tratado de la Verdadera Devoción* (hay varias ediciones).

San Luis Mª G. de Montfort, El secreto admirable del Santísimo Rosario.

San Luis Mª Grignión de Montfort, *El Secreto de María*, (hay varias ediciones).

Royo Marín, A., *La Virgen María*, B.A.C. Madrid 1968.

Garrigou Lagrange, R., La Madre del Salvador y nuestra vida interior, Rialp, Madrid.

Bernadot, La Virgen María en nuestra vida.

Philippe, M-M., *El misterio de María*, Rialp, Madrid, 1986.

SACERDOCIO

San Gregorio Magno, *Regla pastoral*, en: *Obras de San Gregorio Magno*, B.A.C., Madrid, 1958, (hay varias ediciones).

San Juan Crisóstomo, *Tratado del sacerdocio*, y: *Homilía en el día de su ordenación sacerdotal*, Paulinas, Buenos Aires, 1985 (hay varias ediciones).

Boylan, Eugene, *La piedad sacerdotal*, Patmos, Madrid, 1963.

San Pío X, Benedicto XV, Pío XI, Pío XII y Juan XXIII, *Los sacerdotes*, Palabra.

Marmion, Columba, *Jesucristo, ideal del sacerdote*, Difusión, Buenos Aires.

San Juan Crisóstomo, *Los seis libros sobre el sacerdocio*, Ed. Paulinas, Buenos Aires, 1985.

Nicolau, Miguel, Ministros de Cristo. Sacerdocio y Sacramento del Orden, B.A.C., Madrid.

Garrigou-Lagrange, R., La unión del sacerdote con Cristo, sacerdote y víctima, Rialp, Madrid, 1962.

Garrigou-Lagrange, R., *La santificación del sacerdote*, Rialp, Madrid, 1953.

Beato Antonio Chevrier, *El sacerdote según el Evangelio*, Desclée de Brouwer, Pamplona, 1963.

San Juan de Ávila, *Escritos sacerdotales*, BAC, Madrid, 1969.

Sheen, Fulton, *El sacerdote no se pertenece*, Diana, México, 1963.

Dillenscheider, Clément, *Teología y espiritualidad del sacerdote*, Sígueme, Salamanca, 1964.

IGLESIA

Fulton Sheen, *El cuerpo místico de Cristo*, Difusión, Buenos Aires, 1961.

San Francisco de Sales, *Meditaciones sobre la Iglesia*, B.A.C., Madrid, 1985.

Toth, Tihamer, *Creo en la Iglesia*, Athenas, Buenos Aires.

De Lubac, Henri, *Meditaciones sobre la Iglesia*, (hay varias ediciones).

MORTIFICACIÓN Y ABNEGACIÓN DE SÍ MISMO

Garrigou-Lagrange, R., *Las conversiones del alma*, Palabra, Madrid.

Royo Marín, A., *La vida religiosa*, B.A.C., Madrid, 1968, pp. 457-486.

Rodríguez, Alonso, *Tratado sobre la mortificación*, en: Ejercicio de perfección y virtudes cristianas.

Casanovas, Ignacio, *Reglas para ordenarse en el comer*, en: Comentario y explanación de los Ejercicios Espirituales de San Ignacio de Loyola, Balmes 1954; Tomo II, documento X.

SACRAMENTOS

Philippon, M-M., *Los sacramentos de la vida cristiana*, Palabra, Madrid, 1979.

Royo Marín, *Espiritualidad de los seglares*, tercera parte: *Vida sacramental*, B.A.C., Madrid, 1967.

Danielou, Sacramentos y culto según los Santos Padres, Monograma, Madrid, 1964.

DIRECCIÓN ESPIRITUAL

Beaudenom, *Práctica progresiva de la confesión y de la dirección*, Difusión, Buenos Aires, 1943.

Y las obras citadas en este libro.

VARIOS DE INTERÉS GENERAL

Juan Eusebio Nieremberg, *Diferencia entre lo temporal y lo eterno*, Difusión, Buenos Aires, 1945.

Ramos-Lisson, Domingo, *Espiritualidad de los primeros cristianos*, Nebli, Madrid, 1980.

Bover, J.M., *Comentario al Sermón de la Cena*, B.A.C., Madrid, 1955.

Bover, J.M. *Teología de San Pablo*, B.A.C., Madrid.

Obras del P. Guillermo F. Faber (*Belén, Al Pié de la Cruz, El Creador y la creatura, etc.*), Ed. Santa Catalina, Buenos Aires.

Obras del P. Alfonso Torres, varios volúmenes, B.A.C.

PARA SEGLARES

Royo Marín, *Espiritualidad de los seglares*, B.A.C., Madrid, 1967.

DIRECCIÓN DE LAICOS CASADOS

Royo Marín, *Espiritualidad de los seglares*, quinta parte: *Vida familiar*, B.A.C., Madrid, 1967 (este es un muy buen resumen, y extenso, sobre la espiritualidad matrimonial y la educación de los hijos).

ALGUNAS VIDAS DE SANTOS MÁS NOTABLES (especialmente para jóvenes)

Hophan, Otto, *Los Apóstoles*, Palabra, Madrid.

Holzner, Josef, *San Pablo, Heraldo de Cristo*, Herder, Barcelona.

Actas de los Mártires, edición crítica de Daniel Ruiz Bueno, B.A.C., Madrid.

Raymond, *Tres monjes rebeldes*, y *La familia que alcanzó a Cristo*, Difusión, Buenos Aires.

Papasogli, *Santa Catalina de Siena*, B.A.C., Madrid.

Joërgensen, *San Francisco de Asís*, Difusión. Buenos Aires.

Las Florecillas de San Francisco, *Leyenda de San Francisco*, de San Buenaventura, *Leyenda de los tres compañeros*, B.A.C., Madrid, 1975.

Chesterton, G.K, *San Francisco*.

Chesterton, G.K., *Santo Tomás*.

Ghéon, Herni, *Vicente Ferrer y su tiempo*, Difusión, Buenos Aires.

Casanovas, Ignacio, *San Ignacio de Loyola*.

Wohl, Louis de, *Oriente en llamas* (Biografía novelada de San Francisco Javier).

Papasogli, *Vida de Don Orionef*, Guadalupe, Buenos Aires 1980.

Crisógono de Jesús, *San Juan de la Cruz*, Labor S.A., Barcelona, 1935.

Bruno, Cayetano, *Florecillas de San Francisco Solano*, Don Bosco, La Plata, 1966.

Trochou, Francis, *El Cura de Ars. Biografía de San Juan Bautista María Vianney*, San Francisco, Buenos Aires.

Mac Conastair, Alfredo, *Possenti. El hijo del gobernador* (San Gabriel de la Dolorosa) Mov. Fliar. Cristiano, Buenos Aires, 1961.

San Antonio María Claret, *Autobiografía y Escritos*, B.A.C., Madrid.

Wast, Hugo, *Don Bosco en su tiempo*.

Santa Teresa del Niño Jesús, *Historia de un alma*, El Monte Carmelo, Burgos, 1960.

Dragón, Antonio, *Vida íntima del Padre Pro*, Buena Prensa, México, 1993.

Campos Villegas, Gabriel, *Esta es nuestra sangre. 51 claretianos mártires*, Ed. Claretiana, Madrid, 1992.

Pablo Hall y Atilio Parussini, *Nosotros somos testigos* (Crónica del martirio de los religiosos de Barbastro) Ed. Claretiana, Madrid, 1992.

Frossard, André, *La pasión del padre Kolbe*.

Entraigas, Raúl, *El buen pastor de Cuyo*, Difusión, Buenos Aires, 1963.

Mindszenty, *Memorias del Cardenal Mindszenty*, Emecé, 1978.

Card. Winszinsky, *Diario de la cárcel*, B.A.C., Madrid, 1984.

Dalmaces, *El Padre Francisco de Borja*, B.A.C., Madrid, 1983.

Aufray, *San Juan Bosco*, Santa Catalina, Buenos Aires, 1939.

Dal-Gal, *San Pío X*, Palabra, Madrid, 1985.

Trochu, Fracis, *Bernardeta Soubirous*, Herder, Barcelona, 1958.

Aznar, Antonio, *El cura Brochero*, Buchardo ed., Córdoba, 1964.

Hello, Ernest, Fisonomías de Santos, Difusión, Buenos Aires, 1940.

Índice

PRESENTACIÓN

PRIMERA PARTE
LA DIRECCIÓN ESPIRITUAL
CONCEPTOS GENERALES 11

CAPÍTULO ÚNICO

    I. DEFINICIÓN Y NATURALEZA DE LA DIRECCIÓN ESPIRITUAL 13

    II. FUNDAMENTO Y NECESIDAD 15

    III. OBJETO, FIN Y CUALIDADES DE LA DIRECCIÓN 19

    1. OBJETO O MATERIA DE LA DIRECCIÓN ESPIRITUAL 19

    2. FINES DE LA DIRECCIÓN ESPIRITUAL 20

        1) Ayudar las flaquezas humanas 20

        2) Prevenir los peligros 20

        3) Discernir los movimientos del alma 20

        4) Suscitar la docilidad a la gracia 21

    3. CUALIDADES DE LA DIRECCIÓN ESPIRITUAL 21

        1) Que sea científica 21

        2) Prudente 21

        3) Firme 22

        4) Caritativa 22

        5) Adaptada 22

4. SECRETO DE DIRECCIÓN ESPIRITUAL 22

IV. EL DIRECTOR ESPIRITUAL 27

1. QUIÉN PUEDE SER DIRECTOR ESPIRITUAL 27

2. CUALIDADES DEL DIRECTOR ESPIRITUAL 28
    1) Santidad 29
    2) Prudencia 29
    3) Experiencia 31
    4) Ciencia 33
    5) Cualidades humanas 35

3. DEFECTOS DEL DIRECTOR ESPIRITUAL 36
    1) La vanidad y la autosuficiencia 36
    2) La codicia 36
    3) La curiosidad 37
    4) Los apegos humanos 37
    5) Los celos 37
    6) La falsa prudencia 38

V. CUALIDADES Y DEBERES DEL DIRIGIDO 39

1. LA ELECCIÓN DEL DIRECTOR 39
    1) La elección 39
    2) Cambio 40

2. CUALIDADES DEL DIRIGIDO 41
    1) Espíritu de fe 41
    2) Confianza, sencillez, sinceridad y discreción 41
    3) Obediencia 43
    4) Guardar el secreto 44

3. TENTACIONES MÁS CORRIENTES CONTRA LA DIRECCIÓN 44
    1) Los que rehúsan toda dirección porque creen no necesitarla 45

2) *Los que pretenden que es imposible encontrar un director adecuado*............45

3) *Las tentaciones de abusar de la dirección* 46

VI. LA ENTREVISTA DIRECCIONAL..46

1. *EL MODELO DE JESUCRISTO* 47

2. *FRECUENCIA Y DURACIÓN DE LA ENTREVISTA DIRECCIONAL* 48

3. *LOS TEMAS DE LA ENTREVISTA*...50

4. *EL COMIENZO DE LA DIRECCIÓN* 50

5. *EL DIRECTOR ANTE LAS MANIFESTACIONES DE CONCIENCIA DEL DIRIGIDO*...52

6. *CONSOLIDAR LA SANA CONCIENCIA* 53

  1) *La interioridad con la Voluntad Divina*..54

  2) *La formación en el conocimiento moral y el amor a la verdad*.......................55

  3) *La práctica de la virtud* 56

7. *EL DIRECTOR ESPIRITUAL Y LOS SUPERIORES DEL DIRIGIDO* 57

VII. LA DIRECCIÓN ESPIRITUAL POR CORRESPONDENCIA 58

SEGUNDA PARTE
LOS ELEMENTOS DE LA EDUCACIÓN ESPIRITUAL 61

CAPÍTULO PRIMERO
HACERSE CARGO DEL ALMA DEL DIRIGIDO..63

CAPÍTULO SEGUNDO
LAS GRANDES LÍNEAS DE LA EDUCACIÓN ESPIRITUAL 67

I. EDUCACIÓN DEL CARÁCTER Y DE LA AFECTIVIDAD 67

1. *LA GRACIA Y LA NATURALEZA* 67

2. *LA NECESIDAD DE LOS HÁBITOS VIRTUOSOS* 70

3. *EL EDUCADOR COMO CAUSA COOPERANTE* 72

4. *EDUCACIÓN INTEGRAL*..72

5. LA EDUCACIÓN INTELECTUAL 73
6. LA EDUCACIÓN DE LA VOLUNTAD Y DEL AFECTO 74
1) Motivar al educando 76
2) Crear ocasiones de actos virtuosos 77
3) Las fuerzas 77

II. EDUCACIÓN DE LA VIDA DE ORACIÓN 78
1. PRIMEROS GRADOS DE ORACIÓN: ETAPA PREDOMINANTEMENTE ASCÉTICA 80
1) La oración vocal 80
2) La meditación 82
3) Oración de afectividad 88
4) La oración de recogimiento o de simplicidad 89

2. ETAPA PREDOMINANTEMENTE MÍSTICA DE LA ORACIÓN: LA CONTEMPLACIÓN Y SUS GRADOS 91
1) Quietud o recogimiento infuso 95
2) La oración de simple unión 97
3) La unión extática o desposorio espiritual 98
4) La unión transformativa o matrimonio espiritual 100

3. EL EXAMEN DE LA ORACIÓN 101
1) Una modalidad ignaciana 101
2) Un examen de San Juan de Ávila 103

4. MODOS ERRÓNEOS DE HACER ORACIÓN 105
1) Algunos modos erróneos 105
2) Métodos psicofísicos-corporales 108

III. EDUCACIÓN DE LA VIDA DE PURIFICACIÓN 110
1. LA PENITENCIA EN GENERAL 111
2. LA PURIFICACIÓN ACTIVA DEL SENTIDO 115

Índice

3. LA PURIFICACIÓN PASIVA DEL SENTIDO 116

4. LA PURIFICACIÓN ACTIVA DEL ESPÍRITU 117
    1) La purificación de la memoria por medio de la esperanza 117
    2) Purificación del entendimiento por medio de la fe 118
    3) La purificación de la voluntad por medio de la caridad 122

5. LA PURIFICACIÓN PASIVA DEL ESPÍRITU 124
    1) Los sufrimientos interiores 124
    2) Los sufrimientos exteriores 125

6. APÉNDICE: LA LUCHA CONTRA LAS TENTACIONES 126
    1) Los fines providenciales de la tentación 126
    2) Psicología de la tentación 127
    3) Actitud ante la tentación 129
    4) Las principales tentaciones en los principiantes 130

IV. EDUCACIÓN DE LA VIDA SACRAMENTAL Y LITÚRGICA 131

1. EL TRABAJO EN LA LÍNEA DE LA GRACIA SACRAMENTAL 131

2. EL TRABAJO EN LA LÍNEA DEL CARÁCTER SACRAMENTAL 132
    1) La reyecía del bautismo 133
    2) El profetismo de la confirmación 133
    3) El sacerdocio del orden sagrado 134

3. LOS SACRAMENTOS COTIDIANOS 134
    1) La Eucaristía 134
    2) La Confesión 134

4. PARA LOS ESPOSOS: LOS SACRAMENTOS VIVIDOS EN FAMILIA 135
    1) El sacramento del Matrimonio 135
    2) La Eucaristía 136
    3) La Reconciliación 136

V. EDUCACIÓN DE LA VIDA TEOLOGAL 136

VI. EDUCACIÓN EN EL CUMPLIMIENTO DE LOS DEBERES DE ESTADO.. 143

    1. HACER BIEN LAS OBRAS ORDINARIAS 143

    2. LA RECTITUD Y PUREZA DE INTENCIÓN 145

CAPÍTULO TERCERO
MEDIOS EXTERNOS Y SUBSIDIARIOS 149

I. LA REFORMA Y EL PLAN DE VIDA 149

    1. QUÉ ES REFORMAR 149

    2. LA REVISIÓN DE VIDA 150

        1) La dimensión humana 150

        2) La dimensión espiritual 151

        3) La dimensión comunitaria 151

        4) La dimensión intelectual y la capacitación profesional 152

        5) La dimensión apostólica y pastoral 152

    3. EL PLAN DE VIDA 152

        1) Características 153

        2) Qué debe abarcar 154

        3) Modo de observarlo 154

        4) Rendición de cuentas 155

II. EL CONOCIMIENTO DE SÍ MISMO 155

    1. TEMPERAMENTO Y CARÁCTER 155

    2. TIPOS TEMPERAMENTALES 159

        1) El apasionado 159

        2) El colérico 161

        3) El sentimental 162

        4) El nervioso 164

- 5) *El flemático* 165
- 6) *El sanguíneo* 167
- 7) *El apático* 168
- 8) *El linfático* 169

3. ¿DE QUÉ SIRVEN ESTAS DESCRIPCIONES? 170

4. EL CARÁCTER IDEAL 171

III. EL EXAMEN DIARIO Y PARTICULAR Y EL DEFECTO DOMINANTE 173

1. EL EXAMEN DIARIO Y EL EXAMEN PARTICULAR 173
- 1) *El examen particular* 174
- 2) *Algunos ejemplos...* 175
- 3) *Examen general diario* 178
- 4) *El examen del "golpe de vista"* 179

2. EL DEFECTO DOMINANTE 179
- 1) *Su naturaleza* 179
- 2) *Medios para conocerlo* 182
- 3) *Modo de combatirlo* 183

IV. EL APOSTOLADO 184

V. LA LECTURA ESPIRITUAL 186

TERCERA PARTE
LAS DIVERSAS FUNCIONES DEL DIRECTOR ESPIRITUAL 189

CAPÍTULO PRIMERO
EL DIRECTOR COMO PEDAGOGO DE LA VIDA DEL ALMA 191

I. LLAMAMIENTO A LA VIDA MÍSTICA 191

1. QUIÉNES ESTÁN LLAMADOS A LA VIDA MÍSTICA Y A LA CONTEMPLACIÓN 191
- 1) *Llamamiento general* 191

2) Llamamiento próximo 192

2. ¿POR QUÉ FRACASAN, ENTONCES, LAS ALMAS QUE NO LLEGAN? .. 193

1) Las almas fuera del castillo 193

2) Las almas de las tres primeras moradas 193

3) Las últimas moradas 194

II. LA TRADICIÓN DE LAS ETAPAS DE LA VIDA INTERIOR 195

III. EL CAMINO DE LAS TRES ETAPAS 199

1. EDAD DE LOS PRINCIPIANTES, O VIDA PURGATIVA O VIDA ASCÉTICA .. 200

2. EDAD DE LOS PROFICIENTES, O VIDA ILUMINATIVA O UMBRAL DE LA VIDA MÍSTICA. 201

3. EDAD DE LOS PERFECTOS, O VIDA UNITIVA O VIDA MÍSTICA. 202

IV. LA DIRECCIÓN EN LAS DISTINTAS ETAPAS DE LA VIDA ESPIRITUAL 202

1. LA DIRECCIÓN DE LOS INCIPIENTES O PRINCIPIANTES 203

2. LA DIRECCIÓN DE LOS PROFICIENTES 206

3. LA DIRECCIÓN DE LOS PERFECTOS 208

CAPÍTULO SEGUNDO
EL DIRECTOR ESPIRITUAL EN SU FUNCIÓN DE DISCERNIMIENTO 211

I. EL CONOCIMIENTO DE LOS DIVERSOS ESPÍRITUS 211

1. NATURALEZA 212

1) El discernimiento como acto de la prudencia 212

2) El carisma de discernimiento 214

2. FENOMENOLOGÍA DE LAS MOCIONES INTERIORES 214

1) Dos realidades psicológicas distintas 214

2) Dos modos de actuar 215

3) Contenido 216

4) Estados posteriores 217

3. ORÍGENES POSIBLES. 217
- 1) La naturaleza 217
- 2) El diablo 218
- 3) Dios 218

4. MODO HABITUAL DE PROCEDER DE LOS DIVERSOS ESPÍRITUS 219
- 1) El mal espíritu 219
- 2) El buen espíritu 220

5. INDICACIONES PARA DISCERNIR LAS DISTINTAS MOCIONES CONCRETAS 221
- 1) El modo 221
- 2) La materia 221
- 3) Las circunstancias 222
- 4) El desarrollo 222
- 5) Los efectos y los fines 223

6. MODO DE COMPORTARSE ANTE UNO Y OTRO ESPÍRITU 225
- 1) Las mociones del mal espíritu. 225
- 2) Las mociones del buen espíritu. 226

II. EL DISCERNIMIENTO APLICADO 227

1. EL DISCERNIMIENTO DE LA VOCACIÓN CONSAGRADA 227
- 1) Presupuestos teológicos sobre la vocación 228
- 2) El trabajo por parte del interesado 228
- 3) La función del director ante la vocación consagrada 235

2. EL DISCERNIMIENTO DE LOS FENÓMENOS EXTRAORDINARIOS 245
- 1) Criterios para el discernimiento 246
- 2) Aplicación de remedios 250

CAPÍTULO TERCERO
EL DIRECTOR COMO MÉDICO DEL ALMA 253

I. ENFERMEDADES MORALES DEL ALMA 253

1. LAS "ENFERMEDADES" DEL ALMA 253

2. EL VICIO DE LA ACEDIA 256
1) *Naturaleza de la acedia* 256
2) *Psicología de la acedia* 258
3) *El pecado de acedia* 260
4) *La acedia, pecado capital* 261
5) *Los remedios contra la acedia* 262

3. LA TIBIEZA ESPIRITUAL 264
1) *Síntomas y signos* 265
2) *Naturaleza* 266
3) *Génesis y medicina preventiva* 266
4) *Remedios contra la tibieza ya establecida.* 267

4. LA MEDIOCRIDAD ESPIRITUAL 268
1) *Síntomas* 268
2) *Naturaleza* 269
3) *Génesis* 269
4) *Remedios* 270

5. EL ESPÍRITU DEL MUNDO Y EL RELIGIOSO 270
1) *Naturaleza del mundo* 271
2) *Elementos o dimensiones* 272
3) *Infiltración del espíritu del mundo en el religioso* 273
4) *Efectos sobre el alma* 274
5) *Remedios para combatirlo* 274

II. ENFERMEDADES AFECTIVAS Y PSÍQUICAS 276

1. ALGUNOS PRINCIPIOS GENERALES 277

2. LOS ESCRÚPULOS 281
1) Elementos generales 281
2) Los diversos tipos de escrúpulos 283
3) Terapia de los escrúpulos 285

3. LA DEPRESIÓN 290
1) Naturaleza y división 290
2) Posibles causas 292
3) Terapia de la depresión 293

III. PROBLEMAS ESPIRITUALES CON BASE PSICOLÓGICA 297

1. PERTURBACIONES QUE AFECTAN A LA VISIÓN ESPIRITUAL 297
1) El perfeccionismo angustioso 298
2) Una falsa imagen de Dios 299
3) Inmadurez psicológica 302

2. PROBLEMAS DE CONCIENCIA EN MATERIA DE CASTIDAD 304
1) La auténtica lucha por la castidad 304
2) La lucha contra el vicio de la impureza 306
3) Las perplejidades relacionadas con la evolución de la sexualidad y de la afectividad 307

CUARTA PARTE

PRINCIPALES CLASES DE DIRIGIDOS
ELEMENTOS PARA EL DIRECTOR 311

CAPÍTULO ÚNICO

I. LA DIRECCIÓN ESPIRITUAL DE LOS NIÑOS 313

II. DIRECCIÓN ESPIRITUAL DE LOS JÓVENES 316
1. IMPORTANCIA 316

2. FORMACIÓN DE ACTITUDES 318

3. RASGOS DEL DIRECTOR 320

III. LA DIRECCIÓN ESPIRITUAL DE LOS LAICOS ADULTOS 321

IV. LA DIRECCIÓN ESPIRITUAL DE LOS SACERDOTES 325

V. LA DIRECCIÓN ESPIRITUAL DE LOS SEMINARISTAS 329

1. LA IMPORTANCIA DE LA DIRECCIÓN DEL SEMINARISTA 329

2. EL DIRECTOR Y LA IDONEIDAD DEL SEMINARISTA 330

3. LA APERTURA DE CONCIENCIA DEL SEMINARISTA 332

4. EL TRABAJO SOBRE LA CASTIDAD 334

5. CASTIDAD MÁS POSITIVA QUE NEGATIVA 335

6. EN SÍNTESIS 337

VI. LA DIRECCIÓN ESPIRITUAL DE LOS RELIGIOSOS Y LAS RELIGIOSAS 338

1. VIDA RELIGIOSA Y DIRECCIÓN 338

2. ACTITUD ANTE LOS CANDIDATOS CON PROBLEMAS PSÍQUICOS 340

VII. LA DIRECCIÓN ESPIRITUAL DE LOS ENFERMOS MENTALES 342

CONCLUSIÓN 347

BIBLIOGRAFÍA CITADA EN EL MANUAL

DOCUMENTOS MAGISTERIALES MÁS CITADOS 349

OBRAS GENERALES 349

APÉNDICE BIBLIOGRÁFICO

I. OBRAS GENERALES DE ESPIRITUALIDAD (MANUALES DE CONSULTA) 355

II. AUTORES CLÁSICOS DE ESPIRITUALIDAD 356

III. TEMAS PARTICULARES DE ESPIRITUALIDAD 356

Se terminó de imprimir en los talleres gráficos de
Ediciones del Verbo Encarnado

24 de septiembre de 2014
Fiesta de Nuestra Señora de la Merced

EDICIONES DEL VERBO ENCARNADO
El Chañaral 2699 – CC 376 – (5600)
San Rafael – Mendoza – Argentina
Tel: (0260) 4430451
www.edicionesive.com.ar
editorial@edicionesive.com.ar